# Von der Wissenschaft

# über Philosophie

# zur Religion

Lothar Arendes

# Von der Wissenschaft
# über Philosophie
# zur Religion

## Sammlung kurzer Texte
## aus mehreren Jahrzehnten

Bibliografische Information der Deutschen Nationalbibliothek: Die Deutsche Nationalbibliothek verzeichnet diese Publikation in der Deutschen Nationalbibliografie; detaillierte bibliografische Daten sind im Internet über dnb.dnb.de abrufbar.

**Lothar Arendes:** Von der Wissenschaft über Philosophie zur Religion. Sammlung kurzer Texte aus mehreren Jahrzehnten

Verlag: BoD · Books on Demand GmbH, In de Tarpen 42,

22848 Norderstedt, bod@bod.de

Druck: Libri Plureos GmbH, Friedensallee 273, 22763 Hamburg

Weitere Informationen unter https://lothararendes.wordpress.com

ISBN: 978-3-7693-2224-8

# Inhaltsverzeichnis

# Interpretation der Quantenmechanik: Das Computer-Weltbild

**Zusammenfassung:** Obwohl die Quantenmechanik (QM) bereits vor vielen Jahren entstanden ist, gilt sie bei vielen Physikern immer noch als unverstanden. In diesem Aufsatz wird der Vorgang des „Verstehens" aus der Sicht der kognitiven Psychologie untersucht, um auf dieser Grundlage das Interpretationsproblem der QM zu besprechen. In der kognitiven Psychologie wird ein neuer Sachverhalt als verstanden betrachtet, wenn es gelingt, ihn in eine vorhandene Denkstruktur zu integrieren. Die semantische Deutung von mathematischen Formeln ergibt sich danach aus ihrer Einbettung in ein umfassenderes Begriffssystem, welches als das Weltbild des Wissenschaftlers bezeichnet werden kann. In diesem Sinne wird hier die QM mit einer Weltbild-Analogie gedeutet, bei der die Welt mit einem Computer verglichen wird.

Viele Jahrzehnte nach der Entstehung der Quantenmechanik (QM) gestanden immer wieder selbst Physik-Nobelpreisträger ein, die QM nicht zu verstehen.[1] Die mathematische Struktur der QM ist vollständig verstanden, auch versteht man es, aus der Theorie Vorhersagen abzuleiten, die man experimentell testen kann. Man versteht es immer besser, technische Anwendungen der Theorie zu konstruieren, und doch wurden Philosophen und Theoretiker nicht müde festzustellen, dass die Theorie immer noch unverstanden ist. Es stellt sich deshalb die Frage, welcher Art diese Verständnisprobleme sind. Wann hat eine Person den Eindruck, einen Sachverhalt verstanden zu haben?

# Psychologie des Verstehens

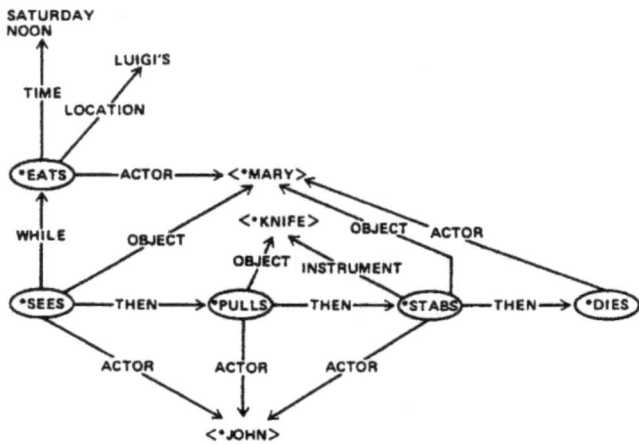

**Abb. 1:** Aktives semantisches Netzwerk als Gedächtnismodell. Gedächtnisstruktur einer fiktiven Person (nach Rumelhart et al. 1972[3]).

Die „kognitive Wende" der Psychologie vom Behaviorismus zur heute dominierenden kognitiven Psychologie wurde vor allem von Jean Piaget eingeleitet, der die geistige Entwicklung des Kindes untersuchte. Nach seiner Theorie entwickeln Kinder Denkstrukturen, mit denen sie ihre Umwelt erkennen, indem sie die sensorischen Informationen mit ihren internen Denkstrukturen verknüpfen. Piaget bezeichnete diesen Vorgang als Assimilation (der Umwelt). Gelingt es nicht, einen Erfahrungsbereich mit seinen Denkstrukturen in Verbindung zu bringen, so verändert man seine Denkstrukturen solange, bis eine Integration gelingt. Diesen Vorgang nannte Piaget Akkommodation (der Denkstrukturen). In der Psychologie hat sich diese Sichtweise durchgesetzt; um also einen Sachverhalt zu verstehen, muss er mit dem im Gedächtnis gespeicherten Wissen über Vorgänge in der Welt in Beziehung gebracht werden. Es gibt in der Psychologie verschiedene Gedächtnismodelle.[2] Für unsere Zwecke ist aber nicht wichtig, welches Gedächtnismodell man benutzt, da im Folgenden nur das Prinzip erläutert werden soll, wie „Verstehen" in der Psychologie behandelt werden kann.

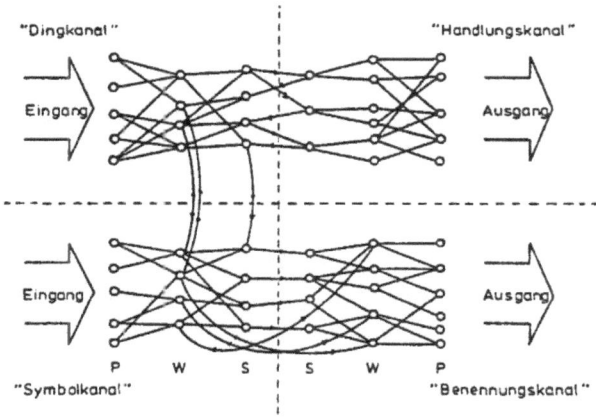

**Abb. 2:** Gedächtnismodell nach Dörner (1979): P bezeichnet Phoneme, W Wörter und S Sätze.[2]

Ein viel zitiertes Gedächtnismodell aus der Gruppe der „aktiven semantischen Netzwerke" ist das von Rumelhart, Lindsay und Norman: Abbildung 1.[3] Diese Autoren modellieren das semantische Gedächtnis durch Knotenpunkte, die durch gerichtete Pfeile verschiedener Art miteinander verknüpft sind. Die Knoten stellen Wörter dar, welche für Begriffe oder Ereignisse stehen, und die Pfeile geben Relationen zwischen diesen Begriffen und Ereignissen an. Stellt man einer Person eine Frage, so besteht der Prozess der Antwortfindung darin, zu einem in der Frage erwähnten Knoten zu gehen und von dort aus die entsprechenden Wege einzuschlagen. Fragt man zum Beispiel eine Person, die eine Gedächtnisstruktur wie die in Abbildung 1 besitzt, wer Mary ermordet habe, so beginnt die Person beim Knoten für „Mary" und arbeitet sich bis zum Knoten für „John" vor. Ein anderes Gedächtnismodell zeigt Abbildung 2, in dem die kognitive Struktur in mehrere „Kanäle" unterteilt wird.[4] Im Dingkanal sind die sensorisch gegebenen Sachverhalte der Realität ebenfalls durch Knoten repräsentiert, und sie stehen in Verbindung mit Knoten, welche Handlungsprogramme darstellen.

Im Symbolkanal repräsentieren die Knoten Phoneme (P), Wörter (W) und Sätze (S), welche in dem Benennungskanal mit den Spracherzeugungseinheiten in Kontakt stehen: „Zwischen den Kanälen bestehen Beziehungen verschiedener Art. Für uns sind die »bedeutungskonstituierenden« Beziehungen zwischen Dingkanal und Symbolkanal am wichtigsten. Sie machen es möglich, daß der Netzknoten für das akustische Ereignis des gehörten Wortes »Apfel« den Netzknoten für das optische Ereignis »Apfel« aktiviert und damit die mehr oder minder deutliche Vorstellung eines Apfels hervorruft."[5]

Die heutigen Gedächtnismodelle der Psychologie kann man natürlich nur als erste Approximationen an die wirklichen Gedächtnisstrukturen betrachten. Trotzdem erscheint die Hypothese plausibel, dass man einen Sachverhalt verstanden hat, wenn es gelingt, diesen Sachverhalt an eine bestehende Gedächtnisstruktur anzukoppeln. Ein Wissenschaftler mit dem mechanistischen Weltbild aus dem frühen 17. Jahrhundert hat eine Gedächtnisstruktur, deren Knoten und Relationen nur die korpuskulare Materie, Größe, Gestalt und den Bewegungszustand repräsentieren. Eine Ankopplung von Begriffen wie „Geodäte", „Entropie" oder „Energie" ist nicht möglich, so dass hiermit ein Verständnis heutiger physikalischer Theorien unmöglich ist. Die Psychologie des Verstehens macht auch deutlich, warum Mathematiker, Experimentalphysiker und Techniker keine Probleme mit der QM haben, während theoretische Physiker und Philosophen unzufrieden sind. Das Gedächtnis des Mathematikers enthält mathematische Begriffe, und der Mathematiker hat deshalb keinerlei Schwierigkeiten, den mathematischen Formalismus der QM zu verstehen. Für Experimentalphysiker und Techniker ist nur wichtig zu wissen, wie Voraussagen der Theorie experimentell und technisch umgesetzt werden können. Auch hier gibt es keine Probleme, da es ja gerade die Stärke der Theorie ist, den beobachtbaren Phänomenen sehr gut gerecht zu werden. Theoretische Physiker und Philosophen wollen jedoch wissen, was die Theorie über die Natur aussagt. Im Laufe ihrer Ausbildung haben sich semantische Netzwerke herausgebildet, welche als Knotenpunkte Teilchen, Felder, Wellen, Energie etc. enthalten, und die Relationen zwischen diesen Punkten drücken bestimmte raumzeitliche und kausale Beziehungen aus. Ist nun eine neue Theorie entdeckt worden, so möchten die theoretischen Physiker und Philosophen diese Theorie verstehen, indem sie sich bemühen, die Begriffe der Theorie in ihr vorhandenes Begriffsnetzwerk einzugliedern. Gelingt dies nicht, so haben sie das Gefühl, die Theorie nicht verstanden zu haben. Es gibt dann zwei Möglichkeiten: Entweder fordert man eine neue Theorie oder man muss die eigenen Denkstrukturen, das semantische Netzwerk, ändern. Albert Einstein forderte eine neue Quantenmechanik, wohingegen Werner Heisenberg uns aufforderte: „Es wäre also unsere Aufgabe, unsere Sprache und unser Denken, d.h. auch unsere naturwissenschaftliche Philosophie, dieser von den Experimenten geschaffenen neuen Lage anzupassen."[6]

## Deutungsprobleme in der Quantenmechanik

In der QM steht man einer Vielzahl von Problemen gegenüber, die man mit den klassischen Vorstellungen der Physik nicht verstehen kann. Die wichtigsten Probleme sollen kurz erläutert werden, denn viele der bereits vorhandenen Interpretationsversuche scheitern schon allein daran, dass die Interpreten gar nicht alle Probleme behandeln.[7]

*Welle-Teilchen Dualismus:* 1909 formulierte Einstein zum ersten Mal explizit den Dualismus von Welle und Teilchen, wonach Licht eine Wellen- und eine Teilchennatur hat, und später wurde dies auf alle Objekte übertragen. Nun ist aber eine Welle begrifflich etwas Anderes als ein Teilchen; ein Teilchen ist eine räumlich abgegrenzte Substanz, eine Welle ist ein raumzeitliches Muster eines Trägermediums. Beides gleichzeitig zu sein, ist logisch ausgeschlossen. Und doch legen Experimente und die QM dieses nahe. Im Doppelspaltexperiment bewirkt Licht, das durch zwei kleine Löcher eines schwarzen Schirmes gegangen ist, auf einer Fotoplatte teilchenförmige Schwärzungen, viele solcher Schwärzungen erzeugen jedoch ein Muster, das auf wellenartige Interferenzen hindeutet. Dieses Experiment verdeutlicht besonders gut, dass es sich bei den Verständnisproblemen der QM nicht primär um das Unverständnis einer seltsamen Theorie handelt, welches sich durch eine zukünftige Konstruktion einer neuen Theorie beheben ließe, sondern dass es sich hierbei tatsächlich um fundamentale Aspekte der Natur handelt.

*Bedeutung der Zustandsfunktion*: In der QM gibt es mehrere gleichberechtigte mathematische Formalismen. Im Schrödingerbild hat man als Lösung der Schrödingergleichung die Zustandsfunktion $\Psi$, und das Besondere an der $\Psi$-Funktion ist nun, dass man sie schreiben kann als eine Summe der den möglichen

Messwerten zugeordneten Eigenfunktionen: $\Psi = \sum_k c_k u_k$. (Bei kontinuierlichen Größen hat man ein entsprechendes Integral.) Die Vorfaktoren $c_k$ der einzelnen Eigenfunktionen sind in quadratischer Form ($|c_k|^2$) ein Maß für die Wahrscheinlichkeit, das Objekt im Eigenzustand $u_k$ mit dem Messwert $a_k$ vorzufinden. Eine vieldiskutierte Frage ist nun, welche physikalische Bedeutung der Zustandsfunktion zukommt. Ist sie der Repräsentant des physikalischen Objektes im Formalismus? Wäre sie es nicht, dann wüsste man überhaupt nicht, wie das Objekt im Formalismus dargestellt sein soll. Ist sie es aber, dann ergeben sich anderweitig ernsthafte Verständnisschwierigkeiten. Die $\Psi$-Funktion lässt sich formulieren als die Superposition aller möglichen Eigenfunktionen einer Messgröße. Bedeutet das, dass die oftmals unendlich vielen Eigenwerte alle im Objekt vorhanden sind? Was soll man sich unter einem Objekt vorstellen, das an sehr vielen Orten gleichzeitig ist oder gleichzeitig unendlich viele Impulse und Energiewerte besitzt? Beobachtet wird immer nur ein Wert. Problematisch an der Zustandsfunktion ist ferner, dass sie nach den jeweiligen Eigenfunktionen des Operators nur einer dynamischen Variablen entwickelt werden kann, aber niemals gleichzeitig nach den Eigenfunktionen aller dynamischen Variablen. Entwickelt man z.B. die Zustandsfunktion nach den Impulseigenfunktionen, kann man dann dem Objekt noch einen Ort zusprechen?

*Unschärferelation:* Variablen, die nicht gleichzeitig in der Zustandsfunktion enthalten sind, können in einer Ungleichung gemeinsam auftauchen - nämlich in der Heisenbergschen Unschärferelation, allerdings auf eine sehr merkwürdige Weise. Die Unschärferelation besagt, dass das Produkt der Standardabweichungen ($\Delta$) zweier nicht-kommutierender Variablen immer größer oder gleich einer positiven Konstanten ist. Für Ort und Impuls gilt: $\Delta x \cdot \Delta p \geq \hbar/2$. Die merkwürdige Eigenart dieser Ungleichung wird deutlich, wenn man sich fragt, was mit einem Objekt bei einer Messung geschehen muss, damit diese Ungleichung erfüllt bleibt. Führt man zum Beispiel eine sehr exakte Ortsmessung durch, so dass die Standardabweichung der Ortswerte null wird, dann muss die Standardabweichung der Impulswerte unendlich groß werden. Ein genauer Ort führt also zur völligen Unbestimmtheit des Impulses. Führt man danach eine Impulsmessung durch, so dass die Standardabweichung der Impulswerte verschwindet, so muss, damit die Ungleichung erfüllt bleibt, die Standardabweichung der Ortswerte unendlich groß werden. Die Messung einer Variablen verändert demnach die Streuung der Werte anderer Variablen. Bedeutet das, dass die Messung einer

Größe die anderen Variablen physikalisch verändert? Heisenberg stellte einmal die These auf, dass die Messung das Objekt störe, so dass z.B. eine Ortsmessung den Impuls unvorhersagbar verändere.[8] Wenn aber die Ursache für die Variablenstreuung das Messgerät wäre, dann wäre schwer zu verstehen, warum verschiedene Messgeräte dieselbe Ungleichung erfüllen. Man kann eine beliebige Variable mit verschiedenen Geräten messen - müssten nicht verschiedene Geräte das beobachtete System auf verschiedene Weise stören? Die Heisenbergschen Unschärferelationen gelten universell für alle Messapparaturen; zumindest konnte bislang keine Abhängigkeit der Werteverteilung von der Messart festgestellt werden.

*Reduktion der Zustandsfunktion:* Vor einer Beobachtung ist die Zustandsfunktion einer zu messenden Größe in der Regel als Superposition sehr vieler Eigenfunktionen gegeben, nach der Beobachtung liegt meist nur eine Eigenfunktion vor, welche den gemessenen Wert repräsentiert. Betrachtet man die Zustandsfunktion als eine realistische Beschreibung des Objektes und nicht nur als unser Wissen über das Objekt, so stellt sich das Problem, wie in der Beobachtung der Übergang von der Superposition vieler Eigenwerte zu einem einzigen Eigenwert erfolgt. Dies ist das berühmte Problem der „Reduktion des Wellenpaketes". Es liegt nahe, die Reduktion physikalisch zu erklären, indem man den Formalismus der QM anwendet auf die Situation der Wechselwirkung eines Messgerätes mit dem zu messenden Objekt. Dies löst jedoch das Problem nicht; im Gegenteil, es demonstriert eine weitere seltsame Eigenschaft der QM. Wechselwirken nämlich zwei Objekte (z.B. ein Messgerät und ein Messobjekt) miteinander, so verlieren beide Systeme ihre Individualität und bilden ein unteilbares Gesamtsystem. Dieses Gesamtsystem ist wieder als Superposition gegeben, so dass die Messung die ursprüngliche Superposition des Messobjektes nicht aufhebt, sondern auf die Superposition des Gesamtsystems Gerät + Objekt verschiebt.

*EPR-Paradox:* Die Vermutung, die superponierte Zustandsfunktion repräsentiere nur unser unvollständiges Wissen um den genauen Wert einer Variablen, hat Einstein, Podolsky und Rosen (EPR) 1935 dazu veranlasst, ein Argument für die Unvollständigkeit der QM zu formulieren.[9] Für die Vollständigkeit einer Theorie geben sie folgende notwendige Bedingung an: Jedes Element der physikalischen Realität muss seine Entsprechung in der physikalischen Theorie haben. Als hinreichendes Kriterium für Realität geben sie an: *„Wenn wir, ohne auf irgendeine Weise ein System zu stören, den Wert einer physikalischen Größe mit*

13

*Sicherheit (d.h. mit der Wahrscheinlichkeit gleich eins) vorhersagen können, dann gibt es ein Element der physikalischen Realität, das dieser physikalischen Größe entspricht.*" Das EPR-Paradox behandelt zwei Systeme $S_1$ und $S_2$ (z.B. zwei Protonen), die für eine kurze Zeit miteinander wechselwirken und danach in entgegengesetzte Richtungen wegfliegen. Das zusammengesetzte System wird durch das Produkt der Einzelzustände beschrieben, und die Schrödingergleichung erlaubt es, die Entwicklung des kombinierten Systems zu berechnen, wenn die Anfangszustände bekannt sind. Nach der Wechselwirkung kann man den Zustand eines Teilsystems $S_1$ oder $S_2$ nicht voraussagen, aber selbst wenn sich die Teilsysteme beliebig weit voneinander entfernen, bleibt sowohl die Differenz ihrer Positionen $x_1 - x_2$ als auch die Summe ihrer Impulse $p_1 + p_2$ konstant. Will man etwas über den Zustand eines Teilsystems erfahren, so muss man eine Messung durchführen. Misst man an $S_1$ den Ort $x_1$, dann kann man, da die Differenz der beiden Ortspositionen bekannt ist, den Ort $x_2$ von $S_2$ mit Sicherheit voraussagen, ohne dabei $S_2$ zu stören (nach der Meinung der drei Autoren, denn die beiden Teilsysteme können nach beliebig langer Zeit beliebig weit voneinander entfernt sein). Nach dem Realitätskriterium muss also x eine Realität besitzen. Würde man jedoch an $S_1$ statt einer Ortsmessung eine Impulsmessung mit dem Ergebnis $p_1$ durchführen, so könnte man, da die Summe der beiden Impulse bekannt ist, den Impuls $p_2$ mit Sicherheit voraussagen, ohne dabei (nach der Meinung der drei Autoren) $S_2$ zu stören. Nach dem Realitätskriterium muss also p eine Realität besitzen. Da es im Belieben des Experimentators steht, den Ort oder den Impuls von $S_1$ zu messen, und durch die Messung an $S_1$ das System $S_2$ nicht beeinflusst werden könne, müsse nach dem Realitätskriterium $S_2$ gleichzeitig sowohl einen realen Ort als auch einen realen Impuls haben. Aber bekanntlich gibt es in der QM keine Zustandsfunktion, aus der gleichzeitig Ort und Impuls, hier des Systems $S_2$, berechnet werden kann. Also – so lautet der Schluss von Einstein, Podolsky und Rosen – ist die QM eine unvollständige Theorie. Niels Bohr kritisierte dieses Argument mit dem Hinweis, dass man nach der QM die beiden Teilsysteme nicht als voneinander unabhängige Objekte betrachten dürfe. Vielmehr besitzen nach Bohr Quantenobjekte einen Ganzheitszug in dem Sinne, dass die gesamte Versuchsanordnung das Objekt definiere. Nach Bohr ist also das Realitätskriterium des EPR-Argumentes inadäquat: Es gibt durch die Messung an $S_1$ zwar keine mechanische Störung von $S_2$, aber doch eine Änderung, weil beides eine Einheit bildet.

*Verletzung der Bellschen Ungleichung:* Bezüglich der Frage nach der Realität und Trennbarkeit von Objekten hat Bell 1964 eine mathematische Ungleichung bewiesen, deren experimenteller Test in den 70er und 80er Jahren die philosophische Diskussion um die QM neu entfacht hat.[10] Die Ungleichung bezieht sich auf die EPR-Situation, in der zwei Protonen miteinander wechselwirken, auseinanderfliegen, und an denen dann Werte des Spins, einer spezifisch quantenmechanischen Eigenschaft, gemessen werden. Der Spin eines Objektes kann nur zwei Werte annehmen, plus oder minus, und für eine Vielzahl von Zwei-Protonen-Systemen lässt sich folgende Ungleichung herleiten:

$$n(+A\ +B) \leq n(+A\ +C) + n(+B\ +C).$$

A, B und C geben die gemessenen Achsen an, und z.B. $n(+A\ +B)$ bezeichnet die Anzahl an Protonenpaaren, in denen ein Partner die Komponente +A und der andere die Komponente +B hat. Die Ungleichung lässt sich herleiten unabhängig von der QM und hauptsächlich aus den folgenden zwei Voraussetzungen:

1. Realismus: Physikalische Objekte existieren unabhängig von ihrer Beobachtung.
2. Lokalität: Physikalische Effekte breiten sich nicht mit Überlichtgeschwindigkeit aus.

Die QM sagt voraus, dass unter bestimmten Bedingungen diese Ungleichung verletzt ist, und die meisten und besten durchgeführten Experimente bestätigen dies. Man scheint also nur die Wahl zu haben, entweder die Realität der Objekte zu leugnen oder die endliche Signalübertragung, was als Verletzung der Trennbarkeit oder Separabilität der Objekte gedeutet wird. Für die endliche Signalübertragung spricht jedoch die Relativitätstheorie.

*Bahnbegriff und Unstetigkeit:* Unsere herkömmliche Vorstellung von der physikalischen Realität ist, dass die Welt aus Objekten bestehe, die räumlich voneinander getrennt sind und die sich in der Zeit durch den Raum bewegen. Umso verwunderlicher ist, dass es in der QM den Bahnbegriff nicht gibt. Geht man von der Teilchenvorstellung aus, so liefert die QM keine Beschreibung, auf welche raumzeitliche Weise ein Objekt von einem Ort zu einem anderen gelangt. Der Physiker und Kosmologe Wheeler vertritt sogar den Standpunkt: *"there is no such thing as spacetime in the real world of quantum physics. Spacetime is a classical concept. It is incompatible with the quantum principle.*"[11] In diese Richtung weisen mehrere weitere Phänomene der QM, z.B. die Quantisierung der Energieniveaus der Atome. Atome ändern beim Übergang von einem stationären Zustand zu einem anderen ihre Energie plötzlich, und die Bewegung der Elektronen von dem einen Zustand in einen anderen lässt sich räumlich nicht beschreiben. Wegen dieses Problems kamen Bohr, Pauli und Heisenberg zu der Überzeugung, „daß eine anschauliche raum-zeitliche Beschreibung der Vorgänge im Atom nicht möglich wäre."[12]

*Spin:* Ein weiteres Beispiel für die Raumproblematik ist der Spin. Der Spin wird oft als Eigendrehimpuls gedeutet, was man aber nur als eine anschauliche Analogie auffassen darf. Was ein Spin realistisch ist, ist auch heute noch umstritten.

*Konfigurationsraum:* Die Frage, ob es nach der QM einen Raum, wie wir ihn uns vorstellen oder wie es die Allgemeine Relativitätstheorie in modifizierter Form annimmt, tatsächlich gibt, hängt zusammen mit der Frage nach der Natur des mathematischen Konfigurationsraumes. Die Prozesse der QM laufen in einem abstrakten mathematischen Zustandsraum ab, dem sogenannten Hilbertraum, und es stellt sich die Frage, „ist denn der Konfigurationsraum ein »wirklicher« Raum?"[13] Dieser Raum ist unendlich-dimensional, und die Anzahl der Dimensionen hängt davon ab, wie viele Objekte man in seine Betrachtung einbezieht. Außerdem ist er komplex, d.h. er hat nicht nur reelle Komponenten, sondern auch imaginäre, in der Physik gilt aber das Postulat, dass nur reelle Werte Realität besitzen.

*Wahrscheinlichkeiten:* Die QM beschreibt nicht, wie ein Objekt von einem Ort zu einem anderen gelangt, stattdessen liefert die Theorie Wahrscheinlichkeiten, mit denen die Objekte bzw. ihre Eigenschaften beobachtet werden können. Die Wahrscheinlichkeiten betrachten manche Interpreten als ein weiteres Argument für die Unvollständigkeit der Theorie. Bereits die Vorstellung, ein Vorgang sei nicht durch irgendwelche Ursachen vollständig bestimmt, führte bei Einstein zu einer ablehnenden Haltung gegenüber der Theorie: „Gott würfelt nicht." Manche Wissenschaftler und Philosophen betrachten es geradezu als ein Ziel der Wissenschaft, im scheinbaren zufälligen Chaos unserer Sinnesdaten verborgene Gesetze aufzudecken.[14] In der QM gilt dies umso mehr, da die quantenmechanischen Wahrscheinlichkeiten kein zufälliges Chaos bilden, sondern eine gesetzmäßige Natur haben, denn sie erfüllen z.B. die Schrödinger-Gleichung. Wie kann aber der undeterminierte Zufall einem Gesetz folgen? Die Gesetzmäßigkeit des Wahrscheinlichkeitsprozesses scheint doch auf systematische Faktoren hinzuweisen.

# Deutungsversuche der QM

Die neuzeitliche Naturwissenschaft hat immer wieder den Anspruch erhoben, aufgrund der experimentellen Kontrolle ein besser begründetes Wissen über die Natur zu liefern als die Philosophie. In der Tat gibt es wenig Gründe, den mathematischen Formalismus der QM in Zweifel zu ziehen. Der Formalismus allein gibt uns aber noch kein Wissen über die Natur, vielmehr müssen die mathematischen Terme eine semantische Bedeutung haben in Bezug auf Strukturen der Natur. Eine allgemein akzeptierte Deutung des quantenmechanischen Formalismus ist aber bislang nicht gelungen, stattdessen gibt es eine Vielzahl von Deutungsversuchen, so dass man an die Vielzahl philosophischer Spekulationen vergangener Jahrhunderte erinnert wird, denen gegenüber sich viele Wissenschaftler doch so überlegen fühlen. Im Folgenden sollen kurz einige Interpretationsversuche und ihre eigenen Hauptprobleme beschrieben werden.

## Kopenhagener Interpretation

Niels Bohr versammelte um sich in Kopenhagen eine Gruppe junger Physiker, die maßgeblich am Aufbau der QM beteiligt waren. Bohr selbst bildete den führenden Vertreter der Kopenhagener Interpretation, zu der sich viele Begründer der QM bekannten und die heute vielleicht von den meisten Physikern vertreten wird. Bohrs Einstellung lässt sich folgendermaßen zusammenfassen:[15] Die klassische Ontologie, derzufolge physikalische Systeme in all ihren Eigenschaften unabhängig vom Beobachtungssystem existieren, wird aufgegeben. Es gibt eine unteilbare Verknüpfung von Quantensystem und Messgerät, welche nur zusammen als sogenanntes Quantenphänomen auftreten. Und weil es für die tatsächlichen Abläufe nicht die passende Sprache gibt, müssen alle Experimente und ihre Ergebnisse in der ungenauen Sprache der klassischen Physik beschrieben werden. Wegen der unaufhebbaren Verknüpfung von Quantensystem und Messgerät und wegen der nicht völligen Adäquatheit der klassischen Begriffe sind der gleichzeitigen Anwendbarkeit von bestimmten klassischen Begriffen Grenzen gesetzt. Welche klassischen Begriffe in einer gegebenen Situation benutzt werden können, hängt von der jeweiligen Experimentalanordnung ab. In einigen Experimentalanordnungen kann man zum Beispiel den Ortsbegriff benutzen, dann macht der Impulsbegriff keinen Sinn, in anderen Experimentalanordnungen ist es umgekehrt. Die Heisenbergschen Unschärferelationen sind der Ausdruck dessen, dass diese Begriffe nur ungenau auf die Natur passen. (Man denke nur an den klassischen Impulsbegriff, der eine kontinuierliche Teilchenbahn voraussetzt, da er die Ableitung nach der Zeit, dx/dt, enthält.) Die verschiedenen Beschreibungen eines Systems in mehreren Situationen, welche zu Widersprüchen führen würden, wollte man sie in einem einzigen Bild zusammenfassen, bezeichnete Bohr als komplementär. Derartig komplementär seien z.B. der Teilchen- und der Wellenbegriff, die nur in bestimmten und sich gegenseitig ausschließenden Experimentalanordnungen benutzt werden könnten. Die raumzeitliche Beschreibung und die Forderung der Kausalität waren für Bohr ebenfalls komplementär. Und wegen der Forderung der klassischen Beschreibbarkeit muss in einem Experiment eine Einteilung der Welt in einen zu untersuchenden quantenmechanischen Gegenstand einerseits und der restlichen Welt mit den klassisch zu beschreibenden Messgeräten andererseits vorgenommen werden. Die Lage dieses Schnittes zwischen dem Quantensystem, welches ein Mikro- oder ein Makroobjekt sein kann, und der restlichen Welt ist willkürlich bzw. hängt von der experimentellen Fragestellung ab.

Ein Experiment besteht aus drei Abschnitten: Zunächst wird das Untersuchungsobjekt präpariert und die Wahrscheinlichkeitsfunktion dafür bestimmt. Dann berechnet man $\Psi$ im Lauf der Zeit, und diese Funktion gibt die Wahrscheinlichkeiten dafür an, was man schließlich in einer folgenden Messung erhalten wird. Was zwischen zwei Beobachtungen realistisch geschieht, kann nicht angegeben werden – trotzdem wird angenommen, dass es sich um Zufallsprozesse handele und dass die quantenmechanische Beschreibung vollständig sei. Die Registrierung von Objekten bzw. der Messprozess (die Reduktion des Wellenpaketes) beruht auf irreversiblen Verstärkungseffekten im Registriergerät, die prinzipiell nicht näher bestimmt werden können, und der quantenmechanische Formalismus ist nach Bohr nur ein symbolisches Schema, das Voraussagen über

Messergebnisse macht. Der Formalismus sagt nichts über die Natur aus. Die Existenz von Quantenobjekten leugnete Bohr manchmal sogar: "There is no quantum world. There is only an abstract quantum physical description."[16]

Angesichts unserer Probleme, die QM zu verstehen, ist diese Kopenhagener Deutung der QM teilweise durchaus überzeugend – zumindest solange es keine neuen Begriffe gibt, mit denen man die Vorgänge zwischen den Beobachtungen beschreiben kann. Trotzdem müssen ein paar kritische Anmerkungen zu dieser Deutung gemacht werden:

Während Bohr vor der Konstruktion der QM in ihrer heutigen Form noch hoffte, „daß sich im Laufe der Zeit neue Begriffe bilden, mit denen wir auch diese unanschaulichen Vorgänge im Atom irgendwie ergreifen können", gab Bohr die Suche nach neuen Begriffen später auf und leugnete den klassischen Anspruch der Physik, eine objektive Naturbeschreibung zu liefern.[17] Für ihn waren physikalische Theorien nur Instrumente zur Berechnung von Vorhersagen. Diese instrumentalistische Bewertung der Physik ist natürlich eine Kapitulationserklärung der Physik als Naturwissenschaft. Bohrs Kopenhagener Interpretation ist deshalb für realistische Erkenntnistheoretiker keine befriedigende Deutung der QM. Unklar ist bei den Kopenhagener Interpreten vor allem, warum wir auf die Begriffe der klassischen Physik unabdingbar angewiesen sein sollen, warum wir keine neuen Begriffe erlernen können, wie Bohr es selbst ursprünglich annahm. Die Geschichte der Wissenschaft und der Philosophie und die verschiedenen Kulturen auf der Welt belegen deutlich die Grundeinstellung der heutigen Psychologie, wonach der Mensch eine sehr umfangreiche Lernfähigkeit besitzt. Seit der Entstehung der Kopenhagener Interpretation ist beispielsweise der Informationsbegriff entwickelt worden und es hat sich der Vakuumbegriff geändert.

Ein großes Problem ist auch die gleichzeitige Behauptung, die Quantenvorgänge seien indeterministisch, die Theorie sei vollständig und wir könnten prinzipiell nicht wissen, was zwischen zwei Beobachtungen realistisch geschieht. Wie kann der undeterminierte Zufall einem Gesetz folgen, z.B. der Schrödingergleichung gehorchen? Die Gesetzmäßigkeit des Wahrscheinlichkeitsprozesses scheint doch auf systematische Faktoren hinzuweisen.

Unklar ist auch, warum die Wechselwirkung des Messgerätes mit dem Quantenobjekt prinzipiell unerklärbar sein soll. Verbunden mit diesem Problem ist der mehr oder weniger willkürliche Schnitt zwischen dem Quantensystem und dem Rest der Welt. Es kann sich hierbei nicht allein um das Problem mangelnder Begriffe handeln, denn wir beobachten ja Makroobjekte (was vor der physikalischen Begriffsebene liegt). Die Kopenhagener Interpretation muss irgendwie annehmen, dass klassische Makroobjekte (z.B. als Messgeräte) tatsächlich existieren. Wieso kann man aber die Existenz raumzeitlicher Messgeräte annehmen, obwohl der Formalismus auch für Makroobjekte gültig sein soll und man sie also auch als raumzeitlich unbeschreibbare Objekte auffassen soll?

Das Wellen- und das Teilchenbild sind für Bohr komplementäre Beschreibungen, die bei verschiedenen Experimentalanordnungen anwendbar seien. Hiergegen spricht, dass der Wellen- und der Teilchenaspekt in einer einzigen Versuchsanordnung auftauchen können: Hält man beim Doppelspaltversuch die Intensität der Lichtquelle so gering, dass die Photonen einzeln ausgestrahlt werden, so entstehen auf der photographischen Platte nacheinander punktförmige Schwärzungen, was als Teilchenaspekt gedeutet wird. Viele aufeinanderfolgende Schwärzungen bewirken jedoch auf der photographischen Platte ein Muster stärkerer und schwächerer Intensitäten, die sogenannten Interferenzstreifen, was dem Wellenaspekt entspricht.

## Werner Heisenberg

Heisenberg bezeichnete sich als einen Vertreter der Kopenhagener Interpretation, äußerte aber bereits in seiner Frühzeit Ansichten, die von den Vorstellungen der anderen Kopenhagener Interpreten abwichen. In der Auseinandersetzung mit dem Messproblem und bei der Frage „Was ist ein Elementarteilchen?" vertrat Heisenberg zwei nicht-klassische Realitätsvorstellungen und wich dadurch von der instrumentalistischen Position Bohrs ab.[18] Im ersten Fall bezog er sich auf Vorstellungen, die er auf Aristoteles zurückführte, im zweiten Fall orientierte er sich an Platon. In der Elementarteilchenphysik zeichnen sich die Theorien dadurch aus, dass sie ganz bestimmte Symmetrien enthalten. Symmetrien sind dadurch charakterisiert, dass es bei Transformationen Invarianten, d.h. gleichbleibende Strukturen während Veränderungen des Gesamtsystems, gibt. Eine Symmetrie liegt vor, wenn ein physikalisches System z.B. einer Drehung unterworfen werden kann und es danach dieselbe Gestalt hat bzw. auf dieselben Resultate führt wie zuvor. Platon war nach der üblichen Auslegung seiner Philosophie der Meinung, dass mathematische Strukturen eine wirkliche Seinsweise haben und dass die Materie nur durch Ideen ihre Existenz erhält. Er glaubte, dass sich die irdische Materie zusammensetze aus vier geometrischen Grundstrukturen, dem Kubus, Tetraeder, Oktaeder und Ikosaeder. Die Himmelsmaterie bestehe aus dem Dodekaeder. Heisenberg war nun der Meinung, dass das Charakteristische an diesen geometrischen Strukturen deren Symmetrieeigenschaften sei, und deshalb brachte er sie mit den Symmetrien der Physik in Zusammenhang. Die Frage nach der Natur der Elementarteilchen beantwortete Heisenberg wie folgt: „Wenn man die Erkenntnisse der heutigen Teilchenphysik mit irgendeiner früheren Philosophie vergleichen will, so könnte es nur die Philosophie Platos sein; denn die Teilchen der heutigen Physik sind Darstellungen von Symmetriegruppen, so lehrt es die Quantentheorie, und sie gleichen insofern den symmetrischen Körpern der platonischen Lehre.“[19]

Heisenberg stimmte mit seinem Freund und Lehrer Niels Bohr darin überein, dass alle Experimente und ihre Ergebnisse in der Sprache der klassischen Physik zu beschreiben seien. Für ihn war jedoch der mathematische Formalismus kein rein symbolisches Schema zur Voraussage von Messergebnissen, welches keinerlei Referenzobjekte beschreibe. Für ihn war die Wahrscheinlichkeit eine neue „Art von »objektiver« physikalischer Realität. Dieser Wahrscheinlichkeitsbegriff ist eng verwandt mit dem Begriff der Möglichkeit, der »Potentia« in der antiken Naturphilosophie, z.B. bei Aristoteles; er ist gewissermaßen die Wendung des antiken »Möglichkeitsbegriffs« vom Qualitativen ins Quantitative.“[20] Dieses Potentielle war für Heisenberg etwas Reales, das aber nicht in den klassischen, in raumzeitlichen Begriffen beschrieben werden und das man deshalb über den mathematischen Formalismus hinausgehend nicht beschreiben könne. Der Superpositionszustand eines Objektes vor einer Messung repräsentiere diese Potentialität. Das Entscheidende ist, dass nach Heisenberg in der Wechselwirkung des Objektes mit dem Messgerät diese Potentialität in die Aktualität übergeht. Nach der Wechselwirkung liegt ein bestimmter Zustand tatsächlich vor, und nur weil wir vor der Ablesung des Messgerätes noch unwissend darüber sind, welche Aktualität vorliegt, können wir nicht die neue Zustandsfunktion hinschreiben, sondern benutzen noch die Superpositionsfunktion, welche nun eine Potentialität im Sinne der Unwissenheit ausdrückt.

Über die Beziehung der beiden naturphilosophischen Überzeugungen zueinander, die Deutung der Elementarteilchen als platonisch-mathematische Symmetrien und die Deutung des Messvorganges als aristotelische Aktualisierung von Potentialitäten, hat sich Heisenberg meines Wissens nach nie genauer geäußert. Im Zusammenhang mit dem Welle-Teilchen Dualismus äußerte er die Meinung, dass eine anschaulich raumzeitliche Beschreibung der Wirklichkeit nicht möglich sei. In seinem Buch „*Ordnung der Wirklichkeit*", das er nur an Freunde als Manuskript verschickt hatte und welches erst nach seinem Tod veröffentlicht wurde, spricht er von Zusammenhängen, „die sich nicht einfach als »Wirkungen« beschreiben lassen, die aber bei ihrer Projektion in Raum und Zeit das Bild solcher scheinbarer Wirkungen erzeugen."[21] Man könnte nun Heisenberg so verstehen, dass den Elementarteilchen raumzeitlose platonische Körper zugrunde liegen, welche bei der Messung in die Raumzeit projiziert werden und in diesem Sinne von der Potentialität in die Aktualität übergehen. Was für ein Naturzustand diese Aktualität ist und welchen ontologischen Status die Raumzeit besitzt, darüber äußerte sich jedoch Heisenberg nicht genauer. Zusammenfassend kann festgestellt werden, dass Heisenberg sich nie direkt von der Kopenhagener Interpretation distanzierte (er stand in enger freundschaftlicher Beziehung zu Niels Bohr), dass er aber immer wieder versuchte, realistische Auswege zu finden. Seine realistischen Überlegungen betrafen nur einige bestimmte Probleme der QM, eine vollständige realistische Deutung aller Interpretationsprobleme der QM hat er nie vorgelegt, insbesondere äußerte er sich nie darüber, was zwischen zwei Beobachtungen realistisch geschieht.

## Wigner, von Neumann

Diese Interpretation hat viel gemeinsam mit der Kopenhagener Deutung, weicht aber in einem entscheidenden Punkt von ihr ab. Während nach der Kopenhagener Deutung die Reduktion des Wellenpaketes durch einen irreversiblen Verstärkungsakt im Messgerät geschieht, erfolgt bei von Neumann, London & Bauer und Wigner die Reduktion durch das Bewusstsein.[22] Eine Messung wird abgeschlossen durch das Bewusstsein desjenigen, der den Messapparat beobachtet. Problematisch an dieser Deutung ist die Frage, ob es eine unabhängige Existenz von anderen Personen gibt oder ob diese auch erst mit der eigenen Beobachtung entstehen. Die Gefahr des Solipsismus erscheint unausweichlich, wenn man die QM nicht nur auf Mikroobjekte, sondern auf alle Objekte der Welt anwendet, wie es in der Physik üblich ist. Auf die Existenz realer Objekte möchte Wigner nicht verzichten: "it would be virtually suicidal to refuse using it."[23] Wigner anerkennt die Abhängigkeit unseres Bewusstseins von äußeren Objekten, z.B. von Nahrung. Angesichts des drohenden Solipsismus als Konsequenz seiner Deutung beruft er sich darauf, dass wir über das Verhältnis von Körper und Geist, von realen Objekten und dem Bewusstsein, bislang noch zu wenig wissen.

## Vielweltentheorie

Diese Interpretation, die erstmals von Everett in seiner Dissertation unter Anleitung von Wheeler vorgeschlagen wurde, wird vor allem in der Kosmologie wohlwollend diskutiert. Danach sind Objekte Wellen (Wellenpakete), und das gesamte Universum wird durch eine Wellenfunktion, wie sie sich aus der Schrödingergleichung ergibt, repräsentiert.[24] Treten zwei Untersysteme, z.B. ein Objekt und ein Messgerät, miteinander in Wechselwirkung, so bildet das Gesamtsystem eine Superposition von Elementen, in denen die Werte der gemessenen Objektvariablen jeweils mit den entsprechenden Zeigerstellungen der Messgeräte gekoppelt sind. Eine Reduktion dieser Superposition von verschiedenen Werten findet jedoch niemals statt. Vielmehr spaltet sich das gesamte Universum in der Wechselwirkung in so viele Teile, in so viele Welten auf, wie das Superpositionsgemenge Elemente enthält. Jede dieser Welten enthält eines der Objekte mit demjenigen Messgerät, das den Wert des Objektes dieser Welt registriert hat. Dieser universale Spaltungsprozess geschieht immer dann, wenn nach der konventionellen QM ein Reduktionsprozess eintreten würde, also bei jedem Elementarprozess überall im Universum. Das gesamte Universum besteht danach aus Myriaden verschiedener Welten, von denen sich viele jeweils nur z.B. durch die Zeigerstellung eines Messgerätes mit dem dazu gehörigen Quantenwert unterscheiden, ansonsten aber gleich sind.

Insgesamt ist an dieser Interpretation zu bemängeln, dass sie nur einige wenige Probleme der QM behandelt und die anderen im Unklaren lässt. (Denselben Vorwurf muss man den meisten Interpretationsversuchen machen.) Es soll hier nur der wichtigste Einwand gegen diese Interpretation genauer besprochen werden: Führt man an einem Objekt eine Impulsmessung durch, so spaltet sich gemäß dieser Deutung das Universum in viele Welten auf, wobei das Objekt in jeder Welt durch genau eine Impulseigenfunktion charakterisiert ist. Führt man in einer dieser Welten an dem Objekt eine zweite Messung, z.B. eine Ortsmessung, durch, so spaltet sich diese Welt abermals in viele Welten auf, wobei das Objekt in jeder Welt nun durch genau eine Ortseigenfunktion charakterisiert ist. Führt man in einer dieser Welten an dem Objekt eine dritte Messung und zwar wieder eine Impulsmessung durch, so spaltet sich diese Welt noch einmal in viele Welten auf, wobei das Objekt in jeder Welt durch genau eine Impulseigenfunktion charakterisiert ist. Wichtig ist, dass das Objekt vor der zweiten Impulsmessung durch eine Superposition von Impulseigenfunktionen bestimmt ist, obwohl es nach der ersten Impulsmessung genau eine Impulseigenfunktion hat. Die zwischengeschaltete Ortsmessung führt dazu, dass das Objekt von einem genau bestimmten Impulszustand zu einer Superposition übergeht. Dieser Übergang von einer einzigen Eigenfunktion zu einer Vielzahl von Eigenfunktionen ist aber uneinsichtig, da es sich nach dieser Deutung bei der Messung nur um einen Spaltungsvorgang und nicht auch um einen Entstehungsvorgang handelt. Ein Wellenpaket kann sich aufspalten, aber wie kann eine ebene Welle zu einem Wellenpaket werden?

## David Bohm

David Bohm hat im Laufe der Jahre mehrere realistische Interpretationsversuche vorgelegt. Die Version von 1952 und von 1954 findet allerdings die meisten Befürworter.[25] Bohms Interpretation ist genau genommen eine neue Theorie, denn sie besteht aus einem neuen Formalismus. Bohm konnte nachweisen, dass sein Formalismus zu denselben empirischen Ergebnissen führt wie die herkömmlichen Formalismen. In seiner Theorie bzw. seiner Interpretation der QM geht er auf Einsteins Vorschlag ein, die ursprüngliche QM als unvollständig zu betrachten, und zur Vervollständigung der physikalischen Naturbeschreibung führt er neue Parameter ein, die sogenannten unbekannten oder verborgenen Parameter.

Nach Bohm repräsentiert die Zustandsfunktion ein reelles (Wellen-) Feld, zusätzlich zu diesem Feld gibt es Teilchen, die immer wohldefinierte Koordinaten besitzen. Das Feld unterliegt zufälligen und chaotischen Fluktuationen, und die Schrödingergleichung bestimmt lediglich das mittlere Verhalten des Wellenfeldes. Ähnlich der Verursachung der Brownschen Bewegung kleiner Partikel durch Molekülstöße aus einer tieferen Ebene heraus entstammen diese Fluktuationen einer tieferen subquantenmechanischen Ebene. Es existiert ein sogenanntes Quantenpotential, und die Fluktuationen des Feldes wirken sich über das fluktuierende Quantenpotential auf die Bewegungen der Teilchen aus. Stehen zwei Teilchen in Wechselwirkung miteinander, so zeigen ihre Bahnen wilde Schwankungen, schließlich beruhigt sich das Verhalten des Systems und wird wieder einfach. Das Wellenpaket eines jeden Teilchens zerfällt dabei in nichtüberlappende Teile. Das Teilchen wird in einem Teil eingefangen, und die anderen Teile können dann ignoriert werden, was als eine Lösung des Problems der Reduktion des Wellenpaketes betrachtet wird. Das Quantenpotential entspricht einer nichtlokalen Vielkörperkraft. Eine Wechselwirkung zwischen zwei Teilchen hängt deshalb von allen anderen Teilchen ab, und selbst auf große Distanzen gibt es zwischen ihnen eine große und direkte Kopplung. Beim Doppelspaltversuch beeinflusst das geöffnete Loch, durch welches das Teilchen nicht hindurchgeht, das Verhalten des Teilchens, weil das Quantenpotential Informationen über beide Löcher enthält. Die Heisenbergschen Unschärferelationen sind ein Resultat dessen, dass ein beobachtetes Teilchen durch die wilden Schwankungen des Quantenpotentials während der Messung unvorhersagbar und unkontrollierbar gestört wird. Das Quantenpotential macht auch das EPR-Paradox intuitiv verständlich, da es Informationen über alle Teilchen enthält.

In einer modifizierten Version seiner Interpretation vergleicht Bohm die Situation mit einem automatischen Schiff, das durch Radarwellen geführt wird.[26] Das Schiff ist ein eigenaktives System, und die Form der Aktivität wird bestimmt durch den Informationsgehalt der Radarwellen. Analog wird die Schrödingerwelle zu einer Informationswelle, welche aktive oder passive Informationen enthalten kann, und den Elementarteilchen wird eine komplexe innere Struktur zugesprochen, durch die sie die Informationen verrechnen können. Darüber hinaus bemühte sich Bohm um eine relativistische Erweiterung seiner Theorie, was dazu führte, dass er die Teilchenvorstellung aufgab und stattdessen Objekte als Feldanregungen deutete.

Bohms Theorie ist ein eleganter und sehr beeindruckender Versuch, den Problemen der QM zu begegnen. Die Theorie hat aber leider auch ihre Probleme; vor allem, dass es für diese Theorie keine vollständige speziell-relativistische Erweiterung gibt. Und die Forderungen einer komplizierten Innenstruktur der Elementarteilchen und ihrer Verrechnungstätigkeit sind natürlich Annahmen, die derzeit durch keinerlei empirisches Material gestützt werden und die den heutigen Vorstellungen über Elementarteilchen deutlich widersprechen.

Bis zu seinem Tod im Jahre 1992 war Bohm mit der Theorie von 1952 bzw. mit deren Deutung unzufrieden und versuchte immer wieder, neue Wege zu gehen. So versuchte er außerdem, zwei verschiedene Seinssphären zu unterscheiden, das Gebiet der impliziten Ordnung und das der expliziten Ordnung. Der Bereich der expliziten Ordnung entspricht der von uns wahrgenommenen raumzeitlichen Welt, der Bereich der impliziten Ordnung entspricht dem Potentia-Zustand von Heisenberg, aus dem heraus materielle Objekte und vielleicht sogar die Raumzeit erschaffen werden.

## Erkenntnistheoretische Probleme der mathematischen Physik

Die Mathematik der theoretischen Physik wird oftmals als die Sprache der Natur bzw. der Naturwissenschaft bezeichnet. Nach dieser Sichtweise wären die Regeln der mathematischen Umformungen von Gleichungen die Syntax der Wissenschaftssprache, wohingegen das Verständnisproblem der QM darin besteht, die Semantik der mathematischen Terme zu finden. Im Abschnitt über die Psychologie des Verstehens wurde herausgearbeitet, dass sich die semantische Bedeutung der Terme aus ihrer Einbettung in ein umfassenderes Begriffssystem ergeben sollte, welches als das Weltbild des Wissenschaftlers bezeichnet werden kann.

Wenn eine Theorie entstanden ist, welche Begriffe enthält, die nicht in das vorhandene Begriffssystem eines akzeptierten Weltbildes eingegliedert werden können, man aber die Theorie beibehalten möchte, so gibt es die beiden

Möglichkeiten, das alte Begriffssystem zu modifizieren oder ein völlig neues aufzubauen. Als Newton im 17. Jahrhundert seine Gravitationstheorie aufgestellt hatte, reagierten seine mechanistischen Zeitgenossen zunächst abwehrend, weil seine instantan wirkende Gravitationskraft nicht ins damalige mechanistische System von korpuskularer Materie, Größe, Gestalt und Bewegungszustand der Materie passte.[27] Schließlich wurde jedoch der Kraftbegriff in das Begriffssystem des Mechanismus aufgenommen, so dass heute sogar die Newtonsche Physik als Vorzeigebeispiel für mechanistische Erklärungen gilt. Wie im vorigen Abschnitt deutlich wurde, konnten die Eigenarten der QM bislang nicht in ein bereits vorhandenes, aber modifiziertes Begriffssystem eingebunden werden, so dass sich die Frage stellt, ob ein völlig neues Begriffssystem, d.h. ein neues Weltbild, ausgearbeitet werden muss.

Im Abschnitt über die Deutungsprobleme der QM ist bereits angedeutet worden, dass es in der QM zusätzlich zu dem Schrödinger-Formalismus mehrere andere Formalismen gibt, die alle zueinander mathematisch äquivalent sind und somit dieselbe Erklärungsleistung haben. Das klassische Selbstverständnis der Physik ist, über die Natur mittels Theorien objektives Wissen zu erreichen. Die Fähigkeit, durch Theorien Beobachtungen vorhersagen zu können, wird von den erkenntnistheoretischen Realisten als ein Hauptargument dafür betrachtet, dass die Theorien Realstrukturen beschreiben. Wenn es jedoch für einen Anwendungsbereich mehrere gleichberechtigte Formalismen gibt, so können natürlich nicht alle vollständig eine wahre Naturbeschreibung sein. In einer anderen Arbeit ist deshalb vom Autor vorgeschlagen worden, nur diejenigen Elemente zur realistischen Interpretation heranzuziehen, die in allen oder zumindest in mehreren gleichberechtigten Formalismen auftreten.[28] Die Gemeinsamkeiten aller Formalismen der QM sind vielleicht noch nicht genügend untersucht worden, allen gemeinsam sind jedoch die algebraischen Symmetrien. Bei der Deutung und Handhabung aller Formalismen spielen außerdem Wahrscheinlichkeiten von vorhersagbaren Beobachtungen eine Rolle. Ein Weltbild muss deshalb mindestens die drei folgenden Elemente plausibel machen: Die Symmetrien der Formalismen, die Wahrscheinlichkeiten und die beobachtbaren Phänomene. Darüber hinaus können die verschiedenen Formalismen weitere Gemeinsamkeiten besitzen. Vergleicht man nur einmal den Schrödinger-, den Heisenberg- und den Wechselwirkungsformalismus miteinander, so ist festzustellen, dass sich beim Übergang von einem Formalismus zu einem anderen die Observablen in Observable mit demselben Eigenwertspektrum und die Eigenvektoren in Eigenvektoren transformieren und dass die algebraischen und die Konjugationsbeziehungen und schließlich die Skalarprodukte sich nicht ändern.[29] In allen Formalismen kommt es in der Beobachtung zu einer diskontinuierlichen Änderung, die nicht durch die Bewegungsgleichung beschrieben werden kann.

## Der Computer als Weltbild-Analogie

Für die semantische Deutung der Formalismen soll nun als Analogie die Welt mit einem Computer verglichen werden. Eine derartig drastische Veränderung des wissenschaftlichen Weltbildes scheint unverzichtbar zu sein, denn die Symmetrien, welche ja in allen Formalismen auftreten und welche deshalb wichtige Kandidaten für die realistische Deutung sind, lassen sich im klassischen demokritschen Weltbild nicht verstehen. Im Rahmen eines solchen Computer-Vergleiches kann man die Symmetrien und alle anderen mathematischen Gemeinsamkeiten aller Formalismen (die Naturgesetze) als Strukturen der Software begreifen. Bei dieser Deutung stellt sich die Frage nach der Hardware, wofür das Quantenvakuum in Frage kommt. Das Vakuum ist in der heutigen Physik nicht mehr das Nichts, vielmehr ist es der Grundbereich, aus dem heraus alle Objekte entstehen. Dieses Konzept ist aus der heutigen Physik, insbesondere aus der Elementarteilchenphysik, nicht mehr wegzudenken, und die Physiker haben damit begonnen, die innere Struktur des Vakuums zu untersuchen.[30] Als Nächstes soll der Vorgang der Reduktion der Wellenfunktion mit dem Endergebnis eines beobachteten Teilchens im Rahmen des Computer-Weltbildes (CWB) erläutert werden. Der Weltcomputer soll mehrere parallel arbeitende und dem Hauptprozessor untergeordnete Prozessoren mit Unterprogrammen und mit jeweils einem Bildschirm besitzen. Das bewusste visuelle Wahrnehmungsfeld eines Menschen entspricht in dieser Computer-Analogie dem Bildschirm (der allerdings dreidimensional ist), und in der Beobachtung wird von der Vielzahl der möglichen Beobachtungsergebnisse eines ausgewählt und auf den Bildschirm projiziert. Die Objekte des Wahrnehmungsfeldes entstehen danach ähnlich wie bei von Neumanns und Wigners Interpretationen erst mit der Beobachtung. Die Reduktion der Wellenfunktion ist ein diskontinuierlicher Vorgang, weil es sich hierbei nicht um die kontinuierliche Bewegung eines Teilchens innerhalb des

Bildschirms handelt, sondern um die schlagartige Projektion des Teilchens auf den Bildschirm.

Im CWB lassen sich alle Eigenheiten der QM verstehen, da jede heutige Mathematik auf einem Computer implementiert werden kann. Im Folgenden soll kurz angedeutet werden, wie die anderen Eigenarten der QM im CWB gedeutet werden können: Die *Diskontinuitäten* der QM sind Ausdruck der schlagartigen Projektionen auf den Bildschirm. Die Gesetzmäßigkeit der quantenmechanischen *Wahrscheinlichkeiten* ist ebenfalls leicht zu verstehen; man kann nämlich einen Computer so programmieren, dass er pseudorandomisiert Zahlen hervorbringt, die den Augenschein von Zufälligkeit besitzen, obwohl der Computer deterministisch arbeitet. Der *Welle-Teilchen Dualismus* lässt sich folgendermaßen deuten: Beobachtete Teilchen wurden auf den Bildschirm projiziert, die zeitliche Entwicklung der Wahrscheinlichkeiten für eine Beobachtung hat jedoch im Computer intern die Form einer Welle. Man kann also einerseits von Informationswellen in der Software und andererseits von Teilchen auf dem Bildschirm sprechen. In der QM kommt der *Bahnbegriff* deshalb nicht vor, weil sich Teilchen tatsächlich nicht über den Bildschirm bewegen. Der *Spin* ist keine räumliche Eigenschaft der Teilchen, er hat nur eine Funktion bei der Informationsverarbeitung. Beim *EPR-Argument* sind die Eigenschaften von zwei Teilchen, die in der Vergangenheit eine Wechselwirkung hatten, korreliert, was ein Softwarezustand ist. Nach der Beobachtung eines Teilchens wird instantan die korrelierte Eigenschaft beim anderen Teilchen angetroffen, weil beide Teilchen mit den entsprechenden Eigenschaften gleichzeitig auf den Bildschirm projiziert werden. Der *Holismus* der QM kommt daher, dass die Welt zum jeweiligen Zeitpunkt in ihrer Gesamtheit auf den Bildschirm projiziert wird und dass ein einzelnes Objekt vom Informationszustand für den gesamten Bildschirm abhängen kann. Das Computerprogramm erlaubt gemäß der *Unschärferelation* nicht die gleichzeitige Projektion von Ort und Impuls, und der *Konfigurationsraum* ist nicht der Raum des Bildschirms, sondern nur ein mathematisches Schema, innerhalb dessen Informationen verarbeitet werden. Die *Dimensionalität* des Konfigurationsraumes hängt davon ab, wie viel Teilchen man betrachtet. Hierüber hat bereits David Bohm geschrieben: "that the wavefunction constitutes a kind of *information content*. Thus, it is well known that information (e.g., in a computer) can be ordered in as many dimensions as may be convenient or appropriate. And so the multidimensional nature of the wavefunction now presents no insoluble problem of interpretation."[31] Schließlich wird sogar verständlich, warum es in der QM *mehrere Formalismen* gibt: Jedes Problem lässt sich mit verschiedenen Computerprogrammen behandeln, und da sie alle dieselben Problemlösungen anstreben, enthalten alle möglichen Programme gemeinsame Strukturen. Welches Programm de facto in der Welt implementiert ist, lässt sich mit den heutigen Methoden nicht feststellen.

Für den Fall, dass es den Physikern in Zukunft gelingen sollte, das Messproblem (die Reduktion der Wellenfunktion) beobachterunabhängig zu behandeln (neuere Untersuchungen zur Dekohärenz sind ein vielversprechender Ansatz), soll nun noch das CWB in einer zweiten Version formuliert werden (die als eine teilweise Veranschaulichung von Heisenbergs Deutung aufgefasst werden kann). Danach besitzt der Zentralrechner einen eigenen universalen Bildschirm. Nach dem Urknall, den man in der Computeranalogie als das Anschalten des Bildschirms mit einem anfänglichen starken Lichtpunkt in der Bildschirmmitte vergleichen kann, warf der Computer spontan bei irgendeiner Evolutionsstufe, bei irgendeiner Teilchenkonfiguration, die Teilchen als Makroobjekte auf den Bildschirm. Die Makroobjekte des Bildschirms waren dann in der Lage, den Reduktionsprozess der QM für Quantenobjekte auszuführen. Immer wenn potentielle (Elementar-) Teilchen (die nur als Möglichkeiten in der Software existieren) auf Makroobjekte stoßen, werden sie auf den Bildschirm projiziert, was der Reduktion der Wellenfunktion entspricht. Im weiteren Verlauf der Evolution entwickelten sich aus den Bildschirmobjekten Lebewesen, und dabei spalteten Hauptprozessor und Hauptprogramm des Zentralrechners Unterprozessoren und Unterprogramme ab, die den Verstand der Lebewesen bilden. Es entstanden ferner für die Unterprozessoren kleinere Bildschirme, die qualitativ auch anders sein können als der Universalbildschirm und die das Bewusstsein (z.B. das visuelle Wahrnehmungsfeld) der Lebewesen darstellen. Auf diese Weise entstand ein Netzwerk von PCs (bzw. Macs), die an einen Zentralrechner angeschlossen sind. Die einzelnen Kleinrechner sind in der Lage, auf ihren Bildschirmen (in vielleicht nur grober oder veränderter Form) das wiederzugeben, was auf dem universalen Bildschirm des Zentralrechners stattfindet; sie können also die „Realität" des Universalbildschirms beobachten.

# Funktionen eines Weltbildes in den Naturwissenschaften

Ein Weltbild, wie es im vorigen Abschnitt entwickelt wurde, ist post hoc und somit primär ohne erkenntnistheoretischen Wahrheitswert. Aber dadurch, dass es erlaubt, eine Theorie in ein umfassenderes Begriffssystem einzubetten, kann es den Wissenschaftlern ein Gefühl dafür vermitteln, dass die Theorie tatsächlich Realstrukturen erfasst und dass die Theorie nicht offensichtlicher Unsinn darstellt, den es abzulehnen gilt, wie man Einsteins Haltung überspitzt charakterisieren könnte. Neben dieser Verständnisvermittlung kann ein Weltbild eine zweite Funktion haben, nämlich die Stimulierung neuer Theorien und Forschungsrichtungen. Das atomistisch-mechanistische Weltbild, welches sich im 17. Jahrhundert entwickelte, hatte die Naturwissenschaft über Jahrhunderte hinweg vorangetrieben, obwohl es aus der Sicht der heutigen Theorien nicht haltbar ist. Entsprechend könnte das Computer-Weltbild eine stimulierende Wirkung haben, was jedoch an dieser Stelle nicht weiter ausgearbeitet werden soll. An anderer Stelle sind auf dieser Grundlage Hypothesen über die Leib-Seele-Beziehung dargestellt worden, und auch der physikalischen Erforschung des biologischen Funktionalismus könnte dieses Weltbild neue Impulse geben: Das visuelle Bewusstsein lässt sich nämlich, wie bereits angedeutet, mit einem Computerbildschirm vergleichen, und ein Computer arbeitet Informationen auf ein funktionelles Ziel hin ab.[32] Das CWB ermöglicht sogar ein Verständnis der Meditation und erlaubt, diese introaktive Methode der Psychologie wissenschaftlich auszuarbeiten:[33] Wenn man in der Meditation eine Frage stellt, dann wird diese Frage an den Hauptrechner des Weltcomputers abgeschickt, und danach braucht man nur noch auf die Antwort zu warten.

# Anmerkungen

[1] Beispielsweise R.P. Feynman: *QED - Die seltsame Theorie des Lichts und der Materie*, München 1992, S. 20.

[2] J.P. Houston: *Fundamentals of learning and memory*, New York 1981. P.H. Lindsay, D.A. Norman: *Einführung in die Psychologie*, Berlin 1981. D. Dörner: *Problemlösen als Informationsverarbeitung*, Stuttgart 1979. R.E. Mayer: *Denken und Problemlösen: Eine Einführung in menschliches Denken und Lernen*, Berlin 1979.

[3] P.E. Rumelhart, P.H. Lindsay, D.A. Norman: 'A process model for long-term memory'. In: E. Tulving, W. Donaldson (Hrsg.): *Organization of memory*, New York 1972, S. 197-246.

[4] D. Dörner, 1979, a.a.O., S. 50.

[5] D. Dörner, 1979, a.a.O., S. 51.

[6] W. Heisenberg: 'Was ist ein Elementarteilchen?', S. 5, *Naturwiss.* 63 (1976), S. 1-7.

[7] Eine detailliertere Besprechung des Interpretationsproblems der QM ist vom Autor gegeben worden in: L. Arendes: *Das Realismusproblem in der Quantenmechanik. Gibt die Physik Wissen über die Natur?*, Norderstedt 2023.

[8] W. Heisenberg: *Physik und Philosophie*, Stuttgart 1990.

[9] A. Einstein, B. Podolsky, N. Rosen: 'Kann man die quantenmechanische Beschreibung der physikalischen Wirklichkeit als vollständig betrachten?' In: K. Baumann, R. Sexl (Hrsg.): *Die Deutungen der Quantentheorie*, Braunschweig 1986, S. 80-86.

[10] Vgl. B. d'Espagnat: 'Quantentheorie und Realität', *Spekt. d. Wiss. Heft 1, Januar* (1980), S. 69-81.

[11] J.A. Wheeler: 'From Relativity to Mutability', S. 227. In: J. Mehra (Hrsg.): *The Physicist`s Conception of Nature*, Dordrecht 1973, S. 202-247.

[12] W. Heisenberg: *Der Teil und das Ganze*, München 1985, 9. Auflage, S. 90.

[13] W. Heisenberg: 'Die Entwicklung der Deutung der Quantentheorie', S. 145. In: K. Baumann, R. Sexl, 1986, a.a.O., S. 140-155.

[14] Zum Beispiel B.O. Küppers: *Molecular Theory of Evolution*, Berlin 1983, S. 29f.

[15] N. Bohr: *Atomphysik und menschliche Erkenntnis: Aufsätze und Vorträge aus den Jahren 1930-1961*, Braunschweig 1985.

[16] Zitiert nach M. Jammer: 'Wirklichkeit und Objektivität in der modernen Physik', S. 126f. In: O. Molden: *Autonomie und Kontrolle. Steuerkrisen der modernen Welt*, Europäisches Forum Alpbach 1986, S. 118-140.

[17] W. Heisenberg, 1985, a.a.O., S. 54.

[18] W. Heisenberg, 1976, 1990, a.a.O.

[19] W. Heisenberg, 1976, a.a.O., S. 5.

[20] W. Heisenberg, 1986, a.a.O., S. 140.

[21] W. Heisenberg: *Ordnung der Wirklichkeit*, München 1990, S. 113.

[22] J. von Neumann: *Mathematische Grundlagen der Quantenmechanik*, Berlin 1968. F. London, E. Bauer: *The Theory of Observation in Quantum Mechanics*. In: J.A. Wheeler: *Quantum Theory and Measurement*, Princeton 1983, S. 217-259. E.P. Wigner: *Symmetries and Reflections*, Bloomington 1967

[23] E.P. Wigner, a.a.O., S. 191.

[24] H. Everett III: 'The Theory of the Universal Wave Function'. In: B. de Witt, N. Graham: *The Many-Worlds Interpretation of Quantum Mechanics*, Princeton 1973, S. 3-140.

[25] D. Bohm: 'Vorschlag einer Deutung der Quantentheorie durch "verborgene" Variable'. In: K. Baumann, R. Sexl (Hrsg.), 1986, a.a.O., S. 163-192. D. Bohm, J.P. Vigier: 'Model of the Causal Interpretation of Quantum Theory in Terms of a Fluid with irregular Fluctuations', *Phys. Rev. 96* (1954), S. 208-216.

[26] D. Bohm: 'A new Theory of the Relationship of Mind and Matter', *J. Am. Soc. Psych. Research 80* (1986), S. 113-135. D. Bohm, B. Hiley, P. Kaloyerou: 'An Ontological Basis For The Quantum Theory', *Physics Reports 144* (1987), S. 321-375. Part I: D. Bohm, B. J. Hiley: 'Non-relativistic Particle Systems', S. 323-348. D. Bohm, B.J. Hiley: *The undivided universe*, London 1993.

[27] E.J. Dijksterhuis: *Die Mechanisierung des Weltbildes*, Berlin 1956.

[28] L. Arendes, 2023, a.a.O.

[29] A. Messiah: *Quantenmechanik. Bd. I*, Berlin 1976, S. 281.

[30] J. Rafelski, B. Müller: *Die Struktur des Vakuums. Ein Dialog über das Nichts*, Frankfurt a. M. 1985. H. Genz: *Die Entdeckung des Nichts. Leere und Fülle im Universum*, München 1994.

[31] D. Bohm: 1986, a.a.O., S. 122.

[32] L. Arendes: 'Ansätze zur physikalischen Untersuchung des Leib-Seele-Problems', *Philosophia Naturalis 33* (1996), S. 55-81. L. Arendes: *Naturphilosophische Leitideen für die biophysikalische Forschung*, enthalten in dieser Aufsatzsammlung. L. Arendes: *Das Computer-Weltbild. Funktionen der Naturphilosophie in der Naturwissenschaft*. Norderstedt 2024.

[33] L. Arendes: *Grundlegung der introaktiven Psychologie*, enthalten in dieser Aufsatzsammlung.

# Das Computer-Weltbild (Kurzfassung)

Die fundamentalste Theorie der heutigen Physik ist die Quantenmechanik (QM), aber sogar mehrere Jahrzehnte nach der Entstehung dieser Theorie hatten selbst noch Physik-Nobelpreisträger eingestanden, die QM nicht verstanden zu haben. Nach der kognitiven Psychologie wird ein Sachverhalt als verstanden erlebt, wenn es gelingt, diesen Sachverhalt an eine bestehende Gedächtnisstruktur anzukoppeln. Das bedeutet in der QM, dass ihr mathematischer Formalismus als verstanden erlebt wird, wenn der Wissenschaftler (bzw. die Wissenschaftlerin) die mathematischen Terme in seine (bzw. ihre) interne kognitive Repräsentation der globalen Strukturen der Natur, welches als sein (bzw. ihr) Weltbild bezeichnet werden kann, integrieren kann. Im Folgenden wird nun ein Weltbild skizziert, welches eine semantische Interpretation der QM erlaubt.

Vergleicht man die Welt mit einem Computer, so kann man die Naturgesetze als die Weltsoftware auffassen, und die Hardware des Weltcomputers wäre das Vakuum. Das Vakuum ist in der heutigen Physik nicht mehr das Nichts, vielmehr ist es der Grundbereich, aus dem heraus alle Objekte entstehen. Das Vakuum scheint eine innere Struktur zu haben, kann Druck ausüben und beeinflusst vielleicht sogar die Naturgesetze. Innerhalb der Computer-Analogie entspricht der Computerbildschirm mit seinen Abbildungen unserer Raumzeit mit den darin befindlichen Objekten. Damit das Vakuum die materiellen Objekte und vermutlich sogar unsere Raumzeit hervorbringen kann, muss das Vakuum, und damit das ganze Sein, vermutlich mehr als die vier Dimensionen unserer Raumzeit haben.

Auf der Grundlage dieses Weltbildes lassen sich alle Eigenheiten der QM verstehen:

Der *Welle-Teilchen Dualismus* lässt sich folgendermaßen deuten: Beobachtete Teilchen wurden auf den Bildschirm projiziert, die zeitliche Entwicklung der Wahrscheinlichkeiten für eine Beobachtung hat jedoch im Computer intern die Form einer Welle. Man kann also einerseits von Informationswellen in der Software und andererseits von Teilchen auf dem Bildschirm sprechen.

In der QM kommt der *Bahnbegriff* nicht vor, weil sich Teilchen tatsächlich nicht über den Bildschirm bewegen, sondern plötzlich zu einem bestimmten Ort projiziert werden.

Der *Spin* ist keine räumliche Eigenschaft der Objekte, sondern hat nur eine Funktion in der Informationsverarbeitung.

Beim *EPR-Paradox* sind die Eigenschaften von zwei Objekten, die in der Vergangenheit eine Wechselwirkung hatten, korreliert, was ein Softwarezustand ist. Nach der Beobachtung eines Teilchens wird instantan die korrelierte Eigenschaft beim anderen Teilchen angetroffen, weil beide Teilchen mit den entsprechenden Eigenschaften gleichzeitig auf den Bildschirm projiziert werden.

Die *Reduktion der Wellenfunktion* ist ein diskontinuierlicher Vorgang, weil es sich hierbei nicht um die kontinuierliche Bewegung eines Teilchens innerhalb des Bildschirms handelt, sondern um die schlagartige Projektion des Teilchens auf den Bildschirm. Dieser Reduktionsvorgang lässt sich deshalb auch nicht mit einer Bewegungsgleichung, mit der Schrödinger-Gleichung oder einer anderen, beschreiben. Ebenso sind alle Diskontinuitäten der QM Ausdruck der schlagartigen Projektionen auf den Bildschirm.

Die *Wahrscheinlichkeiten* der QM werden oftmals als Zufallsprozesse gedeutet, aber wie kann der Zufall einem Naturgesetz gehorchen, z.B. der Schrödingergleichung? Die Gesetzmäßigkeit der quantenmechanischen Wahrscheinlichkeiten ist im CWB leicht zu verstehen; man kann nämlich einen Computer so programmieren, dass er pseudorandomisiert Zahlen hervorbringt, die den Augenschein von Zufälligkeit besitzen, obwohl der Computer deterministisch arbeitet.

Der *Holismus* der QM kommt daher, dass die Welt zum jeweiligen Zeitpunkt in ihrer Gesamtheit auf den Bildschirm projiziert wird und dass ein einzelnes Objekt vom Informationszustand für den gesamten Bildschirm abhängen kann.

Das Computerprogramm erlaubt gemäß der Unschärferelation nicht die gleichzeitige Projektion von Ort und Impuls, weil Heisenbergs *Unschärferelationen* in der Software implementiert sind.

Der *Konfigurationsraum* ist nicht der Raum des Bildschirms, sondern nur ein mathematisches Schema, innerhalb dessen Informationen verarbeitet werden. Die Dimensionalität des Konfigurationsraumes hängt davon ab, wie viel Objekte man betrachtet, und hierüber hat bereits David Bohm geschrieben: "that the wavefunction constitutes a kind of information content. Thus, it is well known that information (e.g., in a computer) can be ordered in as many dimensions as may be convenient or appropriate. And so the multidimensional nature of the wavefunction now presents no insoluble problem of interpretation."

Schließlich wird sogar verständlich, warum es in der QM *mehrere Formalismen* gibt: Jedes Problem lässt sich mit verschiedenen Computerprogrammen behandeln, und da sie alle dieselben Problemlösungen anstreben, enthalten alle möglichen Programme gemeinsame Strukturen. Welches Programm de facto in der Welt implementiert ist, lässt sich mit den heutigen Methoden nicht feststellen.

Abschließend noch eine allgemeine Anmerkung: Statt die Welt als einen Computer zu bezeichnen, sollte man besser als Verallgemeinerung von einem informationsverarbeitenden System mit der Fähigkeit zur Emergenz von Objekten sprechen, denn die Art der Informationsverarbeitung der Welt könnte sehr stark verschieden sein von der unserer heutigen Computer.

# Grundzüge der wissenschaftlicheWeltauffassung

**Zusammenfassung:** Im 20. Jahrhundert kam es durch die Quantenmechanik zum Zusammenbruch des klassischen wissenschaftlichen Weltbildes, und in diesem Aufsatz erläutere ich die grundlegenden Begriffe unserer heutigen wissenschaftlichen Theorien: Äther bzw. Vakuum, Elementarteilchen, Naturgesetze und Information, Raum und Zeit, Emergenz, Selbstorganisation, Evolution, Einheit, Ganzheit, System, Schachtelung der Objekte, Schichtung der Gesetze, Kausalität, Teleonomie, Teleologie und Zufall. Aufbauend auf diesen Grundbegriffen wird eine allgemeine Beschreibung unserer heutigen wissenschaftlichen Weltauffassung gegeben.

## 1. Einleitung

Das 20. Jahrhundert war ein Jahrhundert, in dem die Naturwissenschaften zu einer großen Vielzahl von Ergebnissen gelangten, welche die technische Entwicklung beschleunigten und dadurch die gesamte Gesellschaft grundlegend veränderten. Parallel zu diesen Erfolgen in den Detailfragen der einzelnen Forschungsdisziplinen wurde jedoch das Gesamtbild unseres Verständnisses von der Natur – von uns selbst und von der Welt in ihrem Grundaufbau – immer unklarer. Viele Wissenschaftler sind sogar dazu übergegangen, die Fragen nach dem Gesamtaufbau für irrelevant, wenn nicht gar für unwissenschaftlich zu halten.

Demgegenüber muss jedoch betont werden, dass ein Überblickwissen über die Grundstrukturen der Welt auch für die fachspezifische Forschung von Bedeutung ist. Die Funktion eines Weltbildes beschränkt sich nämlich nicht darauf, lediglich einen synoptischen Überblick über die Welt zu liefern. Vielmehr haben Weltbilder auch die heuristische Funktion, den Wissenschaftlern für ihre Forschungen Leitideen zu geben, die dazu beitragen können, spezifische Detailprobleme zu lösen. Ein Weltbild gibt den Forschern allgemeine Hinweise, wonach sie zu suchen haben. Nach dem Zusammenbruch des klassischen Weltbildes ist deshalb heute eine der wichtigsten Aufgaben von Wissenschaft und Philosophie, ein neues Weltbild zu entwerfen.

Die einzelnen Wissenschaften, vor allem aber die Physik, haben im 20. Jahrhundert eine Entwicklung zu immer abstrakteren, unanschaulicheren Begriffen genommen. Begriffe, Vorgänge und Phänomene wie Geodäten, Welle-Teilchen Dualität und Spin sind sehr abstrakt und unanschaulich, aus diesem Grund wird in der Quantenphysik immer wieder behauptet, dass sich die Natur nicht anschaulich beschreiben lasse und dass sie nur auf mathematische Weise exakt wissenschaftlich beschrieben werden könne. Ein naturphilosophisches Weltbild ist hingegen in der Regel ein anschauliches Modell, ein Bild von den Grundstrukturen der Welt. Sollten die Prozesse der Quantenphysik und anderer Wissenschaften tatsächlich unanschaulicher Art sein, so würde sich ein Weltbild in dem Maße von den wissenschaftlichen Ergebnissen entfernen, wie es selbst vorstellbar wäre. Deshalb soll im Folgenden nicht von „Weltbild" gesprochen werden, sondern von „Weltauffassung". Begriffe wie „Weltbild" und „Weltanschauung" legen zu sehr die visuelle Vorstellbarkeit nahe, was beim heutigen Stand der Wissenschaft für die Grundstrukturen der Welt kaum noch möglich sein dürfte. Um aber den Aufbau der Welt wissenschaftlichen Laien zu erläutern, kann ein Bild durchaus nützlich sein. Ein Bild sagt mehr als tausend Worte, sagt ein Sprichwort. Als didaktisches Mittel und als pädagogische Hilfe in den Schulen kann ein Weltbild zur Erläuterung einer abstrakten Weltauffassung benutzt werden, und auch in der wissenschaftlichen Forschung kann ein Bild durchaus als eine nützliche Heuristik dienen. Im Folgenden werde ich deshalb manchmal zur Erläuterung einiger Aspekte der hier dargelegten Weltauffassung ein Weltbild benutzen, das ich an anderer Stelle ausgearbeitet habe.[1] Bei diesem Weltbild wird die Welt mit einem Computer verglichen, dessen Hardware das Quantenvakuum, dessen Software die Naturgesetze und dessen Bildschirm mit den darin befindlichen Objekten die von uns beobachtbare Welt darstellen.

---

[1] Arendes 2024a

In den folgenden Abschnitten werde ich die grundlegenden Aspekte der Welt, wie sie sich im Lichte der heutigen Wissenschaften darstellen, beschreiben, indem ich die wichtigsten Grundbegriffe der heutigen Theorien erläutere, um darauf aufbauend im Schlusskapitel eine allgemeine Zusammenfassung der heutigen wissenschaftlichen Weltauffassung zu geben.[1]

# 2. Grundbegriffe heutiger wissenschaftlicher Theorien

## 2.1 Äther, Vakuum, Prima Materia

Das Vakuum ist in der Physik der Zustand, den man erhält, wenn man alle Teilchen oder Felder entfernt, die man nach den Gesetzen der Physik überhaupt entfernen kann. In der heutigen Physik ist dieser Zustand jedoch nicht das Nichts, in dem wirklich nichts mehr existiert. Es ist vielmehr lediglich der Zustand niedrigster erreichbarer Energie. Die physikalische Theorie, aus der dieses Konzept hervorgegangen ist und das aus der heutigen Elementarteilchenphysik nicht mehr wegzudenken ist, ist die relativistische Quantenmechanik, eine Quantenfeldtheorie (QFT). Quantenfelder sind Felder von Teilchenerzeugungs- und Teilchenvernichtungsoperatoren, deren wesentliche Aufgabe darin besteht, die Teilchenanzahl zu verändern. Der Zustandsvektor $|n>$ (mit $n = 0,1,2,3\ldots$) gibt die Teilchenzahl an, und der Vakuumzustand $|0>$ ist definiert als der niedrigstmögliche Energiezustand, in dem keine reellen Teilchen (nur kurzzeitige, virtuelle) existieren.

Der Vakuumbegriff hat eine lange und widerspruchsvolle Geschichte. Bereits im alten Griechenland gab es darüber zwei konträre Ansichten. Nach der ersten Ansicht ist das Vakuum die Leere zwischen zwei materiellen Teilchen, die es geben muss, damit sich die Teilchen überhaupt bewegen können. Diese Auffassung wurde u.a. von den Atomisten Demokrit und Lukrez vertreten. Nach der zweiten Ansicht gibt es den leeren Raum gar nicht, vielmehr sei das Vakuum ein ganz feiner Stoff. Aristoteles sprach sogar von einem ‚horror vacui' der Natur;

---

[1] vgl. Arendes 2024b

die Natur würde die völlige Leere vermeiden. Er nahm eine zugrunde liegende, eine sogenannte Erste Materie (prima materia) an, aus der heraus die beobachtbare Materie hervorginge. Nach Aristoteles sprachen die antiken Stoiker von einem Äther, welcher ein feiner Urstoff sei, aus dem heraus alles entstehe und der in allem wirke. Wegen der großen Autorität des Aristoteles` in der mittelalterlichen Scholastik war die Auffassung von der Unmöglichkeit der völligen Leere die vorherrschende Lehrmeinung bis zum 17. Jahrhundert. Erst in dieser Zeit begann sich in Europa die Meinung durchzusetzen, dass es die völlige Leere gebe. Ausschlaggebend für diesen Meinungsumschwung waren Versuche zur Druckmessung. Toricelli hatte zum Beispiel gezeigt, dass der Raum über der Quecksilbersäule in einem Rohr vollständig mit Wasser gefüllt werden kann, wodurch er „bewiesen" hatte, dass dieser Raum vollständig leer gewesen sein müsse.[1] Im 19. Jahrhundert entwickelte jedoch Maxwell seine Theorie der Elektrodynamik, wonach sich Licht in Form von Wellen ausbreitet, und dies führte dazu, dass man in der Physik wieder die Existenz eines Äthers als Trägermedium diskutierte. Einsteins Spezielle Relativitätstheorie machte dann angeblich den Äther wieder unnötig, seine Allgemeine Relativitätstheorie führte jedoch kurze Zeit darauf die Raumzeit als real existierende Substanz ein, was Einstein selbst als eine neue Form von Äther deutete.[2] Und schließlich führte die QFT dazu, das Vakuum wieder als etwas Existierendes zu betrachten.

Die Elementarteilchenphysik lehrt uns, dass Teilchen permanent entstehen und vergehen. Da dies kaum aus dem völligen Nichts heraus geschehen kann, zumindest nicht auf so gesetzmäßige Weise, muss irgendeine Substanz existieren, die nicht direkt beobachtbar ist, die aber Beobachtbares hervorbringt. In der Physik ist hierfür heute neben der Bezeichnung „Vakuum" kein Name üblich, da aber dieses „Etwas" auch existiert, wenn es Teilchen hervorgebracht hat, also nicht im Zustand niedrigster Energie, dem Vakuum, ist, sollte man hierfür einen eigenen Namen einführen. Heisenberg hatte vom Potentia-Zustand gesprochen, aus dem heraus die Teilchen aktualisiert würden. Man kann auch von der Urmaterie oder mit Aristoteles von der prima materia sprechen. Aufgrund der Geschichte der Physik bietet sich aber an, den Ätherbegriff auf diese Weise neu zu definieren. Der Äther wäre dann im Sinne der heutigen Physik eine allgegenwärtige Substanz, die unbeobachtbar ist, aber Beobachtbares hervorbringen kann, und

---

[1]  vgl. Greiner & Wolschin 1994
[2]  Einstein 1920

die im Zustand niedrigster Energie als Vakuum (ohne reelle Teilchen) bezeichnet wird.[1]

Es gibt sogar Autoren, welche vermuten, dass das Vakuum nicht nur die Materie, sondern auch die Raumzeit hervorbringt. Es ist nämlich bislang nicht gelungen, die QM mit der Allgemeinen Relativitätstheorie (ART) zu vereinigen, und eine zukünftige quantenmechanische Gravitationstheorie könnte zu der Ansicht führen, dass auch das geometrische Feld der ART, die Raumzeit, aus dem Vakuum entsteht. Darüber hinaus gibt es sogar Physiker, die vermuten, dass das Vakuum auch einen Einfluss auf die Naturgesetze hat.[2]

## 2.2 Elementarteilchen

Elementarteilchen kann man in drei Gruppen einteilen, in Quarks, Leptonen und Eichbosonen.[3] Die Quarks machen, will man die Sprache der Baukasten-Denkweise benutzen, die Bestandteile von Protonen und Neutronen aus, und zu den Leptonen zählt beispielsweise das Elektron. Neben anderen Eigenschaften haben Protonen eine Masse von 938,28 MeV/c$^2$ (gemessen als Energie) und eine positive elektrische Ladung von +1; Neutronen sind elektrisch neutral mit einer Masse von 939,57 MeV/c$^2$; Elektronen haben die Masse 0,51 MeV/c$^2$ mit der negativen elektrischen Ladung –1; und Quarks haben Massen von 5 bis 170.000 MeV/c$^2$ mit elektrischen Ladungen von –1/3 und +2/3. Die Eichbosonen sind diejenigen Elementarteilchen, welche für die Wechselwirkungen zwischen der Materie verantwortlich sind; beispielsweise ist das masselose und elektrisch neutrale Photon Überträger der elektromagnetischen Kraft. Beschrieben werden diese Wechselwirkungen von Quantenfeldtheorien, in denen „Teilchen" als Feldquanten auftreten, und sogenannte virtuelle Teilchen sind unbeobachtbar und sehr kurzlebig. Das bedeutet, dass auch die zwischen den Teilchen wirkenden Kräfte – heutzutage in der Physik als Wechselwirkungen (WW) bezeichnet – von den Feldtheorien als Austausch von Teilchen beschrieben werden. Zu jedem Teilchen gibt es außerdem ein Antiteilchen, welches fast dieselben

---

[1] Heisenberg 1990; vgl. Saunders & Brown 1991b; Finkelstein 1991
[2] vgl. Bohm & Hiley 1993; Saunders & Brown 1991a; Rafelski & Müller 1985
[3] vgl. Dosch 1995

42

Eigenschaften hat wie das zugeordnete Teilchen und nur bezüglich seiner inneren Eigenschaft (wie elektrische Ladung) entgegengesetzt ist – so ist das Elektron elektrisch negativ, das Positron hingegen bei gleicher Masse elektrisch positiv.

Protonen und Neutronen werden auch als Hadronen bezeichnet, und alle Hadronen setzen sich aus Quarks zusammen. Man unterscheidet verschiedene Quarktypen (je nach Theorie bis zu 12 Typen), welche sich unterscheiden anhand ihrer Eigenschaften Flavor und Farbe (was nichts zu tun hat mit der herkömmlichen Farbe – die Namensgebung in der Quarktheorie ist leider sehr irreführend, was andererseits sehr gut die Willkürlichkeit der menschlichen Namensgebung verdeutlicht). Auf die genaue Natur dieser und anderer physikalischer Eigenschaften soll hier nicht näher eingegangen werden, da zu deren Verständnis ein detaillierteres physikalisches Wissen nötig ist, als es im Rahmen dieser Zusammenfassung vermittelt werden kann. Die verschiedenen Typen von Quarks werden bezeichnet als down-Quark, strange-Quark, charm-Quark usw., und wegen dieser hohen Typenzahl und ihrer Umwandlungsfähigkeit ineinander vermuten manche Theoretiker sogar, dass Quarks nicht elementar seien, sondern sich wiederum aus anderen Teilchen zusammensetzen, z.B. genannt Präonen.

So verwirrend die Vielzahl der Elementarteilchen auch ist (noch nicht erwähnt wurden beispielsweise Teilchen aus der Gruppe der Leptonen wie Myone, Neutrinos oder $\tau$-Leptone), ihre Wechselwirkungen beschränken sich jedoch nach heutigem Wissen auf vier Grundkräfte. Am bekanntesten sind die Gravitation für die Massenanziehung und der Elektromagnetismus, welcher zwischen elektrisch geladenen Teilchen wirkt; darüber hinaus kennt man die starke WW und die schwache WW. Die starke WW hält die Protonen und Neutronen im Atomkern zusammen, und sie ist auch die Kraft, die die Quarks aneinander bindet. Die schwache WW spielt beim Zerfall einiger Elementarteilchen eine Rolle. Die Feldquanten dieser Kräfte sind das Photon für den Elektromagnetismus, die intermediären Vektorbosonen für die schwache WW, die Gluonen für die starke WW und hypothetisch (da noch nicht nachgewiesen und noch keine befriedigende quantenmechanische Theorie hierfür vorliegt) das Graviton für die Gravitation.

Die Physiker versuchen, alle vier Wechselwirkungen in einer einzigen Theorie so zu vereinen, dass alle vier Kräfte nur die verschiedenen Manifestationen einer einzigen grundlegenden Kraft bilden. Für die schwache und die elektromagnetische WW gibt es bereits eine gemeinsame Theorie, auch wenn diese beiden Kräfte noch physikalisch verschieden bleiben.

Was aber alle diese quantenmechanischen Entitäten ontologisch sind, ist sehr umstritten. Es handelt sich bei diesen Teilchen sicherlich nicht um ewige und unzerstörbare Grundbausteine der Welt, was besonders auch die virtuellen, d.h. kurzzeitigen Teilchen verdeutlichen. Wegen der Welle-Teilchen-Dualität aller Objekte sprechen manche Physiker auch statt von Teilchen von Feldern oder mathematisch korrekter von Feldquanten. Insbesondere die auch von mir hier verwendete Ausdrucksweise, dass ein Teilchen sich aus anderen Teilchen „zusammensetze" oder es aus ihnen „bestehe" (z.B. Protonen aus Quarks) ist deshalb nicht wirklich räumlich, sondern metaphorisch zu verstehen. Wissenschaftlich korrekter kann man mit Heisenberg sagen, dass die verschiedenen beobachtbaren „Teilchen" lediglich verschiedene angeregte Zustände eines universellen Materiefeldes darstellen, oder dass sie in meiner Terminologie ausgedrückt verschiedene Hervorbringungen des Vakuums oder Äthers sind.[1]

## 2.3 Naturgesetze und Information

„Ein wissenschaftliches Gesetz ist eine bestätigte wissenschaftliche Hypothese, die eine konstante Relation zwischen zwei oder mehr Variablen feststellt, welche jede eine Eigenschaft von konkreten Systemen (wenigstens teilweise und indirekt) repräsentiert".[2] Ein Beispiel ist das Gesetz von der Energieerhaltung: »Die Energie eines isolierten Systems ist zeitlich konstant.« Derartige Naturgesetze gelten mit beachtlicher quantitativer Genauigkeit, sie sind aber trotzdem nur hypothetisch und oftmals nur approximativ gültig. Während zum Beispiel das Gesetz von der Energieerhaltung zu Beginn des 20. Jahrhunderts als unumstößlich und vollständig gültig betrachtet wurde, ist es heute auf kosmologischer und mikrophysikalischer Ebene nicht mehr vollständig gültig. Heute wird in der Physik angenommen, dass die Materie-Energie mit dem Urknall entstanden ist und

---

[1] Heisenberg 1967
[2] Bunge 1967, I: 312; meine Übersetzung

dass es in ganz kleinen Zeitbereichen wegen der Energie-Zeit-Unschärferelation zu beträchtlichen Energieschwankungen kommt.

Naturphilosophisch besonders interessant ist natürlich die Frage nach dem ontologischen Status der Naturgesetze. Warum verhalten sich Objekte naturgesetzlich? Wie sind Naturgesetze in der Natur verankert? Die Quantenphysik hat zum Beispiel entdeckt, dass Lichtquanten, die von einer Lichtquelle ausgesendet werden, in einiger Entfernung auf einer photographischen Platte mit bestimmten Wahrscheinlichkeiten ein bestimmtes Absorptionsmuster erzeugen. Nun kann man sich fragen, warum das Licht zwischen der Lichtquelle und der photographischen Platte nicht eine völlig andere Richtung einschlägt, es etwa nach einiger Zeit die Richtung umkehrt und es sich wieder zur Quelle zurück bewegt. Es muss irgendetwas am Licht oder zwischen Quelle und Fotoplatte geben, das für das gesetzmäßige Verhalten der Lichtquanten verantwortlich ist. Im Rahmen des klassischen mechanistisch-atomistischen Weltbildes war die Antwort ganz einfach: Die Welt besteht aus kleinsten Teilchen, die ihre einmal eingeschlagenen Bewegungsrichtungen beibehalten, sofern keine äußeren Kräfte auf sie einwirken. Naturgesetze wären danach lediglich die Beschreibung des Verhaltens der Objekte, das sie aufgrund ihrer inneren Eigenschaften haben. Nur sind aber in der QM die Lichtquanten und alle anderen Elementarteilchen keine Objekte, die sich auf einem bestimmten Weg durch den Raum bewegen und dabei beständig mit sich und ihren Eigenschaften identisch bleiben. Quantenphänomene sind nach heutigem Wissensstand keine substanziellen Objekte, die immer mit sich identisch sind; es sind vielmehr Phänomene, die man mit bestimmten Wahrscheinlichkeiten wiederholt beobachten kann, und was zwischen zwei Beobachtungen geschieht, ist unklar. Wenn nun das Experiment mit der Lichtquelle und der Fotoplatte in einer Vakuumkammer durchgeführt wird, dann sollte es doch zwischen Lichtquelle und Fotoplatte im Vakuum irgendetwas geben, das für diese Gesetzmäßigkeit verantwortlich ist. Im Rahmen der hier vorgestellten Weltauffassung soll deshalb die Annahme gemacht werden, dass das Vakuum oder besser ausgedrückt der Äther eine innere Struktur besitzt, die für diese Gesetzmäßigkeit verantwortlich ist. Genau betrachtet ist das eine triviale Hypothese, denn wie sollte es anders sein? Nicht trivial ist hingegen die Frage, auf welche Weise die Naturgesetze im Äther verankert sind. Diese Frage lässt sich zurzeit nicht beantworten, da man über das Vakuum bzw. über den Äther noch zu wenig weiß. Will man sich die Wirkungsweise der Naturgesetze trotzdem irgendwie plausibel machen, so kann man als Analogie die Welt mit einem

Computer vergleichen. Nach dieser Analogie wären die Naturgesetze auf ähnliche Weise im Äther verankert wie die Software eines Computers in dessen Hardware. Das naturgesetzliche Verhalten der beobachtbaren Phänomene sollte sich somit aus einer bestimmten Strukturierung des Äthers ergeben, so wie die Phänomene auf einem Computer-Bildschirm durch die Prozesse in einer bestimmten Konstellation von Chips, Transistoren o.ä. entstehen. Naturgesetze kann man demnach als Informationen auffassen, die die Objekte der Welt steuern, so wie die Software die Information eines Computers ist, welche die Prozesse des Computers bestimmt.

In unserer WWA werden Naturgesetze als Informationen gedeutet, die die Objekte der Welt steuern, und über die Stellung des Informationsbegriffes in der QM soll nun noch einmal detaillierter hingewiesen werden. Experimente zur Quantenteleportation haben gezeigt, dass der Quantenzustand eines Teilchens instantan und ohne Einfluss des dazwischen liegenden Raumes auf ein anderes Teilchen übertragen werden kann (ohne jeglichen materiellen Übertrag), was kaum anders verstanden werden kann als eine Informationsübertragung durch einen Seinsbereich außerhalb unserer Raumzeit.[1]

Eine besondere Eigenschaft der Naturgesetze, deren Symmetrien, soll noch hervorgehoben werden. Von einer Symmetrie spricht man, wenn ein Objekt oder auch ein Naturgesetz einer Transformation unterworfen werden kann und es danach dieselbe Gestalt hat oder auf dieselben Resultate führt wie zuvor. Ist beispielsweise $\Psi(x)$ eine Lösung der Schrödinger-Gleichung für freie Teilchen, so kann man eine räumliche Verschiebung $\varepsilon$ durchführen, und die dadurch erhaltene Funktion $\Psi(x + \varepsilon)$ ist wiederum eine Lösung der Schrödinger-Gleichung. Derartige Symmetrien der physikalischen Naturgesetze spielen heute in der Physik eine überragende Rolle. Die heutigen fundamentalen Theorien der Physik werden nämlich entdeckt, indem man zunächst eine dem System zugrunde liegende Symmetrie bzw. Symmetriegruppe vermutet, und diese Symmetrieannahme führt dann zur mathematischen Ausgestaltung der Theorie. Mit Wigner kann man deshalb Symmetrien auch als Meta-Gesetze auffassen.[2] Sie sind allgemeine Eigenschaften der Naturgesetze. Der Quantenelektrodynamik liegt zum

---

[1] s. Bouwemeester et al. 1997; Ma et al. 2012
[2] Wigner 1967

Beispiel eine Symmetriegruppe zugrunde, die mit U(1) bezeichnet wird, und der Quarktheorie die SU(3).

## 2.4 Raum und Zeit

Die Begriffe Raum, Zeit und Masse haben im 20. Jahrhundert eine dramatische Veränderung erlebt. Mit zunehmender Geschwindigkeit unterliegen Objekte einer zunehmenden Längenkontraktion und Prozesse einer zunehmenden Zeitdilatation; kein Objekt kann sich schneller als das Licht bewegen; und Masse ist nicht mehr die »quantitas materiae«, sondern ein Maß für den Energiegehalt des Körpers. Unsere Auffassung von Raum und Zeit wurde besonders stark verändert durch die Gravitationstheorie der Allgemeinen Relativitätstheorie, die linke Seite der Einsteinschen Feldgleichungen $R_{\mu\nu} - 1/2 g_{\mu\nu} \cdot R = -\chi T_{\mu\nu}$ stellt nämlich die Struktur der Raumzeit dar und die rechte Seite die Energie. Nach dieser Theorie gibt es neben der Energie eine zweite Substanz, die Raumzeit, und die Energie eines Systems bestimmt die Struktur der Raumzeit, während umgekehrt die Struktur der Raumzeit die Bewegung der Objekte steuert; und Längenkontraktion und Zeitdilatation hängen danach auch von der Gravitationsstärke ab.

Bemerkenswert ist, dass die Raumzeit eine nichteuklidische Geometrie besitzt, die man nur im Fall eines schwachen Gravitationsfeldes bzw. nur lokal annähernd als euklidisch betrachten kann. Naturphilosophisch interessant ist ferner die mathematische Nichtlinearität der Feldgleichungen. Sie unterliegen keinem Superpositionsprinzip; d.h. wenn man zwei Lösungen der Feldgleichungen kennt, kann man sie nicht addieren, um eine dritte zu erhalten (wie das in der QM der Fall ist). Das bedeutet, dass die Welt nicht (oder nur approximativ) aus einzelnen Bausteinen zusammengesetzt ist in dem Sinne, dass das Ganze lediglich die Summe aller Teile ist. Das Ganze hat Eigenschaften, die sich nicht direkt aus den Teilen ergeben.

Das interessanteste Anwendungsgebiet haben die Feldgleichungen in der Kosmologie gefunden.[1] Unter Hinzunahme weiterer Postulate (Weylsches Postulat

---

[1] vgl. Kanitscheider 1979

und kosmologisches Prinzip) lassen sich mit den Feldgleichungen Aussagen über die Struktur von Raum und Zeit des Universums machen. Allerdings sind wegen der Nichtlinearität die Lösungen der Feldgleichungen schwer überschaubar; hinzu kommt, dass sich kosmologische Theorien und Modelle schlecht experimentell testen lassen. Als die Standardlösungen der relativistischen Kosmologie bezeichnet man die Friedmann-Modelle. Die beiden bevorzugten Modelle, jedes besitzt Befürworter, sind das oszillierende und das unendlich expandierende Modell. Beiden gemeinsam ist, dass das Universum aus einer Anfangssingularität, dem Urknall, entstanden ist. Seit dem Urknall dehnt sich das Universum aus, und das Modell des expandierenden Universums nimmt an, dass diese Ausdehnung unendlich weitergehen wird, wohingegen das oszillierende Modell annimmt, dass es in Zukunft zu einer Kontraktion kommen wird, die in einer Endsingularität enden wird, woraus ein neuer Urknall entstehen kann, so dass sich der ganze Prozess wiederholen kann. Aufgrund neuerer Befunde der Astronomie wird heutzutage jedoch das Modell des expandierenden Universums bevorzugt.

Während es in der QM den Bahnbegriff nicht gibt, ist Einsteins und Hilberts Theorie in dieser Hinsicht eine klassische Theorie mit eindeutig definierten Ortswerten. Im Augenblick bemühen sich die Physiker darum, die Gravitationstheorie mit der QM zu verbinden, was vermutlich zu einer erneuten Revision unserer Begriffe von Raum und Zeit führen wird. Ob die Raumzeit im mikrophysikalischen Bereich eine Schaumstruktur besitzt, so dass zum Beispiel Zukunft und Vergangenheit nicht immer unterscheidbar sind, ob die Begriffe Raum und Zeit vielleicht teilweise gar nicht mehr anwendbar sind oder ob es mehr als drei Raumdimensionen gibt, bleibt abzuwarten. Vermutet wird heute schon von vielen Physikern, dass unsere makrophysikalische Raumzeit ebenso wie die Materie aus dem Vakuum erschaffen wurde. Beim Urknall vermutet man deshalb, dass das Universum bzw. die Raumzeit aus einer Quantenfluktuation entstanden ist.

## 2.5 Emergenz

Unter Emergenz versteht man die Entstehung von neuen Eigenschaften oder Entitäten. Das prägnanteste Beispiel hierfür ist das Erwachen aus dem Schlaf, die Entstehung von Bewusstsein. Die Entstehung von neuen Eigenschaften ist auch in der Physik ein bekanntes Phänomen: Bringt man eine sehr große Anzahl von Teilchen zusammen, so hat die gesamte Ansammlung eine Temperatur. Temperatur ist eine physikalische Eigenschaft, die keines der Einzelteilchen besitzt und die erst als Vielteilcheneigenschaft definierbar ist. Andere Beispiele für solche Vielteilcheneigenschaften sind Druck und Entropie. Emergenz gibt es jedoch bereits unterhalb der Vielteilchenebene. Die Entstehung von Elementarteilchen aus dem Vakuum ist ebenfalls das Auftauchen von etwas Neuem. Die Auf- und Absteigeoperatoren der QFT, Teilchenerzeugungs- und Teilchenvernichtungsoperatoren, sind eine physikalische Beschreibung von Entstehungs- und Vernichtungsvorgängen.

Dass es Emergenz gibt, kann nicht bestritten werden, wie man aber so etwas im Detail erklären kann, ist für die meisten Fälle noch völlig ungewiss. Man weiß, dass viele neue Eigenschaften sogenannte Systemeigenschaften sind. Unter einem System versteht man eine Einheit von mehreren Komponenten mit ihren Wechselwirkungen, was oftmals von der Existenz einer Eigenschaft begleitet ist, welche nur das Gesamtsystem besitzt und die nicht allein aus den Komponenten erklärbar ist. So sind Wasserstoff und Sauerstoff Gase; Wasser hingegen (ein Wasserstoff-Sauerstoff-System) ist eine Flüssigkeit. Kohlenstoff und Stickstoff sind harmlos; ihre Verbindung (Cyan) ist hochgiftig. Graphit und Diamant bestehen beide nur aus Kohlenstoff; sie haben aber völlig verschiedene Eigenschaften, weil der Kohlenstoff jeweils anders angeordnet ist.

Hinsichtlich der Emergenz von neuen Phänomenen lassen sich mehrere Typen unterscheiden. Im Folgenden sollen die drei Arten 1. der Entstehung von Organisationseinheiten bzw. Systemen, 2. der Entstehung von Strukturen innerhalb von Systemen und 3. der Entstehung von gänzlich neuen Entitäten unterschieden werden. Mit der Entstehung von Systemen ist gemeint, dass sich im Laufe der Evolution aus der fast homogenen oder chaotischen Elementarteilchenansammlung nach dem Urknall zunächst Protonen, Neutronen und Elektronen zu Atomen zusammenlagerten, danach verschiedene Atome zu Molekülen, diese zu Makroobjekten, zu Zellen, Organismen, Gesellschaften und Gesellschaftssystemen. Mit dem zweiten Typ ist gemeint, dass sich innerhalb eines Systems, das bereits zuvor existiert haben kann, verschiedene neue Strukturen herausbilden können. Zum Beispiel kommt es in einem Stromkreis, der einen Kondensator und eine Spule enthält, zu oszillierenden Schwankungen. Strom und Spannung schwanken zwischen positiven und negativen Werten; man spricht deshalb von einem Schwingkreis. Bei diesem Beispiel handelt es sich um das Auftauchen einer Verhaltensstruktur innerhalb eines Systems. Mit dem dritten Typus, der Entstehung von völlig neuen Entitäten, meine ich die Entstehung von völlig neuen Phänomenen wie die Entstehung des Bewusstseins, wenn man aus dem Schlaf erwacht. Bei den ersten beiden Typen handelt es sich bloß darum, dass sich bereits existierende Objekte raumzeitlich besonders anordnen: Elektronen, Protonen und Neutronen bleiben auf spezifische Weise beieinander, so dass man sie zusammen als eine Einheit, als ein Atom auffassen kann; beim menschlichen Körper lagern sich die Moleküle in einer spezifischen raumzeitlichen Lage zusammen, so dass man von einer größeren Einheit, dem ganzen Lebewesen sprechen kann; beim Schwingkreis verändert sich die räumliche Konstellation der elektrischen Teilchen des Systems im Laufe der Zeit derartig, dass sie Schwingungen bilden. Demgegenüber ist die Entstehung der Temperatur beim Vielteilchensystem, die Entstehung von Materieteilchen aus dem Vakuum und die Entstehung von Bewusstsein nicht bloß die neue Anordnung von bereits existierenden Entitäten zu einer neuen Struktur oder Systemeinheit, hierbei entstehen tatsächlich völlig neuartige Entitäten. Die ersten beiden Typen kann man als strukturelle Emergenz charakterisieren, den dritten Fall als Entitätenemergenz. Die strukturelle Emergenz wird in der Literatur auch als Selbstorganisation bezeichnet, wenn sie von selbst, also nicht von außen erzwungen erfolgt (so wie beim Bau eines Hauses durch Menschen). Da es sich bei der Strukturemergenz nur um eine neue Anordnung bereits existierender Dinge handelt, bei der Entitätenemergenz jedoch um das Auftauchen völlig neuer Größen, werde ich den Begriff Emergenz im Folgenden hauptsächlich bei der Entitätenemergenz verwenden und den Begriff der Selbstorganisation bei der Strukturemergenz.

Mit dieser begrifflichen Differenzierung zwischen Emergenz (von neuen Entitäten) und Selbstorganisation soll nicht behauptet werden, dass diese beiden Arten in der Natur immer vollkommen voneinander getrennt vorkommen. Im Gegenteil, die Entstehung von neuen Organisationseinheiten durch Zusammenlagerung verschiedener Objekte oder die neuartige Konstellation von Komponenten innerhalb eines Systems kann gerade die Bedingung für das Auftauchen von neuen Entitäten sein. So muss die Hirnmaterie in einem bestimmten Zustand sein, damit Bewusstsein entsteht. Auf der anderen Seite können gerade die neuen Entitäten die Ursache für weitere Neustrukturierungen sein, so wie Entropie und Temperatur eines Systems (in Form von generalisierten Kräften) die weitere Entwicklungsrichtung des Systems und damit auch die der Komponenten des

Systems bestimmen. Auch das Bewusstsein, das bei irgendeiner Klasse von Hirnmateriestrukturen entsteht, steuert umgekehrt wiederum die Hirnmaterie und dadurch den gesamten Körper. Auf diese interessante Wechselbeziehung von Systemkomponenten und übergreifenden Systemeigenschaften wird noch einmal im Abschnitt über Selbstorganisation eingegangen.

Dass es Emergenz gibt, kann nicht bestritten werden, ob man aber jemals das Auftauchen von neuen Entitäten wird erklären können auf derartige Weise, dass man sogar vorhersagen kann, bei welchen Materiekonstellationen völlig neue und heute noch unbekannte Entitäten entstehen, ist umstritten. Die ersten Ansätze zur Erklärung der Entstehung völlig neuer Entitäten gibt es aber vielleicht sogar schon. In der Elementarteilchenphysik werden nämlich neue Teilchenarten eingeführt durch sogenannte Symmetriebrüche. Wie im Abschnitt über Naturgesetze erläutert wurde, gehen die Physiker bei der Konstruktion einer neuen Theorie davon aus, dass bestimmte Symmetrien vorliegen. Gelingt es ihnen aber zunächst nicht, eine Theorie mit diesen Symmetrien zu formulieren, dann führen sie manchmal einfach ein neues Skalarfeld ein, welches eine neue Teilchenart darstellt. Auf diese Weise erreichen sie manchmal, dass die grundlegenden Naturgesetze zwar tatsächlich die gewünschten Symmetrien besitzen, dass dies aber auf der Ebene der beobachtbaren Phänomene durch die Einführung des neuen Teilchens nicht direkt sichtbar wird. Man spricht dann von einem spontanen Symmetriebruch.[1] Ist ein solches System in einem Zustand sehr hoher Energie, ist es also sehr heiß, dann ist sogar auch der beobachtbare Zustand symmetrisch, und erst im Zuge einer Abkühlung entstehen durch spontane Symmetriebrüche die neuen Teilchensorten, welche neue Kräfte bzw. Wechselwirkungen darstellen. Das Universum war direkt nach dem Urknall in einem Zustand hoher Energie, und im Zuge der Abkühlung sind dann vermutlich durch spontane Symmetriebrüche die einzelnen Wechselwirkungsarten (starke Wechselwirkung, Elektrizität etc.) entstanden, welche die nachfolgenden Strukturbildungen ermöglichten.[2]

Neben der Symmetriebruchtheorie gibt es in der Physik weitere Theorien bzw. Ansätze zur Erklärung von neuen Eigenschaften. So kann man zum Beispiel heute in der Thermodynamik die Temperatur, die ursprünglich rein phänomeno-

---

[1] Genz & Decker 1991
[2] Genz & Decker 1991; Jantsch 1992

logisch formuliert worden war, mit den Methoden der statistischen Physik erklären, und im Forschungsbereich von Elementarteilchen und Gravitation versuchen beispielsweise Heim und Schmutzer, die vierdimensionale Raumzeit als eine Projektion aus einer Höherdimensionalität zu erklären.[1]

## 2.6 Selbstorganisation und Evolution

Unmittelbar nach dem Urknall bestand das Universum aus einer fast homogenen oder einer chaotischen Elementarteilchenansammlung in einem extrem heißen Zustand. Im Zuge der Abkühlung entstanden daraus Atome, Moleküle, riesige Makroobjekte, organische Substanzen wie Zellen, Zellkomplexe und Organismen und schließlich Gesellschaften und Gesellschaftssysteme wie die Europäische Union. Wie konnte es dazu kommen? Aus unserem Alltag wissen wir, dass neue und komplizierte Strukturen in der Regel nur entstehen, wenn ein intelligentes Wesen sie erbaut. Häuser entstehen nicht von allein, sondern werden von Menschen planmäßig erschaffen. Ohne den Eingriff eines intelligenten Lebewesens zerfallen in der Regel hochstrukturierte Objekte und entstehen nicht. Ein großer Ausnahmebereich sind die Lebewesen selbst. Schöne und hochstrukturierte Pflanzen entstehen aus einem Samen, der scheinbar völlig einfach ist; wie wir jedoch aus der Biologie wissen, enthält der Samen eine Erbsubstanz, die DNS, welche die Ausbildung der Pflanze steuert. Nach dem Urknall hat es aber in der Elementarteilchenansammlung keine DNS gegeben, welche die Entstehung komplexer Strukturen steuern konnte. Wie konnten sich trotzdem Lebewesen und alle anderen komplexen Strukturen herausbilden? Dieser Prozess der Entstehung von komplexen Strukturen ohne äußeren Eingriff wird als Selbstorganisation der Materie bezeichnet. Wirklich von selbst erreicht das die Materie natürlich nicht, denn das Verhalten der Materie wird gesteuert von den Naturgesetzen. Inwieweit die Naturgesetze im Urknall zusammen mit der Materie entstanden sind und inwieweit es auch eine Evolution der Naturgesetze gegeben hat, ist in der Wissenschaft zurzeit noch reine Spekulation. Wie hat sich aber die Materie mit Hilfe der Naturgesetze strukturiert?

---

[1] Heim 1983, 1989; Schmutzer 1996

Die Thermodynamik von Zuständen, welche weit entfernt vom Gleichgewichtszustand sind, wurde vor allem von Ilya Prigogine und seinen Mitarbeitern untersucht.[1] Diese Theorie behandelt offene Systeme, d.h. Systeme, die einen Energie- und Entropieaustausch mit der Umwelt haben, und Prigogine konnte zeigen, dass bei der Vernichtung und bei der Entstehung von Strukturen dasselbe Gesetz gültig ist, welches aber nah und fern vom thermodynamischen Gleichgewicht unterschiedliche Konsequenzen hat. Während es in der Nähe des Gleichgewichts meist zur Zerstörung von Strukturen kommt, können sich weit entfernt vom Gleichgewicht Strukturen bilden. Zwar kann es in geschlossenen Systemen nicht zu einer Abnahme der Entropie kommen, in offenen Systemen können aber Strukturen entstehen durch Entropieabnahme, indem nämlich Entropie in die Umwelt transportiert wird.

Neben der soeben erwähnten Theorie der nichtlinearen irreversiblen TD gibt es weitere Ansätze zur Erklärung der Selbstorganisation. Allen gemeinsam ist, dass ihre mathematischen Grundgleichungen von nicht-linearer Natur sind. Diese verschiedenen Ansätze sind teilweise gegenseitig konkurrierende Erklärungsversuche, teilweise sind manche Theorien nur für spezielle Forschungsfragen entwickelt worden, zum Beispiel für die Entstehung von Leben. Ein zurzeit viel diskutierter allgemeiner Ansatz zur Erklärung der Selbstorganisation ist die Synergetik von Hermann Haken. Hervorgegangen ist dieses Paradigma aus Hakens theoretischen Untersuchungen zum Laser. Ein Laser besteht aus sehr vielen Atomen, die alle Licht mit derselben Wellenlänge ausstrahlen. Zu dieser Kohärenz aller Wellenlängen kommt es, indem die emittierte Wellenlänge eines Atoms die Kontrolle über das gesamte System bekommt und alle anderen Atome dazu veranlasst, mit der gleichen Wellenlänge auszustrahlen. Die Grundgedanken der Synergetik lassen sich gut erläutern anhand des Phänomens der sogenannten Bénard-Instabilität.[2] Hierfür stelle man sich eine große und von unten erhitzte Flüssigkeitsschicht vor. Durch die Erhitzung von unten dehnen sich die Flüssigkeitsvolumina an der Unterseite aus, die Flüssigkeit wird spezifisch leichter und möchte nach oben steigen. Von oben her drückt aber die schwere Flüssigkeit nach unten. Deshalb wird bei einer geringen Temperaturdifferenz zwischen der oberen und unteren Flüssigkeitsoberfläche die Wärme nur durch Konduktion nach oben weitergeleitet, wobei die Moleküle beim Zusammenprall mit ihren

[1] Glansdorff & Prigogine 1971
[2] Haken 1982; Haken & Wunderlin 1991

Nachbarn die Wärmeenergie weitergeben, ohne sich selbst zu sehr von ihrem Platz zu bewegen. Ab einer bestimmten Temperaturdifferenz zwischen oben und unten setzt jedoch Konvektion ein, das heißt ein Wärmetransport durch die Bewegung der Moleküle. Es kommt zu typischen Rollenbewegungen von unten nach oben und umgekehrt, die von oben betrachtet regelmäßige hexagonale Zellen bilden.

Hakens Synergetik erklärt die Entstehung der hexagonalen Zellen mit den rollenförmigen Flüssigkeitsbewegungen folgendermaßen. Ausschlaggebend für den Umschlag eines makroskopischen Zustandes in einen anderen ist ein sogenannter Kontrollparameter. Bei unserem Beispiel ist dies die Temperaturdifferenz zwischen oben und unten, hervorgerufen durch die Erhitzung von unten, also von außerhalb des Systems. Wird der Kontrollparameter kontinuierlich verändert, so kommt es bei einem bestimmten Wert, dem sogenannten kritischen Punkt, zur Entstehung einer neuen physikalischen Größe, dem sogenannten Ordnungsparameter. Dass es an einem kritischen Punkt auf makroskopischer Ebene plötzlich zu einer neuen Gesamtstruktur kommt, wird als Instabilität bezeichnet. Ein Ordnungsparameter kann z.B. die Magnetisierung eines Eisenstabes sein oder die Dichtedifferenz in einem Flüssigkeit-Gas-System oder irgendeine andere plötzlich auftauchende Systemeigenschaft. In unserem Flüssigkeitsbeispiel ist die Amplitude der Flüssigkeitsbewegung dieser Ordnungsparameter. Aufgabe des Ordnungsparameters ist es nun, die Subsysteme zu versklaven; das heißt der Ordnungsparameter bestimmt das weitere Verhalten der Systemkomponenten. Im Beispiel der Bénard-Instabilität bedeutet dies, dass die Amplitude der gesamten Flüssigkeitsbewegung die Bewegungsrichtung der einzelnen Moleküle steuert. In einer allgemeineren Form drückt es Haken auch so aus, dass die Komponenten des Systems ein Feld (den Ordnungsparameter) hervorbringen, welches umgekehrt das weitere Verhalten der Komponenten steuert. Bereits in der Thermodynamik gibt es dieses Verhalten: Die Systemkomponenten bringen Felder wie Temperatur und Entropie hervor (= Ordnungsparameter), welche das weitere Verhalten der Systemkomponenten in Form von generalisierten Kräften beeinflussen.

Neben den Theorien von Prigogine und Haken gibt es weitere Ansätze, die Selbststrukturierung der Materie zu erklären. So entwickelte beispielsweise Manfred Eigen seine Hyperzyklen-Theorie zur Erklärung der Entstehung der biologischen Information, der Gene, als Ursprung des Lebens.[1] Eigen kommt dabei zu dem Resultat, dass in der präbiotischen Ära neben dem darwinistischen Selektionsprinzip die Kooperation ein sehr wichtiger Evolutionsfaktor war. Erst das Wechselspiel von Kooperation und Konkurrenz der Moleküle ermöglichte die Entstehung der genetischen Erbinformation.

Die Selbstorganisation ist ein wichtiger Bestandteil der Evolution des gesamten Universums; sie ist die Evolution von Systemen zu übergeordneten Systemen und diese wiederum zu über-übergeordneten Systemen usw. Aber innerhalb jeder Systemstufe gibt es ebenfalls eine ständige Veränderung. Das Universum dehnt sich kontinuierlich aus, Sterne und Planeten verändern sich permanent, ebenso unsere Erdatmosphäre, und man unterscheidet eine chemische, eine biologische und eine kulturelle Evolution.

Besonders interessant ist die biologische Evolution der Arten, insbesondere die Entstehung des Menschen aus primatenartigen Vorfahren. Nach der heute dominierenden neodarwinistischen und sogenannten synthetischen Evolutionstheorie entwickeln sich Arten und entstehen neue durch eine Vielzahl zusammenarbeitender Faktoren: Durch die beständige geringfügige und zufällige Variation des Erbgutes (Mutationen) entstehen in der Fortpflanzung Individuen mit verschiedenen körperlichen und verhaltensbezogenen Eigenschaften (dem Phänotypen), und im Kampf ums Dasein bewirkt die natürliche Auslese, dass die besser angepassten Tiere mehr Nachkommen haben und die weniger an ihre Umwelt angepassten Tiere verdrängen. Weitere wichtige Evolutionsfaktoren sind die Isolation (durch die räumliche Trennung von Tieren oder Pflanzen gleicher Art wird die Fortpflanzungsgemeinschaft aufgehoben), Rekombination (Chromosomen-Neuverteilung bei der Meiose, durch Crossing-Over oder bei der Paarung), Gendrift (Veränderungen der Genhäufigkeit, insbesondere in kleinen Populationen, aufgrund stochastischer Schwankungen), Populationswellen (die Individuenzahl einer Population und ihre Schwankungen beeinflussen das Tempo der Evolution) und ökologische Nischen (Ausnutzung spezieller Existenzbedingungen wie Wohnraum oder Nahrung). Die biologische Evolutionstheorie besteht somit aus zwei Teilen: Sie behauptet einerseits die ständige Veränderung der Arten und die daraus resultierende Entstehung neuer Arten und somit auch die Entstehung des Menschen aus einer vorangegangenen Primaten-Art (dieser Teil

---

[1] Eigen 1971

der Theorie geht hauptsächlich auf de Lamarck zurück), und sie versucht andererseits, diesen Entwicklungsprozess durch eine Reihe von Faktoren zu erklären. Der erste Teil dieser Theorie wird heute in der Wissenschaft nicht mehr bestritten; der zweite, der erklärende Teil kann jedoch noch nicht als abgeschlossen betrachtet werden. Im Gegensatz zur synthetischen Theorie bestreitet zum Beispiel der Evolutionsgenetiker Motoo Kimura die zentrale Bedeutung des Selektionsfaktors, denn er nimmt an, dass neue Arten vor allem durch Gendrift entstehen, und der Paläontologe und Geologe Gould nimmt an, dass die Evolution vielfach auch abrupt, mit größeren Schubphasen und nicht nur graduell verläuft.[1]

## 2.7 Einheit, Ganzheit und Systeme

Unter Einheit versteht man das Zusammengehören mehrerer (scheinbar) getrennter Objekte. Ein ähnlicher Begriff ist die Ganzheitlichkeit, wodurch man ausdrücken will, dass scheinbar voneinander getrennte Objekte auf einer tieferen Ebene voneinander abhängen. Der Körper eines Lebewesens besteht aus einer Vielzahl verschiedener Moleküle, und mit welchem Recht kann jeder Leser von sich selbst behaupten, er oder sie sei eine ganze Person, die sich lediglich aus austauschbaren Teilchen zusammensetze? Nach klassisch-physikalischer Auffassung besteht zwischen den Elementarteilchen eine völlige Leere, die die einzelnen Teilchen voneinander trennt. Wären aber die Elementarteilchen tatsächlich völlig voneinander getrennte Objekte, wie könnte man dann erklären, dass alle Moleküle eines Körpers so gut zusammenarbeiten, so dass wir den gesamten Körper steuern können, das zu tun, was wir wollen? Die einzelnen Teile werden durch physikalische Kräfte zusammengehalten, aber was sind Kräfte? Wären Kräfte wieder nur voneinander getrennte Teilchen (Photonen, Gluonen etc.), dann würde sich sofort wieder die Frage nach dem Zusammenhalt stellen. Wie kommt es, dass ein Atom, bestehend aus Protonen, Elektronen etc., nicht zerfällt und eine stabile Einheit bildet?

Im 20. Jahrhundert und besonders in den letzten Jahrzehnten hat es in der Physik theoretische Fortschritte gegeben, die es nahe legen, dass die Natur auf einer sehr

---

[1] Kimura 1988; Gould 2002; über weitere Kritiken und alternative Evolutionstheorien siehe Krohs, Toepfer 2005.

grundlegenden Weise eine Ganzheitlichkeit besitzt, wodurch auch die Bildung von zusammengehörenden Einheiten von scheinbar getrennten Objekten erklärbar wird. Diese Entdeckung der Ganzheitlichkeit von scheinbar getrennten Objekten hat sich aus dem Bemühen ergeben, den mathematischen Formalismus der QM physikalisch zu verstehen. Anfang der 60er Jahre hatte Bell eine mathematische Ungleichung bewiesen, die einigen Vorhersagen der QM widerspricht, und da die meisten und besten der durchgeführten Experimente die QM bestätigen und somit die Ungleichung verletzen, muss mindestens eine der Voraussetzungen, die beim mathematischen Beweis der Ungleichung gemacht werden, falsch sein.[1] Die beiden wichtigsten Axiome des Beweises sind die Realität der Objekte und die Lokalität der Informationsübertragung. Da viele Physiker nicht bereit sind, auf die Realität der Quantenobjekte zu verzichten, geben sie die Lokalitätsforderung auf, und da die Relativitätstheorie Objektbewegungen mit schneller als Lichtgeschwindigkeit zu verbieten scheint, betrachten sie die Experimente zur Bellschen Ungleichung als ein starkes Argument für eine völlig neuartige Zusammenhangsart, für einen ganzheitlichen Zusammenhang der Welt.

Neben der Verletzung der Bellschen Ungleichung gibt es ein weiteres Argument für den Holismus, welches auf direktere Weise mit dem Formalismus der QM verbunden ist, nämlich das Pauli-Prinzip. Das Pauli-Prinzip besagt, dass keine zwei Elektronen in einem Atom in allen vier Quantenzahlen übereinstimmen können. In seiner allgemeinen Formulierung besagt es, dass die Gesamtwellenfunktion von mehreren Fermionen (ein Teilchentyp, zu dem auch die Elektronen gehören) total antisymmetrisch ist. Dies bedeutet, dass sich Fermionen auch ohne Wechselwirkung nicht mehr unabhängig voneinander bewegen. Die QM nimmt keine zwischen den Fermionen wirkende Kraft an, und trotzdem ist das Verhalten scheinbar voneinander getrennter Teilchen aufeinander abgestimmt.

In der Wissenschaft werden mehrere Objekte, die als Einheit zusammengehören, als ein System bezeichnet. Die allgemeine Systemtheorie ist eine wissenschaftliche Forschungsrichtung, in der versucht wird, allgemeine Gesetzlichkeiten von Systemen ganz unterschiedlicher Zusammensetzungen zu untersuchen (physikalische, biologische, soziologische etc.). Als Begründer der allgemeinen Systemtheorie gilt der Biophysiker Ludwig von Bertalanffy, der ein System

---

[1] Bell 1964

mathematisch so definierte, dass das Verhalten jedes Systemelementes ($Q_i$) vom Verhalten der anderen Elemente abhängt; in mathematischer Form ausgedrückt: $\frac{dQ_i}{dt} = f_i(Q_1, Q_2, ..., Q_i, ..., Q_n)$.[1] In der Terminologie von Hakens synergetischem Forschungsansatz kann man ein System auch definieren als eine Menge von Elementen, die durch einen gemeinsamen Ordnungsparameter gesteuert werden.

## 2.8 Schachtelung und Schichtung

Wie jedes andere höhere Lebewesen auch enthält der menschliche Körper mehrere verschiedene Organe: Herz, Magen, Nieren, Hirn etc. Jedes Organ besteht aus mehreren Zellschichten, jede Zellschicht aus vielen Zellen, und jede Zelle enthält viele verschiedene Zellorganellen, z.B. Mitochondrien, Ribosomen und den Zellkern. Auf eine hochkomplexe Weise ist der Körper ein System, das aus einer Vielzahl von ineinander verschachtelten Subsystemen besteht. Der menschliche Körper ist wiederum selbst Teil einer Gesellschaft, die aus sehr vielen ineinander gruppierten Subsystemen besteht, wie besonders die Bürokratie der modernen Gesellschaften verdeutlicht.

Wie im vorigen Abschnitt erläutert wurde, bezeichnet man in der Wissenschaft solche Objekte als Systeme, die aus mehreren Elementen bestehen, welche eine zusammengehörende Einheit bilden. Um das Verhalten eines Objektes beschreiben und zumindest teilweise erklären zu können, ist oftmals nicht nötig, die Subsysteme zu kennen. So konnte man in der Physik schon das Verhalten von Atomen untersuchen, ohne zu wissen, dass diese sich aus Elektronen und Protonen und diese sich wiederum aus Quarks zusammensetzen. Da ein Gesamtsystem Eigenschaften haben kann, die die Subsysteme nicht besitzen, ist es oftmals unumgänglich, für die Beschreibung des Gesamtsystems neue Variablen oder Parameter einzuführen, zu deren Erklärung eigene Naturgesetze formuliert werden müssen. Dass das Verhalten eines Gesamtsystems durch besondere Naturgesetze beschrieben wird, welche von denen der Subsysteme verschieden sind (aber natürlich damit vereinbar sein müssen), wird dadurch ausgedrückt, dass die

---

[1] Bertalanffy 1968

Naturgesetze der Prozesse von solchen ineinandergreifenden Gefügen übereinander geschichtet sind. Die unterste Schicht der Gesetzeshierarchie wird gebildet von den physikalischen Naturgesetzen für die Elementarteilchen, darüber liegen die Gesetze für das Verhalten der Atome, darüber die thermodynamischen Gesetze für Systeme mit einer hohen Anzahl statistisch verteilter Objekte. Zum Beispiel gilt für ein einzelnes Teilchen die Schrödingergleichung, für ein Ensemble von sehr vielen statistisch verteilten Objekten gilt die Thermodynamik, in der der zweite Hauptsatz besagt, dass sich ein geschlossenes System mit der Zeit so entwickelt, dass die Entropie nicht abnimmt. Die verschiedenen Gesetzesstufen der Physik unbelebter Materie kann man grob zusammenfassen als die physikalische Hauptschicht, über der (wieder nur grob zusammengefasst) die chemische Hauptschicht liegt, darüber die der Biologie, Psychologie, Soziologie und die der Politikwissenschaft der internationalen Beziehungen (siehe Abb. 1). Um nun ein Objekt zu erklären, ist es vor allem wichtig, die Naturgesetze der betreffenden Systemebene zu kennen. Die Naturgesetze für die Erklärung der Systemkomponenten haben darüber hinaus ebenfalls einen hohen Erklärungswert, und schließlich ist das Gesamtsystem oftmals selbst wieder in ein übergeordnetes System eingebettet, dessen Gesetze ebenfalls einen hohen Erklärungswert haben können. Eine höhere Gesetzesschicht ruht auf einer niederen auf und wird von einer noch höheren modifiziert, und alle Schichten tragen zur Erklärung eines Systems bei. Aus diesem Grund wird in der Biologie auch Biophysik betrieben und in der Psychologie Biopsychologie und Sozialpsychologie. Um beispielsweise das Verhalten eines Menschen zu erklären, benötigt man gute Psychologiekenntnisse; einerseits wird aber ein großer Teil seines Verhaltens biologisch determiniert, etwa sein tägliches Essverhalten, andererseits legen soziale Normen in einem großen Umfang die Art seiner Handlungsweisen fest, etwa die Aktivitäten bei der Arbeit oder die Gebräuche einer Gesellschaft beim Essen.

Während somit die realen Objekte ineinander verschachtelte Gefüge sind, kann bei der wissenschaftlichen Erklärung von deren Verhalten von einer Schichtung der Gesetze gesprochen werden, und jede höhere Gesetzesschicht ist einer übergreifenderen Systemgesamtheit zugeordnet.[1]

---

[1] vgl. Chauvet 1995

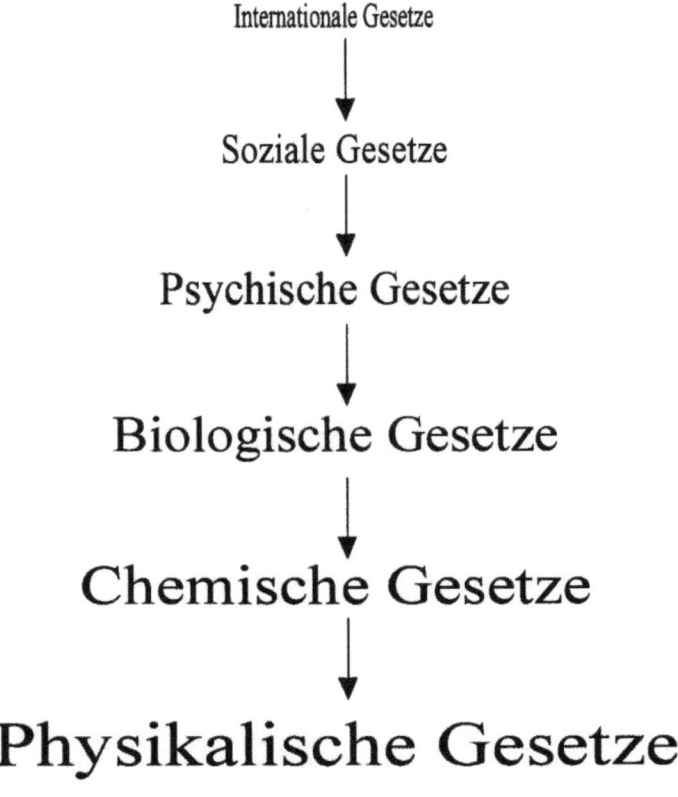

Internationale Gesetze

Soziale Gesetze

Psychische Gesetze

Biologische Gesetze

Chemische Gesetze

Physikalische Gesetze

**Abb. 1:** Schichtenaufbau der Naturgesetze. Jede Schicht ruht auf der darunter liegenden Schicht auf, und die Gesetze jeder Schicht werden von denen der darüber liegenden Schicht überformt bzw. ihnen angepasst.

## 2.9 Kausalität

Wenn sich plötzlich die Bewegung eines Objektes ändert, fragt man sich unwillkürlich nach der Ursache für diese Veränderung. Jedes Geschehen hat eine Ursache, so wird unwillkürlich angenommen, und dieses Kausalitätsprinzip ist die Motivation der Naturwissenschaft, nach Erklärungen für die Vorgänge in unserer Welt zu suchen. In der Geschichte der Philosophie tritt das Kausalitätsprinzip ausdrücklich formuliert zuerst bei Demokrit auf, und für Aristoteles, der von der causa efficiens (Wirkursache) spricht, wird alles, was sich bewegt, notwendig von einem anderen bewegt. In der Neuzeit hat Leibniz den Satz vom zureichenden Grund als einen Hauptsatz aller Erkenntnis und Wissenschaft aufgestellt: Nichts ist ohne Grund, warum es sei. Dies haben zu allen Zeiten viele Philosophen geglaubt, und in der Neuzeit war dies die Grundeinstellung der Naturwissenschaft bis zur Entdeckung der QM, in der auch der Zufall eine maßgebende Rolle zu spielen scheint.

In der Naturwissenschaft untersucht man kausale Zusammenhänge auf experimentelle Weise, indem man alle Variablen eines Systems kontrolliert und man dann eine oder einige wenige der Variablen systematisch variiert, um zu sehen, was daraufhin mit den anderen Variablen passiert. Führt die Veränderung einer Variable zu einer bestimmten Änderung einer anderen, so wird ein kausaler Zusammenhang vermutet. Dass eine bestimmte Zustandsveränderung immer zu bestimmten anderen Veränderungen führt, gilt als das methodologische Kriterium für das Vorliegen von Kausalität. Dies führt dann unmittelbar zu der Frage, wie diese Kausalbeziehung ontologisch realisiert ist, was ein jahrhundertealtes philosophisches Grundproblem ist.

In der Physik ist heute die ontologische Natur der Kausalität dermaßen ungewiss, dass Physiker diesen Begriff nur selten und dann meist in einem anderen Sinne benutzen (zeitliche Abfolge von Ereignissen). Am naheliegendsten ist natürlich, die Kausalbeziehung durch das Wirken von physikalischen Kräften zu erklären. Ein Stein fällt nach Newton deshalb zu Boden, weil sich Erde und Stein durch die Gravitationskraft anziehen. Nach der heutigen geometrischen Gravitationstheorie lenkt die Struktur der Raumzeit die Bewegung des Steines. In den heutigen Elementarteilchentheorien werden Wechselwirkungen, wie in Abschnitt 2.2 erläutert wurde, quantenfeldtheoretisch durch den Austausch von Feldquanten bzw. Eichbosonen (Photonen, Gluonen etc.) beschrieben. Danach wirken Kräfte, welche zur Kausalcharakterisierung herangezogen werden könnten, durch den Austausch von kleinsten „Teilchen" bzw. Feldquanten. Da aber die realistische Interpretation der QM bzw. QFT noch ein großes Problem ist, da man sich also darüber uneins ist, was zwischen zwei Beobachtungen von physikalischen Messwerten realistisch geschieht, wird an dieser Stelle besonders deutlich, dass die Physik die Kausalbeziehung zurzeit nicht befriedigend erklären kann.

Beim Billiardspiel stößt man mit einem Stock eine Kugel an, diese rollt daraufhin über den Tisch, trifft auf eine andere, noch ruhende Kugel, welche sich daraufhin in Bewegung setzt. Das Auftreffen der ersten Kugel auf die zweite ist die Ursache für die Bewegung der zweiten. Auf diese Weise stellt sich wohl manch einer intuitiv die Kausalbeziehung vor; zumindest im gerade überwundenen atomistischen Weltbild der Physik war dies vermutlich die Prototypvorstellung von der Kausalbeziehung. Wie kann man aber beim heutigen Stand der Wissenschaft die Kausalität ontologisch erklären? Vergleichen wir wieder einmal die Welt mit einem Computer, so lässt sich unser Billiardspiel folgendermaßen beschreiben. Auf dem Computer-Bildschirm ist ein Billiardtisch samt Spieler abgebildet, eine Kugel wird wieder angestoßen, sie rollt über den auf dem Bildschirm abgebildeten Billiardtisch und stößt auf eine andere Kugel, die sich daraufhin in Bewegung setzt. Kann man nun behaupten, das Auftreffen der ersten Kugel auf die zweite sei die kausale Ursache für die Bewegung der zweiten? Doch wohl nicht, denn dies ist lediglich eine Scheinkausalität, weil die wirkliche Ursache in den Informationsverarbeitungsprozessen im Rechner liegt. Wenn aber die Welt tatsächlich in einigen Eigenschaften mit einem Computer vergleichbar wäre, wäre dann nicht auch beim realen Billiardspiel das Auftreffen der ersten Kugel auf die zweite nur eine Scheinkausalität, und läge dann nicht die wirkliche Ursache für die Bewegung der zweiten im Äther verborgen? Nach der hier vertretenen Weltauffassung sollten die Ursachen für alle realen Vorgänge im Äther bzw. Vakuum liegen.

## 2.10 Teleonomie und Teleologie

Das Herz schlägt, um das Blut zirkulieren zu lassen; Vögel ziehen in warme Gegenden, um den niedrigen Temperaturen und dem Futtermangel im Winter auszuweichen; Professoren halten Vorträge, um Studenten zu belehren. All diese Vorgänge laufen ab, um zu einem Ziel zu gelangen. Die Teleologie, welche Vorgänge auf ihre Zwecke hin befragt und unter Berufung auf Endursachen erklärt, geht auf Aristoteles zurück, der neben der Kausalität (causa efficiens), wie sie im vorigen Abschnitt besprochen wurde, unter anderem auch die Zweckursache annahm. Viele Philosophen und vielleicht die meisten Naturwissenschaftler lehnen heutzutage teleologische Erklärungen ab. Auch gibt es zurzeit in der Wissenschaft und in der Philosophie keine allgemein akzeptierte Definition für Teleologie, für die Psychologie kann man aber Teleologie definieren, wie es der Philosoph Nicolai Hartmann tat.[1] Er unterschied drei Bestandteile von teleologischen Vorgängen: Zunächst erfolgt die Setzung des Zwecks im Bewusstsein als Antizipation des Künftigen, dann erfolgt eine Auswahl der Mittel zum Erreichen des Zwecks, und schließlich erfolgt die Realisation des Zieles durch die ausgewählten Mittel, was als üblicher Kausalprozess abläuft. Hartmann anerkannte, dass es in der Biologie viele Abläufe gibt, die auf ein Ziel hin abzulaufen scheinen, echte Teleologie im Sinne seiner Definition könne dies jedoch nicht sein, weil die bewusste Zielantizipation eines Subjektes fehlt. Eine ähnliche Grundeinstellung haben heute viele Biologen; es scheinen zwar biologische Vorgänge auf Ziele hin abzulaufen, echte Teleologie könne dies aber nicht sein. Vor allem von Seiten der Philosophen gibt es Versuche, biologische „um zu"-Erklärungen in kausale (d.h. mechanistische) Erklärungen umzuformulieren. Viele Biologen sind jedoch mit diesen „Übersetzungen" von zweckgerichteten in kausale Erklärungen unzufrieden.[2] Nach ihrer Meinung würde bei diesen Übersetzungen etwas verlorengehen, was notwendig zu biologischen Abläufen gehöre. Sagt man, das Herz schlägt, um das Blut zirkulieren zu lassen, dann ist das eine etwas andere Aussage, als wenn man nur sagt, das Herz schlägt und das Blut zirkuliert.

Um die zielgerichteten Abläufe der Biologie mit dem Kausalitätsprinzip der Physik zu vereinbaren, hat man in der Biologie den Begriff „Teleonomie" eingeführt. Während teleologische Vorgänge zielintendierte Tätigkeiten von Subjekten mit bewusster Zielantizipation sind, sollen teleonomische Vorgänge zielgerichtete Abläufe der Natur ohne Bewusstsein und Willensakt sein. Mit den Worten von Nicolai Hartmann handelt es sich im ersten Fall um zwecktätige

---

[1] Hartmann 1951
[2] z.B. Mayr 1991

Vorgänge, im zweiten Fall um zweckmäßige. Der Terminus Teleonomie wurde 1958 von Pittendrigh eingeführt und wird heute von vielen Biologen benutzt, so auch von Ernst Mayr, einem der Begründer der synthetischen Evolutionstheorie. Mayr versteht unter Teleonomie Folgendes: *„Ein teleonomischer Vorgang oder ein teleonomisches Verhalten ist ein Vorgang oder Verhalten, das sein Zielgerichtetsein dem Wirken eines Programms verdankt"*.[1] Teleonomische Prozesse erreichen also ein Ziel, weil sie von einem Programm, der DNS, gesteuert werden, und dieses Programm ist im Laufe der Evolution als Resultat der natürlichen Auslese entstanden. Diese Deutung der Teleonomie klingt zunächst sehr befriedigend, kann aber auch kritisiert werden. Engels kritisiert, dass zwar die Struktur der DNS die Prozesse im Organismus bewirkt, eine Struktur oder Gestalt ist aber nicht schon ein Ziel, es sei denn, man definiere es so; die Prozesse finden nicht um eines Zieles willen statt, sondern verlaufen ebenso mechanistisch, wie ein fallender Stein als Zielzustand den Boden erreicht.[2] Noch schwerer als diese definitorische Kritik wiegt der Umstand, dass die Umsetzung des in der DNS gespeicherten Programms, die Genexpression, ein hochkomplexer und bislang nicht völlig verstandener Vorgang ist, der bereits Teleonomie voraussetzt. Bei der Genexpression haben unzählig viele Proteine (Enzyme) ihre Funktionen in komplexen und ineinander verzahnten Vorgängen zu erfüllen, damit das Programm von den Genen bis zur Bildung der dadurch kodierten Proteinarten realisiert werden kann.

In der Biologie akzeptieren immer mehr Wissenschaftler, dass es Abläufe gibt, die man auf der Beschreibungsebene als Teleonomie bezeichnen kann. Wie man aber diese scheinbare Zielgerichtetheit erklären kann und vor allem wie man sie mit den sogenannten kausalen (mechanistischen) Gesetzen der Physik vereinbaren kann, ist noch umstritten. Systemtheoretiker vermuten, dass Teleonomie (und in der Psychologie verbunden mit Bewusstsein als Teleologie) gegenüber der physikalischen Kausalität eine neue Systemeigenschaft ist, die auf der biologischen Systemstufe als Emergenzphänomen auftritt.[3] Viele Physiker, die an der Entwicklung der QM maßgebend beteiligt waren (Bohr, Heisenberg, Wigner, Schrödinger u.a.) vertraten die Ansicht, dass für biologische Vorgänge neuartige physikalische Naturgesetze gefunden werden müssten. Für solche

---

[1] Mayr 1991: 61
[2] Engels 1982
[3] s. Engels 1982

neuartigen Naturgesetze gibt es heute schon mehrere Ansätze. Bereits in den 40er Jahren des 20. Jahrhunderts ist vor allem durch Norbert Wiener die Kybernetik entstanden, welche mittels Rückkopplungs- und Kontrollmechanismen nicht nur die Entwicklung komplizierter Maschinen ermöglichte, sondern auch die Untersuchung von zu Maschinen isomorphen Strukturen in Organismen.[1] In der Kybernetik werden Regelkreise untersucht, in denen Abweichungen von einem Sollwert (also eines Zielzustandes) durch Rückkopplungsmechanismen beseitigt werden.

In neuerer Zeit hat sich vor allem Chauvet mit dem Problem der Teleonomie beschäftigt. Teleonome Prozesse, die innerhalb eines Organismus ablaufen mit dem Ziel, den Gesamtorganismus zu erhalten, werden auch als funktionelle Prozesse bezeichnet. Chauvet vermutet, dass funktionelle Interaktionen beschreibbar seien in der Attraktor-Sprache der Chaostheorie als gerichtete Abläufe von den sogenannten Quellen zu den Senken. Auf ähnliche Weise habe ich vorgeschlagen, teleonomische bzw. funktionelle Prozesse zu beschreiben auf der Ebene der Naturkonstanten oder Parameter von nichtlinearen Differentialgleichungen.[2] Vermutet werden kann, dass eine zukünftige biophysikalische Theorie aus zwei Stufen bestehen wird: Die teleonomische Einstellung der Parameter zur Festlegung von Attraktoren als Zielzustände und die übliche mechanistische Bewegung der Objekte zu den Attraktoren.

## 2.11 Zufall

In der QM erhält man als Lösung der Schrödinger-Gleichung die Zustandsfunktion $\Psi$, welche sich bei diskreten Größen schreiben lässt in der Form $\Psi = \sum_k c_k u_k$, wobei $|c_k|^2$ ein Maß für die Wahrscheinlichkeit ist, das Objekt im Eigenzustand $u_k$ vorzufinden, und bei kontinuierlichen Größen gibt es ein entsprechendes Integral. Es war vor allem Albert Einstein, der sich nicht damit abfinden konnte, dass es in der Natur echte Zufallsprozesse, Vorgänge ohne vollständige kausale Verursachung, geben soll. Kann ein Objekt nach links oder nach rechts springen, ohne dass es dafür jeweils eine Ursache gibt? Man kann es geradezu

---

[1] Sachsse 1971
[2] Chauvet 1995; Arendes 2024

als ein Ziel der naturwissenschaftlichen Forschung betrachten, im scheinbaren zufälligen Chaos der beobachtbaren Phänomene systematisch wirkende Ursachen zu finden. Bis zur Entdeckung der QM hatte sich die Naturwissenschaft bewusst oder unbewusst immer leiten lassen vom Satz vom zureichenden Grunde, wonach nichts ohne Grund passiere.

Steht man auf dem Standpunkt, dass alle Vorgänge der Welt streng deterministisch nach Naturgesetzen ablaufen, dann steht man jedoch einem großen erkenntnistheoretischen Problem gegenüber, welches sich aus dem alten philosophischen Problem der Willensfreiheit ergibt. Beim Problem der Willensfreiheit fragt man, auf welche Weise unsere Wünsche und Gedanken entstehen. Menschen möchten gern tun, was sie wollen, aber können sie auch wollen, was sie wollen? Wie entsteht ein Wunsch oder ein Gedanke, ist dieser Vorgang durch Hirnprozesse vollständig determiniert? Um die Relevanz dieser Problematik für die Wahrheitsdiskussion zu verdeutlichen, soll einmal angenommen werden, die Welt wäre im Sinne der Newtonschen Physik deterministisch und in der Vergangenheit sei das Universum durch einen Urknall entstanden. In der klassischen Physik war (so glaubte man) durch Ort und Impuls aller Teilchen die zukünftige Entwicklung des Universums eindeutig festgelegt. Die Konstellation aller Teilchenorte und -impulse nach dem Urknall legte somit bereits fest, dass Menschen entstehen würden mit Gehirnen mit bestimmten Ideen und Theorien. Nimmt man an, dass Gedanken vollständig vom Gehirn bestimmt werden, so würden unsere Wissenschaftler nicht deshalb an die Wahrheit ihrer Theorien glauben, weil sie dafür gute Gründe hätten, sondern weil die Teilchenkonstellation nach dem Urknall sie dazu determinierte.[1] Die Theorien könnten zufällig wahr sein, sie könnten aber auch falsch sein. In jedem Falle würden die Wissenschaftler an deren Wahrheit glauben, wenn die Teilchenkonstellation ihrer Gehirne sie dazu verdammen würde. Ob sie an bestimmte Theorien glauben, würde von Naturgesetzen und nicht von Argumenten abhängen – dasselbe würde für die Argumentation für oder wider die Willensfreiheit gelten.

Nun glauben heute die meisten Physiker nicht mehr an den klassischen Determinismus, und die quantenmechanischen Wahrscheinlichkeiten werden von manchen Physikern als Argument für die Willensfreiheit angeführt.[2] Deutet man im

---

[1] vgl. Popper 1995
[2] z.B. Jordan 1938

Sinne dieser Physiker die quantenmechanischen Wahrscheinlichkeiten als Zufallsprozesse, dann ist aber trotzdem unser Problem der Begründungsfähigkeit von Theorien noch nicht unbedingt gelöst. Denn nach dieser Sichtweise würden Wissenschaftler eine Theorie annehmen oder ablehnen, weil sich die Hirnteilchen zufällig in die eine oder in die andere Richtung bewegten, und dies wäre völlig unabhängig vom tatsächlichen Wahrheitswert. Die richtige Deutung der QM ist heute noch umstritten, und die Willensfreiheit lässt sich vielleicht niemals wirklich begründen, weil vielleicht immer entgegengehalten werden kann, unser Glaube an derartige Argumente könnte determiniert sein. Was man jedoch von der Wissenschaft verlangen kann, ist, dass sie zumindest selbstkonsistent ist. Behaupten Wissenschaftler die (partielle) Wahrheit von Theorien, so sollte wenigstens die prinzipielle Möglichkeit einer Wahrheitsbegründung gegeben sein. Das Postulat der Willensfreiheit (in der Form der Begründungsfähigkeit) ist somit eine Grundlage für wissenschaftliche Untersuchungen mit dem Anspruch auf Wahrheitsfindung, und die aufgestellten Theorien dürfen dieses Postulat nicht verletzen. Die Newtonsche Physik entzog den Wissenschaftlern die Grundlage für eine glaubwürdige Wahrheitsbegründung (im Fall, dass der Verstand völlig vom Gehirn abhängt); die Zufallsinterpretation der QM ermöglicht hier vielleicht einen Ausweg. Es mag sein, dass die Fähigkeit zur Wahrheitsbegründung bereits gegeben sein kann bei einer geschickten Mischung von Zufall und Notwendigkeit: zufällige Variation der Gedanken und notwendige Selektion der richtigen. Der Glaube daran könnte jedoch wieder determiniert sein. Nach der heutigen Evolutionstheorie und der darauf aufbauenden *Evolutionären Erkenntnistheorie* sind unsere Erkenntnisformen im Wechsel von Zufall und Notwendigkeit entstanden: zufällige evolutionäre Variation der Denkstrukturen und notwendige Auswahl der (teilweise) richtigen durch die Umwelt. Und in der Hirnforschung hofft Edelman, seine Wahrnehmungstheorie des neuronalen Darwinismus (Variation und Selektion von Neuronengruppen) auf das Denken erweitern zu können.[1]

---

[1] Vollmer 1983; Edelman 1989, 1993

# 3. Globale Beschreibung der Weltauffassung

Nachdem in den vorangegangenen elf Abschnitten die Grundbegriffe der heutigen naturwissenschaftlichen Theorien ausführlich erläutert worden sind, kann ich nun eine allgemeine Beschreibung der wissenschaftlichen Weltauffassung geben, wie ich sie hier vorschlage:

Die Welt besteht aus einer allgegenwärtigen, unbeobachtbaren Grundsubstanz; einem Äther, einem Urmateriefeld oder einer prima materia. In dieser Grundsubstanz sind die Naturgesetze als Informationen implementiert, welche die Entstehung von beobachtbaren Phänomenen und deren Bewegungsformen steuern. In Vorgängen der Emergenz entstehen aus dem Äther die beobachtbare Materie, die Raumzeit, Bewusstsein und andere Phänomene. Aus dem Äther, oder wie man zurzeit in der Physik sagt aus dem Vakuum, ist vor mehreren Milliarden Jahren in einem Urknall die beobachtbare Materie entstanden, das Universum dehnt sich seitdem beständig aus und die zunächst fast vollständig homogene oder chaotische Verteilung der sogenannten Elementarteilchen hat sich im Laufe der Zeit in einem Prozess der Selbstorganisation zusammengelagert zu immer komplexeren Systemen, die einer ständigen Evolution unterliegen: zu Atomen, Molekülen, Organismen, Gesellschaften, Gesellschaftssystemen. Obwohl alle diese Objekte aus mehreren Teilobjekten bestehen, sind sie in der Lage, als zusammengehörende Einheiten zu wirken. Die Abgrenzung von zusammengehörenden Einheiten gegenüber der Umwelt ist jedoch oft nicht vollständig; so können einzelne Einheiten selbst wieder Teile von übergeordneten Gesamtsystemen sein. Die Organe eines Körpers (Magen, Herz, Hirn etc.) bilden zwar voneinander getrennte Gesamtkomplexe, sind aber dennoch Teile des gesamten Lebewesens. Tatsächlich besitzen viele der im Laufe der Selbstorganisation entstandenen Objekte eine sehr komplexe Schachtelungsstruktur. Schachtelung bedeutet, dass mehrere Komponenten sich zu einem System zusammenlagern, mehrere derartige Systeme bilden wiederum zusammen ein noch größeres System, viele solcher Systeme wiederum ein übergeordnetes Gesamtsystem etc. Dieser Schachtelung der realen Objekte entspricht auf der Ebene der Naturgesetze, die diese Objekte steuern, eine hierarchische Struktur, die als Schichtung bezeichnet wird. Die untersten Schichten werden gebildet von den Bewegungsgesetzen der einfachsten Objekte der leblosen Materie, darüber liegt die Schicht der biologischen Gesetze, darüber die der Psychologie, der Soziologie und der Wissenschaft von den Staatengemeinschaften. Leblose Materie wird von den Gesetzen der Physik und Chemie gesteuert; sind aber beispielsweise Ionen Teile eines Körpers, so werden ihre physikalischen Gesetze den Gesetzen der Biologie angepasst; Menschen sind Teile einer Gesellschaft und ihr psychologisches Verhalten wird von sozialen Gesetzen mitbestimmt. Die Konzeption einer Schichtung der Naturgesetze besagt somit, dass die schichthöheren Naturgesetze die genaue Ausgestaltung der niederen bestimmen. Dies bezeichnet man auch als Abwärtskausalität; die höhere Systemebene beeinflusst das Verhalten der niederen. Bei Mikroobjekten (Elementarteilchen) oder Aggregaten mit geringer Teilchenanzahl scheinen Zufallsprozesse eine wichtige Rolle zu spielen, wohingegen das Verhalten von Makroobjekten, die sich aus sehr vielen Bestandteilen zusammensetzen, dem Kausalitätsprinzip unterliegt, wobei sich allerdings das Zufallsverhalten von Mikroobjekten in bestimmten Situationen auch auf das Verhalten der Makroprozesse übertragen kann. Das Kausalitätsprinzip besagt, dass Bewegungsänderungen eines Objektes durch äußere Ursachen hervorgerufen werden, und bei komplexeren Systemen wie den Prozessen innerhalb eines Organismus oder des gesamten Lebewesens sind die Bewegungsabläufe zumeist auch teleonom, d.h. zielgerichtet.

## Literaturverzeichnis

Arendes, L. (1996): ‚Ansätze zur physikalischen Untersuchung des Leib-Seele-Problems‘. *Philosophia Naturalis 33*: 55-81.

Arendes, L. (2023): *Das Realismusproblem in der Quantenmechanik. Gibt die Physik Wissen über die Natur?* Books on Demand, Norderstedt.

Arendes, L. (2024a): *Das Computer-Weltbild. Funktionen der Naturphilosophie in der Naturwissenschaft.* Books on Demand, Norderstedt.

Arendes, L. (2024b): *Die wissenschaftliche Weltauffassung. Wissenschaftliche Naturphilosophie.* Books on Demand, Norderstedt.

Bell, J. (1964): ‚On the Einstein Podolsky Rosen Paradox‘. *Physics 1*: 195-200.

Bertalanffy, L. von (1968): *General System Theory. Foundations, Development, Applications.* George Braziller, New York.

Bohm, D., Hiley, B. J. (1993): *The undivided universe. An ontological interpretation of quantum theory*. Routledge, London.

Bouwmeester, D., Pan, J.-W., Mattle, K., Eibl, M., Weinfurter, H., Zeilinger, A. (1997): 'Experimental quantum teleportation.' *Nature 390*: 575-579.

Bunge, M. (1967): *Scientific Research. Vol. I, II*. Springer, Berlin.

Chauvet, G. (1995*): La vie dans la matière. Le rôle de l'espace en biologie*. NBS, Flammarion.

Dosch, H. G. (Hrsg.) (1995): *Teilchen, Felder und Symmetrien*. 2. Aufl., Spektrum Akadem. Verlag, Heidelberg.

Edelman, G. M. (1989): *The Remembered Present. A Biological Theory of Consciousness*. Basic Books, New York.

Edelman, G. M. (1993): *Unser Gehirn – ein dynamisches System. Die Theorie des neuronalen Darwinismus und die biologischen Grundlagen der Wahrnehmung*. Piper, München.

Eigen, M. (1971): ‚Self-organization of matter and the evolution of biological macromolecules‘. *Naturwiss. 58*: 465-523.

Einstein, A. (1920): ‚Äther und Relativitäts-Theorie‘. In: A. Einstein (1986): *Ausgewählte Texte*. Herausgegeben von H. C. Meiser. Goldmann, München, 180-198.

Engels, E.-M. (1982): *Die Teleologie des Lebendigen*. Duncker & Humblot, Berlin.

Finkelstein, D. (1991): ‚Theory of Vacuum‘. In: S. Saunders, H. R. Brown (Hrsg.): *The Philosophy of Vacuum*. Clarendon Press, Oxford, 251-274.

Genz, H., Decker, R. (1991): *Symmetrie und Symmetriebrechung in der Physik*. Vieweg, Braunschweig.

Glansdorff, P., Prigogine, I. (1971): *Thermodynamic Theory of Structure, Stability and Fluctuations*. Wiley-Interscience, New York.

Gould, S. J. (2002): *The Structure of Evolutionary Theory*. Harvard Univ. Press, Cambridge (Mass.).

Greiner, W., Wolschin, G. (1994): ‚Einführung‘. In: W. Greiner & G. Wolschin (Hrsg.): *Elementare Materie, Vakuum und Felder*. 2. Aufl., Spektrum Akadem. Verlag, Heidelberg, 7-17.

Haken, H. (1982): *Synergetik. Eine Einführung*. Springer, Berlin.

Haken, H., Wunderlin, A. (1991): *Die Selbststrukturierung der Materie. Synergetik in der unbelebten Welt*. Vieweg, Braunschweig.

Hartmann, N. (1951): *Teleologisches Denken*. De Gruyter, Berlin.

Heim, B. (1983): *Elementarstrukturen der Materie: Einheitliche strukturelle Quantenfeldtheorie der Materie und Gravitation. Bd. 2.* Innsbruck.

Heim, B. (1989): *Elementarstrukturen der Materie: Einheitliche strukturelle Quantenfeldtheorie der Materie und Gravitation. Bd. 1.* 2. veränd. Aufl., Innsbruck.

Heisenberg, W. (1967): *Einführung in die einheitliche Feldtheorie der Elementarteilchen.* Hirzel Verlag, Stuttgart.

Heisenberg, W. (1990): *Physik und Philosophie.* 5. Aufl., Hirzel, Stuttgart.

Jantsch, E. (1992). *Die Selbstorganisation des Universums. Vom Urknall zum menschlichen Geist.* Hanser, München.

Jordan, P. (1938): ‚Die Verstärkertheorie der Organismen in ihrem gegenwärtigen Stand'. *Naturwiss. 26:* 537-545.

Kanitscheider, B. (1979): *Philosophie und moderne Physik. Systeme · Strukturen · Synthesen.* Wiss. Buchges. Darmstadt.

Kimura, M. (1988): ‚Die „neutrale" Theorie der molekularen Evolution'. In *Spektrum der Wissenschaft: Evolution: Die Entwicklung von den ersten Lebensspuren bis zum Menschen.* Heidelberg, 100-108.

Krohs, U., Toepfer, G. (Hrsg.) (2005): *Philosophie der Biologie. Eine Einführung.* Suhrkamp, Frankfurt a. M.

Ma, X.-S. et al. (2012): 'Quantum teleportation over 143 kilometres using active feed-forward.' *Nature 489:* 269-273.

Mayr, E. (1991): *Eine neue Philosophie der Biologie.* Piper, München.

Popper, K. (1995): *Objektive Erkenntnis: Ein evolutionärer Entwurf.* 3. Aufl., Hoffmann und Campe, Hamburg.

Rafelski, J., Müller, B. (1985): *Die Struktur des Vakuums. Ein Dialog über das Nichts.* Harri Deutsch, Frankfurt a. M.

Sachsse, H. (1971): *Einführung in die Kybernetik.* Vieweg, Braunschweig.

Saunders, S., Brown, H. R. (Hrsg..) (1991a): *The Philosophy of Vacuum.* Clarendon Press, Oxford.

Saunders, S., Brown, H. R. (1991b): ‚Reflections on Ether'. In: S. Saunders, H. R. Brown, (Hrsg.): *The Philosophy of Vacuum.* Clarendon Press, Oxford, 27-64.

Schmutzer, E. (1996): ‚Die fünfte Dimension'. In: W. Neuser, K. Neuser-von-Oettingen (Hrsg.): *Quantenphilosophie.* Spektrum Akadem. Verlag, Heidelberg, 168-175.

Vollmer, G. (1983): *Evolutionäre Erkenntnistheorie.* 3. Aufl., Hirzel, Stuttgart.

Wigner, E. P. (1967): *Symmetries and Reflections.* Indiana Univ., Bloomington.

# Stufen der Forschung:
# Von den Daten zur Theorie und Naturphilosophie

**Zusammenfassung:** Die naturwissenschaftliche Forschung durchläuft in ihrer Entwicklung verschiedene Stadien. In der Anfangsphase einer Disziplin bemühen sich die Wissenschaftler darum, möglichst viele empirische Daten zu sammeln und diese in Allgemeinsätzen zusammenzufassen. Irgendwann tauchen dann Fragen auf, die sich nicht mehr primär experimentell beantworten lassen. In diesem zweiten Stadium bemühen sich die Wissenschaftler darum, durch intuitive Schritte von den Daten zu den Begriffen und Axiomen einer Theorie zu gelangen, aus der sich dann Theoreme ableiten lassen, die sich schließlich an der Erfahrung bewähren müssen. Hat man nun auf diese Weise eine gute Theorie gefunden, so bemühen sich die Wissenschaftler in einer dritten Phase darum, neue und noch bessere Theorien zu entwickeln, deren allgemeinen Prinzipien als befriedigender erscheinen. Besonders in der dritten Phase können naturphilosophische Überlegungen eine wichtige Rolle spielen, wie die Wissenschaftsgeschichte in mehreren Fällen nachweisen konnte. Die Methodologien der hier vorgestellten wissenschaftlichen Naturphilosophie und der Naturwissenschaft haben eine analoge und miteinander verbundene Form. Dabei entsprechen die empirischen Daten der Naturwissenschaft in der Naturphilosophie den zentralen Aussagen der wissenschaftlichen Theorien, von diesen vorgegebenen wissenschaftlichen Theorien geht der Naturphilosoph zu einem Weltbild über, aus dem sich Leitideen ableiten lassen, welche den Naturwissenschaftlern Anregungen zu neuen Theorienkonstruktionen geben können.

# 1. Intuitive Sprünge

In der Naturwissenschaft dominierte über Jahrhunderte hinweg der Glaube, man gelange durch Induktion von den experimentellen Daten zu den Theorien, was gleichzeitig als Wahrheitsbegründung der Theorien galt. Nach dem klassischen Induktivismus, wie ihn etwa der Wiener Kreis um Rudolf Carnap anstrebte, sollten nur jene Sätze in die Wissenschaft aufgenommen werden, die entweder harte Tatsachen beschreiben oder unfehlbare Verallgemeinerungen von Sätzen sind, die harte Tatsachen beschreiben. Von der Seite der Philosophen war es Karl Popper, der diesem Selbstverständnis der Wissenschaft, durch Induktion begründbare wahre Erkenntnisse zu liefern, ein Ende bereitete, nachdem bereits zuvor Albert Einstein in der naturwissenschaftlichen Forschungspraxis gezeigt hatte, dass selbst sehr gut bestätigte Theorien (z.B. die Newtonschen) durch neue und bessere (z.B. durch die geometrische Gravitationstheorie) ersetzt werden können.[1] Weder kann man durch eine irgendwie geartete logische Methode die Grundbegriffe der wissenschaftlichen Theorien erhalten, noch gibt es ein Induktionsprinzip, mit dem sich induktive, d.h. logisch gültige Schlüsse von den einzelnen Daten zur Theorie durchführen lassen. Trotz der vernichtenden Kritik von Philosophen und Fakten der Wissenschaftsgeschichte herrscht zumindest in den experimentellen Zweigen der Naturwissenschaft teilweise immer noch die (oft unbewusste) Grundeinstellung, dass man von den Daten durch Verallgemeinerung (Induktion) zu allen Theorien gelange. Diese oft unbewusste Grundeinstellung vieler experimentell arbeitender Naturwissenschaftler bewirkt psychologisch, dass viele Wissenschaftler fest an die Wahrheit von Theorien glauben. Und dies wird auch so bleiben, solange man sich den tatsächlichen Übergang von den Daten zur Theorie nicht vergegenwärtigt hat. Das mangelnde Wissen über den Schritt von den Daten zur Theorie hat aber eine noch nachteiligere Wirkung, als es der unschuldige Glaube an unbewiesene Theorien ist: Das Ziel der Wissenschaft ist, die beobachtbaren Phänomene zu erklären; und dies bedeutet, Theorien zu formulieren. Solange aber nicht klar ist, wie man von den Daten zur Theorie gelangt, solange kann dieser Konstruktionsvorgang nicht gezielt gefördert werden und bleibt vollständig dem Glück, dem Zufall und anderen außerrationalen Vorgängen überlassen. Aus diesem Grund soll in dieser Arbeit der

Entstehungsvorgang von Theorien genauer untersucht werden. Da die Ausarbeitung einer Theorie nicht nur ein logischer (rationaler), sondern vor allem ein psychologischer Vorgang ist, werden in dieser Arbeit zur Darlegung dieses Prozesses neben den Selbstbeschreibungen und Meinungen führender Wissenschaftler (z.B. Einstein und Heisenberg) auch die Erkenntnisse der heutigen Psychologie (der kognitiven Psychologie) herangezogen.

Wie die wissenschaftliche Theorienkonstruktion verläuft, lässt sich gut überblickartig anhand eines Briefes von Albert Einstein erläutern. In einem Brief vom 7. Mai 1952 hatte er seinem Freund Maurice Solovine  seine erkenntnistheoretischen Ansichten beschrieben.[2] In diesem Brief gibt Einstein eine Skizze zur wissenschaftlichen Methode, und in dieser Skizze werden drei Ebenen unterschieden (Abb. 1): Unmittelbar gegeben sind uns die Sinneserlebnisse (E), welche die Basis der Forschung bilden, und die höchste Ebene wird gebildet von den theoretischen Axiomen (A). Der Wissenschaftler (bzw. die Wissenschaftlerin) startet bei E, bei den Sinneseindrücken, und er sucht ein System von grundlegenden theoretischen Sätzen, den Axiomen. Aus diesen Axiomen leitet er dann auf logischem Weg Einzelaussagen (S) ab, welche nach Einstein Anspruch auf Richtigkeit erheben können. Zuletzt werden diese Aussagen wieder mit den Sinneserlebnissen E in Beziehung gebracht, d.h. sie unterliegen einer Prüfung an der Erfahrung. In diesem Kreislauf von den Sinneserlebnissen über Axiome und Einzelaussagen zurück zu neuen Sinneserlebnissen ist nach Einstein nur der Schritt von den Axiomen zu den Einzelaussagen ein logischer Übergang. Die Einzelaussagen werden auf deduktivem Weg aus den Axiomen abgeleitet. Der Schritt von E nach A ist jedoch nicht auf logischem Weg zu erreichen, zwischen E und A gibt es nur einen intuitiven (psychologischen) Zusammenhang. Ebenso gehört nach Einstein die Prüfung der Einzelaussagen (S) an der Erfahrung (E) der extra-logischen Sphäre an, denn die in S auftretenden theoretischen Begriffe stehen mit den Sinneserlebnissen nicht in einem logischen Zusammenhang. Insgesamt ist also die wissenschaftliche Forschung an zwei Stellen nicht logischer Natur: Einerseits müssen mit Begriffen Axiome gebildet werden, andererseits müssen theoretische Begriffe zu den Sinnesdaten in Beziehung gebracht werden. Der zweite außerlogische Vorgang, die Beziehungsetzung der theoretischen Begriffe zu den Erlebnissen E, ist allerdings bereits im ersten Schritt, von E nach

A, enthalten. Deshalb kann man Einsteins Erkenntnistheorie so rekonstruieren, dass bereits von E nach A zwei außerlogische (intuitive) Schritte nötig sind: Der Übergang von den Sinneseindrücken zu den Begriffen und zu den damit formulierten Axiomen.

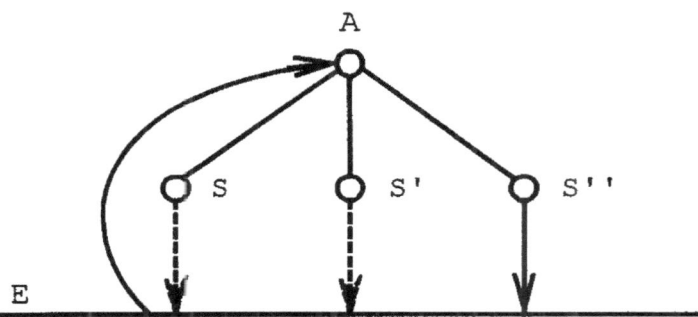

**Abb. 1:** Einsteins Skizze zur wissenschaftlichen Methode. A bezeichnet das System von Axiomen, S, S', S'' die daraus gefolgerten Sätze und E die Mannigfaltigkeit der unmittelbaren (Sinnes-) Erlebnisse.

Zu Einsteins Darstellung der wissenschaftlichen Methode ist jedoch anzumerken, dass die Wissenschaftler in der Regel nicht zuerst die Axiome finden, sondern dass der spekulative Schritt in der Regel von den empirischen Daten zu den grundlegenden Zusammenhängen wie etwa zur Heisenberggleichung oder dem zu lösenden Variationsprinzip, welches dann zu den Bewegungsgleichungen führt, erfolgt. Aus den grundlegenden Beziehungen folgen dann Theoreme, die experimentell getestet werden. Ist man dann auf diese Weise zu einer befriedigenden Theorie gelangt, werden die Axiome im Nachhinein formuliert, wobei oftmals für die gleiche Theorie verschiedene Axiomatisierungen möglich sind, so wie es auch für die Quantenmechanik verschiedene Axiomatisierungen gibt. Was in einem Fall ein Axiom ist, kann im anderen Fall Theorem sein und umgekehrt. Für die Naturwissenschaftler sind nicht die Axiomatisierungen der Kern der Theorie, sondern die gefundenen Grundstrukturen. Axiomatisierungen sind aber wichtig, um feststellen zu können, ob die Theorie logische Widersprüche enthält.

Als Veranschaulichung soll neben der Relativitätstheorie (wie diese beiden Theorien heutzutage bezeichnet werden, obwohl Einsteins Deutung der Formeln falsch ist) auch die Newtonsche Mechanik herangezogen werden, denn nicht nur Einstein verfolgte diese Strategie, sondern notgedrungen alle Theorienkonstrukteure. Newtons zweites Axiom, $F = m \cdot a$, ist für diesen doppelten kreativen Akt ein sehr gutes Beispiel: Newton führte in seiner Mechanik den Kraftbegriff ein, der für viele seiner Zeitgenossen zum Stein des Anstoßes wurde. Kräfte lassen sich nicht beobachten, denn sie sind theoretische Konstrukte zur Erklärung der Annäherung oder Entfernung zweier materieller Objekte zueinander oder voneinander. Viele Zeitgenossen Newtons vertraten aber ein enges mechanistisches Weltbild, wonach nur die korpuskulare Materie und deren Größe, Gestalt und Bewegungszustand als Erklärungsprinzipien benutzt werden sollten. Das führte dazu, „daß die Gravitationstheorie von den hervorragendsten Vertretern der wahren mechanistischen Philosophie (um mit Boyle und Huygens zu sprechen) als ein Rückfall in die für überwunden gehaltenen mittelalterlichen Auffassungen und als eine Art Verrat an der Sache der Naturwissenschaft betrachtet wurde."[3] Allerdings war Newton selbst der Meinung, dass seine Erklärung der Schwere nur vorläufig gewesen sei und später durch andere Prinzipien ersetzt werden müsste. Dieses Ziel wurde über 200 Jahre später durch die Allgemeine Relativitätstheorie erreicht, jedoch nicht mit den Begriffen der Mechanisten des 17. Jahrhunderts, nicht durch die korpuskulare Materie mit ihren Eigenschaften der Größe, der Gestalt und des Bewegungszustandes, sondern mit den Begriffen einer geometrischen Feld-Ontologie. Diese Begriffe sind uns wiederum nicht durch die Sinneserlebnisse gegeben; niemand ist in der Lage, z.B. Geodäten direkt zu beobachten. Geodäten sind theoretische Konstrukte, mathematisch exakt definierte Kurven der nichteuklidischen Geometrie. Neben dem Kraftbegriff ist in Newtons Formel $F = m \cdot a$ auch die Masse m ein theoretischer Begriff. Während Newton die Masse noch als Synonym für die „quantitas materiae" auffasste, ist seit der Relativitätstheorie die „träge Masse eines abgeschlossenen Systems ... mit seiner Energie identisch, sodass die Masse als selbständiger Begriff eliminiert ist."[4]

Begriffe sind nicht induktiv aus der Erfahrung ableitbar, und dasselbe gilt für die Aussagen, insbesondere für die Axiome, die die Wissenschaftler mit den Begriffen formulieren. Obwohl von Newton der berühmte Ausspruch „hypothesis non fingo" („ich mache keine Hypothesen") stammt, beschrieb Einstein in einem Aufsatz über *„Die Entwicklung der mechanistischen Auffassung"*, dass auch Newtons Axiom spekulativen Ursprungs war.[5] Ein sich bewegendes Objekt wird sich nach diesem Axiom mit gleichförmiger Geschwindigkeit weiter bewegen, solange keine Kraft auf es einwirkt. Dies widerspricht jedoch unserer alltäglichen Erfahrung, wonach alle Objekte mit der Zeit scheinbar ohne äußere Krafteinwirkung zur Ruhe kommen. Dass hierfür in Wirklichkeit schwer beobachtbare Einflüsse, sogenannte Kräfte, verantwortlich sind, war eine Spekulation, die sich bewährt hat.

Die heutigen Theorien der Physik sind wesentlich komplizierter als Newtons Theorien, was den erkenntnistheoretischen Vorteil hat, dass man die Kühnheit der Axiome deutlicher erkennen kann. So ist ein Axiom der Speziellen Relativitätstheorie das Axiom von der Kovarianz der Naturgesetze: In allen gleichförmig zueinander bewegten Systemen (Inertialsystemen) gelten die gleichen Naturgesetze. Dieses Axiom konnte Einstein natürlich nicht aus der Erfahrung ableiten, da er sich nur auf der Erde befand, und die Erde ist noch nicht einmal ein gleichförmig sich bewegendes Objekt.

Es ist sehr aufschlussreich, Einsteins Vorstellungen einigen Ansichten von René Descartes gegenüber zu stellen.[6] Für den Vergleich mit Einstein ist Descartes` Schrift aus dem Jahre 1629 über *„Regeln zur Ausrichtung der Erkenntniskraft"* sehr interessant. Dieses Buch hatte er allerdings zu Lebzeiten nie publiziert, so dass vermutet werden kann, dass er über einige darin geäußerte Gedanken in Zweifel war oder dass er sie vielleicht sogar später verworfen hatte. Um zur Erkenntnis der Dinge zu gelangen, bevorzugte er in dieser Schrift zwei Wege, die Intuition und die Deduktion: Für Descartes gab es zu viele Sinnestäuschungen, als dass die Erkenntnis mit den Sinneswahrnehmungen beginnen und sich darauf gründen könnte. Nach seiner Meinung erhält man durch Intuition die Grundprinzipien (Axiome), aus denen sich dann durch logische Ableitungen

(Deduktionen) andere Aussagen ergeben. Diese Vorgehensweise hat Ähnlichkeit mit Einsteins Auffassungen, es gibt aber wichtige Unterschiede zwischen den beiden. Nach Einstein erhält man die Axiome zwar ebenfalls durch Intuition, sie sind aber für ihn nicht unumstößlich wahr; sie müssen sich an der Erfahrung bewähren, indem man die aus ihnen abgeleiteten Sätze mit den experimentellen Beobachtungen vergleicht. Für Descartes hingegen waren die durch Intuition erhaltenen Grundsätze unumstößlich wahr. Descartes ist außerdem dafür bekannt, dass er seine Untersuchungen am liebsten unabhängig von allem Faktenwissen und nur mit seinen Gedanken begann: Cogito ergo sum - ich denke, also bin ich. In seinem posthum veröffentlichten Buch „*Regeln zur Ausrichtung der Erkenntniskraft*" räumte er jedoch auch der Induktion einen Platz ein.[7] Die Induktion führe aber nach Descartes nicht zu einer tiefgreifenden Naturerkenntnis, sie gelte nur als eine Art unvollständiger Lückenbüßer, wenn ein Forschungsgebiet derart komplex sei, dass ein intuitives Ergreifen der Grundsätze noch nicht möglich sei.

# 2. Forschungsstadien

Die Unterscheidung zwischen der wissenschaftlichen Erkenntnis durch Deduktionen von Axiomen einerseits und Verallgemeinerungen von Beobachtungsdaten bei noch wenig verstandenen Systemen andererseits charakterisiert die heutige Forschungssituation recht gut. Biologische Systeme zum Beispiel sind derartig komplex, dass sich die theoretische Biophysik erst im Anfangsstadium befindet.[8] Gegenwärtig konzentriert sich deshalb ein Großteil der biologischen Forschung darauf, Daten aus Experimenten z.B. mit hochauflösenden Mikroskopen und aus Feldstudien zusammenzutragen, und die durch die Beobachtungsdaten mit ihren Beobachtungsbegriffen zusammengetragenen Erkenntnisse werden in verallgemeinerter Form zusammengefasst. Zu beachten bleibt aber, dass es sich bei diesen Verallgemeinerungen nicht um unumstößlich wahre Theorien im Sinne der klassischen Induktion handelt. Die genetische Forschung demonstriert außerdem, dass auch in der stark experimentell orientierten Forschung Hypothesen aufgestellt und oftmals Begriffe eingeführt werden, die zunächst (wie die Gene) einen sehr theoretischen Status haben, die später jedoch als beobachtbar gelten. Trotzdem kann man sich durchaus auf den Standpunkt stellen, dass in den Wissenschaften Verallgemeinerungen von Beobachtungen und in diesem Sinne Induktion vorkommt. Theoretische Physiker und Erkenntnistheoretiker werden dem entgegenhalten, „daß der Induktivismus höchstens eine in der Frühzeit der Wissenschaft verfolgbare Strategie sein kann. Es können vielleicht niedrigrangige Generalisationen von der Erfahrung abgelesen werden, hochrangige Gesetze aber bedürfen der theoretischen Begriffe."[9] Die experimentelle Vorgehensweise in der Biologie hat uns ein enormes Wissen über biologische Systeme gebracht, aber allein durch Experimente und den darauf aufbauenden Verallgemeinerungen lässt sich z. B. die Dynamik der Genexpression (d.h. die Angabe der Kräfte oder Prinzipien, welche den genauen zeitlichen Ablauf steuern) nicht angeben. Hierzu werden die hochkomplexen Theorien der nichtlinearen irreversiblen Thermodynamik, der Synergetik oder anderer Ansätze nötig sein. Ein anderes Beispiel für die zwei Forschungsstrategien ist die Hirnforschung, die in den letzten Jahrzehnten eine Fülle experimenteller Daten geliefert hat, ohne dadurch auch nur ansatzweise die Natur und die Entstehung des Bewusstseins erklären zu können. Die Hirnforschung ist ein gutes Beispiel dafür, dass eine Wissenschaft zunächst mit dem Sammeln und Verallgemeinern von experimentellen Daten beginnt und dass sich später zusätzlich ein theoretischer Forschungszweig entwickelt, der die fundamentaleren Probleme dieser Wissenschaft klären will. Seit ein paar Jahren gehen zunehmend mehr theoretische Physiker, Mathematiker und Informatiker in die Hirnforschung und bereichern diese Wissenschaft mit ihren theoretischen Konzepten.[10] In der Hirnforschung wird immer deutlicher, dass das Bewusstsein mit den heutigen physiologischen Beobachtungsbegriffen allein nicht erklärt werden kann. So sind die Farben (Rot, Grün etc.) unseres visuellen Bewusstseins z.B. keine Aktionspotentialfrequenzen oder Ionenströme. Für die Erklärung des Bewusstseins ist im Sinne von Einsteins Vorgehensweise ein doppelter spekulativer Schritt nötig, der uns die adäquaten Begriffe und die damit formulierten Axiome liefert.

Die heutige Biologie und die Geschichte der Physik zeigen deutlich, dass eine Wissenschaft im Laufe ihrer Entwicklung verschiedene methodologische Stadien durchläuft. Es sollen hier hauptsächlich drei Stadien unterschieden werden, die allerdings fließend ineinander übergehen. Auch enthält jedes Stadium die Vorgehensweise der vorherigen. Im Frühstadium konzentrieren sich Wissenschaftler darauf, über ihren Forschungsgegenstand möglichst viele empirische Daten zu sammeln und diese in Form von allgemeinen Sätzen zusammenzufassen. Es tauchen dann irgendwann Fragestellungen auf, die sich hierdurch nicht beantworten lassen. Man kommt in das Stadium, wie es Einstein in seinem Brief an Solovine darlegte: Ausgehend von den Beobachtungsdaten versucht man, Axiome bzw. theoretische Grundstrukturen zu formulieren, aus denen Sätze deduktiv abgeleitet werden können, welche sich schließlich wieder an der Erfahrung bewähren müssen. Hat man einmal auf diese Weise eine gute Theorie gefunden, dann kann in der Folgezeit zweierlei passieren. Es kann einerseits vorkommen, dass neue experimentelle Daten mit der Theorie nicht erklärt werden können. Dann versucht der Wissenschaftler wieder nach Einsteins Schema, von diesen Daten spekulativ zu einer neuen Theorie zu gelangen. Auf diese Weise ist die Quantenmechanik (QM) entstanden: Eine neue Theorie war nötig geworden, um die diskontinuierlichen Atomspektren zu erklären. Es kann jedoch auch Folgendes passieren: Zwar erklärt die vorhandene Theorie alle für relevant gehaltenen Daten, aber die Wissenschaftler sind unzufrieden mit den grundlegenden Prinzipien, den Grundbegriffen oder Axiomen, der Theorie, und sie bemühen sich deshalb um eine neue Theorie. Ein Beispiel ist wieder die Gravitationstheorie. Einstein wollte das allgemeine Relativitätsprinzip verwirklichen und musste aus theoretischen Gründen die allgemeine Relativität mit der Gravitation verbinden. Außerdem war er unzufrieden damit, dass Newtons Gravitationskraft eine Fernwirkungskraft war, und mit der Allgemeinen Relativitätstheorie eliminierte er diese „spukhafte Fernwirkung" aus der Gravitationsphysik. Unglücklicherweise tauchte die Fernwirkung kurze Zeit später in der QM wieder auf. Und abermals: Obwohl die QM die experimentellen Daten sehr exakt erklären kann, wurde Einstein nicht müde darauf zu drängen, eine neue Theorie zu finden. Ein weiteres Beispiel für das dritte Forschungsstadium ist das Bestreben der heutigen Physik, eine Theorie zu schaffen, die alle Grundkräfte zusammenfasst. Als Motivation hierfür gibt es keine unverstandenen Daten, sondern das Ziel der Einheit der Wissenschaft. Es kann also festgehalten werden, dass Wissenschaftler versuchen, eine neue Theorie zu entdecken, wenn ihnen die Grundprinzipien oder

Eigenarten einer vorhandenen Theorie missfallen. Wissenschaftler suchen neue Theorien, auch wenn es die empirischen Daten nicht erzwingen.

Zusammenfassend kann man folgende drei Forschungsstadien unterscheiden: 1. das Sammeln von experimentellen Daten und das Aufstellen allgemeiner Aussagen; 2. das Bemühen, von den Beobachtungsdaten durch Spekulation zu den theoretischen Begriffen und Axiomen bzw. zu den Grundstrukturen einer Theorie zu gelangen, um dann deduzierte Sätze mit Beobachtungen zu konfrontieren; 3. die Ersetzung von Theorien durch neue Theorien mit akzeptableren Prinzipien oder Eigenschaften. Wie eine derartig bessere Theorie auszusehen hat, ist durch keine feste methodologische Regel vorgeschrieben und wird von Wissenschaftler zu Wissenschaftler verschieden eingeschätzt. Wissenschaftler lassen sich hierbei von sogenannten Leitideen führen, was am Beispiel Einsteins weiter unten erläutert wird. Von der Wissenschaftlergemeinschaft wird eine neue Theorie in der Regel nur dann übernommen, wenn sie zusätzlich zu den Vorhersagen der alten Theorie neue empirische Befunde korrekt vorhersagt.

Zu dem dreigliedrigen Schema der Wissenschaftsentwicklung muss noch angemerkt werden, dass es nur eine grobe Beschreibung der Entwicklung ist. Bereits im ersten Stadium können theoretische und philosophische Einstellungen eine Rolle spielen, die Übergänge zwischen den Stadien sind fließend, und ganz allgemein kann man die Entwicklung auch so ausdrücken, dass zunächst sehr stark empirisch gearbeitet wird, dass später jedoch theoretische Überlegungen immer mehr in den Vordergrund rücken. Liegt für einen Forschungsbereich eine fertige Theorie vor, so lässt sich noch ein viertes, nämlich ein anwendungsorientiertes Forschungsstadium unterscheiden, in dem man versucht, die Theorie auf praktische Probleme anzuwenden.

# 3. Psychologie der Begriffsbildung

Der Entstehungszusammenhang von Theorien soll nun genauer besprochen werden, und der Ausgangspunkt hierfür ist wieder Einsteins Brief, nach dem die

Begriffe und die Axiome intuitiv erraten werden. Dieser doppelte spekulative Sprung ist ein psychologischer Vorgang und muss von den Psychologen untersucht werden. Die Begriffsbildung wird in der Psychologie von einer allgemeineren kognitiven Fragestellung her untersucht, die Psychologie ist allerdings noch eine junge Wissenschaft, so dass man zurzeit keine zu hohen Erwartungen an sie stellen darf. Dennoch kann sie uns zumindest über die äußeren Bedingungen der Begriffsbildung einige Aufschlüsse geben; und das ist ja für methodologische Richtlinien das Wichtigste. Unter einem Begriff wird in der Denkpsychologie u.a. das gemeinsame Merkmal einer Klasse von Dingen verstanden.[11] Das Merkmal kann z.B. aus einer Kombination von Farbe, Größe und Form der Objekte bestehen. Das Wort „Kuh" steht für einen Begriff, weil es eine große Anzahl verschiedener Objekte bezeichnet, welche alle einige Merkmale gemeinsam haben. Obwohl die meisten Wörter für Begriffe stehen, sind nicht alle Begriffe verbal. Kleine Kinder können schon den Begriff „Hund" haben, lange bevor sie eine Sprache erlernt haben.

**Abb. 2:** Chinesische Schriftzeichen als Material für Experimente zur Begriffsentwicklung (aus Houston 1981).[12] Jedes Grundzeichen (concept) kommt in sechs verschiedenen Zeichen vor, die auf sechs Päckchen (List 1 to 6) verteilt sind.

82

Es soll nun ein typisches psychologisches Experiment zur Begriffsbildung vorgestellt werden, um danach auf die Piagetsche Entwicklungstheorie einzugehen und das daraus Gewonnene auf die wissenschaftliche Methodik anzuwenden. Das Reizmaterial des Experimentes bestehe aus 36 Karten mit je einem chinesischen Schriftzeichen (Abb. 2).[12] Sechs solcher Karten bilden ein Päckchen, es existieren also sechs Päckchen. Jeder Karte eines Päckchens ist ein Name, eine sinnlose Silbe, zugeordnet (z.B. fu, tse, li, ta, ten, ling), und die gleichen sechs Namen sind den Schriftzeichen aller Päckchen zugeordnet. Für jeden Namen gibt es somit sechs verschiedene Zeichen, die jeweils in den verschiedenen Päckchen sind. Die sechs Zeichen desselben Namens haben ein gemeinsames Grundzeichen, welches die Versuchsperson als Begriff erlernen soll. Dieses Zeichen wird ihr natürlich zu Beginn des Experimentes nicht gesagt. Der Versuchsleiter nimmt das erste Päckchen, zeigt der Versuchsperson die erste Karte und sagt: „Dieses Zeichen heißt ... (z.B. li)". Nachdem alle Karten von Päckchen I gezeigt worden sind, werden die Karten gemischt. Nacheinander werden wieder alle Karten von Päckchen I gezeigt, diesmal muss jedoch die Versuchsperson sagen, wie die Zeichen heißen. Erfolgt eine richtige Antwort, bekommt die Versuchsperson auf dem Protokollzettel des Versuchsleiters ein „+", erfolgt eine falsche Antwort, so erhält sie ein „–" und der richtige Name wird ihr angegeben. Hat die Versuchsperson nach mehreren Durchgängen Päckchen I gelernt, so kommt Päckchen II an die Reihe. Gleich beim ersten Durchgang von Päckchen II soll die Versuchsperson bei den einzelnen Karten angeben, wie das Zeichen heißen könnte. Bei einer Falschantwort wird wieder der richtige Name angegeben. Können auf diese Weise nach mehreren Durchgängen die Namen richtig zugeordnet werden, wird die ganze Prozedur mit Päckchen III, IV, V und VI wiederholt. Dabei zeigt sich nun, dass die Namen von Päckchen zu Päckchen immer schneller zugeordnet werden können. Beim Päckchen VI können viele Personen bereits im ersten Durchgang angeben, wie die Zeichen heißen. Sie können dann oft das gemeinsame Merkmal aller Zeichen eines Namens angeben, haben also den Begriff erlernt. Interessant ist, dass von Päckchen zu Päckchen die Namen immer schneller zugeordnet werden können, auch wenn die Versuchspersonen das gemeinsame Merkmal, den Begriff, noch nicht angeben können. Dies verdeutlicht, dass Begriffslernen teilweise unbewusst vor sich geht. Begriffslernen erfolgt jedoch nicht immer oder nicht nur unbewusst. Viele andere Experimente haben ergeben, dass das Begriffslernen teilweise eine Art Hypothesentesten ist: Die Personen stellen bewusst eine Hypothese darüber auf, was das gemeinsame Merkmal sein könnte, und überprüfen dies in den folgenden Durchgängen.[13]

Auf dem Gebiet der kognitiven Entwicklung war Jean Piaget einer der herausragendsten Forscher, und er unterteilte die kognitive Entwicklung des Menschen in vier aufeinander folgende Stadien.[14] Es soll hier nur das erste Hauptstadium erwähnt werden, da Kinder bereits in dieser Phase (0 bis 18 Monate alt) Begriffe erlernen. In diesem ersten Stadium erfolgt eine sensomotorische Entwicklung: Das Kind fasst die Objekte an, dreht sie in den Händen herum, steckt sie in den Mund, wirft sie weg etc. Durch aktives „Experimentieren" entwickeln sich unbewusst Handlungsschemata und Begriffe, und erst in einer späteren Phase werden den derartig erworbenen Begriffen beim Spracherwerb Namen zugeordnet.

Was können wir aus all dem für die wissenschaftliche Methodologie lernen? In der wissenschaftlichen Forschung ist es erforderlich, die wesentlichen Eigenschaften eines Systems zu erkennen und ihnen eventuell einen Namen zu geben, falls sie noch keinen haben, um anschließend Axiome aufstellen zu können. Wie das Hullsche Experiment mit den chinesischen Zeichen gezeigt hat, ist für das Begriffslernen wichtig, dass man die unterschiedlichsten Daten betrachtet, und zwar wiederholt! Man sollte deshalb experimentelle Daten aus den verschiedensten Bereichen der eigenen Wissenschaft (und vielleicht auch aus anderen Wissenschaften) wiederholt anschauen. Das wiederholte Hin- und Herwechseln von einer Datenart zu einer anderen scheint wichtig zu sein. In dem Hullschen Experiment bekommen die Versuchspersonen bei jeder Karte vom Versuchsleiter eine Rückmeldung darüber, ob sie den richtigen Namen genannt haben, eine derartige Rückmeldung fehlt aber natürlich in der Wissenschaft. Die Experimente der Wissenschaftler mögen jedoch eine ähnliche Funktion haben. Wenn der Forscher (bzw. die Forscherin) das Gefühl hat, irgendein Merkmal sei für seine Forschungsfrage wichtig, so kann er diese Hypothese in neuen Experimenten untersuchen. Wie oben erwähnt wurde, spielt das Hypothesentesten beim Begriffserwerb ebenfalls eine Rolle. Eine weitere Art von Rückmeldung kann man durch Gespräche mit anderen Wissenschaftlern erhalten. In den Gesprächen kann man herausfinden, ob die Kollegen ähnliche Vermutungen anstellen. Heisenberg schreibt: „Naturwissenschaft beruht auf Experimenten, sie gelangt zu ihren Ergebnissen durch die Gespräche der in ihr Tätigen, die miteinander über die Deutung der Experimente beraten. ... daß Wissenschaft im Gespräch entsteht."[15] Begriffslernen ist teilweise ein unbewusster Vorgang, und Gespräche können helfen, Vorbewusstes durch Sprache bewusst zu machen. An einer anderen Stelle schreibt Heisenberg: „Wenn wir von einem klar verstandenen, wissenschaftlich schon geordneten Bereich der Wirklichkeit zu einem neuen übertreten, so geraten wir von Neuem in die Situation des Kindes, das gleichzeitig Denken und Sprechen lernen muß; das noch nicht sprechen kann, da ihm ausdrückbare Gedanken fremd sind; und das noch nicht denken kann, da ihm die Begriffe fehlen, an denen sich Gedanken ordnen und verknüpfen können."[16]

Wie oben dargelegt wurde, entwickeln sich nach Piagets Ansicht beim Kind die ersten Begriffe in der sensomotorischen Phase durch die ständige unterschiedliche Handhabung der Objekte. In der Wissenschaft hat das Experiment vielleicht eine ähnliche Wirkung. Durch Experimente könnten sich ebenso wie beim Kind unbewusst Begriffe entwickeln, und deshalb erscheint es sinnvoll, dass auch Theoretiker zumindest zeitweise Experimente durchgeführt haben. Die Funktion des Experimentes ist danach nicht nur die Produktion von Daten, vielmehr ist das Experiment zusätzlich die erste Stufe der Begriffsbildung. Einstein schreibt in seinen autobiographischen Notizen, dass er zu Beginn seiner Studentenzeit die meiste Zeit im physikalischen Laboratorium arbeitete, so dass er sogar die Mathematik vernachlässigte.[17] Von Heisenberg weiß man ebenfalls, dass in Bohrs Kopenhagener Institut Laborergebnisse oft betrachtet wurden. In Anlehnung an die Piagetsche Entwicklungstheorie scheint dabei wichtig zu sein, Experimente mit den unterschiedlichsten Geräten und Methoden durchzuführen, so wie kleine Kinder die Objekte auf die ausgefallensten Arten behandeln. Die Variation ist wichtig.

Gemäß dieser Betrachtungsweise können sich Begriffe entwickeln während der Durchführung von Experimenten, durch die Betrachtung der unterschiedlichsten Arten von publizierten Daten und durch Gespräche mit Kollegen. Eine weitere Quelle der Begriffsfindung ist die Lektüre von Theorien und Hypothesen aus anderen Wissenschaften und von philosophischen Schriften. Theorien aus völlig anderen Forschungsbereichen enthalten vielleicht Begriffe, die man selbst gebrauchen kann. Die vielen philosophischen Systeme, die der spekulative Geist der Menschheit im Laufe der Jahrtausende hervorgebracht hat, können ebenfalls Anregungen geben, die adäquaten Begriffe für die eigenen Forschungsfragen zu finden. Die Bereitstellung von Begriffen ist somit eine Funktion der Naturphilosophie, und ein Beispiel für die naturphilosophische Bereitstellung von Begriffen ist wieder die Gravitationstheorie. Newton benutzte in seiner Gravitationstheorie eine Fernwirkungskraft, und Newton selbst war damit unzufrieden. Descartes war zwar nicht in der Lage, eine quantitativ so exakte Gravitationstheorie wie Newton zu liefern, weshalb sich seine Vorstellungen damals nicht durchsetzten, aber er versuchte, die Gravitation durch die Eigenschaft des Raumes zwischen den sich anziehenden Objekten zu erklären.[18] Die Wissenschaft musste nach Descartes und Newton bis Albert Einstein warten, dem es gelang, eine Gravitationstheorie mit geometrischen Begriffen zu formulieren, die quantitativ sogar noch exakter ist als Newtons Theorie.

Nach der Behandlung der Begriffsentwicklung kommen wir nun zu der Frage, welche psychologischen Prozesse zu den Grundstrukturen und Axiomen von Theorien führen. Zunächst einmal kann man Axiome auch als Begriffe deuten. In diesem Fall handelt es sich jedoch nicht um das gemeinsame Merkmal *verschiedener Objekte*, sondern um das Gemeinsame von Objekten in *verschiedenen Situationen* oder um das Gemeinsame in den *Relationen zwischen Objekten*. Einsteins Axiom der Konstanz der Lichtgeschwindigkeit in allen Inertialsystemen beschreibt das Gemeinsame des Lichts in allen Inertialsystemen. Ein anderes Beispiel ist Newtons Axiom $F = m \cdot a$, welches für alle Objekte und alle Kräfte in allen Situationen gelten sollte. Betrachtet man Axiome als Begriffe höherer Ordnung, so gilt für die Entstehung der Axiome dasselbe, was bereits über die Begriffsentwicklung gesagt wurde. Befindet sich jedoch eine Wissenschaft in einem theoretisch sehr stark fortgeschrittenen Zustand, wie es bei manchen Teilen der Physik der Fall ist, so hilft das oben Gesagte bei der Entdeckung von Grundstrukturen und der Axiomenbildung nicht viel, da in diesem Stadium neue Theorien hauptsächlich nicht deshalb gesucht werden, weil es die empirischen Daten erfordern, sondern aus abstrakteren Erwägungen heraus. Wie kommt man in diesem Fall von einem bekannten zu einem neuen Begriffs- und

Axiomensystem? Es scheint keine automatischen Regeln, keinen Algorithmus, zu geben, die der Wissenschaftler nur gewissenhaft zu befolgen hat, um ans Ziel zu gelangen. Vielmehr handelt es sich hierbei um einen kreativen Vorgang, so dass es nützlich ist, sich ein wenig mit der Kreativitätspsychologie zu beschäftigen.

# 4. Kreativitätspsychologie

Als eines der wichtigsten Ziele moderner Wissenschaft wird allgemein das Suchen nach Naturgesetzen betrachtet. Gesetze beschreiben Vorgänge, die sich raumzeitlich wiederholen, so dass man bei gegebenen Anfangs- und Randbedingungen den Verlauf der Vorgänge vorhersagen kann. Das besondere Problem der Kreativitätsforschung ist nun, dass Kreativität von ihrem Wesen her von vielen Psychologen als ein Prozess betrachtet wird, der gerade nicht automatisch abläuft und der nicht vorhersagbar ist. Es entsteht etwas Neues, das sich schwer gesetzmäßig formulieren lässt. Trotz dieser Vorbehalte können Psychologen interessante Bemerkungen zur Kreativität machen. Zum Beispiel ist eine Kreativitätstechnik, die in einer Gruppe ausgeführt wird, die Synektik.[19] Bei dieser Methode wird das Problem in der ersten Phase dargelegt und genau analysiert, und darauf folgt eine „Reinigungsphase", in der die Teilnehmer Lösungsvorschläge machen können. Diese Phase dient hauptsächlich dazu, die Teilnehmer davon zu überzeugen, dass das Problem mit den herkömmlichen Mitteln nicht lösbar ist. Der Psychologe spricht von „funktionaler Gebundenheit", wenn man Lösungsstrategien, die bei bestimmten Problemen in der Vergangenheit erfolgreich waren, auf scheinbar ähnliche Probleme vergeblich anwendet und sich nicht von ihnen trennt.[20] Diese Gebundenheit gilt es aufzubrechen; neue Denkstrukturen sollen sich ausbilden. Nach der Reinigungsphase wird in der Synektik das Problem noch einmal formuliert, und nach diesen Vorbereitungen beginnt die Suche nach Analogien. So soll sich der Teilnehmer der Gruppe bei der sogenannten persönlichen Analogie in ein Ding, einen Sachverhalt oder einen Vorgang hineinversetzen und versuchen, sich so zu fühlen, als wenn er z.B. ein Reißverschluss oder ein stiller See wäre. Anschließend erfolgt die Auswertung Welche neuen Ideen haben sich für das Problem ergeben? In der Industrie sollen bereits zahlreiche Erfindungen durch synektisch arbeitende Gruppen hervorgebracht worden sein.

Vielfach wird berichtet, dass ein „plötzlicher Einfall" die Lösung des Problems brachte. Hierbei ist es oft so, dass man sich nach einer Phase der aktiven Lösungsbemühung zunächst eine Zeitspanne gar nicht mit dem Problem beschäftigt hatte (die Inkubationszeit) und dass dann unerwartet ein plötzlicher Einfall kam.[21] Der Mathematiker und Physiker Poincaré war der Meinung, dass als Bedingung für die „plötzliche Erleuchtung" auf alle Fälle eine intensive, bewusste gedankliche Vorarbeit nötig sei, ohne die – so Poincaré – die Maschine der unbewussten Arbeit nicht in Gang käme. In der anschließenden Inkubationszeit ist man dann oft gelöst und entspannt, und Poincaré berichtete, dass ihm zweimal Inspirationen in Situationen relativer Entspannung gekommen seien, einmal während einer Exkursion, ein anderes Mal während eines Urlaubs an der Meeresküste.

Ein weiteres Merkmal der Kreativität ist das Vorhandensein von möglichst vielen Heurismen.[22] Heurismen sind Leitideen, durch welche Probleme unter Umständen gelöst werden können, oder Vermutungen darüber, welche Bestandteile die Lösung des Problems haben könnte. Gerald Holton hat derartige Leitideen u.a. aus den Arbeiten Einsteins herausgearbeitet, z.B. Sparsamkeit im ontologischen Aufwand, Symmetrien in den Phänomenklassen, Einfachheit der Theorien, Kausalität, Vollständigkeit, Kontinuum der Prozesse etc.[23]

Was können wir aus den Untersuchungen zur Kreativität für die wissenschaftliche Suche nach Theorien festhalten? Für die plötzliche Inspiration ist erst einmal ein angestrengtes Suchen nötig. Eine hohe Motivation, eine genaue Analyse des Problems und der zur Verfügung stehenden Informationen und Leitideen sind hilfreich. Um Analogien sollte man sich bemühen; man sollte sich also nicht als spezialisierter Fachmann ausschließlich um die eigene Wissenschaft kümmern, sondern sich über die Erkenntnisse anderer Wissenschaften, der Kunst, Technik etc. informieren. Die eigene funktionale Gebundenheit sollte man erkennen und sich davon lösen, indem man z.B. bewusst die eigenen Einstellungen kritisiert und hypothetisch als falsch einschätzt. Eigene Denkgewohnheiten durchschauen und variieren! Wenn alles nichts hilft, sollte man sich einer „Inkubationszeit" anvertrauen: Ein anderes Forschungsproblem in Angriff nehmen, für Studenten sorgfältig Vorlesungen vorbereiten oder einfach Urlaub machen.

Um das Gesagte zu verdeutlichen und zu ergänzen, sollen ein paar Zitate angeführt werden. Über die Bedingungen des Auftretens der Inspiration schreibt Heisenberg: „Natürlich geschieht dies nicht ohne die innere Vorbereitung, die etwa durch jahrelange Arbeit oder durch schwierige menschliche Schicksale die Voraussetzung dafür schafft, daß hier Entscheidendes ausgesprochen werden kann."[24] Ungewöhnlich klingt die Hypothese vom schwierigen Schicksal. Schwierige Situationen können aber das Aufbrechen alter Denkstrukturen bewirken; unübliche Strategien müssen dann entwickelt werden: „Wenn wirkliches Neuland betreten wird, kann es aber vorkommen, daß nicht nur neue Inhalte aufzunehmen sind, sondern daß sich die Struktur des Denkens ändern muß, wenn man das Neue verstehen will."[25] Fleiß ist auch in der Wissenschaft nötig, allzu übergroße Aktivität kann jedoch von Nachteil sein, Inkubationszeiten können helfen. Dies deutet wiederum Heisenberg an: „wird der Erfolg häufig dem künstlerischen Menschen zuteil, dem sich auch in den unwichtigen Einzelheiten geheime (d.h. nicht trivial zugängliche) Ordnungen erschließen – während der allzu aktive Mensch häufig der Gefahr erliegt, den Schmetterling der Erkenntnis mit so rauher Hand zu ergreifen, daß das bunte Muster auf seinen Flügeln zerstört ist, bevor er es sehen und in sich aufnehmen konnte."[26] Die heute vielfach so überhand nehmende Publikationssucht vieler Wissenschaftler kann also durchaus negative Folgen haben. Wer ständig bemüht ist, so schnell wie möglich Experimente durchzuführen, um so viel wie möglich zu publizieren, läuft Gefahr, sich nicht die nötige Zeit zu nehmen, all die erworbenen Informationen auf sich einwirken zu lassen. Es geht nicht allein darum, viele Informationen zu erzeugen, sondern, wie Einstein es ausdrückte, „dasjenige herauszuspüren, was in die Tiefe führen könnte, von allem Andern aber abzusehen".[27]

Zum Schluss dieses Abschnittes soll noch einmal genauer auf die Leitideen eingegangen werden. Bei Einstein wurde deutlich, wie wichtig in einer fortgeschrittenen theoretischen Wissenschaft Leitideen sind. Neben seinen erkenntnistheoretischen Leitideen sind viele von naturphilosophischer Art: Unter Einsteins oben aufgeführten Leitideen befinden sich die Kausalität und das Kontinuum, Einstein bevorzugte eine feldtheoretische Konzeption der physikalischen Realität, und an den verschiedensten Stellen hat er immer wieder angegeben, warum er die Quantenmechanik für keine befriedigende Theorie hielt: In seinen autobiographischen Notizen geht er auf das sogenannte EPR-Argument ein. EPR ist die Abkürzung für Einstein, Podolsky und Rosen, welche diese paradoxe Situation erstmals formuliert haben.[28] Beim EPR-Paradox hat man zwei Protonen, die sich nach einer kurzfristigen Wechselwirkung sehr weit voneinander entfernen, und die QM kann man so deuten, dass die an einem Proton durchgeführte Messung instantan den Zustand des anderen Protons beeinflusst, als gäbe es zwischen beiden Systemen keine räumliche Trennung. In seinen autobiographischen Notizen sagt Einstein noch einmal ganz deutlich, was ihm daran nicht gefällt: „Aber an einer Annahme sollten wir nach meiner Ansicht unbedingt festhalten: Der reale Sachverhalt (Zustand) des Systems $S_2$ ist unabhängig davon, was mit dem von ihm räumlich getrennten System $S_1$ vorgenommen wird."[29] Die Vorstellung von einer räumlichen Trennung der Objekte war ihm so wichtig, dass er u.a. deshalb eine neue Theorie forderte. Es gibt andere Elemente der QM, die ihm nicht gefielen. So spielt die Wahrscheinlichkeit in dieser Theorie eine bedeutsame Rolle, und von Einstein stammt der berühmte Spruch: „Gott würfelt nicht."

Einstein ließ sich also von mehreren Grundannahmen leiten, und diese Leitideen belegen, dass naturphilosophische Vorstellungen bei der Theorienkonstruktion eine wichtige Rolle spielen können. Philosophische Spekulationen sind trotzdem vielen Naturwissenschaftlern sehr suspekt, und dies zurecht, wenn sie mit dem Anspruch auf absolute Wahrheit verkündet werden. Derartige Ansprüche sind genauso unhaltbar wie der Glaube an die Beweisbarkeit wissenschaftlicher Theorien. Wissenschaftliche Theorien haben wegen der experimentellen Kontrolle eine stärkere Überzeugungskraft, eine völlige Ignorierung der Philosophie würde jedoch Wissenschaftler in ihrer Kreativität einschränken. Einstein bezeichnete sogar die Angst vor der Metaphysik als eine Krankheit der empiristischen Philosophie, und Heisenberg sagte in einem Gespräch mit Wolfgang Pauli über die positivistische Philosophie, welche naturphilosophische

Gedanken grundsätzlich ablehnte: „Der Positivismus in seiner heutigen Prägung aber macht den Fehler, daß er den großen Zusammenhang nicht sehen will, daß er ihn – ich übertreibe vielleicht jetzt mit meiner Kritik – bewußt im Nebel halten will; zumindest ermutigt er niemanden, über ihn nachzudenken."[30]

# 5. Funktionen der Naturphilosophie
# in den Naturwissenschaften

Die naturwissenschaftliche Forschung ist heutzutage einerseits sehr fachspezifisch, andererseits sehr zeitintensiv, so dass der einzelne Naturwissenschaftler neben seinen spezifischen Forschungsinteressen und seinen sonstigen Verpflichtungen wie Lehrveranstaltungen kaum noch Zeit und Muße findet, mehrere Forschungsrichtungen oder gar mehrere Wissenschaften zu durchdringen. Der Publikationsdruck ist derartig groß, dass für die genaue erkenntnistheoretische Analyse selbst der eigenen Wissenschaft kaum noch Zeit bleibt. Der Wissenschaftsphilosoph (bzw. die Wissenschaftsphilosophin) hingegen überblickt durch gründliches Literaturstudium in der Regel mehrere Wissenschaftsdisziplinen und hat die nötige erkenntnistheoretische Schulung, um die Grundaussagen mehrerer Theorien herausarbeiten und miteinander vergleichen zu können. Die systematische Herausarbeitung und der Vergleich grundlegender theoretischer Begriffe und Strukturen verschiedener Theorien aus unterschiedlichen Wissenschaften wird deshalb heutzutage vornehmlich von Philosophen geleistet. In einem zweiten Schritt kann nun der Naturphilosoph versuchen, die vielen Detailergebnisse zu einer konsistenten Zusammenschau zu integrieren, d.h. ein Weltbild bzw. eine allgemeine Weltauffassung zu entwerfen. Die Synthese eines Weltbildes, das natürlich (wie alle Integrationen von einzelnen Bausteinen zu einem Ganzen) über die Detailergebnisse der Wissenschaften hinausgeht, hat aber nicht nur den Wert einer teleskopartigen Zusammenfassung bereits vorliegender wissenschaftlicher Erkenntnisse, sondern kann den Wissenschaftlern auch zur Orientierung und Ausrichtung ihrer Forschungen dienen. So hat zum Beispiel das demokritsche Weltbild zur Suche nach kleinsten Bausteinen, den

Atomen, geführt, was in der heutigen Naturwissenschaft bis zur Quarktheorie führte. Neben der Analyse der Grundstrukturen und Grundaussagen der Theorien und der Synthese eines Weltbildes hat deshalb der Philosoph die zusätzliche Aufgabe, durch Bereitstellung naturphilosophischer Leitideen, erhalten aus einem Weltbild bzw. aus einer abstrakteren Weltauffassung, Theorienkonstruktionen zu fördern. Ein weiteres Beispiel für den Einfluss von naturphilosophischen Leitideen in der Naturwissenschaft ist die Entstehung der QM. Schon vor ihrer Entdeckung nahmen Heisenberg, Pauli u.a. an, die Quantenobjekte seien keine raumzeitlichen, substantiellen Objekte, und ihre theoretischen Überlegungen orientierten sie daran. Eine Orientierung an philosophischen Ideen birgt natürlich die Gefahr in sich, in die Irre geleitet zu werden; nämlich wenn die Ideen falsch sind. Einstein lehnte bis zum Schluss die QM aus philosophischen Gründen ab, hätte er sie akzeptiert, so hätte sein Genius sicherlich die quantenphysikalische Forschung noch stärker vorangetrieben (wie er es bereits in ihrer Anfangsphase getan hatte). Da jedoch verschiedene Forscher verschiedene philosophische Standpunkte (oft unbewusst) vertreten, kann die Wissenschaft durch die Fixierung mancher Wissenschaftler auf bestimmte Ideen nicht in eine Sackgasse geraten.

Der Geschichte der Wissenschaften lässt sich entnehmen, dass die Naturphilosophie vor allem an drei Stellen der wissenschaftlichen Tätigkeit heuristisch hilfreich ist, nämlich:[31]

a) In Zeiten, in denen die fundamentalsten Anschauungs- und Denkweisen, die methodologischen Grundeinstellungen darüber, wie gute Wissenschaft vorzugehen hat, Veränderungen unterliegen. Ein Beispiel ist die Entstehung der heutigen Art, Naturwissenschaft zu betreiben, hauptsächlich im 17. Jahrhundert. Das atomistische Weltbild Demokrits wurde zum integralen Bestandteil des entstehenden mechanistischen Weltbildes, auf welchem die Forderungen basierten, wissenschaftliche Erklärungsprinzipien sollten sich auf die korpuskulare Materie, ihre Gestalt und Bewegung beschränken und die experimentellen Ergebnisse sollten wiederholbar und vorhersagbar sein.

b) In Zeiten, in denen neue wissenschaftliche Disziplinen geschaffen werden. Beispiele sind die Entstehung der Chemie im 17. Jahrhundert durch Robert Boyle, der sich auf das atomistisch-mechanistische Weltbild stützte, und im 20.

Jahrhundert die Entstehung der wissenschaftlichen Kosmologie durch Einsteins Relativitätstheorie, der sich bewusst sehr von philosophischen Fragen leiten ließ. Bei manchen historisch bedeutsamen Veröffentlichungen drückte sich diese innige Beziehung von Naturwissenschaft und Naturphilosophie bereits im Titel aus. Newtons Hauptwerk von 1687 trägt den Titel "*Philosophiae naturalis principia mathematica*"; John Dalton, ebenfalls ein Begründer des neuzeitlichen Atomismus, veröffentlichte 1808 seine Schrift "*A new system of chemical philosophy*"; und 1809 veröffentlichte de Lamarck seine "*Philosophie zoologique*", die Begründung der Evolutionsforschung.

c) In Zeiten der Ablösung alter Fundamentaltheorien durch neue. Niels Bohr, der Großvater der heutigen QM, war sehr an philosophischen Fragen interessiert, und während der Entstehungszeit der QM diskutierten er und seine jungen Mitarbeiter (Heisenberg, Pauli, Jordan etc.) die zu erklärenden Phänomene auch in Hinblick auf naturphilosophische Fragestellungen.

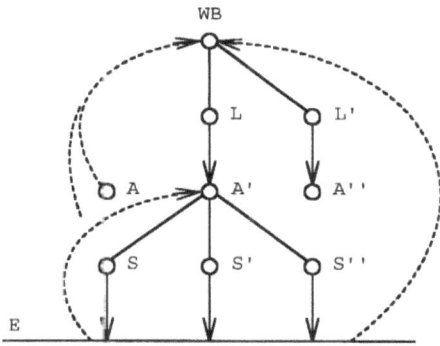

**Abb. 3:** Naturphilosophische Erweiterung von Einsteins Skizze zur wissenschaftlichen Methode (s. Abb. 1). WB bezeichnet das Weltbild, L, L' Leitideen, A, A', A" Axiomensysteme, S, S', S" deduzierte Sätze und E die unmittelbaren Erlebnisse. Die gestrichelten Linien geben sehr spekulative Forschungsschritte an.

# 6. Zusammenhang naturwissenschaftlicher und naturphilosophischer Methodologie

Vergleicht man die wissenschaftliche Methodologie mit dem Vorgehen der Naturphilosophie, wie sie hier vorgeschlagen wird, so lässt sich eine analoge und miteinander verbundene Struktur der Methodologien von Wissenschaft und Naturphilosophie feststellen. In seinem Brief an Solovine spricht Einstein vom spekulativen Schritt von den empirischen Daten zur Theorie, aus welchen Sätze abgeleitet werden, die sich an der Erfahrung bewähren müssen. Den empirischen Daten der Wissenschaft entsprechen in der Naturphilosophie die Grundaussagen der wissenschaftlichen Theorien, von diesen vorgegebenen theoretischen Aussagen kann der Naturphilosoph auf spekulative Weise zu einem integrierenden Weltbild übergehen, und dieses Weltbild muss sich schließlich dadurch bewähren, dass es naturphilosophische Leitideen ermöglicht, welche bei den neuen Theorienkonstruktionen hilfreich sind. Einsteins Skizze in seinem Brief an Solovine kann also dahingehend ergänzt werden, dass von den Axiomen und Theoremen ein Pfeil zum höher gelegenen Weltbild führt, von dem wiederum Pfeile zu den Leitideen und Theorien herabführen (Abb. 3). Beim spekulativen Schritt zum Weltbild können jedoch nicht nur wissenschaftliche Theorien bedeutsam sein, erkenntnistheoretische Überlegungen und außerwissenschaftliche Erfahrungen und Beobachtungen können ebenfalls eine Rolle spielen.

Ein Beispiel für die wissenschaftliche Nützlichkeit eines Weltbildes ist das atomistisch-mechanistische Weltbild, das hauptsächlich im 17. Jahrhundert entstand und das lediglich eine spekulative Grundlage hatte, auch wenn die Begründer dieses Weltbildes sich dessen vielleicht nicht bewusst waren. Angefangen von der Herausbildung der klassischen Physik und Chemie bis zur Entstehung der heutigen Quarktheorie hatte dieses Weltbild einen bewundernswerten heuristischen Erfolg, obwohl es aus der Sicht mancher heutiger Theorien (geometrische Gravitationstheorie und Quantenmechanik) nicht mehr haltbar ist. Seit einigen Jahrzehnten bemühen sich deshalb immer mehr Naturwissenschaftler darum, ein neues wissenschaftliches Weltbild zu entwerfen, und es bleibt zu hoffen, dass zumindest eines von ihnen in Zukunft ähnlich erfolgreich sein wird wie das atomistisch-mechanistische. Kandidaten hierfür sind u.a. die Weltbilder von N. Hartmann, Bohm und Arendes.[32] Zum Beispiel hat der Autor der vorliegenden Arbeit in einem Buch über das Interpretationsproblem der QM die Welt mit einem Computer verglichen und in darauf folgenden Arbeiten aus diesem emergentistischen und funktionalistischen Weltbild Leitideen für die Erforschung des Leib-Seele-Problems und der biologischen Funktionen entwickelt.[33] Inwieweit diese oder andere Leitideen von verschiedenen Weltbildern zu wissenschaftlichen Theorien führen werden, bleibt abzuwarten.

# Anmerkungen

[1] K. Popper: *Logik der Forschung*, Wien 1935.

[2] A. Einstein: *Briefe an Maurice Solovine*, Berlin 1960, S. 118-121.

[3] E. J. Dijksterhuis: *Die Mechanisierung des Weltbildes*, Berlin 1956, S. 535.

[4] A. Einstein: *Autobiographical Notes*, La Salle 1991, S. 56.

[5] A. Einstein: 'Die Entwicklung der mechanistischen Auffassung'. In A. Einstein: *Ausgewählte Texte*, herausgegeben von H. C. Meiser, München 1986, S. 84-179.

[6] R. Descartes: *Meditationes de prima philosophia*, Hamburg 1977. R. Descartes: *Regeln zur Ausrichtung der Erkenntniskraft*, Hamburg 1979. R. Specht (Hrsg.): *Geschichte der Philosophie in Text und Darstellung. Bd 5: Rationalismus,* Stuttgart 1984.

[7] R. Descartes, 1979, a.a.O.

[8] Vgl. A. S. Davydov: *Biology & Quantum Mechanics*, Oxford 1982. H. Fröhlich (Hrsg.): *Biological Coherence and Response to External Stimuli*, Berlin 1988. G. Chauvet: *La vie dans la matière. Le rôle de l'espace en biologie*, Flammarion 1995.

[9] B. Kanitscheider: *Das Weltbild Albert Einsteins*, München 1988, S. 17.

[10] Vgl. B. Müller, J. Reinhardt: *Neural Networks. An Introduction*, Berlin 1990.

[11] Diese Charakterisierung von „Begriff" ist noch nicht ganz ausreichend (vgl. D. Dörner: *Problemlösen als Informationsverarbeitung*, Stuttgart 1979, S. 121f), viele alltägliche Kategorisierungen sind z.B. polymorph. Für die wissenschaftliche Begriffsbildung und für die in dieser Arbeit behandelte methodologische Fragestellung mag aber diese Charakterisierung genügen.

[12] Vgl. C. L. Hull: 'Quantitative Aspekte der Begriffsentwicklung', *Psychol. Monogr. 28* (1920), S. 1-6, 9-40, abgedruckt in: C. F. Graumann (Hrsg.): *Denken*, Göttingen 1965. J.P. Houston: *Fundamentals of learning and memory*, New York 1981, Kap. 14.

[13] D. Dörner, 1979, a.a.O., S. 121ff.

[14] Vgl. R. Oerter, L. Montada: *Entwicklungspsychologie. Ein Lehrbuch*, München 1982, Kap. 6a.

[15] W. Heisenberg: *Der Teil und das Ganze*, 9. Aufl., München 1985, S. 7.

[16] W. Heisenberg: *Ordnung der Wirklichkeit*, 2. Aufl., München 1990, S. 43f.

[17] A. Einstein, 1991, a.a.O., S. 14.

[18] Vgl. B. Kanitscheider: *Kosmologie*, Stuttgart 1984, S. 115f.

[19] D. Dörner, 1979, a.a.O., S. 86ff.

[20] R. E. Mayer: *Denken und Problemlösen: Eine Einführung in menschliches Denken und Lernen*, Berlin 1979, S. 90. W. Hussy: *Denkpsychologie, Bd. 1*, Stuttgart 1984, S. 207f.

[21] D. Dörner, 1979, a.a.O., 91ff.

[22] D. Dörner, 1979, a.a.O., 129ff.

[23] G. Holton: *Thematic Origins of Scientific Thought: Kepler to Einstein*, Cambridge 1973.

[24] W. Heisenberg, 1990, a.a.O., S. 164.

[25] W. Heisenberg, 1985, a.a.O., S. 88.

[26] W. Heisenberg, 1990, a.a.O., S. 147.

[27] A. Einstein, 1991, a.a.O., S. 14.

[28] A. Einstein, B. Podolsky, N. Rosen: 'Kann man die quantenmechanische Beschreibung der physikalischen Wirklichkeit als vollständig betrachten?' Abgedruckt in: K. Baumann, R. Sexl (Hrsg.): *Die Deutungen der Quantentheorie*, Braunschweig 1986, S. 80-86.

[29] A. Einstein, 1991, a.a.O., S. 80.

[30] A. Einstein: 'Bemerkungen zu Bertrand Russells Erkenntnis-Theorie'. In P. A. Schilpp (Hrsg.): *The Philosophy of Bertrand Russell*, Evanston 1946, S. 288. W. Heisenberg, 1985, a.a.O., S. 254.

[31] Vgl. H. Törnebohm: 'Die Rolle der Naturphilosophie in der physikalischen Forschung', S. 26. In B. Kanitscheider (Hrsg.): *Moderne Naturphilosophie*, Würzburg 1984, S. 15-39.

[32] D. Bohm: *Wholeness and the implicate order*, London 1980. D. Bohm, B. J. Hiley: *The undivided universe*, London 1993. N. Hartmann: *Der Aufbau der realen Welt*, 2. Aufl., Berlin 1949. L. Arendes: *Das Realismusproblem in der Quantenmechanik. Gibt die Physik Wissen über die Natur?*, Norderstedt 2024.

[33] L. Arendes: 'Ansätze zur physikalischen Untersuchung des Leib-Seele-Problems', *Philosophia Naturalis 33* (1996), S. 55-81. L. Arendes: *Das Computer-Weltbild. Funktionen der Naturphilosophie in der Naturwissenschaft*, Norderstedt 2024.

# Ansätze zur physikalischen Untersuchung des Leib-Seele-Problems[1]

**Zusammenfassung**: Auf der Grundlage der physikalischen Naturbeschreibung durch die Quantenmechanik, Relativitätstheorie und Thermodynamik werden Vorschläge ausgearbeitet zur experimentellen und theoretischen Untersuchung des Leib-Seele-Problems (LSP). Beim LSP werden ein Kognitions- und ein Bewusstseinsproblem unterschieden. Es wird der Ansatz gemacht, dass das visuelle Bewusstsein ein Feld ist in Analogie zum metrischen Feld der Allgemeinen Relativitätstheorie. Die informationsverarbeitenden unbewussten Kognitionen sollten einerseits durch Modelle der neuronalen Netzwerke erfasst werden, andererseits könnten einige Prozesse zusätzlich im Quantenvakuum ablaufen.

## 1. Einleitung

Das Leib-Seele-Problem (LSP) ist ein fachbereichsübergreifender Forschungsgegenstand, bei dem versucht wird, Psychologie und Physiologie miteinander zu verbinden. Es wird gefragt, wo und wie psychische Prozesse im Gehirn verankert sind. Die gegenseitige Durchdringung von Physiologie und Psychologie hat in den letzten Jahren gute Fortschritte gemacht. Auffallend ist allerdings, dass das heutige Wissen über die physikalischen Grundstrukturen der Welt in der Hirnforschung kaum berücksichtigt wird. Dies ist auch nicht verwunderlich, da hierfür die Erkenntnisse eines dritten Fachbereiches benötigt werden, und die

---

[1] Erstveröffentlichung in *Philosophia Naturalis 33*: 55-81, 1996. Der Text wurde der jetzigen Publikation leicht angepasst.

99

Physik hatte im vorigen Jahrhundert mehrere Revolutionen erlebt, wobei die heute grundlegenden Theorien, Relativitätstheorie (RT), Quantenmechanik (QM) und Thermodynamik (TD), selbst den Physikern große Verständnisprobleme bereiten. In der Hirnforschung sind zwar einige Physiker tätig, ihre theoretischen Arbeiten basieren jedoch (von wenigen Ausnahmen abgesehen) ebenso wie die ihrer Kollegen aus der Biologie, Medizin und Psychologie auf der mechanistisch-demokritschen Weltauffassung. Gemäß dieser Sichtweise, die durch die Physik vor der Entstehung von Relativitätstheorie und Quantenmechanik bestimmt ist, setzt sich die Welt aus kleinsten Bestandteilen zusammen, welche in ihren Eigenschaften und ihrer substantiellen Existenz vom Beobachter unabhängig sind, und aus den zwischen ihnen wirkenden Kräften. Sämtliche Objekte, einschließlich aller Lebewesen, setzen sich nach dieser Sichtweise bausteinartig aus diesen kleinsten Teilchen zusammen. Danach reicht es zur Erklärung der Hirnprozesse aus, die Bestandteile des Gehirns und deren Wechselwirkungen zu kennen. Je nach Abstraktionsebene wählen Forscher entweder Ionen und Proteine oder Neuronen oder Hirnkerne als die grundlegenden zu untersuchenden Bausteine, um über deren Zusammenarbeit die Hirnfunktionen zu erklären.

In den letzten Jahren haben einige Forscher begonnen, neuere physikalische Theorien, vor allem die Quantenmechanik, bei der Erklärung von Hirnfunktionen zu berücksichtigen.[1] In der vorliegenden Arbeit soll versucht werden, auf der Basis der drei grundlegenden physikalischen Theorien (RT, QM, TD) Forschungsparadigmen zu entwickeln, die für die Konstruktion von Theorien und für experimentelle Untersuchungen des LSP nützlich sein können.[2] Die Theorien der Physik dienen hauptsächlich dazu, Veränderungen (meistens Teilchenbewegungen) dynamisch zu erklären; das heißt, sie aus wenigen allgemeinen Prinzipien ableiten zu können. Dabei beschränkt man sich darauf, nur diejenigen Aspekte des betreffenden Phänomens zu berücksichtigen, die für die Erklärung für wesentlich gehalten werden. In der Hirnforschung werden hauptsächlich die Gehirne von Tieren (Affen, Katzen, Ratten usw.) untersucht, wenngleich immer mehr Techniken für die Untersuchung menschlicher Gehirne entwickelt werden. Bei der Untersuchung von Bewusstsein wird hierbei die Arbeitshypothese gemacht, dass auch Säugetiere Formen von Bewusstsein haben. Diese Annahme kann dadurch plausibel gemacht werden, dass man weiß, dass das menschliche

---

[1] Eccles, 1994; Penrose, 1989, 1994; Stapp, 1993
[2] Greiner, 1987; Landau/Lifschitz, 1984; Reif, 1987

Bewusstsein eine sehr enge Beziehung zum Gehirn hat, und dass die Hirnstruktur der Säugetiere sehr ähnlich ist der Hirnstruktur des Menschen (was natürlich auch ein Problem ist angesichts der unterschiedlichen kognitiven Leistungen) Ob die zukünftige Forschung dazu Anlass geben wird, diese Arbeitshypothese aufzugeben, bleibt abzuwarten.

## 2. Charakterisierung des Leib-Seele-Problems

Zurzeit gibt es in der Psychologie keine allgemein akzeptierten Definitionen für „Bewusstsein", „Geist" oder „Seele". Welche Explikationen brauchbar sind, erweist sich in der wissenschaftlichen Forschung meist erst dadurch, dass die das betreffende Phänomen erklärenden Theorien, welche ihre Grundbegriffe explizit oder implizit definieren, sich im experimentellen Test als erfolgreich erweisen. Da es derartige Theorien für das LSP noch nicht gibt, sollen die in dieser Arbeit verwendeten Begriffe nur grob charakterisiert werden. Eine solche Charakterisierung der Grundbegriffe wird natürlich beeinflusst von der philosophischen Grundeinstellung des Autors zum LSP. Verschiedene Philosophien führen zu verschiedenen Charakterisierungen der Grundbegriffe, was verschiedene wissenschaftliche Forschungsparadigmen zur Folge hat. Welches Forschungsparadigma das richtige ist und somit welche Philosophie die richtige ist, lässt sich nicht im Voraus bestimmen. Deshalb ist es in der Wissenschaft immer sinnvoll, mehrere Paradigmen zu verfolgen, um bei irgendeinem Paradigma zum Erfolg zu kommen. Es soll nun hier angenommen werden, dass Leib und Seele keine unabhängig voneinander existierenden Substanzen sind.

Das LSP lässt sich in zwei Hauptprobleme unterteilen, die als das „Kognitionsproblem" und als das „Bewusstseinsproblem" bezeichnet werden sollen. Mit dem Kognitionsproblem ist Folgendes gemeint: Das Gehirn bekommt von den Sinnesorganen Informationen über äußere Reize, verarbeitet diese Informationen und steuert die Muskelbewegungen, um auf die Reize adäquat reagieren zu können. Zwischen Reizaufnahme und Reaktion liegen informationsverarbeitende Prozesse, Kognitionen. Von welcher Art sind diese Prozesse? Sind sie im Gehirn repräsentiert und wie? Kognitive Prozesse müssen nicht notwendigerweise bewusst sein, denn Computer und Roboter verarbeiten ebenfalls

Informationen, ohne dass sie Bewusstsein haben. Im täglichen Leben kann man gelegentlich Handlungsweisen beobachten, die unbewusst vonstatten gehen. Spricht man z.B. einen Schlafenden an, so reagiert er manchmal, indem er sich im Bett umdreht, ohne dass man den Eindruck hat, dass er sich dessen bewusst ist. Schlafwandeln ist ein anderes Beispiel. Dieses Phänomen der unbewussten Informationsverarbeitung tritt jedoch viel häufiger auf, als man annimmt (eben weil die unbewussten Vorgänge uns nicht bewusst werden). Unterhält man sich mit jemand, so kann es vorkommen, dass man nicht sofort das richtige Wort findet um zu sagen, was man meint; insbesondere wenn man in einer Fremdsprache spricht. Man zögert dann eine Weile, ist vielleicht innerlich unruhig - und plötzlich fällt einem das Wort ein. Von den Prozessen, die ablaufen, bis endlich das Wort gefunden ist, erleben wir nur sehr wenig. Wir erleben nicht bewusst, ob es irgendwelche Gedächtnisspeicher gibt, die strategisch abgesucht werden, bis man das passende Wort gefunden hat. Es ist, als ob uns immer nur die Ergebnisse oder Zwischenergebnisse von Informationsverarbeitungen bewusst werden, nicht jedoch die Berechnungen selbst.[1] Das Kognitionsproblem ist also nicht identisch mit dem Bewusstseinsproblem.

Was meinen wir, wenn wir von Bewusstsein sprechen? Es ist derjenige Zustand, der eintritt, wenn wir aus dem Schlaf erwachen oder aus einer Ohnmacht kommen. Das Bewusstsein ist ein so komplexes Phänomen, dass es nützlich ist, die Problematik für die gerade beginnende wissenschaftliche Erforschung einzugrenzen. Es ist deshalb nützlich, die Untersuchungen zunächst auf das visuelle Bewusstsein zu begrenzen. Damit ist Folgendes gemeint: Bestrahlt man eine weiße Wand mit Licht der Wellenlänge 590nm, so sieht man eine gelbe Wand. Das psychische Erleben von „Gelb" ist aber keine elektromagnetische Welle mit der Wellenlänge 590nm. Es ist eine psychische Qualität, die von unserem Erkenntnisapparat hervorgebracht wird, wenn Licht der Wellenlänge 590nm auf unser Auge fällt. Dass der Farbeindruck nicht identisch ist mit einer elektromagnetischen Welle, wird auch dadurch deutlich, dass der gleiche Farbeindruck durch unterschiedliche Wellenlängen hervorgebracht werden kann. So kann eine gelbe Farbe erlebt werden, wenn eine weiße Wand gleichzeitig mit Licht der Wellenlängen 640 und 540nm bestrahlt wird. Bestrahlt man hingegen die Wand nur mit Licht der Wellenlänge 640nm oder nur mit Wellen der Länge 540nm, so sieht man im ersten Fall eine rote Wand, im zweiten Fall eine grüne. Unsere

---

[1] Crick, 1994; Jackendoff, 1987

psychischen Farbqualitäten sind komplizierte Funktionen der betreffenden Wellenlängen; sie werden von der Wahrnehmungspsychologie untersucht.[1] Das Erleben einer Farbqualität ist Bestandteil des visuellen Bewusstseins.

Ebenso sind Töne nicht Druckwellen, sondern psychische Qualitäten, die von unserem Erkenntnisapparat hervorgebracht werden, wenn Druckwellen auf unsere Ohren treffen. Das Erleben dieser Qualitäten wird als akustisches Bewusstsein bezeichnet. Analog entstehen bewusste Wahrnehmungsqualitäten, wenn die adäquaten Reize auf die anderen Sinnesorgane fallen (Geschmacks-, Geruchs-, Tastqualitäten usw.). Ein bewusster Erlebnisakt ist ein System dieser verschiedenen Wahrnehmungsqualitäten. Könnte man die Entstehung einer einzelnen Erlebnisqualität (z.B. die der Farben) wissenschaftlich erklären, so wäre für die wissenschaftliche Erforschung des LSP bereits viel gewonnen. Das philosophisch Interessante an diesem Problem würde man dann vermutlich bereits kennen, da man sich die anderen Qualitäten durch analoge Mechanismen plausibel machen könnte. Die Zusammensetzung der einzelnen Qualitäten zu einem integrierten Wahrnehmungsakt wäre dadurch zwar noch nicht verstanden, dies würde aber auf dem Weg zu einem naturwissenschaftlichen Weltbild, welches das Bewusstsein als Teil der Natur enthielte, keine prinzipiellen Schwierigkeiten darstellen.

Das Bewusstseinsproblem lässt sich nicht ganz vom Kognitionsproblem trennen. Beim Anblick der Sonne erlebt man in der visuellen Wahrnehmung eine gelbe Scheibe, diese wird aber nicht einfach als eine „gelbe Scheibe" erlebt, sondern als „Sonne" gedeutet. Diese erlebte Deutung ist eine Bewusstseinsqualität, die unwillkürlich von unserem kognitiven Apparat hervorgerufen wird. In unserem Bewusstsein erleben wir also nicht nur psychische Wahrnehmungsqualitäten, sondern meist gleichzeitig und unwillkürlich ihre Deutung in Bezug auf eine reale Außenwelt. Geht man durch die Straßen einer Stadt, so sind uns unmittelbar nur unsere psychischen Wahrnehmungsqualitäten (Farben, Töne, Gerüche...) gegeben, diese werden aber im Augenblick ihrer Entstehung gedeutet als Häuser, Autos, Bäume usw. Ob unseren Wahrnehmungsqualitäten Strukturen einer realen Welt außerhalb des Subjektes entsprechen, ist ein altes philosophisches Problem, das wegen einiger Interpretationsprobleme der Quantenmechanik wieder

---

[1] Murch/Woodworth, 1977; von Campenhausen, 1981

viel diskutiert wird.[1] In dieser Arbeit soll als Arbeitshypothese davon ausgegangen werden, dass unsere Wahrnehmungsphänomene zumindest teilweise realen Objekten korrespondieren. Ferner soll angenommen werden, dass wissenschaftliche Theorien die Realität genauer wiedergeben als unsere biologische Wahrnehmungserkenntnis. Damit stellt sich das Bewusstseinsproblem für den visuellen Bereich folgendermaßen: In welcher Beziehung stehen die visuellen Wahrnehmungsqualitäten zum Gehirn, welches aus Materie besteht, deren Eigenschaften durch die physikalischen Theorien (v.a. QM, RT, TD) beschrieben werden?

**Abb. 1:** Diese Abbildung zeigt, was ein bärtiger, auf einem Sofa liegender Mann einäugig in seinem visuellen Bewusstsein erleben kann.[2]

In der mathematischen Physik spricht man von einem Feld, wenn jedem Punkt des Raumes oder eines Teilraumes der Wert mindestens einer Größe zugeordnet ist. Beobachtet man introspektiv in seinem Bewusstsein die visuellen Qualitäten, so sieht man, dass jeder Punkt des Raumes einen Farbton besitzt oder potentiell dazu in der Lage ist. Das visuelle Bewusstsein ist also mathematisch ein Feld.

[1] Arendes, 2024
[2] von Campenhausen, 1981, S. 320; nach Mach, 1903

Deshalb wird im Folgenden das visuelle Bewusstsein auch als phänomenologisches, visuelles Wahrnehmungsfeld und der dadurch erlebte Raum als phänomenologischer Raum bezeichnet. Das visuelle Wahrnehmungsfeld ist das, was man im alltäglichen Leben naiv für den dreidimensionalen Außenraum mit seinen Objekten hält; dieser ist aber nur dessen psychische Repräsentation. Dieser erlebte dreidimensionale Raum wird aufgespannt durch farbige Objekte mit dem eigenen Körper im Vordergrund (s. Abb. 1). Zweifelhaft erscheint das Feldkonzept zunächst bei den anderen Bewusstseinsqualitäten: Klang, Geschmack, Geruch usw. Aber auch die Geräusche werden bestimmten Punkten des visuellen Wahrnehmungsraumes, den sie verursachenden „Objekten", zugeordnet: Sie werden im visuellen phänomenologischen Raum lokalisiert erlebt. Analog wird der eigene Leib als kontinuierliches Feld erlebt, und die Qualitäten der Tast- und Druckwahrnehmung werden in diesem Leibesfeld lokalisiert. Dieses Leibesfeld wird in der realistischen Deutung als das eigene „Selbst" erlebt, das dadurch gegenüber den anderen Phänomenen eine besondere Bedeutung hat.[1]

Es soll noch einmal hervorgehoben werden, dass der phänomenologische Raum und die darin erlebten Objekte nicht identisch mit dem Raum und den Objekten der äußeren Realität sind: Das innere Erlebnis „grüner Baum" bedeutet nicht, dass in der Außenwelt in einiger Entfernung die psychische Qualität „Grün" existiert. Die Qualität „Grün" liegt in unserer Psyche und wird nach außen hin projiziert erlebt. (Es ergibt sich hier folgendes Paradox: In unserem psychischen Wahrnehmungsfeld erscheint der uns umgebende Raum viel größer als unser Kopf oder der Kopf einer beobachteten Person; und doch soll all dies in unserem kleinen Gehirn stecken?) Dass das Wahrnehmungserlebnis „äußerer Raum" unsere eigene Psyche ist, kann man sich schnell klar machen, indem man mit dem Finger seitlich leicht auf einen Augapfel drückt: Dies führt zur Verdopplung des Raumes (bzw. der darin enthaltenen Objekte)! Dass und ob diesem psychischen

---

[1] In abnormen Zuständen wird das Selbst-Konzept nicht (bzw. nicht allein) an das Leibesfeld geheftet, sondern (zusätzlich) an die Phänomene der erlebten Außenwelt, was als außerkörperliche Erfahrung, out-of-body experience, (bzw. als mystisches Einheitserlebnis) erlebt wird. Dieses ist jedoch kein empirischer Beleg dafür, dass unsere Psyche außerhalb des Körpers existieren kann oder dass wir mit der ganzen Welt „eins" sind. Es zeigt lediglich, dass auch die Interpretationen der Wahrnehmungserkenntnis (ebenso wie die Theorien der Wissenschaft) nicht absolut wahr, sondern hypothetisch und fehlbar sind.

Raum etwas Reales zugeordnet ist, wird in einer anderen Arbeit ausführlich diskutiert.[1]

Die Bewusstseinsqualitäten der Wahrnehmung sind zu unterscheiden vom bewussten abstrakten Denken und vom reflexiven Selbstbewusstsein, bei dem der Mensch mittels der Sprache über sich selbst nachdenkt. Diese Bewusstseinsformen werden in dieser Arbeit nicht behandelt. Die bewusste Erlebnisqualität des abstrakten Denkens ist jedoch nicht so unterschiedlich von den bisher besprochenen Qualitäten, wie man annehmen könnte. Abstraktes Denken kann als ein inneres Sprechen aufgefasst werden, welches in der akustischen Modalität erlebt wird. Die Qualitäten des bewussten Denkens haben also Ähnlichkeiten mit den Qualitäten der Sprachwahrnehmung; allerdings wird der Ort dieser Qualitäten nicht in eine Außenwelt projiziert, sondern in den Kopf.

# 3. Das Bindungsproblem

Sollte das Bewusstsein im Gehirn sein, so müsste es möglich sein, das phänomenologische visuelle Feld abzubilden auf den realen Raum, den das Gehirn mit seinen Zellen einnimmt. Aus physiologischer Sicht erscheint das zunächst eher unplausibel, glaubt man doch zu wissen, dass die verschiedenen Objekteigenschaften in verschiedenen Cortexarealen abgebildet werden, wohingegen in unserem bewussten visuellen Wahrnehmungsfeld ein sich bewegendes grünes, kantiges Objekt am selben Ort und zur selben Zeit „grün", „kantig" und „bewegt" erscheint. In der Literatur wird dies unter dem Stichwort „Bindungsproblem" diskutiert. Als Auflösung des Rätsels wird gern angeführt, dass diejenigen Zellen, die verschiedene Eigenschaften desselben Objektes repräsentieren, synchron feuern.[2] Synchrones Feuern mag bei der Informationsverarbeitung tatsächlich eine wichtige Rolle spielen, es löst das Bindungsproblem aber noch nicht: „Grün", „kantig" und „bewegt" sind im Bewusstsein nicht nur zur selben Zeit präsent, sondern auch am selben Ort; es kommt hinzu, dass diese

---

[1] Arendes, 2024
[2] Milner, 1974; von der Malsburg, 1981, 1983; Gray, Singer, 1989; Eckhorn, Bauer, Jordan, Brosch, Kruse, Munk, Reitboeck, 1988; Crick , Koch, 1990; Crick, 1994

Synchronizitäten auch bei anästhesierten Tieren auftreten, wir aber doch das Bewusstsein erforschen wollen. Synchronizität mag für das bewusste Erleben von Objekten notwendig sein, hinreichend ist sie sicher nicht.

Was meinen wir, wenn wir sagen, dass verschiedene Objekteigenschaften in verschiedenen Cortexarealen repräsentiert sind? Damit ist gemeint, dass die beobachteten Aktionspotentiale in verschiedenen Arealen auf verschiedene Objekteigenschaften ansprechen. Aber sind Aktionspotentiale ein gutes Indiz für die im Areal repräsentierten Eigenschaften? Aktionspotentiale laufen vom Soma dem Axon entlang in ein anderes Gebiet. Sie sind deshalb (von Interneuronen abgesehen) die Informationsausgabe eines Areals. Ist aber die Informationsausgabe ein unmittelbares Indiz für die in einem System ablaufenden Prozesse? Vielfach wird angenommen, die Funktion des Bewusstseins sei es, Handlungen zu steuern, müsste dann nicht der Informationsausgang eines Systems, welches Bewusstsein besitzt, mit Handlungsintentionen korrelieren? Danach wäre die elektrische Aktivität im Dendritenbaum, die von der Eingangsinformation und von inneren Neuronenzuständen abhängt, vielleicht eher ein Korrelat des Bewusstseins. Für diese Vermutung spricht, dass die elektrische Aktivität in den Dendriten durch synaptische Übertragungen bewirkt wird und dass das EEG, welches bekanntlich mit Bewusstseinszuständen korreliert, sich zu einem Großteil aus den postsynaptischen Potentialen zusammensetzt; dies steht auch im Einklang mit den Arbeiten von Walter Freeman und seinen Mitarbeitern, welche die Potentialverteilung des EEG als Ausdruck mentaler Vorgänge betrachten.[1]

Sollte das Bewusstsein mit elektrischen Aktivitäten der Dendritenbäume stärker korrelieren als mit Aktionspotentialen, so müsste man den möglichen Ort des Bewusstseins und die Funktionen z.B. von Mittelhirn und Parietalcortex neu diskutieren. Der superiore Colliculus ist ein im Mittelhirn gelegenes Gebiet, welches Informationen von sehr vielen Sinnesmodalitäten erhält und welches motorische Funktionen hat. Kürzlich ist sogar gezeigt worden, dass die Aktionspotentialfrequenzen mancher Zellen auf die Reizbedeutung ansprechen; es ist bereits von mehreren Autoren vorgeschlagen worden, das Mittelhirn oder den Hirnstamm als den Sitz des Bewusstseins anzunehmen.[2] Der Parietalcortex ist ebenfalls ein multisensorisches Integrationszentrum mit motorischer Funktion

---

[1] Niedermeyer/Lopes da Silva, 1987. Freeman/Barrie, 1994
[2] Arendes, 1993, 1994. Penfield/Roberts, 1959; Strehler, 1991

Beim Menschen führt eine großflächige Abtragung des Parietalcortex zu Bewusstseinsaussparungen der Gegenseite. Visuelle und taktile Reize im kontralateralen Gesichtsfeld bzw. auf der kontralateralen Körperhälfte werden dann nicht mehr beachtet.[1]

Man könnte auch versuchen, das Bindungsproblem auf eine ganz andere Weise zu lösen. Die heutige Physik legt die Vermutung nahe, dass unsere Wahrnehmungserkenntnis die Realität nicht spiegelbildlich wiedergibt. Vielmehr scheint die Information, die von der Realität in unseren Erkenntnisapparat gelangt, transformiert zu werden in die Form unserer Wahrnehmungsobjekte. Das bedeutet, dass die Art, wie die experimentell arbeitende Hirnforschung das Gehirn beschreibt, nicht dem realen Gehirn entspricht. Die Allgemeine Relativitätstheorie, die QM und die heutigen Bemühungen der Physik, die Raumzeit zu quantisieren, lassen immer deutlicher werden, dass unsere naive Vorstellung von Raum und Zeit falsch ist.[2] Die raumzeitliche Struktur des realen Gehirns ist vielleicht derartig, dass sich das Bindungsproblem gar nicht stellt. Beim Bindungsproblem wird also deutlich, dass Hirnforscher die heutige Physik zu berücksichtigen haben.

# 4. Physikalische Naturerklärung

Die fundamentalsten Theorien der Physik sind die RT und die QM, eine Fusion beider Theorien ist jedoch noch nicht gelungen. Eine allgemein-relativistische QM wird immer noch gesucht, die speziell-relativistische QM existiert jedoch schon seit langem. Die speziell-relativistische QM ist eine sogenannte Quantenfeldtheorie (QFT). Die nicht-relativistische QM kann ebenfalls als eine QFT formuliert werden (als sogenannte 2. Quantisierung); dieser Formalismus wird jedoch seltener benutzt. Was sagt uns die QFT über die Natur? Die QFT arbeitet mit Operatorenfeldern, die ihrerseits Funktionen von Teilchenerzeugungs- und -vernichtungsoperatoren sind. Diese Operatoren verändern die zu beobachtende Teilchenanzahl. Ein Teilchen ist danach nicht mehr wie in der klassischen

---

[1] Hyvärinen, 1982
[2] Arendes, 2024

Physik unzerstörbare Ursubstanz, sondern entsteht aus dem Vakuumzustand. Die allen Prozessen zugrunde liegende Substanz ist in der heutigen Physik das Quantenvakuum. Teilchen kann man am besten als Anregungszustände des Vakuums betrachten. Vergleicht man das Vakuum mit einem See, so könnte man sich die Teilchen als Wellen an der Seeoberfläche vorstellen.

Albert Einstein hat sich mit einem interessanten Problem beschäftigt, das strukturell analog ist zum LSP. Der zentrale Teil der Allgemeinen Relativitätstheorie (AR) sind die Einsteinschen Feldgleichungen $R_{\mu\nu} - 1/2 g_{\mu\nu} \cdot R = -\chi T_{\mu\nu}$, wobei die linke Seite die Struktur der Raumzeit darstellt, die rechte Seite Massenverteilung und innere Materiespannungen. Bei diesen Gleichungen stellt sich die Frage nach dem ontologischen Verhältnis von Materie und Raumzeit.[1] Manche Physiker billigen beiden eine unabhängige Existenzweise zu, vertreten also einen ontologischen Dualismus. Danach gibt es zwei „Substanzen", zwischen denen jedoch eine gesetzmäßige Beziehung besteht. Die Materie beeinflusst die Feldstruktur, und das Feld lenkt die Materie. Andere Physiker betrachten die Raumzeit nur als sprachliches Mittel, kausale Beziehungen zwischen materiellen Objekten auszudrücken. Einstein versuchte umgekehrt, die Materie aus der Raumzeit abzuleiten; danach wäre die gekrümmte Raumzeit das einzige Baumaterial der Welt. Dieses Projekt der Konstruktion einer Geometrodynamik ist jedoch gescheitert, so dass das Verhältnis von Raumzeit und Materie auch heute noch ungeklärt ist; es besteht eine Korrelation, aber der Wirkungsmechanismus ist unbekannt. Weder ist es gelungen, Materie aus der Raumzeit heraus zu erklären, noch kann man die Raumzeit aus der Materie erklären. Nach den Einsteinschen Feldgleichungen könnte es auch eine Raumzeit geben, wenn überhaupt keine Materie vorhanden wäre.

Aus der QFT wissen wir inzwischen, dass die Materie aus dem Vakuum entsteht. Dies führt zu der Hypothese, dass auch die Raumzeit aus dem Vakuum entstehen könnte, und tatsächlich versuchen die Physiker, eine quantenmechanische Allgemeine Relativitätstheorie zu finden, wonach die Raumzeit quantisiert wäre. Man könnte nun vermuten, dass Materie und Raumzeit Eigenschaften des Vakuums sind und dass die Korrelation, wie sie in den Einsteinschen Feldgleichungen zum Ausdruck kommt, eine Leistung der inneren Struktur des Vakuums ist. Das Vakuum, welches definiert ist als der niedrigst erreichbare Energiezustand,

---

[1] Kanitscheider, 1979

scheint eine innere Struktur zu haben, und die Physiker haben damit begonnen, sie zu untersuchen.[1]

Was können wir daraus für das LSP lernen? Das Raumzeit-Materie-Problem demonstriert, dass eine Korrelation von zwei Phänomenbereichen nicht unbedingt dadurch erklärt werden muss, dass der eine Bereich auf den anderen reduziert wird. Falls das Vakuum neben Materie auch die Raumzeit hervorbringt, dann spricht nichts dagegen, dass es noch weitere Phänomene, z.B. das Bewusstsein, generiert und dass diese Phänomene mit Materiestrukturen korrelieren.

Die Thermodynamik (TD) behandelt Systeme, die aus sehr vielen Teilchen bestehen. Beispiele sind Gase, Flüssigkeiten, feste Körper, elektromagnetische Strahlung. Es hat sich gezeigt, dass viele Eigenschaften solcher Systeme sich nicht als Summe oder Mittelwerte der Eigenschaften der Bestandteile ergeben, sondern dass sie Eigenschaften (Zustandsgrößen) besitzen, welche einzelne Teilchen nicht haben. Temperatur und Druck sind die bekanntesten Beispiele. Zusätzlich nimmt die Theorie die Existenz von Potentialen an: innere Energie, Enthalpie, Entropie usw. Die Methoden der statistischen Physik erlauben es, die zunächst rein phänomenologisch formulierten Zustandsgrößen und Potentiale der reversiblen TD aus den Eigenschaften der Teilchen, aus denen sich das System zusammensetzt, zu berechnen. So gilt z.B. für ideale Gase die Gleichung $^1/_2\, m < v^2 > = \, ^3/_2\, kT$, wobei m die Masse, $< v^2 >$ die mittlere quadratische Geschwindigkeit, k die Boltzmann-Konstante und T die Temperatur ist. Die Temperatur ist also eine Funktion der mittleren quadratischen Teilchengeschwindigkeit. Hervorgehoben werden soll, dass die Temperatur nicht einfach identisch ist mit dem mittleren Geschwindigkeitsquadrat $< v^2 >$ oder mit der mittleren kinetischen Energie $^1/_2\, m < v^2 >$. Sie ist etwas qualitativ anderes, was dadurch zum Ausdruck kommt, dass die Gleichung zusätzlich eine Naturkonstante enthält. Die lineare irreversible TD erklärt Bewegungen von Teilchen oder Systemgrößen dadurch, dass es zwischen verschiedenen Raumteilen Potentialdifferenzen gibt und dass die verallgemeinerten Kräfte, welche die Verschiebungen bewirken, Funktionen dieser Potentialdifferenzen sind.

---

[1] Rafelski/Müller, 1985; Genz, 1994

Eine wichtige Frage ist nun, ob die Potentiale reale Entitäten sind oder ob es sich hierbei nur um mathematische Rechengrößen handelt, wie die Instrumentalisten für alle physikalischen Konstrukte behaupten. In dieser Arbeit wird angenommen, dass die Potentialfelder, ebenso wie das metrische Feld der AR, reale Entitäten sind, denn aus ihnen ergeben sich Materiebewegungen. (Eine erkenntnistheoretische Diskussion der Realität physikalischer Konstrukte wird an anderer Stelle geboten.[1]) Dass Potentiale nicht einfach die Summe der Eigenschaften aller Teilchen, also nicht auf Teilcheneigenschaften reduzierbar sind, ist besonders offensichtlich bei der Entropie: Sie ist eine Funktion der Anzahl von Konfigurationen (Mikrozuständen), die einen Makrozustand bilden können: $S = k \ln W$, mit S für die Entropie, k für die Boltzmann-Konstante und W für die Wahrscheinlichkeit des Zustandes. Das bedeutet, Potentiale sind Funktionen von Teilchen und ihren Eigenschaften, sie sind aber nicht mit ihnen identisch. Potentiale werden zwar von Teilcheneigenschaften bestimmt, sind aber neue Systemeigenschaften. Physikalisch bewirken sie die Bewegungen der Teilchen. Bei der Diskussion der Beziehung von Quantenvakuum und metrischem Feld wurde oben gefragt, ob das Quantenvakuum weitere Eigenschaften hervorbringen könne. Die Potentiale und Zustandsgrößen der TD sind hierzu zu zählen.

# 5. Ansätze zur Erklärung der Hirndynamik

Das Gehirn ist ein biochemisches System, in dem viele Prozesse nicht-linear sind. Eine befriedigende nicht-lineare irreversible TD gibt es aber noch nicht. Bei Prozessen fern vom lokalen thermodynamischen Gleichgewicht hat man große Probleme, einige der Zustandsgrößen und Potentiale der linearen TD zu definieren (z.B. Temperatur und Entropie). Außerdem scheint es, dass zu den Variablen der reversiblen und linearen irreversiblen TD zusätzliche Variablen eingeführt werden müssen.[2] Da man introspektiv den Eindruck hat, dass das Bewusstsein einen kausalen Einfluss auf unsere Körperbewegungen hat, und da auch aus evolutionstheoretischen Gründen das Entstehen von Bewusstsein einen Überlebensvorteil mit sich gebracht haben muss, liegt es nahe, das Bewusstsein

---

[1] Arendes, 2024
[2] Reif, 1987

als ein hirnspezifisches thermodynamisches Potential aufzufassen: Ist die Hirnmaterie in einem bestimmten neuronalen Zustand, so bringt das Quantenvakuum ein Bewusstseinspotential hervor, welches bei Potentialdifferenzen zwischen verschiedenen Bereichen zu verallgemeinerten Kräften führt, welche Hirnströme bewirken. Gegen diese Hypothese spricht jedoch, dass Potentiale Skalarfelder sind (d.h. jeder Punkt des Feldes besitzt einen einzigen Betragswert), wohingegen beim Bewusstsein eine kompliziertere Struktur vorliegt. Erlebt man z.B. in seinem phänomenologischen Wahrnehmungsfeld ein fahrendes Auto, so hat dieser Teil des Feldes nicht nur Werte für den Farbeindruck (welcher bestimmt wird durch Farbton, Sättigung und Helligkeit), sondern zusätzlich u.a. Werte für Geräusche, Geruch und für die realistische Interpretation, ein reales Objekt, ein Auto, zu sein. Die Felder der Elektrodynamik und der AR sind deshalb ein besserer Vergleich für das Bewusstseinsfeld als die Skalarfelder der TD. Die TD ist jedoch noch keine abgeschlossene Theorie, und es stellt sich die Frage, ob auch in einer nicht-linearen TD kompliziertere Felder eingeführt werden müssen.

Eine bessere Hypothese ist, das Bewusstsein nicht als ein thermodynamisches Potentialfeld aufzufassen, sondern als ein neuartiges Feld, welches mit der Struktur der Hirnmaterie ähnlich korreliert ist wie in der AR das metrische Feld mit der Materie. (Es ist nicht gemeint, dass das Bewusstsein strukturell ähnlich aufgebaut sein soll wie das metrische Feld (obwohl beide Felder einen Raum aufspannen: s. Abb. 1), sondern dass es zwischen Hirnmaterie und Bewusstsein einen ähnlichen Korrelationsmechanismus gibt wie zwischen dem metrischen Feld und der Materie, welcher allerdings ebenfalls unbekannt ist.) Auch nach dieser Hypothese wird das Bewusstseinsfeld (ebenso wie das metrische Feld) von der Materie beeinflusst und umgekehrt. Möglich ist auch, dass das Vakuum beides, sowohl bislang unbekannte thermodynamische Potentiale als auch ein Feld analog zum metrischen Feld der AR hervorbringt. Das Bewusstsein ist vielleicht eher ein Feld analog zum metrischen Feld, wohingegen die Beeinflussung der Hirnströme zusätzlich durch unbewusste Potentiale (etwa bei unbewussten Kognitionen) erfolgt. Die Analogie zum metrischen Feld der AR ermöglicht eine Lösung des oben angesprochenen Bindungsproblems. In der AR bestimmt die Massenverteilung des gesamten Universums die Struktur der Raumzeit. Analog könnte man sich denken, dass die Zellaktivitäten des gesamten Gehirns die Struktur des Bewusstseinsfeldes bestimmen. Danach könnten die verschiedenen

Objekteigenschaften in verschiedenen Hirnstrukturen repräsentiert sein und trotzdem im Bewusstseinsfeld beieinander liegen.[1]

Wir kommen nun zum Kognitionsaspekt des LSP. In den letzten Jahren hat die Simulation neuronaler Netzwerke eine stürmische Entwicklung erlebt, und es ist nicht möglich, hier auch nur einen Überblick zu geben.[2] Allgemein lässt sich aber feststellen: Ein Neuronennetzwerk besteht aus n Neuronen. Das i-te Neuron (i = 1,2,3,...,n) bekommt von allen Neuronen eine Nettoinformationseingabe $net_i = \sum x_j\, w_{ij}$ (Summe über alle j = 1,2,3,...,n), wobei $x_j$ die Eingabe des j-ten Neurons ist und $w_{ij}$ die synaptische Übertragungsstärke von Neuron j auf i. Die Informationsausgabe von i ist eine Funktion von $net_i$ und nimmt die Werte 0, 1 oder einen Wert dazwischen an. Die Eingabe $net_i$ muss einen bestimmten Schwellenwert erreichen, damit es zu einer Ausgabe kommt. Damit ein solches Netzwerk kognitive Leistungen simulieren kann, müssen die synaptischen Verbindungen $w_{ij}$ entsprechend eingestellt werden. Gibt man einem Netzwerk zu Beginn der Simulation ein zu lernendes Eingabemuster (z.B. ein Gesicht), so verändern sich die synaptischen Verbindungen während mehrerer wiederholter Darbietungen derartig, dass dieses Muster in den synaptischen Verbindungen als gespeichert betrachtet werden kann. Das Netzwerk ist dann z.B. in der Lage, derartige Muster wiederzuerkennen oder sogar zu vervollständigen: Gibt man dem Netzwerk nur einen Ausschnitt eines ursprünglich gelernten Gesichtes als Eingabe, so vervollständigt das Netzwerk das Gesicht selbständig.

Die Leistungsfähigkeit derartiger Netzwerke ist erstaunlich. Kritiken von Seiten der experimentellen Hirnforscher werden aber geäußert, wenn sie als Modelle realer Nervennetze betrachtet werden sollen. In vieler Hinsicht weichen biologische Zellen von diesen künstlichen Neuronen ab (z.B. haben künstliche Neuronen in der Regel keine Dendriten, und der Einfluss der Gliazellen bleibt unberücksichtigt), und bei einigen Prozessen der künstlichen Netzwerke ist unklar, wo und wie sie im Gehirn verankert sein sollen. So werden während eines

---

[1] Damit es zum bewussten Erleben eines einheitlichen Objektes mit verschiedenen Eigenschaften kommt, reicht es jedoch nicht aus, dass die Zellen der verschiedenen Cortexareale (evtl. synchron) aktiv sind, denn dies ist auch der Fall bei der visuellen Reizung von anästhesierten Tieren. Zusätzlich müssen noch weitere Bedingungen erfüllt sein, z.B. die Aktivität der Formatio reticularis des Mittelhirns, was vermutlich eine Voraussetzung für die Entstehung von Bewusstsein ist (Carlson, 1986).
[2] s. Müller/Reinhardt, 1990

Lernvorganges bei den einzelnen Musterdarbietungen die synaptischen Verbindungen $w_{ij}$ neu errechnet und eingestellt, und es ist unklar, wie und wo das im realen Hirn stattfinden soll. Inwieweit Modelle der neuronalen Netzwerke unsere kognitiven Leistungen erklären können, wird die zukünftige Forschung zeigen müssen.

In der Künstlichen Intelligenz (KI) versucht man, Computer oder Roboter zu konstruieren, die ähnliche Wahrnehmungs- und Verhaltensfähigkeiten besitzen wie Menschen. Dabei hat sich herausgestellt, dass scheinbar elementare Wahrnehmungsfähigkeiten mathematisch äußerst kompliziert sind, oftmals sogar komplizierter als die von uns so geschätzten bewussten kognitiven Leistungen wie das Lösen mathematischer Gleichungen. Die Simulation derartiger Wahrnehmungs- und Verhaltensfähigkeiten erfordert Großrechner, die vielfach größer als das Gehirn und dennoch langsamer sind als der Mensch. Diese Diskrepanz wird gern damit erklärt, dass unsere heutigen Rechner seriell arbeitende von-Neumann-Computer sind, wohingegen das Gehirn wie die künstlichen neuronalen Netze Informationen parallel verarbeitet. Ob dieses Argument tatsächlich eine vollständige Erklärung dieser Diskrepanz liefert, bleibt abzuwarten. Es ist jedoch in der Wissenschaft üblich, Alternativhypothesen zu diskutieren, wobei die experimentelle Forschung die endgültige Entscheidung zu erbringen hat. Eine solche alternative Erklärung wäre, dass einige Informationen außerhalb des Gehirns im Vakuum verarbeitet werden. Wie schon gesagt, ist das Vakuum nach der heutigen Physik nicht mehr das Nichts, sondern es hat eine innere Struktur. Es scheint sogar einen Einfluss auf die Naturgesetze zu haben, enthält Informationen, kann einen Druck ausüben u.v.a.m.[1] Angesichts der Kleinheit des Gehirns ist es nicht abwegig, einige kognitive Prozesse außerhalb des Gehirns zu vermuten. Man bedenke, dass bereits das Rattenhirn und noch kleinere Tiere Wahrnehmungsleistungen, die von der KI untersucht werden, erbringen!

Geradezu paradox erscheint das Verhalten von Tieren nach vielen Läsionsexperimenten: Viele psychische Funktionen sind nach der Zerstörung bestimmter Hirngebiete gestört oder fehlen völlig, erholen sich aber wieder nach einiger Zeit. So weiß man, dass der Hypothalamus eine Rolle spielt beim Fress- und Trinkverhalten der Tiere.[2] Anfangs hielt man den lateralen Hypothalamus für

---

[1] Rafelski/Müller, 1985; Genz, 1994
[2] Carlson, 1986

das „Hungerzentrum" und den ventromedialen Hypothalamus für das „Sätti-gungszentrum". Elektrische Stimulationen des lateralen Hypothalamus lösen Fressen und Trinken aus, seine Zerstörung führt zur Abwesenheit von Fressen und Trinken. Wenn man jedoch Tiere mit zerstörtem lateralen Hypothalamus durch intragastrische Injektionen von Nahrung künstlich ernährt, erholen sich die Funktionen wieder und die Tiere beginnen, wieder selbständig zu fressen und zu trinken. Diese Plastizität des Gehirns, die Fähigkeit des Gehirns, Neuronen derartig neu zu verschalten, dass andere Gebiete die Funktionen übernehmen, ist erstaunlich und bislang ungeklärt. Im Rahmen der hier vorgeschlagenen Hypo-thesen wäre es möglich, dass die neuronale Umverschaltung durch das Vakuum gesteuert wird.

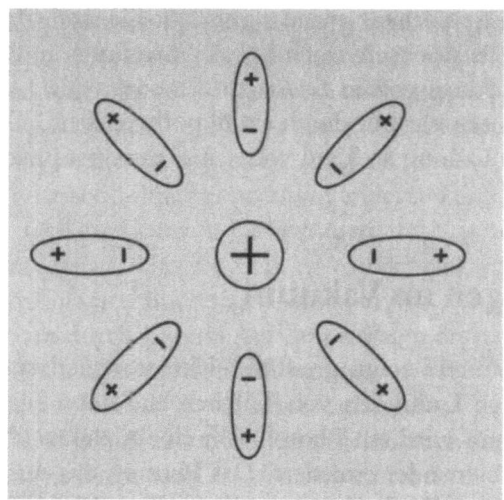

**Abb. 2:** Eine in das Vakuum eingebrachte elektrische Ladung zieht die im Vakuum fluktuierenden Ladungen mit dem entgegengesetzten Vorzeichen an und stößt die mit den gleichen Ladungen ab. Dadurch polarisiert sie das Vakuum. Die Ladungswolke schwächt das Feld der ins Vakuum eingebrachten Ladung.[1]

Falls die Leistungsfähigkeit neuronaler Netze tatsächlich begrenzt oder falls der Ort einiger hierbei durchgeführter Rechnungen nicht zu erklären sein sollte, könnte man das Vakuum in Betracht ziehen. Wie könnte das Vakuum die

---

[1] aus Genz 1994: 295

Hirnmaterie beeinflussen, und wie bekäme das Vakuum Informationen über Hirnstrukturen? Der Informationsfluss vom Hirn zur Innenstruktur des Vakuums könnte dadurch erfolgen, dass die im Gehirn vorhandenen Felder die Innenstruktur des Vakuums verändern. In der Physik weiß man, dass elektromagnetische und andere bekannte Felder das Vakuum verändern können: s. Abb. 2.[1] Umgekehrt beeinflusst das Vakuum die Nervennetze, indem es ein Feld hervorbringt (z.B. das oben besprochene Bewusstseinsfeld). Auf diese Weise könnte es die synaptischen Verbindungen oder die Schwellenwerte im Axonhügel beeinflussen.[2] Es ist bereits gesagt worden, dass Felder von der Materiestruktur abhängen, in unserem Fall wäre das die Hirnstruktur (z.B. aktive Neuronen). Die Struktur eines Feldes hängt aber nicht nur von den Eigenschaften der Subsysteme ab, sondern auch von Naturkonstanten. In der TD enthalten die Potentiale die Boltzmann-Konstante und in der AR gibt es die Gravitationskonstante. Es soll nun die Annahme gemacht werden, dass das hier postulierte Bewusstseinsfeld $F_B$ einerseits von aktiven Hirnzellen $Z_a$ und andererseits von Konstanten oder allgemeiner ausgedrückt von Parametern $P_V$ abhängt, welche von der Vakuumstruktur herrühren: $F_B = F_B(P_V, Z_a)$. Sind diese Parameter nicht konstant, sondern raumzeitlich variabel (in der Kosmologie ist z.B. die Hubble-Konstante ein zeitlich veränderlicher Parameter), so könnte das Vakuum durch dieses Feld effektiv Hirnströme beeinflussen. Der Einfluss von veränderlichen Parametern auf die Form von Potentialfelder und ihre Wirkung auf Teilchenbewegungen wurde intensiv untersucht in der Katastrophentheorie von Thom:[3] s. Abb. 3. Die Veränderung des Feldes durch einen Parameter würde sich nicht nur auf die Hirnmaterie auswirken, sondern auch, da es das Bewusstseinsfeld darstellt, auf das Bewusstsein. Hierbei könnte es sich beim visuellen Bewusstsein z.B. um Affekte oder Intentionen bezüglich des wahrgenommenen Objektes handeln oder um die Aufmerksamkeitsstufe. Veränderungen des Bewusstseinsfeldes könnten jedoch vielleicht nicht nur durch äußere Parameter und durch die Hirnmaterie erfolgen, sondern auch durch eine innere Dynamik des Feldes, so wie für das metrische Feld Gravitationswellen postuliert werden.

Die beiden Hypothesen, dass das Bewusstsein ein physikalisches Feld sei und dass manche kognitive Prozesse im Vakuum ablaufen, sind unabhängig vonein-

---

[1] Rafelski/Müller, 1985; Genz, 1994
[2] Roger Penrose vermutet, dass Quanteneffekte sich in den Mikrotubuli, winzigen Proteinröhrchen im Inneren der Zellen, als Bewusstsein auswirken (Penrose, 1994).
[3] Thom, 1975

ander. Das heißt, man kann die Feldauffassung akzeptieren, ohne die Vakuumhypothese annehmen zu müssen. Umgekehrt können diejenigen, die aus philosophischen Gründen nicht glauben, dass die Psyche im Gehirn sei, die Vakuumhypothese als einen wissenschaftlichen Forschungsansatz annehmen, ohne das Bewusstsein als ein physikalisches Feld betrachten zu müssen. Wie zu Beginn des Artikels gesagt wurde, führen verschiedene Philosophien zu verschiedenen Forschungsparadigmen und in der Wissenschaft sollten mehrere Paradigmen verfolgt werden. Die hier vorgeschlagenen beiden Hypothesen ermöglichen es, zwei Denkansätze zu kombinieren: Die Hypothesen sind heuristisch nützlich sowohl für diejenigen, für die psychische Prozesse physikalische Vorgänge sind, als auch für diejenigen, welche nicht glauben, die Psyche sei im Gehirn, denn beides widerspricht sich nicht.

# 6. Experimentelle und theoretische Erforschung der vorgeschlagenen Hirnhypothesen

Wir kommen nun zum wichtigsten Teil dieser Arbeit, denn die vorgeschlagenen Hypothesen haben primär die heuristische Funktion, Forschungsrichtungen zu stimulieren. Wie weist man die Existenz unbekannter Felder nach? Die Begriffe der Physik sind theoretische Konstrukte, die eingeführt wurden, um das Verhalten von Materie (z.B. Betrag und Richtung der Geschwindigkeiten) zu erklären. So wurde das Konstrukt „magnetisches Feld" eingeführt, um die Phänomene der Anziehung und Abstoßung bestimmter Körper, genannt Magnete, zu erklären. Analog wurden in der physikalischen Chemie die Potentiale Enthalpie, Entropie usw. eingeführt, um Systemeigenschaften zu erklären. Hierbei ist die Reihenfolge der Forschungsschritte folgendermaßen: Man entdeckt ein Phänomen, das sich nicht aus den bekannten Theorien erklären lässt, dann führt man systematisch Experimente durch und beschreibt das Phänomen quantitativ, stellt empirische Gleichungen auf und formuliert schließlich Theorien (mit theoretischen Begriffen wie Feldern), die das Phänomen erklären sollen, um abschließend die Vorhersagen der Theorien experimentell zu testen. Die empirischen Gleichungen und die Theorien geben uns Hinweise, wie man Geräte konstruieren muss, um die Feldstärken „direkt" zu messen. Um im Gehirn Flüsse oder sonstige

Veränderungen zu entdecken, die mit den heutigen physikalischen Theorien nicht zu erklären sind, bedarf es selbstredend guter Kenntnisse der theoretischen Physik. Als Einstieg in die experimentelle Untersuchung könnte man mit Hirnschnitten beginnen, um später lebende Gehirne zu untersuchen. Gehirne mit Bewusstsein müssen sich auf irgendeine Art physikalisch von unbewussten Gehirnen unterscheiden, denn die heutigen Theorien der Physik enthalten keine Terme für das Bewusstsein, können also auf derartige Systeme noch nicht vollständig anwendbar sein. Sollte irgendwann ein eindeutig unerklärbares Phänomen, d.h. eine Abweichung von den heutigen Theorien, entdeckt werden, müsste es quantitativ erfasst werden, um dann empirische Gleichungen aufstellen zu können. Es wäre ein Feld zu postulieren, welches die Abweichung erklären könnte. Dieses Forschungsprojekt wird erschwert dadurch, dass viele Hirnprozesse von nicht-linearer irreversibler Art sind, wofür es noch keine allgemein akzeptierte Theorie gibt. Es wäre also gut, könnte man Effekte finden, die deutlich gegen heute bekannte physikalische Grundprinzipien verstoßen. Könnte man ein Feld konstruieren, das die Effekte erklärt, so müsste man als Nächstes untersuchen, ob dieses Feld mit dem Bewusstsein korreliert. Das bedeutet, es wäre zu untersuchen, ob die Feldstärke variieren würde mit Bewusstseinsinhalten (z.B. bei der Beobachtung verschiedener Objekte) und mit Bewusstseinsstufen (Variation von Tiefschlaf bis zur erhöhten Aufmerksamkeit).

Einen zweiten Forschungsansatz gibt uns die Entstehungsgeschichte der AR: Bevor Einstein seine Feldgleichungen aufstellte, welche die Raumzeit mit der Materie in Zusammenhang bringen, gab es bereits einerseits die nicht-euklidischen Geometrien und andererseits den begrifflichen Rahmen der Materieeigenschaften. Will man eine analoge Gleichung [visuelles phänomenologisches Wahrnehmungsfeld als Funktion von der Hirnstruktur] aufstellen, so müsste zunächst der jeweilige begriffliche Rahmen vorhanden sein. Die physiologischen Hirneigenschaften werden in der Hirnforschung bereits detailliert untersucht. Man ist sich aber noch nicht im Klaren darüber, welche Hirnprozesse für das Bewusstsein relevant sind. Francis Crick hat kürzlich vorgeschlagen, Wachheits- oder Aufmerksamkeitsneuronen zu suchen, deren synchrone Aktivitäten Korrelate des visuellen Bewusstseins sein sollen, und in seinem Buch macht er viele interessante Vorschläge (z.B. Neuronen der 6. Cortexschicht und Neuronen im Thalamus).[1] Ein weiterer interessanter Forschungsansatz ist der von Walter

---

[1] Crick, 1994

Freeman und seinen Mitarbeitern, welche die raumzeitlichen Muster des EEG (verursacht hauptsächlich durch die synaptischen Aktivitäten) untersuchen.[1] Die für das Bewusstsein relevanten physiologischen Eigenschaften müsste man auch quantitativ-mathematisch erfassen.

Die andere Seite der gesuchten Gleichung bereitet noch mehr Schwierigkeiten, denn das nur subjektiv gegebene Bewusstsein müsste mathematisch beschrieben werden. Lange Zeit war es in der Wissenschaft ein Tabu, über Introspektives zu reden. Um das Bewusstsein physiologisch erklären zu können, ist es aber nötig, unsere Wahrnehmungsphänomene möglichst präzise zu beschreiben. Die Methode der systematischen und experimentellen Introspektion, wie sie z.B. in der Würzburger Schule um die Jahrhundertwende betrieben wurde, muss wieder aufgegriffen und präzisiert werden, um dadurch einen angemessenen Begriffsrahmen für das Bewusstsein zu erhalten.[2] Dieses müsste auch mathematisch ausgedrückt werden. Bei der introspektiven Methode lässt sich Intersubjektivität erreichen, wenn jeder Mensch unter den gegebenen Umständen die behaupteten Phänomene auch bei sich selbst introspektiv beobachten kann. Dieser Forschungszweig ist nötig, denn nur wenn man einen begrifflichen Rahmen für das introspektiv gegebene Bewusstsein und einen begrifflichen Rahmen für die relevanten Hirnprozesse hat, wird man beides zueinander in eine wissenschaftlich testbare Beziehung setzen können.

Selbst wenn die Vermutung, das Bewusstsein sei ein physikalisches Feld, richtig sein sollte, wird es schwer sein, dieses wissenschaftlich nachzuweisen. Noch schwieriger ist jedoch der Nachweis der zweiten Hypothese, nämlich der Einfluss des Quantenvakuums auf dieses Feld. Wie oben beschrieben wurde, soll angenommen werden, das Feld würde nicht nur von Hirnzellen abhängen, sondern zusätzlich von Parametern $P_V$ des Vakuums: $F_B = F_B(P_V, Z_a)$. Sollte es gelingen, ein Feld mathematisch zu formulieren, so müsste gezeigt werden, dass die „Konstanten" zeitlich variabel wären, dass sie evtl. von der Bewusstseinsstufe abhängen. Die Erreichbarkeit eines derartigen Forschungszieles kann man bezweifeln; vielleicht wird man wegen der Komplexität des Phänomenbereiches nie eine exakte Leib-Seele-Theorie formulieren können. Wo die Grenzen des wissenschaftlichen Verstehens liegen, erfährt man aber nur, indem man es

---

[1] Freeman/Barrie, 1994
[2] Hehlmann, 1963

zumindest versucht. Den wissenschaftlichen Verstand sollte man nicht unterschätzen; zur Zeit Galileis waren die AR und die QM ebenfalls völlig undenkbar!

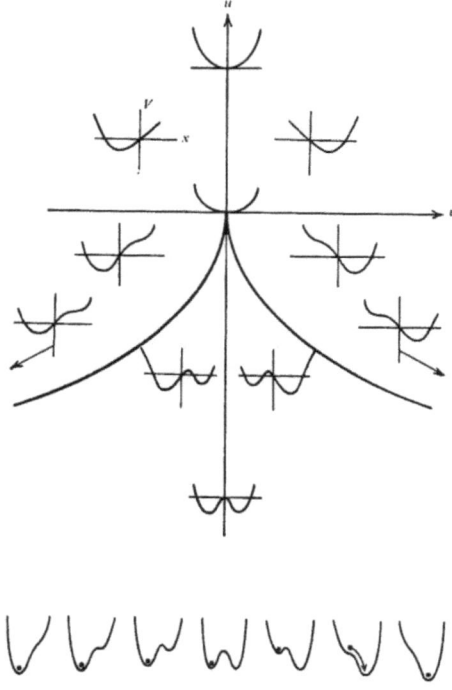

**Abb. 9.2:** *Oben:* Ein Potential $V(x) \sim x^4 + u \cdot x^2 + v \cdot x$ für verschiedene Werte der Parameter u und v. In den kleinen Koordinatensystemen ist jeweils der Kurvenverlauf des Potentials V in Abhängigkeit vom Ort x abgebildet. Die Positionen der Ursprungspunkte der kleinen Koordinatensysteme innerhalb des großen Achsenkreuzes geben die Größen der Parameter u und v des jeweiligen Potentials an. Anhand der Lage im großen Achsenkreuz, d.h. anhand bestimmter Kombinationen von u- und v-Größen, lassen sich verschiedene Typen von Potentialkurven unterscheiden, was durch zwei geschwungene Linien im großen Achsenkreuz angedeutet wird.
*Unten:* Durch Veränderung der Werte von u und v verändert sich der Kurvenverlauf des Potentials. Da sich ein Teilchen zum Minimum des Potentials bewegt, lässt es sich durch Veränderung der Minimumposition hin und her bewegen.[1]

---

[1] aus Saunders 1986, S. 13-14

# 7. Interpretationsprobleme der theoretischen Physik

Bei den heutigen physikalischen Theorien haben selbst Physiker große Schwierigkeiten, die realistische Bedeutung ihrer Theorien auszumachen. Diese Verständnisprobleme scheinen darauf zu beruhen, dass versucht wird, Theorien im Rahmen des klassischen wissenschaftlichen Weltbildes zu deuten, welches mit den modernen Theorien jedoch nicht zu vereinbaren ist. Begriffe und Phänomene wie das Zwillingsparadox, Zeitschleifen oder die Heisenbergsche Unschärferelation haben in einem mechanistisch-demokritschen Weltbild keinen Platz. In einer detaillierten Studie über die Interpretationsprobleme der QM wurde deshalb vom Autor die Vermutung aufgestellt, dass unsere Wahrnehmungserkenntnis die Realität nicht spiegelbildlich repräsentiere, sondern dass die Natur wesentlich komplexer aufgebaut sei und deshalb auch nur abstrakt-mathematisch erfasst werden könne.[1] Danach würden im Wahrnehmungsprozess die Informationen, die von der Realität in unseren Erkenntnisapparat gelangen, transformiert in die Form unserer Wahrnehmungsobjekte.[2] Die Realität (also auch unser Gehirn) wäre danach wesentlich komplizierter, als es in diesem Artikel mit der normalen (nicht-mathematischen) Sprache beschrieben werden kann. Eine mathematische Formulierung der hier vorgeschlagenen Thesen wird deshalb vielleicht ähnliche Überraschungen bringen, wie es die AR und die QM mit sich brachten. Eine vollständige Erklärung der von uns beobachteten Phänomene (wie es die Physik anstrebt) wird vermutlich unsere Wahrnehmungsstrukturen berücksichtigen müssen.

Das bedeutendste Problem der QM ist die sogenannte „Reduktion der Wellenfunktion". Im Schrödinger-Formalismus ist die Wellenfunktion vor einer Beobachtung eines Objektes in der Regel im Zustand einer Superposition von Eigenfunktionen; nach der Beobachtung liegt jedoch zumeist nur eine Eigenfunktion vor, welche den beobachteten Messwert repräsentiert. Für diesen Reduktionsprozess machen die Vertreter der orthodoxen Interpretation der QM das

---

[1] Arendes, 2024

[2] Die für das visuelle Bewusstsein gesuchte Gleichung [visuelles phänomenologisches Wahrnehmungsfeld als Funktion von der Hirnstruktur] wäre eine derartige Transformationsgleichung.

Bewusstsein verantwortlich.[1] Niels Bohr, Werner Heisenberg und viele weitere Begründer der QM vertraten jedoch die sogenannte Kopenhagener Interpretation, wonach die Reduktion durch einen irreversiblen Verstärkungsakt im Messgerät erfolgt. Da es bislang noch keine allgemeine irreversible (d.h. auch nichtlineare) TD gibt, lässt sich zurzeit hierüber nur spekulieren. Es ist aber deshalb auch verfrüht, das Bewusstsein für die Reduktion des Wellenpaketes verantwortlich zu machen, wie in manchen Hirntheorien postuliert wird.[2] Das Bewusstsein für die Reduktion verantwortlich zu machen, ist auch deshalb eine bizarre Hypothese, weil die Kosmologie frühe evolutionäre Phasen behandelt, während denen es noch keine Lebewesen gab. Vonnöten wäre vielleicht eine allgemeine physikalische Feldtheorie, welche angibt, was für Vielteilchen-Felder bei welchen Materiezuständen entstehen; also eine Theorie der Emergenz von Feldern. Was für Felder sind außer dem metrischen Feld der AR, den thermodynamischen Potentialfeldern und dem vermuteten Bewusstseinsfeld zusätzlich möglich? Unter Umständen entstehen bereits in Messgeräten Potentiale, welche die Reduktion bewirken. Unbekannte Felder spielen vielleicht nicht nur im Gehirn eine Rolle, sondern auch in anderen biologischen Systemen.

# 8. Vergleich mit ähnlichen Vorschlägen zum LSP

Der Feldbegriff wurde in der Psychologie das erste Mal in der ersten Hälfte des 20. Jahrhunderts von dem Gestaltpsychologen Kurt Lewin benutzt; in neuerer Zeit wurde die Hypothese, das Bewusstsein oder der Geist („mind") sei ein nichtmaterielles Feld, von dem Philosophen und Physiker Henry Margenau aufgestellt.[3] Ein nicht-materielles Feld ist zum Beispiel das metrische Feld der AR. Margenau behauptet zusätzlich, das Feld enthalte keine Energie, was in dieser Arbeit nicht vertreten wird.

Die Feldauffassung wird auch vertreten von dem Neurophysiologen Libet und von dem Psychiater Mender.[4] Libet spricht von einem Conscious Mental Field

---

[1] von Neumann, 1986; Wigner, 1967; Stapp, 1993
[2] Eccles, 1994; Stapp, 1993
[3] Hehlmann, 1963. Margenau, 1984
[4] Libet, 1993; Mender, 1994

und er macht interessante Vorschläge zum experimentellen Test seiner Hypothese. Er schlägt z.B. vor, bei einer Operation einen Teil des Cortex vom restlichen Gehirn zu isolieren und diese Zellen elektrisch oder chemisch zu reizen. Bewirke dieses eine introspektiv erlebbare Bewusstseinsänderung, so wäre das ein Beleg dafür, dass diese Zellen auf ein Feld einwirken, welches mit dem gesamten Gehirn verbunden ist. Kritisch vermerkt werden muss jedoch, dass es experimentell sehr schwierig ist, Zellen im Gehirn zu belassen, sie aber vom restlichen Gehirn so zu isolieren, dass keine elektromagnetischen Felder oder bewusstseinsunabhängigen thermodynamischen Potentiale eine Informationsübertragung bewirken können. Libet vertritt ferner die Auffassung, dass die Hypothese des Conscious Mental Field mit allen möglichen philosophischen Positionen zum LSP verträglich sei. Bei der in dieser Arbeit vorgeschlagenen Feldhypothese ist dies nicht der Fall. Die hier vorgeschlagene LSP-Theorie ist nicht kompatibel mit einer dualistischen Philosophie.

Derzeit gibt es keine befriedigende irreversible TD. Als Alternative hat der Physiker Hermann Haken die Synergetik begründet, welche allerdings ebenfalls noch keine vollständige Theorie ist. In dieser Theorie gibt es analog zu den thermodynamischen makroskopischen Variablen (z.B. Temperatur und Druck) sogenannte Ordnungsparameter. Ähnlich wie die thermodynamischen Variablen ändern sich diese Parameter langsamer in der Zeit als die mikroskopischen Subsysteme. Diese Ordnungsparameter haben die Funktion, die Subsysteme zu lenken, zu „versklaven", und haben somit eine ähnliche Funktion wie die thermodynamischen Kräfte, welche aus Potentialdifferenzen resultieren. Haken vermutet, dass Gedanken derartige Ordnungsparameter sind. Über die Natur der Bewusstseinsqualitäten (Farben, Gerüche etc.) äußert er sich allerdings nicht genauer.[1] Die Synergetik bezieht sich also nur auf den Kognitionsaspekt des LSP.

Nur wenige Wissenschaftler messen der Quantenphysik eine zentrale Bedeutung beim LSP bei.[2] Der bekannteste Vertreter dieser Denkrichtung ist der Neurophysiologe John Eccles. Er ist ein Substanz-Dualist. Er nimmt zwei unabhängig existierende Substanzen an, Seele und Materie, welche miteinander wechselwirken. Die Seele wirke auf die Materie, indem sie die quantenmechanischen Wahrscheinlichkeiten (der vesikulären Exozytose in den Synapsen) beeinflusse bzw.

---

[1] Haken, 1983, 1990; Haken/Haken-Krell, 1992
[2] Eccles, 1994; Penrose, 1989, 1994; Stapp, 1993

indem das Bewusstsein im Sinne der orthodoxen Interpretation der QM die Reduktion der Wellenfunktion bewirke. Da die hier vorgeschlagene Vakuum-Hypothese potentiell den gleichen Erklärungswert hat wie Eccles' Seele, ist diese Hypothese vorzuziehen, denn das Vakuum ist bereits ein zentraler Bestandteil der heutigen Physik und muss nicht erst für das LSP postuliert werden.

# Literatur

Arendes, L., 1993, *Aufmerksamkeitseffekte in Zellen des superioren Colliculus bei Makaken*, Diss. Univ. Göttingen, Aachen.

Arendes, L., 1994, „Superior colliculus activity related to attention and to connotative stimulus meaning", *Cogn. Brain Res., 2*, 65-69.

Arendes, L., 2024, *Das Realismusproblem in der Quantenmechanik. Gibt die Physik Wissen über die Natur?*, Norderstedt.

Campenhausen, C. von, 1981, *Die Sinne des Menschen, Bd I: Einführung in die Psychophysik der Wahrnehmung*, Stuttgart.

Carlson, N. R., 1986, *Physiology of Behavior*, Boston.

Crick, F., 1994, *The Astonishing Hypothesis: The Scientific Search for the Soul*, New York.

Crick, F. & Koch, C., 1990, „Towards a neurobiological theory of consciousness", *Seminars Neurosci., 2*, 263-275.

Eccles, J. C., 1994, *How the Self Controls its Brain*, Berlin.

Eckhorn, R., Bauer, R., Jordan, W., Brosch, M., Kruse, W., Munk, M. & Reitboeck, H. J., 1988, „Coherent oscillations: a mechanism of feature linking in the visual cortex?", *Biol. Cybern., 60*, 121-130.

Freeman, W. J. & Barrie, J. M., 1994, „Chaotic oscillations and the genesis of meaning in cerebral cortex", in: G. Buzsáki et al. (Hg.), *Temporal coding in the brain*, 13-37, Berlin.

Genz, H., 1994, *Die Entdeckung des Nichts*, München.

Gray, C. M. & Singer, W., 1989, „Stimulus-specific neuronal oscillations in orientation columns of cat visual cortex", *Proc. Natl. Acad. Sci. USA., 86*, 1698-1702.

Greiner, W., 1987, *Theoretische Physik, Bd. 6: Relativistische Quantenmechanik: Wellengleichungen*, Frankfurt a. M.

Haken, H., 1983, „Synopsis and Introduction", in: E. Basar, H. Flohr, H. Haken & A.J. Mandell (Hg.), *Synergetics of the Brain*, 3-25, Berlin.

Haken, H., 1990, *Synergetik. Eine Einführung*, Berlin.

Haken, H. & Haken-Krell, M., 1992, *Erfolgsgeheimnisse der Wahrnehmung*, Stuttgart.

Hehlmann, W., 1963, *Geschichte der Psychologie*, Stuttgart.

Hyvärinen, J., 1982, *The Parietal Cortex of Monkey and Man*, Berlin.

Jackendoff, R., 1987, *Consciousness and the Computational Mind*, Cambridge.

Kanitscheider, B., 1979, *Philosophie und moderne Physik*, Darmstadt.

Landau, L. D. & Lifschitz, E. M., 1984, *Klassische Feldtheorie*, Berlin

Libet, B., 1993, *Neurophysiology of Consciousness*, Boston.

Mach, E., 1903, *Analyse der Empfindungen*, Jena.

Malsburg, C. von der, 1981, *The Correlation Theory of Brain Function*. Internal Report of Max-Planck-Institute for Biophysical Chemistry Göttingen, Dept. Neurobiology, 81-2, Göttingen.

Malsburg, C. von der, 1983, „Modelling Self-Organization and Performance of Neural Nets", in: E. Basar, H. Flohr, H. Haken & A. J. Mandell (Hg.), *Synergetics of the Brain*. 238-249, Berlin.

Margenau, H., 1984, *The Miracle of Existence*, Woodbridge.

Mender, D., 1994, *The Myth of Neuropsychiatry: A Look at Paradoxes, Physics, and the Human Brain*, New York.

Milner, P. M. 1974, „A model for visual shape recognition", *Psychol. Rev., 6*, 521-535.

Müller, B. & Reinhardt, J., 1990, *Neural Networks: An Introduction*, Berlin.

Murch, G. M. & Woodworth, G. L., 1977, *Wahrnehmung*, Stuttgart.

Neumann, J. von, 1986, *Mathematische Grundlagen der Quantenmechanik*, Berlin.

Niedermeyer, E. & Lopes da Silva, F., 1987, *Electroencephalography: Basic Principles, Clinical Applications and Related Fields*, Baltimore-München.

Penfield, W. & Roberts, L., 1959, *Speech and Brain-Mechanisms*, Princeton.

Penrose, R., 1989, *The Emperor's New Mind: Concerning Computers, Minds and the Laws of Physics*. Oxford.

Penrose, R., 1994, *Shadows of the Mind: A Search for the Missing Science of Consciousness*, Oxford.

Rafelski, J. & Müller, B., 1985, *Die Struktur des Vakuums: Ein Dialog über das Nichts*, Frankfurt a. M.

Reif, F., 1987, *Statistische Physik und Theorie der Wärme*, Berlin.

Saunders, P. T., 1986, *Katastrophentheorie. Eine Einführung für Naturwissenschaftler*, Braunschweig.

Stapp, H. P., 1993, *Mind, Matter, and Quantum Mechanics*, Berlin.

Strehler, B. L., 1991, „Where is the Self? A neuroanatomical theory of consciousness", *Synapse 7*, 44-91.

Thom, R., 1975, *Structural Stability and Morphogenesis*. Reading, Massachusetts.

Wigner, E. P., 1967, *Symmetries and Reflections*, Bloomington.

# Naturphilosophische Leitideen für die biophysikalische Forschung

**Zusammenfassung:** Eine der Aufgaben der Naturphilosophie ist die Bereitstellung von Leitideen für die naturwissenschaftliche Forschung, und in diesem Aufsatz werden Ansätze für die Formulierung biophysikalischer Theorien ausgearbeitet. Im Unterschied zur Physik und Chemie spielt in der Biologie der Funktionsbegriff eine überragende Rolle. Deshalb wird die Hypothese aufgestellt, dass es in Organismen biophysikalische Felder mit einer funktionalistischen Dynamik gibt, was als das wesentliche Kennzeichen von Leben betrachtet wird. Die heutige Physik wird als Grenzfall einer umfassenderen biophysikalischen Theorie aufgefasst, und es wird vorgeschlagen, den Funktionalismus auf der Ebene der Naturkonstanten oder anderer physikalischer Parameter im Rahmen der Mathematik nichtlinearer Differentialgleichungen zu formulieren.

## 1. Heuristische Funktion der Naturphilosophie

Naturphilosophische Untersuchungen werden von vielen Naturwissenschaftlern mit großem Argwohn betrachtet. Ein Grund hierfür liegt in dem kategorischen Verkünden vermeintlich völlig sicheren Wissens von vielen Philosophen der Antike bis zur Neuzeit, aber auch der Gegenwart, während in den Naturwissenschaften mit großem experimentellen Aufwand auf theoretischer Ebene nur hypothetisches Wissen erlangt werden kann, das zudem vielen naturphilosophischen Spekulationen widerspricht. Ein zweiter Grund für die ablehnende Haltung vieler Naturwissenschaftler gegenüber naturphilosophischen Überlegungen ist der in den Naturwissenschaften immer noch weit verbreitete Glaube, die Naturwissenschaft würde durch Induktion von den experimentellen Daten zu ihren Theorien gelangen. Dieser Standpunkt ist nicht nur von Philosophen hinreichend kritisiert worden, sondern auch die bedeutendsten Naturwissenschaftler des 20. Jahrhunderts betonten die spekulativen Elemente bei der Theorienkonstruktion. Zum Beispiel erläuterte Albert Einstein in einem Brief seine methodologischen Ansichten.[1] In diesem Brief vertritt er den Standpunkt, dass man nur durch einen außerlogischen Vorgang, durch Intuition oder Spekulation, von den Sinneserlebnissen zu den Axiomen einer Theorie gelangen könne. Dieser Übergang von den Daten zur Theorie ist ein psychologischer Vorgang, der bislang noch nicht vollständig verstanden ist. Wie man jedoch anhand wissenschaftshistorischer Studien zeigen konnte, spielen bei diesem kreativen Vorgang philosophische Leitideen oft eine nicht unbedeutende Rolle.[2] Wie in der Geschichte der Physik ausführlich dokumentiert ist, haben gerade die herausragenden Persönlichkeiten der Physik während der Konstruktionsphasen ihrer Theorien auf naturphilosophische Leitideen zurückgegriffen. Einstein, Bohr, Heisenberg u.a. haben sich intensiv mit erkenntnistheoretischen und naturphilosophischen Fragen beschäftigt. Einstein bezeichnete sogar die Angst vor der Metaphysik als eine Krankheit der empirizistischen Philosophie, und Heisenberg warf den Positivisten vor, dass sie den großen Zusammenhang nicht sehen wollten.[3] Die Benutzung naturphilosophischer Ideen in der naturwissenschaftlichen Forschung ist allerdings keine Erfindung des 20. Jahrhunderts, sondern erfolgte bereits von Beginn an, wenngleich sich dessen viele Naturwissenschaftler z.B. des 17. Jahrhunderts nicht bewusst waren. Robert Boyle, ein Begründer der Chemie, war von seiner Weltsicht so fest überzeugt, dass er meinte, die in Partikeln verteilte Materie und ihre Bewegung seien die einzigen Erklärungsprinzipien, deren die Naturwissenschaften sich bedienen dürften.[4] Auch Newton war der Überzeugung, er mache keine Hypothesen: „hypothesis non fingo". Die unbewusste und deshalb unreflektierte Verfolgung philosophischer Ideen birgt jedoch die Gefahr in sich, in die Irre geführt zu werden, nämlich wenn diese falsch sind. Eine Funktion der heutigen

---

[1] Einstein, 1960, S. 118-121
[2] vgl. Holton, 1973
[3] Einstein, 1946; Heisenberg, 1985
[4] Dijksterhuis, 1956, S. 487f

Naturphilosophie ist deshalb die kritische Diskussion und Bereitstellung von naturphilosophischen Leitideen für die einzelwissenschaftliche Forschung. Da diese Ideen teilweise aus der Analyse der erfahrungswissenschaftlichen Theorien hervorgehen, welche sich im Lauf der Zeit ändern, haben die heutigen naturphilosophischen Systeme ebenso wie die Theorien der Wissenschaften nur Hypothesencharakter. Und die Nützlichkeit bestimmter naturphilosophischer Leitideen muss sich erst noch in der wissenschaftlichen Forschung anhand der Stimulierung von empirisch testbaren Theorien erweisen.

Der Geschichte der Wissenschaften lässt sich entnehmen, dass die Naturphilosophie vor allem an drei Stellen der wissenschaftlichen Tätigkeit heuristisch hilfreich ist, nämlich:[1]

a) In Zeiten, in denen die fundamentalsten Anschauungs- und Denkweisen, die methodologischen Grundeinstellungen darüber, wie gute Wissenschaft vorzugehen hat, Veränderungen unterliegen. Ein Beispiel ist die Entstehung der heutigen Art, Naturwissenschaft zu betreiben, vor allem im 17. Jahrhundert. Das atomistische Weltbild Demokrits wurde zum integralen Bestandteil des entstehenden mechanistischen Weltbildes, auf welchem die Forderungen basierten, wissenschaftliche Erklärungsprinzipien sollten sich auf die korpuskulare Materie, ihre Gestalt und Bewegung beschränken, und die experimentellen Ergebnisse sollten wiederholbar und vorhersagbar sein.

b) In Zeiten, in denen neue wissenschaftliche Disziplinen geschaffen werden. Beispielhaft ist nicht nur die Entstehung der Chemie im 17. Jahrhundert u.a. durch Boyle; im 20. Jahrhundert entstand die wissenschaftliche Kosmologie durch Einsteins Relativitätstheorie, der sich stark von philosophischen Fragen leiten ließ.

c) In Zeiten der Ablösung alter Fundamentaltheorien durch neue. Niels Bohr, der Großvater der heutigen Quantenmechanik (QM), war sehr an philosophischen Fragen interessiert, und während der Entstehungszeit der QM diskutierten er und seine jungen Mitarbeiter (Heisenberg, Pauli, Jordan etc.) die zu erklärenden Phänomene auch in Hinblick auf naturphilosophische Fragestellungen.

---

[1] Törnebohm, 1984, S. 26

In der vorliegenden Arbeit sollen nun im Sinne einer derartigen heuristischen Funktion der Naturphilosophie Leitideen ausgearbeitet werden, die in der biophysikalischen Forschung nützlich sein könnten.

## 2. Biologischer Funktionalismus

In der Physik dominierte bis zu Beginn des 20. Jahrhunderts die Newtonsche Physik, die sich bei Vorgängen in der mesokosmischen Welt über Jahrhunderte hinweg vielfach bewährt hatte. Beim Übergang zu sehr hohen Geschwindigkeiten und zu kosmologischen Dimensionen erwies sich diese Physik jedoch nur als Grenzfall der relativistischen Physik. Denselben Grenzwertcharakter demonstrierte sie ein zweites Mal beim Übergang zum atomaren Bereich. Innerhalb der relativistischen QM haben die quantitativen Aussagen der Newtonschen Physik nur noch Gültigkeit für Systeme mit einer sehr hohen Teilchenanzahl und niedriger Geschwindigkeit. Es war vor allem Werner Heisenberg, der nachdrücklich darauf aufmerksam machte, dass beim Übergang zu einem neuen Forschungsbereich oftmals neue Begriffe entwickelt werden müssen, so wie es bei der QM der Fall war.[1] Im Vergleich zu Physik und Chemie fällt auf, dass in der Biologie der Begriff der Funktion eine überragende Rolle spielt. Ernst Mayr, einer der Begründer der synthetischen Evolutionstheorie, spricht sogar von einer Funktionsbiologie, und er plädiert für die Anerkennung der Eigenständigkeit der biologischen Begriffe gegenüber den physikalischen.[2] Die Benutzung des Funktionsbegriffes in der Biologie wird immer wieder von einigen Physikern und Philosophen kritisiert, weil die Erfüllung einer Funktion ein teleologischer Vorgang sei, der in der heutigen deterministisch-kausalen Naturwissenschaft keinen Platz habe. Die Biologie würde danach im Widerspruch zur Physik stehen, und dieser Begriff sei deshalb unakzeptabel. Dem ist jedoch entgegen zu halten, dass in der Physik kein Konsens darüber besteht, was die fundamentalste physikalische Theorie, die QM, über die Natur aussagt. Nach Bohrs Interpretation der QM ist

---

[1] Heisenberg, 1990a
[2] Mayr, 1991

eine physikalische Theorie lediglich ein Instrument zur Vorhersage von Beobachtungen ohne Anspruch auf Wirklichkeitsbeschreibung. Es gibt zahlreiche andere Interpretationen und bislang konnte sich keine Interpretation allgemein durchsetzen.[1] Angesichts der schon seit vielen Jahrzehnten geführten Debatte darüber, was die QM nun eigentlich über die Natur aussagt, angesichts unserer Unsicherheit über das Wesen der Grundstrukturen der Welt, ist nicht einzusehen, weshalb sich Biologen und andere Wissenschaftler an bestimmten Interpretationen der physikalischen Formalismen orientieren sollten. Ernst Mayr hielt die Mechanik als Paradigma für die Biologie für ungeeignet, und er betont: „Das Auftreten zielgerichteter Abläufe ist vielleicht das charakteristischste Merkmal in der Welt der lebenden Organismen".[2] Mayr hebt den heuristischen Wert der zweckgerichteten Fragestellung hervor; viele große Fortschritte der Biologie sind dadurch möglich geworden, dass die Frage nach dem Zweck gestellt wurde. Manche Philosophen hoffen, dass die teleologischen Aussagen der Biologie in rein kausale (mechanistische) Feststellungen umformuliert werden können. Viele Biologen sind jedoch der Meinung, dass diese "gesäuberten" Sätze den teleologischen Aussagen, aus denen sie entstanden, nicht gleichwertig sind.[3] Sagt man, das Herz schlage, um das Blut zirkulieren zu lassen, dann ist das eine etwas andere Aussage als zu sagen, das Herz schlägt und das Blut zirkuliert.

Es ist vorgeschlagen worden, u.a. von Ernst Mayr, zielgerichtete Prozesse als Teleonomie zu definieren, um dadurch die Zweckhaftigkeit der Biologie mit der mechanistischen Kausalität der Physik zu vereinbaren: *„Ein teleonomischer Vorgang oder ein teleonomisches Verhalten ist ein Vorgang oder Verhalten, das sein Zielgerichtetsein dem Wirken eines Programms verdankt".*[4] Teleonomische Prozesse verlaufen also zu einem Ziel hin und werden von einem Programm (der DNS) gesteuert, das in der Evolution als Resultat der natürlichen Auslese entstanden ist. Die Erbsubstanz (die in der DNS lokalisierten Gene) wird somit als Ursache funktioneller Prozesse verstanden. Diese Deutung biologischer Funktionalität klingt zunächst sehr befriedigend, hat jedoch eine ganz entscheidende

---

[1] s. Arendes, 2024b
[2] Mayr, 1991, S. 60
[3] z.B. Mayr, 1991, S. 75
[4] Mayr, 1991, S. 61

Schwäche. Die Umsetzung des in der DNS gespeicherten Programms, die Genexpression, ist nämlich ein hochkomplexer und bislang nicht völlig verstandener Vorgang, der bereits Funktionalität voraussetzt, und kann dies wirklich im Einklang mit den heute bekannten quantenmechanischen und thermodynamischen Gesetzen erfolgen? Jedes Lehrbuch über „*Molekulare Genetik*" beschreibt auf beeindruckende Weise, wie viele Proteine (Enzyme) ihre Funktionen in komplexen und ineinander verzahnten Vorgängen zu erfüllen haben, damit das Programm ausgehend von den Genen bis zur Bildung der dadurch kodierten Proteinarten realisiert werden kann.[1] Im Gegensatz zu Mayr führte beispielsweise der Genetiker Jacques Monod die Teleonomie hauptsächlich auf das Proteinverhalten zurück. Er nahm an, dass sich die Teleonomie aus den stereospezifischen Wechselwirkungen der Proteine ergeben würde.[2]

Wie besonders das Auftreten von Bewusstsein durch das Gehirn deutlich macht, treten in der Natur auf höheren Systemebenen neue Eigenschaften auf, welche zu ihrer Beschreibung neue Begriffssysteme erfordern. Deshalb erscheint es sinnvoll, auch zu versuchen, den Funktionsbegriff in den Kanon wissenschaftlicher Begriffe aufzunehmen und zu überlegen, ob dieser Begriff oder die bisher benutzten Begriffe als Grenzfälle in einem umfassenderen Begriffssystem enthalten sind – ähnlich dem Grenzwertverhältnis der Newtonschen Formeln zur relativistischen QM. Die umfangreiche Literatur über Teleologie soll hier nicht besprochen werden.[3] Vielmehr wird der Standpunkt vertreten, dass letzten Endes der experimentelle Erfolg von wissenschaftlichen Theorien über die Güte der in den Theorien formulierten philosophischen Ideen entscheidet. Vor der Entdeckung der Allgemeinen Relativitätstheorie konnte man ebenfalls über den Wert der nichteuklidischen Geometrien langanhaltend diskutieren und je nach Grundeinstellung des Philosophen eine ablehnende oder zustimmende Haltung einnehmen. Erst die Relativitätstheorie demonstrierte den Wert dieser mathematischen Formalismen, und ebenso könnte eine biophysikalische funktionalistische Theorie eine Wende vom mechanistischen zu einem funktionalistischen Weltbild bewirken. Man stelle sich auch einmal die Reaktionen der Philosophen

---

[1] z.B. Knippers, 1995
[2] Monod, 1996
[3] s. Hartmann, 1951; Stegmüller, 1969; Nagel, 1977; Engels, 1982

zu Beginn des 20. Jahrhunderts (vor der Entdeckung der QM) vor, wenn man ihnen die philosophischen Ideen erzählt hätte, die heute wegen der QM ernsthaft diskutiert und akzeptiert werden. Eine allgemeine erkenntnistheoretische Lehre, die man aus der Relativitätstheorie und der QM ziehen kann, ist, dass die naturwissenschaftliche Forschung zu sehr ungewöhnlichen Vorstellungen gelangen kann.

# 3. Physikalische Naturgesetze in der Biologie

Dass die heutigen physikalischen Gesetze nicht ausreichen, biologische Vorgänge zu erklären, wurde von vielen Begründern der QM vermutet; von Bohr, Heisenberg, Schrödinger, Pauli, Wigner u.a. So schreibt Heisenberg: „Daher wird es wahrscheinlich für ein Verständnis der Lebensvorgänge notwendig sein, über die Quantentheorie hinauszugehen und ein neues abgeschlossenes Begriffssystem zu konstruieren, zu dem Physik und Chemie vielleicht später als Grenzfälle gehören mögen". An anderer Stelle schreibt er: „In ähnlicher Weise wird vielleicht die Existenz gewisser biologischer Funktionen (Stoffwechsel, Fortpflanzung usw.) die eigentliche Grundlage für das Verständnis der Lebensvorgänge abgeben müssen, und das Studium der physikalisch-chemischen Eigenschaften der Mikroorganismen verschafft uns nur Kenntnisse über die Vorgänge, mit denen die Natur spielt, um jene biologischen Grundformen zu verwirklichen".[1]

Zu dem gleichen Thema schreibt Schrödinger in seinem Buch „Was ist Leben?": „Wir müssen bereit sein, hier physikalische Gesetze einer ganz neuen Art am Werk zu finden".[2] Der Physiker Max Delbrück ist sogar in die Biologie übergewechselt um nachzuweisen, dass die heutigen (bzw. damaligen) physikalischen Gesetze in der Biologie nicht vollständig gültig seien. Dies gelang ihm nicht, er wurde jedoch durch seine Untersuchungen zu einem Begründer der

---

[1] Heisenberg, 1990b, S. 92. Heisenberg, 1990a, S. 114
[2] Schrödinger, 1993, S. 139

experimentellen Biophysik, wofür er den Nobelpreis erhielt. Nachdem in der experimentellen Biophysik im Lauf der letzten Jahrzehnte eine Fülle biologischer Daten gesammelt wurde, entwickelt sich zurzeit die theoretische Biophysik, so dass in der Biologie die Frage nach der Adäquatheit der heute bekannten Naturgesetze auf theoretischer Basis neu angegangen werden kann.[1]

Was für Hinweise gibt es für die Notwendigkeit neuartiger physikalischer Gesetze in der Biologie neben der scheinbaren Unverzichtbarkeit des Funktionalitätsbegriffes? Beeindruckend ist die Schnelligkeit biologischer Vorgänge – nicht nur bei der Informationsverarbeitung im Gehirn, sondern überall im Organismus. Die Vielzahl der bei der Genregulation schnell zusammen arbeitenden und zeitlich aufeinander abgestimmten Prozesse lässt sich sicherlich nicht im Rahmen von zufälliger Diffusion verstehen. Neben der Geschwindigkeit wäre auch interessant zu wissen, wie ca. 30.000 bis 40.000 menschliche Gene mehrere Millionen Proteinarten exprimieren können, und wie diese über mehrere Zellschichten hinweg zusammenarbeiten. Um entscheiden zu können, ob für den genauen zeitlichen Ablauf biologischer Prozesse neuartige Gesetze notwendig sind, müssten exakte quantitative Daten über die zeitliche Abfolge vorliegen. Angesichts der Komplexität biologischer Prozesse ist aber nicht verwunderlich, dass es derartige Daten noch nicht genügend gibt. Will man den heutigen Zustand der Biologie mit einer Epoche der Forschung der klassischen Physik vergleichen, so könnte man überspitzt sagen, dass man zwar weiß, dass ein Apfel zum Erdboden fällt, nachdem er sich vom Zweig gelöst hat, über den genauen zeitlichen Ablauf des Fallens und die dabei wirkende Gravitationskraft ist man hingegen noch im Dunkeln. Kann der hochkomplexe Vorgang der Genregulation durch Diffusion einzelner Teilchen bzw. durch die heute bekannten Kräfte der Thermodynamik (TD) gesteuert werden?[2] Es ist bekannt, dass viele biologische Prozesse nichtlinear und irreversibel ablaufen, eine befriedigende nichtlineare irreversible TD gibt es jedoch noch nicht. Die Suche nach neuartigen physikalischen Gesetzen ist deshalb ein bereits existierendes Forschungsprojekt (z.B. in der Synergetik); die Forderung von neuartigen physikalischen Gesetzen ist somit nichts Revolutionäres. Die heute schon existierenden Ansätze einer nichtlinearen irreversiblen

---

[1] s. von Bertalanffy, 1968; Davydov, 1982; Fröhlich, 1988; Chauvet, 1995
[2] vgl. Kauffman, 1992

134

TD zeigen, dass fern vom thermodynamischen Gleichgewicht (wie es bei Organismen der Fall ist) stabile Ordnungen entstehen können, was zweifellos ein Hauptmerkmal biologischer Systeme ist.[1]

Ein weiteres Argument für die Unzulänglichkeit heutiger physikalischer Gesetze in der Biologie ist die Fähigkeit des Gehirns Bewusstsein hervorzubringen. Wie vom Autor in einer anderen Arbeit über Leitideen zum Leib-Seele-Problem dargelegt wurde, kann das Bewusstsein aus physikalischer Sicht aufgefasst werden als ein neuartiges Feld, welches die Materie des Gehirns steuert.[2] In der mathematischen Physik spricht man von einem Feld, wenn jedem Punkt des Raumes oder eines Teilraumes der Wert mindestens einer Größe zugeordnet ist. Lenkt man introspektiv seine Aufmerksamkeit auf sein eigenes visuelles Bewusstsein, welches mittels Farben den uns umgebenden sogenannten äußeren Raum repräsentiert, so wird deutlich, dass jeder Punkt des Raumes einen Farbton besitzt bzw. potentiell dazu in der Lage ist. Wenn also das Gehirn in einem bestimmten materiellen oder energetischen Zustand ist (der in der Hirnforschung noch unbekannt ist), dann wird ein Bewusstseinsfeld erzeugt, und introspektiv haben wir den Eindruck, dass das Bewusstsein unsere Bewegungen auf teleonome Weise, d.h. auf Ziele hin gerichtet steuert. Nun ist aber das Gehirn ein biologisches System und wird vermutlich nicht auf fundamentale Weise naturgesetzlich von anderen biologischen Systemen abweichen. Das Prinzip, wonach ein übergeordnetes Feld die biologischen Prozesse auf funktionelle Weise steuert, könnte deshalb auch für andere biologische Systeme, vielleicht sogar für alle, heuristisch sinnvoll sein. Heisenberg vermutete, dass die quantenmechanischen Wahrscheinlichkeiten durch „übergeordnete Zusammenhänge" determiniert sein könnten, und in Organismen kämen hierfür biophysikalische Felder in Frage.[3]

---

[1] vgl. Kluge, Neugebauer, 1994
[2] Arendes, 1996, 2024a
[3] Heisenberg, 1990a, S. 94

# 4. Funktionalistische Naturgesetze

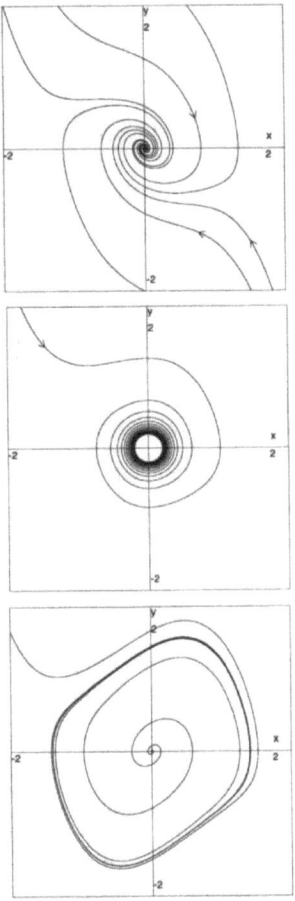

**Abb. 1:** Phasendiagramme für das DGL-System aus Beispiel 1 für $\alpha = -0{,}5$ (oben), $\alpha = 0$ (Mitte) und $\alpha = +0{,}5$ (unten) (aus Hubbard & West 1995: 290).

Wie könnte die Steuerung durch ein Feld eine funktionelle Form haben? Dies führt zu der Frage, was die Hauptmerkmale von Funktionalität sind. In der Biologie bezeichnet man solche physiologischen Prozesse als funktionell, die dem Erhalt des Organismus dienen. Die Funktionalität enthält somit zwei Komponenten: Funktionelle Prozesse verlaufen zielgerichtet, und sie sind für irgendein System oder Subsystem nützlich. (Demgegenüber ist das teleologische Verhalten von Personen zwar zielgerichtet, dient aber nicht unbedingt einem anderen System, etwa dem Erhalt eines übergeordneten Gesamtsystems; außerdem ist dies ein bewusster Vorgang.) Bei der folgenden Betrachtung interessieren wir uns hauptsächlich für die Komponente des Zielgerichtetseins, weil dies der naturphilosophisch interessanteste Aspekt der Funktionalität ist. In der mechanistischen Physik Newtons legt die anfängliche Teilchenkonfiguration die zukünftige Entwicklung des Systems eindeutig fest. Demgegenüber kann man funktionalistische Systeme so auffassen, dass sich mehrere Systeme bei völlig gleicher Anfangskonstellation entsprechend der angestrebten Funktion verschieden entwickeln können. Dies soll näher erläutert werden: Die theoretische Physik nimmt heutzutage nicht nur die Existenz von Materieteilchen bzw. Feldern an, sondern nach der heute fundamentalsten Theorie, der Quantenfeldtheorie, entsteht die beobachtbare Materie aus dem Quantenvakuum, dessen innerer Zustand nicht beobachtbar ist, sondern nur theoretisch erfasst werden kann. Es ist von mehreren Autoren die Vermutung aufgestellt worden, dass die Naturgesetze und z.B. die in den Naturgesetzen auftretenden Naturkonstanten im Quantenvakuum enthalten sind.[1] Nach der Quantenfeldtheorie ist nämlich das Quantenvakuum nicht das Nichts, vielmehr ist es die Grundsubstanz, die die Materieteilchen hervorbringt; es scheint eine innere Struktur zu haben, enthält Informationen, kann einen Druck ausüben und hat vielleicht sogar einen Einfluss auf die Naturgesetze.[2] Mit der völlig gleichen Anfangskonstellation von funktionalistischen Systemen ist deshalb ihre Gleichheit in allen ihren beobachtbaren Materieeigenschaften gemeint, innerhalb des unbeobachtbaren Quantenvakuums könnten sie entsprechend ihrer Funktionen naturgesetzlich verschieden sein. Funktionalistische Systeme sollten sich also bei gleichem (beobachtbaren) Anfangszustand verschieden entwickeln können. Umgekehrt sollten sich Systeme mit verschie-

---

[1] Arendes, 2024a; Prigogine, Stengers, 1993
[2] Rafelski, Müller, 1985

denen Anfangszuständen bei gleicher Funktion in dieselbe Richtung entwickeln; sie sollten gegenüber kleineren äußeren Störungen immun sein, wie es ja auch in der Biologie der Fall ist.

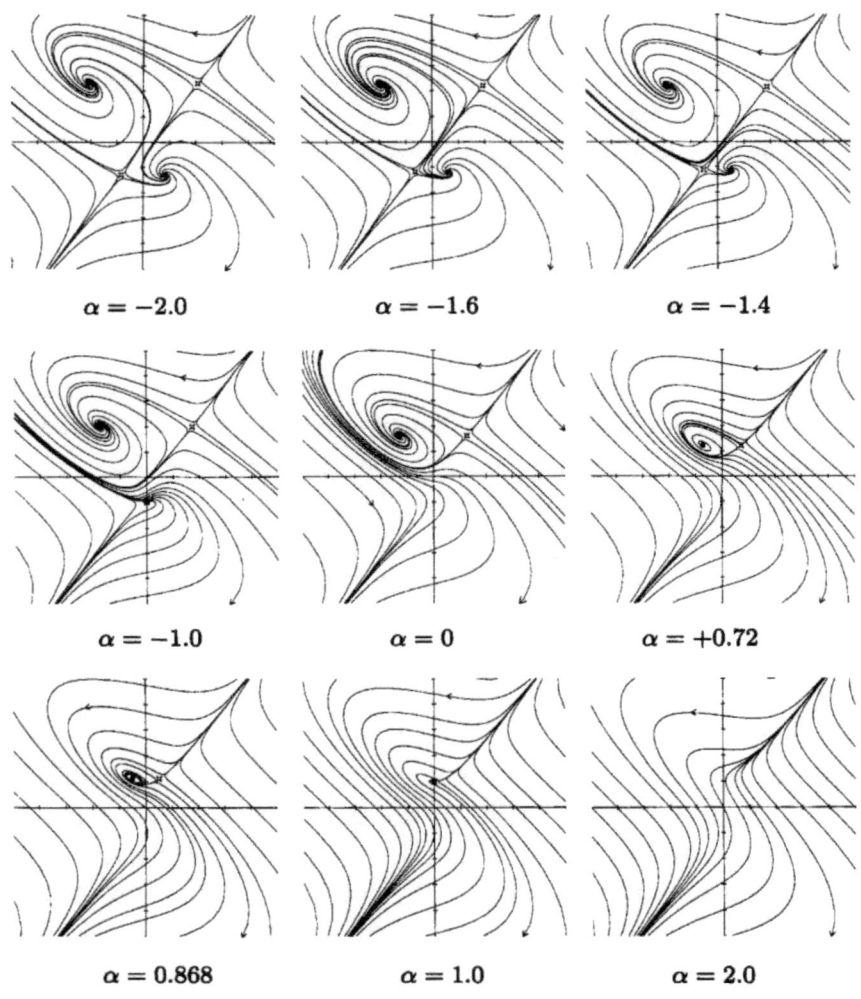

**Abb. 2:** Phasendiagramme für das DGL-System aus Beispiel 2 für verschiedene α - Werte (aus Hubbard & West 1995: 316).

Welche Form könnten funktionalistische biophysikalische Naturgesetze haben? Im Grenzfall sollten sie die heutigen physikalischen Gesetze enthalten, so dass es nahe liegend ist, Differentialgleichungen zu suchen. Das Kennzeichen funktionellen Verhaltens, wonach auch bei kleinen Störungen der Zielzustand erreicht wird, erinnert an das Attraktorverhalten nichtlinearer dynamischer Systeme; und nichtlinear sind sicherlich viele biologische Prozesse. Aus diesem Grund soll nun kurz die Theorie dynamischer Systeme (Chaostheorie) erläutert werden. Es handelt sich hierbei jedoch gar nicht um eine Theorie im naturwissenschaftlichen Sinn, sondern um die mathematische Behandlung von Systemen nichtlinearer Differentialgleichungen, welche man allerdings in zunehmendem Maße in den Naturwissenschaften anzuwenden versucht.

Differentialgleichungen höherer Ordnung lassen sich schreiben als Systeme mehrerer Differentialgleichungen erster Ordnung. Bei zwei Variablen x und y mit dem Zeitparameter t lautet die allgemeine Form: $\dot{x} = {}^{dx}/_{dt} = f(x, y), \dot{y} = {}^{dy}/_{dt} = g(x, y)$. $\dot{x}$ und $\dot{y}$ geben die zeitlichen Veränderungen der Variablen x und y an, $f(x, y)$ und $g(x, y)$ sind (z.B. nichtlineare) Funktionen dieser Variablen. Zur Illustration sollen zwei Systeme von Differentialgleichungen mit dem zusätzlichen Parameter α besprochen werden:[1]

1. Beispiel: $\dot{x} = y$
$\dot{y} = (\alpha - x^2) \cdot y - x$

2. Beispiel: $\dot{x} = x^2 - y^2 + 1$
$\dot{y} = y - x^2 - \alpha$

Setzt man für α einen bestimmten Wert ein, so erhält man jeweils ein System nichtlinearer Differentialgleichungen erster Ordnung. Bei einem gegebenen α-Wert kann man die Relation der x- und y-Werte zueinander grafisch darstellen, und in Abbildung 1 sind für das 1. Beispiel drei Diagramme gezeigt, für α = −0,5, α = 0 und α = +0,5. Die Linien in den Diagrammen geben an, wie x und

---

[1] aus Hubbard, West, 1995

y einander zugeordnet sind, und die Pfeile auf den Linien geben an, in welche Richtung ein System sich mit der Zeit verändert, wenn das System einen Punkt dieser Linie einnimmt. Wie Abbildung 1 für $\alpha = -0,5$ zeigt, wird sich das System, egal wo man im Diagramm startet, zum Ursprung bewegen und dort für immer bleiben. Punkte und geschlossene Linien, zu denen sich ein System hin bewegt und dort verbleibt, heißen Attraktoren. Ein System kann einen beliebigen Anfangswert haben, solange es sich im Einzugsbereich eines Attraktors befindet, wird sich das System zu diesem Attraktor hin bewegen. Ein System kann also kleineren Störungen unterliegen; solange es dadurch den Einzugsbereich des Attraktors nicht verlässt, wird sich am Zielverhalten nichts ändern. In der Biologie kann man deshalb vielleicht funktionelle Zielzustände als Attraktoren behandeln. Abbildung 1 zeigt für $\alpha = +0,5$ eine andere Attraktorart, nämlich eine geschlossene Linie, die in der Abbildung durch den Punkt bei ca. x = 1,44 und y = 0 verläuft. Egal ob man innerhalb oder außerhalb dieser geschlossenen Linie das System startet, das System wird sich zu dieser Attraktorlinie hin bewegen und für immer auf ihr entlang laufen. Im 1. Beispiel haben alle Systeme für $\alpha < 0$ im Ursprung einen Punktattraktor wie in Abb. 1 für $\alpha = -0,5$ und alle Systeme mit $\alpha > 0$ die Attraktorart von Abb. 1 für $\alpha = +0,5$. Variiert man im 1. Beispiel den Parameter $\alpha$ von $\alpha < 0$ in Richtung $\alpha > 0$, so hat man jeweils ein anderes Systemverhalten. Bei $\alpha = 0$ verhält sich das System derartig, dass es ähnlich der Attraktorart aus Abb. 1 für $\alpha = +0,5$ ständig auf einem scheinbaren Kreis um den Nullpunkt läuft, dass es sich aber nach sehr, sehr langer Zeit zum Nullpunkt bewegt.

Abbildung 2 zeigt, wie sich für unterschiedliche $\alpha$-Werte das System aus Beispiel 2 verhält. Für $\alpha = -2,0$ gibt es im linken oberen Quadranten wieder wie im vorigen Beispiel (für $\alpha = -0,5$) einen Punkt, zu dem sich das System hin bewegt und dort verbleibt, wenn das System anfangs in dem Umfeld dieses Punktes liegt. Einen derartigen Attraktor nennt man auch eine Senke. Eine Quelle hingegen liegt im rechten unteren Quadranten: Liegt das System genau an diesem Punkt, so bewegt es sich nicht, liegt es im Umfeld von diesem Punkt, so bewegt es sich von diesem Punkt weg ins Unendliche, was durch den wegführenden Pfeil auf einer der Linien angedeutet wird. Für $\alpha = -2,0$ gibt es demnach Bereiche, von denen aus das System zur Senke gezogen wird, und Bereiche, von denen das System sich von der Quelle weg ins Unendliche bewegt. Führt man wiederholt Computer-"Experimente" mit graphischer Darstellung des Systemverhaltens durch, bei denen man das System jeweils an einem anderen Anfangspunkt starten lässt, so gibt es eine scharfe Grenze zwischen diesen beiden Bereichen, wo das System sich einmal zur Senke bewegt, ein anderes Mal bei nur kleinem unterschiedlichen Anfangszustand von der Quelle weg getrieben wird. Diese sensible Abhängigkeit vom Anfangszustand in einem derartigen Grenzbereich wird als Chaos bezeichnet. Dieses chaotische Verhalten ist erkenntnistheoretisch bedeutsam, weil es bei natürlichen Systemen mit einem derartigen Verhalten an diesen Stellen schwierig ist, exakte Vorhersagen über das zukünftige Verhalten zu machen und bei Experimenten exakte Replikationen durchzuführen. Wie die Abbildung aber auch zeigt, ist (in diesem Beispiel) dieser chaotische Bereich kleiner als die Bereiche, für die man verlässliche Vorhersagen machen kann. Wissenschaftlich mindestens so interessant wie das Chaosverhalten sind deshalb die Attraktorgebiete, so dass man statt von der Chaostheorie auch von der Attraktortheorie sprechen kann. Abbildung 2 zeigt außerdem, wie sich das Systemverhalten ändert, wenn man schrittweise den Wert für $\alpha$ erhöht. So gibt es z.B. für $\alpha = 0$ nur noch eine Senke und keine Quelle, und für $\alpha = 2,0$ gibt es auch keine Senke mehr.

Das zielgerichtete Verhalten in der Biologie könnte man nun, wie bereits angedeutet, als die Bewegung zu einem Attraktor deuten. Die funktionelle Zielsetzung wäre somit die Festlegung eines Attraktors, d.h. die entsprechende funktionelle Einstellung der Parameter. Sind in einem System mit einem oder mehreren Parametern alle Parameter entsprechend dem angestrebten Attraktor eingestellt, so wird sich das System wie in der klassischen Physik deterministisch vom Anfangszustand zum Attraktor hin bewegen. Es lassen sich somit zwei Vorgänge unterscheiden: 1. Funktionelle Einstellung der Parameterwerte und 2. mechanistische (bzw. quantenmechanische) Bewegung des Systems weg vom Anfangszustand zum Attraktor. Gibt es wie bei der toten Materie kein funktionelles Verhalten, so fällt Punkt 1 weg. In diesem Fall wären die Parameter raumzeitlich unveränderliche Naturkonstanten (ähnlich wie es bei Computerprogrammen Standardwerte, Default-Werte, gibt, die verändert werden können, aber nicht müssen). Leben liegt vielleicht dann vor, wenn diese Parameter variiert werden können durch Vorgänge, die im Quantenvakuum ablaufen.

Welcher Art könnte nun der funktionelle Teil der Naturgesetze (Vorgang 1) sein, der die Parametereinstellung bewirkt? Vielleicht muss hierfür erst noch eine völlig neue Formalismusart entwickelt werden. Wenn man bedenkt, dass man in der QM nur Wahrscheinlichkeitsaussagen machen kann und dass es in der Allgemeinen Relativitätstheorie wegen der Nichtlinearität ihrer Grundgleichungen sehr schwer ist, Lösungen der Feldgleichungen zu finden, muss man angesichts der Komplexität biologischer Prozesse darauf gefasst sein, nicht in allen biologischen Forschungsbereichen quantitativ exakte Formeln finden zu können. In diesem Fall müsste man sich damit begnügen, qualitative Vorhersagen zu machen. Vergleicht man einmal die Situation mit einem Computer, der ja Programme auf ein Ziel hin abarbeitet, so liegt es nahe, diese funktionellen Vorgänge algorithmisch zu formulieren wie es in der Informatik (bzw. in den Forschungsprojekten des *Künstlichen Lebens* und der *Künstlichen Intelligenz*) bei der Planung von Computerprogrammen geschieht, etwa als Flussdiagramme, Zustandsdiagramme für Automaten oder semantische Netzwerke (z.B. für das Bewusstsein).

Neben der Formulierung von physikalischen Grundgleichungen als Differentialgleichungen gibt es in der theoretischen Physik die alternative Möglichkeit ihrer Formulierung als Variationsprinzipien, und damit eine bestimmte Deutung der physikalischen Grundgleichungen erkenntnistheoretisch plausibel sein kann, müsste sie für jede Formulierungsart annehmbar sein. Wenn es gelänge, die Differentialgleichungsschreibweise teleonom zu deuten, so hätte man auch bei der anderen Formulierungsart in der Physik hinsichtlich einer teleonomen Deutung kaum Probleme. Variationsprinzipien, aus denen sich vermutlich alle bisherigen Grundgleichungen der Physik herleiten lassen, werden in der Literatur schon seit langem als zielgerichtete Formulierungen der Physik diskutiert.[1] Hierbei werden Extremalforderungen dazu benutzt, die dynamischen Gleichungen eines physikalischen Systems zu bestimmen. Man fordert, dass eine bestimmte Größe z.B.

---

[1] s. Barrow, Tipler, 1986

ein Minimum einnimmt, z.B. dass ein klassisches Teilchen auf derjenigen Bahn verläuft, die den Anfangs- und Endzustand auf dem kürzesten Weg verbindet. Bei den Integralprinzipien hat die zu variierende Größe die Dimension einer Wirkung, weshalb sie auch als Prinzip der kleinsten Wirkung bezeichnet werden. Ein Beispiel ist das Hamiltonsche Prinzip. Dieses Prinzip fordert, dass sich ein Objekt so bewegt, dass das zeitliche Integral über die sogenannte Lagrange Funktion L, welche die freie Energie des Systems darstellt, einen Extremalwert annimmt: $\delta \int_{t_1}^{t_2} L\, dt = 0$ (das Objekt bewegt sich zwischen den Zeiten $t_1$ und $t_2$). Aus der Anwendung dieses Prinzips lässt sich die Bahngleichung des Systems ermitteln. Ernst Mach betrachtete diese Formulierung der Naturgesetze lediglich als mathematische Kuriosität, wohingegen z.B. Max Planck diese Formulierung für fundamentaler gehalten haben soll als den herkömmlichen mechanistischen Ansatz.[1] Kritisch vermerkt werden muss jedoch, dass für jede in der Naturwissenschaft entdeckte Differentialgleichung im Nachhinein (post hoc) ein Extremum formuliert werden kann, aus dem man diese Gleichung nachträglich ableiten kann. Damit Extremalprinzipien zu einem grundlegenden Verfahren der Bestimmung der Naturgesetze (mit allen genauen Parameterwerten) werden können, bedarf es einer richtigen Theorie über die Art der zu extremierenden Größen. Bislang ist die Auswahl der Minimalgrößen eher Raterei, wenngleich auf diese Weise David Hilbert die endgültigen Feldgleichungen der Allgemeinen Relativitätstheorie entdeckte. In seiner Arbeit über die allgemeine Relativitätstheorie mit dem Titel „*Die Grundlagen der Physik*" bezeichnete Hilbert die Variationsrechnung und die Invariantentheorie als die „mächtigen Instrumente" der Analysis bzw. der mathematischen Physik.[2]

Zu Beginn ist die Annahme gemacht worden, dass die heutige Physik als Grenzfall in einer umfassenderen biophysikalischen Theorie enthalten sein soll. Deshalb stellt sich die Frage, bei welchem Grenzwert und welcher Dimension eine zukünftige biophysikalische Theorie dieselben quantitativen Aussagen machen könnte wie die heutige Physik. Der Mediziner und theoretische Biophysiker Gilbert Chauvet kennzeichnet Leben durch funktionelle Interaktionen zwischen

---

[1] Barrow, Tipler, 1986, S. 150f
[2] Hilbert, 1915, S. 407

Einheiten einer hierarchischen Organisation mittels nicht-lokaler Felder, und die Veränderung der Organisation im Lauf der Zeit erfolge gemäß Extremalprinzipien.[1] Chauvet stellt sehr detaillierte Hypothesen für eine biophysikalische Dynamik auf, er behandelt aber nicht das Grenzwertverhältnis aufeinanderfolgender physikalischer Theorien. Wichtig in unserem Zusammenhang ist nun, dass Chauvet sehr überzeugend die hierarchische Organisationsform von Lebewesen herausarbeitet: Das Gehirn zum Beispiel setzt sich u.a. aus vielen Hirnkernen zusammen, jeder Hirnkern aus vielen Neuronen, jedes Neuron enthält viele Ionenkanäle und jeder Ionenkanal mehrere Proteine. Zusätzlich zu einer derartigen strukturellen Hierarchie behandelt Chauvet funktionelle Hierarchien. Man könnte nun vermuten, dass die Anzahl übereinander liegender Ebenen ein wichtiger Parameter ist. Gibt es nur eine Ebene wie beim Elementarteilchen im leeren Raum oder bei einer homogenen Teilchenansammlung, dann genügt vielleicht die heutige (quanten-) mechanistische Physik, wohingegen die Funktionalität unübersehbar wird bei einer so hohen Ebenenanzahl wie beim Gehirn. Unser Verhalten (und somit die Teilchenbewegungen im Gehirn) ist augenscheinlich teleonom. Vielleicht wird mit zunehmender Ebenenhöhe die raumzeitliche Variabilität der DGL-Parameter immer größer.

Ein weiterer wichtiger Aspekt der Funktionalität soll noch behandelt werden. Damit ein Objekt innerhalb eines Gesamtsystems eine Funktion erfüllen kann, muss seine Bewegungsform abgestimmt sein auf den Zustand des Gesamtsystems. Angesichts der physikalischen Experimente zur Bellschen Ungleichung ist eine derartige holistische Naturauffassung durchaus im Rahmen unseres heutigen physikalischen Wissens. Bezüglich der Frage nach der Realität und der Trennbarkeit von Objekten hatte Bell eine mathematische Ungleichung bewiesen, deren experimenteller Test in den 70er und 80er Jahren die philosophische Diskussion um die Quantenmechanik wieder neu entfacht hatte. Die Ungleichung lässt sich herleiten unabhängig von der QM und hauptsächlich aus den folgenden zwei Voraussetzungen: 1. Realismus: Physikalische Objekte existieren unabhängig von ihrer Beobachtung. 2. Lokalität: Physikalische Effekte breiten sich nicht mit Überlichtgeschwindigkeit aus. Die QM sagt voraus, dass unter

---

[1] Chauvet, 1995

bestimmten Bedingungen diese Ungleichung verletzt ist, und die meisten und besten durchgeführten Experimente bestätigen dies. Man scheint also nur die Wahl zu haben, entweder die Realität der Objekte zu leugnen oder die endliche Signalübertragung, was als Verletzung der Trennbarkeit oder Separabilität der Objekte bzw. als Holismus gedeutet werden kann. Aus diesem Grund nehmen heute viele realistisch eingestellte Physiker eine holistische Weltauffassung an.

Die Ganzheitlichkeit könnte sich in den biologischen Naturgesetzen z.B. dadurch ausdrücken, dass ein biologisches Vielteilchenfeld vom Gesamtzustand des Organismus abhängt (so wie das geometrische Feld der Allgemeinen Relativitätstheorie vom Materiezustand des gesamten Universums abhängt) oder dass die Naturgesetze überhaupt nicht mehr für einzelne Teilchen formulierbar sind, sondern nur noch für Ensemble, ähnlich wie Ilya Prigogine es mit seinen Mitarbeitern anstrebt.[1] Ganzheitliche Eigenschaften werden in der Biologie und in der theoretischen Biophysik zunehmend unter dem Begriff der Kohärenz oder Kohäsion diskutiert.[2]

# 5. Was ist Leben?

Es soll nun die grundlegendste biologische Frage behandelt werden: Was ist Leben? Als Kennzeichen des Lebens werden in biologischen Lehrbüchern in der Regel Eigenschaften angeführt, die allen Organismen gemeinsam sind, z.B. Metabolismus, Selbstreproduktion und Mutabilität. Die Aufzählung gemeinsamer Merkmale ist jedoch noch keine testbare wissenschaftliche Theorie. Dass es über das Wesen des Lebendigen keine allgemein akzeptierte Theorie gibt, wird schon daraus deutlich, dass Wissenschaftler unterschiedlicher Herkunft verschiedene Schwerpunkte setzen. So behandelt der Biochemiker Manfred Eigen unter dem Stichwort "Entstehung des Lebens" hauptsächlich die Entstehung der Selbstreproduktion durch die genetische Information, während der theoretische Physiker

---

[1] Prigogine, Stengers, 1993
[2] Fröhlich, 1988; Mayr, 1991

Freeman Dyson bei derselben Fragestellung primär bei den Proteinen ansetzt, die Selbstreproduktion mittels der Gene erst in einem zweiten Schritt einbezieht und die wichtigste Eigenschaft des Lebens in der Homöostasis sieht.[1] Unter Homöostasis versteht Dyson „die Maschinerie der chemischen Kontrollen und Rückkopplungsschleifen, die sicherstellen, daß jede molekulare Sorte in einer Zelle in den richtigen Proportionen hergestellt wird, nicht zuviel und nicht zuwenig".[2] Ein anderer theoretischer Physiker, Erwin Schrödinger, betrachtete vor allem die negative Entropie und das „»Aufsaugen« von Ordnung aus seiner Umwelt" als Kennzeichen des Lebens. Der Genetiker Monod hingegen nahm die Teleonomie in die Definition von Lebewesen auf, der Mediziner und theoretische Biophysiker Chauvet charakterisiert Leben durch Funktionalität, hierarchische Organisationsform und nicht-lokale Felder, und wie ebenfalls bereits zitiert wurde, betrachtet auch der Evolutionsbiologe Mayr das Auftreten zielgerichteter Abläufe als das charakteristischste Merkmal von Leben.[3]

Im Rahmen der in dieser Arbeit vorgestellten Ansätze zur Formulierung biophysikalischer Gesetze könnten vor allem zwei Eigenschaften für das Leben kennzeichnend sein: die mögliche Existenz neuartiger physikalischer Felder, die nur in Organismen vorkommen, und die Funktionalität (Teleonomie) der zugrunde liegenden Naturgesetze. Naturgesetze könnten ohne ein Feld eine funktionalistische Form haben; die Funktionalität könnte aber auch durch thermodynamische oder durch ein neuartiges biophysikalisches Feld wirksam sein. Diese Sichtweise des Lebendigen ist vereinbar mit den Standpunkten von Mayr, Monod und Chauvet, aber auch mit denen von Schrödinger und Dyson, denn die funktionalistischen Naturgesetze würden Homöostasis und Ordnung gewährleisten.

---

[1] Eigen et al., 1988; Dyson, 1988;
[2] Dyson, 1988, S. 110
[3] Schrödinger, 1993, S. 129; Monod, 1996; Chauvet, 1995; Mayr, 1991

# 6. Naturgesetze, Willensfreiheit und Wahrheitsbegründung

Kritiker einer funktionalistischen Sichtweise werden natürlich fragen, woher die funktionellen Zielsetzungen kommen. Diese Frage nach dem Ursprung und der Wirkungsart der Naturgesetze stellt sich jedoch auch bei den mechanistischen Gesetzen. Und ebenso wie in diesem Fall könnte man diese Frage (derzeit) auch bei den funktionalistischen Gesetzen nicht beantworten. Bei jeder Theorie muss man manche Annahmen als gegeben hinnehmen, um damit andere Phänomene erklären zu können, so dass die unbeantwortete Frage nach dem Ursprung der funktionellen Ziele nicht als Argument gegen eine funktionalistische Sicht benutzt werden kann. Aufgrund unserer introspektiven Fähigkeit sind die Menschen der Überzeugung, aus Absichten und für Ziele zu handeln; demgegenüber hofft die mechanistische Physik, unser scheinbar zielgerichtetes Verhalten eines Tages mechanistisch erklären zu können. Aber wie viele Jahrhunderte soll man noch mit einer derartigen Hoffnung leben, bevor man einen neuen Ansatz versucht und die scheinbare Teleonomie als die tatsächlich zugrunde liegende Wirklichkeit annimmt?

In dieser Arbeit wurde bislang die Hypothese verfolgt, dass sich biologische Prozesse gesetzmäßig beschreiben lassen. Überträgt man dies auf das Bewusstsein, so steht man vor einem schweren erkenntnistheoretischen Problem, nämlich dem Problem der Willensfreiheit, was abschließend erläutert werden soll. In unserem demokratischen Zeitalter haben wir in einem großen Umfang die Freiheit, das zu tun, was wir wollen. Eine alte philosophische Frage lautet jedoch: Kannst Du auch wollen, was Du willst? Dahinter steht die Frage, wie unsere Wünsche und Gedanken entstehen. Sind unsere Wünsche und Gedanken durch vergangene Ereignisse und Strukturen vollständig festgelegt? Um die Relevanz dieser Problematik für die Wahrheitsdiskussion zu verdeutlichen, soll einmal angenommen werden, die Welt wäre im Sinne der Newtonschen Physik deterministisch und in der Vergangenheit sei das Universum durch einen Urknall entstanden. In der klassischen Physik war (so glaubte man) durch den Ort und den Impuls aller Teilchen die zukünftige Entwicklung des Universums eindeutig festgelegt. Die Konstellation aller Teilchenorte und -impulse nach dem Urknall legte somit bereits fest, dass Menschen entstehen würden mit Gehirnen mit bestimmten Ideen und Theorien. Nimmt man nun an, dass Gedanken vollständig vom Gehirn bestimmt werden, so würden unsere Wissenschaftler nicht deshalb an die Wahrheit ihrer Theorien glauben, weil sie dafür gute Gründe hätten, sondern weil die Teilchenkonstellation nach dem Urknall sie dazu determinierte. Die Theorien könnten zufällig wahr sein, sie könnten aber auch falsch sein. In jedem Fall würden die Wissenschaftler an die Wahrheit glauben, wenn die Teilchenkonstellation sie dazu verdammen würde. Alle Argumente, die Wissenschaftler anführen, entständen, weil sie dazu determiniert wurden. Ob sie an bestimmte Theorien glauben, würde nur von ihrer determinierten Hirnstruktur abhängen, dasselbe gilt für die Argumentation für oder wider die Willensfreiheit.

Nun glauben wir heute nicht mehr an den klassischen Determinismus. Die quantenmechanischen Wahrscheinlichkeiten machen jedoch unsere Begründungsfähigkeit nicht unbedingt besser, denn betrachtet man allein den quantenmechanischen Zufall, dann würden Wissenschaftler eine Theorie annehmen oder ablehnen, weil sich die Hirnteilchen zufällig in die eine oder in die andere Richtung bewegten und nicht weil sie überzeugende Argumente hätten. Die Willensfreiheit lässt sich vielleicht niemals wirklich begründen, weil vielleicht immer entgegen gehalten werden kann, unser Glaube an dafür sprechende Argumente könnte determiniert sein. Was man jedoch von der Wissenschaft verlangen kann, ist, dass sie zumindest selbstkonsistent ist. Behaupten Wissenschaftler die (partielle) Wahrheit von Theorien, so sollte wenigstens die prinzipielle Möglichkeit einer Wahrheitsbegründung gegeben sein. Das Postulat der Willensfreiheit (in der Form der Begründungsfähigkeit) ist somit eine Grundlage für wissenschaftliche Untersuchungen mit der Hoffnung auf Wahrheitsfindung, und die aufgestellten Theorien dürfen dieses Postulat nicht verletzen. Die Newtonsche Physik entzog den Wissenschaftlern die Grundlage für eine glaubwürdige Wahrheitsbegründung (im Fall, dass der Verstand völlig vom materiellen Gehirn abhängt). Ob die Fähigkeit zur Wahrheitsbegründung bereits gegeben sein kann bei einer geschickten Mischung von Zufall und Notwendigkeit (zufällige Variation der Gedanken und notwendige Selektion der richtigen durch die Umwelt), soll hier nicht weiter diskutiert werden, es wäre aber möglich. Der Glaube daran könnte aber wiederum determiniert sein. Die *Evolutionäre Erkenntnistheorie*, die ein derartiges Argumentationsmuster für unsere ererbten Denkstrukturen einnimmt, spricht nur über unsere Wahrnehmungs- und Alltagserkenntnis, nicht aber über Wissenschaftserkenntnis; in der Hirnforschung hofft jedoch Edelman, seine Wahrnehmungstheorie des neuronalen Darwinismus (Variation und Selektion von Neuronengruppen) auf das Denken erweitern zu können.[1] Vielleicht lässt sich einmal auf derartige Weise die Willensfreiheit und die Fähigkeit, Theorien zu begründen, in wissenschaftlichen Theorien formulieren.

Nach der in dieser Arbeit bisher vertretenen Sichtweise wird der Zustand biologischer Systeme (z.B. auch des Gehirns) bestimmt durch teleonome bzw. funktionalistische Naturgesetze. Mechanistische und funktionalistische Naturgesetze legen jedoch gleichermaßen fest, was Menschen glauben und was sie als sogenannte Beweise akzeptieren. Glaubt man aber nur, wozu man durch die Natur getrieben wird, so kann man sich nie sicher sein, ob in Wirklichkeit nicht alles ganz anders ist: Vielleicht war es das funktionelle Ziel, die Wahrheit zu erkennen, vielleicht auch nicht. Theorien ließen sich nicht überzeugend als wahr beweisen, selbst wenn sie es wären. Um dem Postulat der Willensfreiheit bzw. um unserem Wunsch, die Wahrheit unserer Glaubensinhalte begründen zu können, gerecht zu werden, sollte man nun also annehmen, dass die Prozesse irgendwie nicht deterministisch ablaufen, wie es ja auch in der QM diskutiert wird. Im Abschnitt über funktionalistische Naturgesetze wurde angenommen, dass bei den Naturgesetzen zwei Ebenen unterschieden werden können: funktionalistische Einstellung der Parameter und mechanistische (bzw. quantenmechanische) Bewegung der Objekte zu den Attraktoren. Vielleicht verläuft die Auswahl der Ziele mit der anschließenden Einstellung der Parameter (Vorgang 1) nicht vollständig gesetzmäßig, sondern irgendwie anders. Hierüber wird man aber genauere Leitideen erst ausarbeiten können, wenn eine wissenschaftliche Theorie der biophysikalischen Dynamik zumindest ansatzweise vorliegt.

Ob es tatsächlich Willensfreiheit gibt, lässt sich heute nicht entscheiden. Viele bekannte Phänomene aus der Psychologie und Neurophysiologie scheinen eher dagegen zu sprechen. Aus der Hirnforschung weiß man, dass sich viele

---

[1] Vollmer, 1983; Edelman, 1993

Verhaltensweisen und sogar Gedanken durch elektrische Stimulationen auslösen lassen, sie scheinen also naturwissenschaftlichen Gesetzen zu unterliegen. EEG-Studien haben gezeigt, dass die vorbereitenden physiologischen Prozesse der Hirnrinde (Bereitschaftspotentiale) bereits ungefähr 350 ms vor der bewussten Willensintention einer Handlung auftreten; die Handlungsfreiheit müsste also auf der unbewussten Ebene stattfinden, will man z.B. keine Retrokausalität oder Zeitschleifen annehmen.[1] Einwenden kann man jedoch gegen Argumente mit reinen experimentellen Daten, dass es sich bei empirischen Daten um Beobachtungsphänomene handelt, die QM hingegen nahe legt, dass die Welt (z.B. die Raumzeit) nicht so beschaffen ist, wie wir sie beobachten. Nur eine durch Experimente gestützte Theorie (und nicht allein experimentelle Daten) kann uns Hinweise geben für oder wider die Willensfreiheit.

Außerdem soll es aber in der Hypnose möglich sein, einer Person einen posthypnotischen Befehl zu geben, den die Person später tatsächlich ausführt. Fragt man sie dann, warum sie die Handlung ausgeführt habe, so erfindet sie irgendwelche Gründe, ohne zu wissen, dass sie es tat, weil es der Hypnotiseur befohlen hatte. Unsere tagtäglichen Handlungen und Gedanken könnten ebenso auf unbekannte Weise festgelegt sein. Dies würde dann allerdings auch für den Glauben vieler Wissenschaftler an die Wahrheit ihrer Theorien gelten. Auch die Wissenschaftler, wir alle, wären dann Marionetten an den Fäden der Naturgesetze, durch die wir auf der großen Bühne der Welt unsere Rollen spielen würden.

---

[1] Deecke et al., 1976; Libet, 1993; Penrose, 1994

# Literatur

Arendes, L., 1996, „Ansätze zur physikalischen Untersuchung des Leib-Seele-Problems", *Philosophia Naturalis, 33*, 55-81.

Arendes, L., 2024a, *Das Computer-Weltbild. Funktionen der Naturphilosophie in der Naturwissenschaft*, Norderstedt.

Arendes, L., 2024b, *Das Realismusproblem in der Quantenmechanik. Gibt die Physik Wissen über die Natur?*, Norderstedt.

Barrow, J. D., Tipler, F. J., 1986, *The Anthropic Cosmological Principle*, Oxford.

Bertalanffy, L. von, 1968, *General System Theory. Foundations, Development, Applications*, New York.

Chauvet, G., 1995a, *La vie dans la matière. Le rôle de l'espace en biologie*, Flammarion.

Chauvet, G. (1995b): *Theoretical Systems in Biology: Hierarchical & Functional Integration. Vol. I: Molecules and Cells. Vol. II: Tissues and Organs. Vol. III: Organisation and Regulation.* Oxford.

Davydov, A. S., 1982, *Biology & Quantum Mechanics*, Oxford.

Deecke, L., Grözinger, B., Kornhuber, H. H., 1976, „Voluntary Finger Movement in Man: Cerebral Potentials and Theory", *Biol. Cybern., 23*, 99-119.

Dijksterhuis, E. J., 1956, *Die Mechanisierung des Weltbildes*, Berlin.

Dyson, F., 1988, *Die zwei Ursprünge des Lebens*, Hamburg.

Edelman, G. M., 1993, *Unser Gehirn – ein dynamisches System. Die Theorie des neuronalen Darwinismus und die biologischen Grundlagen der Wahrnehmung*, München.

Eigen, M., Gardiner, W., Schuster, P., Winkler-Oswatitsch, R., 1988, „Ursprung der genetischen Information", in: *Spektrum der Wissenschaft, Evolution: Die Entwicklung von den ersten Lebensspuren bis zum Menschen*, Heidelberg, 7. Aufl., 60-80.

Einstein, A., 1946, „Bemerkungen zu Bertrand Russells Erkenntnis-Theorie", in: P. A. Schilpp (Hg.), *The Philosophy of Bertrand Russell*, Evanston, 277-291.

Einstein, A., 1960, *Briefe an Maurice Solovine*, Berlin.

Engels, E.-M., 1982, *Die Teleologie des Lebendigen. Kritische Überlegungen zur Neuformulierung des Teleologieproblems in der angloamerikanischen Wissenschaftstheorie*, Berlin.

Fröhlich, H. (Hg.), 1988, *Biological Coherence and Response to External Stimuli*, Berlin.

Genz, H., 1994, *Die Entdeckung des Nichts. Leere und Fülle im Universum*, München.

Hartmann, N., 1951, *Teleologisches Denken*, Berlin.

Heisenberg, H., 1985, *Der Teil und das Ganze. Gespräche im Umfeld der Atomphysik*, München, 9. Aufl.

Heisenberg, W., 1990a, *Ordnung der Wirklichkeit*, München, 2. Aufl.

Heisenberg, W., 1990b, *Physik und Philosophie*, Stuttgart, 5. Aufl.

Hilbert, D., 1915, „Die Grundlagen der Physik", *Kgl. Ges. d. Wiss. Math.-phys. Klasse, 3*, 395-407.

Holton, G., 1973, *Thematic Origins of Scientific Thought: Kepler to Einstein*, Cambridge.

Hubbard, J. H., West, B. H., 1995, *Differential Equations: A Dynamical Systems Approach. Higher Dimensional Systems*, Berlin.

Kauffman, S. A., 1992, „Leben am Rande des Chaos", in: *Spektrum der Wissenschaft: Entwicklung und Gene*, Heidelberg, 162-170.

Kluge, G., Neugebauer, G., 1994, *Grundlagen der Thermodynamik*, Heidelberg.

Knippers, R., 1995, *Molekulare Genetik*, Stuttgart, 6. Aufl.

Libet, B., 1993, *Neurophysiology of Consciousness*, Boston.

Mayr, E., 1991, *Eine neue Philosophie der Biologie*, München.

Monod, J., 1996, *Zufall und Notwendigkeit. Philosophische Fragen der modernen Biologie*, München.

Nagel, E., 1977, „Teleology revisited: goal directed processes in biology", *J. Phil., 74*, 261-301.

Penrose, R., 1994, *Shadows of the Mind. A Search for the Missing Science of Consciousness*, Oxford.

Prigogine, I., Stengers, I., 1993, *Das Paradox der Zeit. Zeit, Chaos und Quanten*, München.

Rafelski, J., Müller, B., 1985, *Die Struktur des Vakuums. Ein Dialog über das Nichts*, Frankfurt a. M.

Schrödinger, E., 1993, *Was ist Leben?*, München, 4. Aufl.

Stegmüller, W., 1969, *Probleme und Resultate der Wissenschaftstheorie und Analytischen Philosophie. Bd I: Wissenschaftliche Erklärung und Begründung, Kap. VIII: Teleologie, Funktionalanalyse und Selbstregulation*, Berlin.

Törnebohm, H., 1984, „Die Rolle der Naturphilosophie in der physikalischen Forschung", in: B. Kanitscheider (Hg.), *Moderne Naturphilosophie*, Würzburg, 15-39.

Vollmer, G., 1983, *Evolutionäre Erkenntnistheorie*, Stuttgart, 3. Aufl.

# Parapsychologische Untersuchungen zur Hypothese vom Überleben des körperlichen Todes

**Zusammenfassung:** Seit über hundert Jahren werden von der Parapsychologie Phänomene beschrieben und kritisch untersucht, die von manchen Autoren als empirische Belege für das geistige Überleben des körperlichen Todes angeführt werden. Eine Zusammenfassung der wichtigsten Phänomenarten (Erscheinungen, Sterbebett-Visionen, Nahtoderlebnisse, Medienkundgebungen, scheinbare Erinnerungen an frühere Leben und außerkörperliche Erfahrungen) und die darauf aufbauenden Argumente und Gegenargumente der Befürworter und Kritiker der Überlebenshypothese werden in dieser Arbeit überblickartig vorgestellt, um am Schluss ein neues Forschungsprojekt vorzustellen.

## Einführung in die Forschungsfrage

In der neuzeitlichen Wissenschaft und insbesondere seit der Zeit der Aufklärung wurde die traditionelle Auffassung vom Leben, wonach eine Seele den materiellen Organismus steuere, ersetzt durch die Maschinentheorie des Lebens. Nach dieser Vorstellung der Materialisten ist der lebende Körper lediglich eine sehr komplexe Maschine, und wie komplex und leistungsfähig Maschinen sein können, verdeutlichen heutzutage insbesondere unsere Computer. Aber eine Maschine besteht in der Regel aus starren Bestandteilen, die nur ganz bestimmte Bewegungsformen ausführen können, wohingegen gerade die lebenswichtigen Teile eines Organismus, das Zellinnere, eine wässrige bzw. kolloide Lösung ist, die man kaum mit dem starren Aufbau unserer leistungsfähigsten Maschinen vergleichen kann. Aus solchen und anderen Gründen hat es auch in neuerer Zeit

154

immer wieder herausragende Biologen gegeben, die die Maschinentheorie des Lebens anzweifelten.[1] Hans Driesch beispielsweise, der Anfang des 20. Jahrhunderts bahnbrechende entwicklungsbiologische Experimente durchführte, glaubte in Anlehnung an Aristoteles, dass eine sogenannte Entelechie von außerhalb des Raumes die organische Materie steuere. Eine Entelechie (griech. „das Ziel in sich haben") ist bei Aristoteles das Formprinzip, das einem Stofflichen, insbesondere einem Organismus, seine Gestalt gibt und das Lebendige in ihm ist. Die Auffassung, nach der im lebenden Körper organismusspezifische Prinzipien wirken (eine Seele, Entelechie oder Lebenskraft) wird als Vitalismus bezeichnet.

Bis zur Neuzeit und vor allem bis zur Zeit der Aufklärung glaubten auch im Westen die meisten Menschen aufgrund ihrer religiösen Bindung an ein Leben nach dem Tod. Dem hielten später die Materialisten entgegen, dies würde den wissenschaftlichen Erkenntnissen und philosophischen Überlegungen widersprechen, wonach die gesamte Natur nur aus kleinsten Teilchen und den zwischen ihnen wirkenden Kräften bestehe. Da aber heutzutage unklar ist, was die derzeit fundamentalste naturwissenschaftliche Theorie, die Quantenmechanik (QM), über die Natur aussagt, muss der Materialist sich heute auf die Argumente zurückziehen, dass die heute allgemein akzeptierten wissenschaftlichen Theorien keine Entitäten wie die Seele oder Entelechie postulieren und dass es auch keine empirischen Fakten gäbe, die auf die Notwendigkeit derartiger Entitäten hindeuten.[2] Ob das Letztere – dass es keine derartigen empirischen Befunde gäbe – tatsächlich stimmt, wird besonders innerhalb der Parapsychologie von einigen Autoren bestritten, auf deren Argumente in dieser Arbeit eingegangen werden soll.

Viele Menschen, die an ein Leben nach dem körperlichen Tod glauben, glauben zusätzlich, dass es sich um ein *bewusstes* Leben handele – aber ist Bewusstsein ohne Körper möglich? Wir alle erleben immer wieder die Abhängigkeit unseres Bewusstseins von materiellen Stoffen. Ohne genügend Sauerstoff werden wir bewusstlos, und über die Möglichkeit einer Vollnarkose vor einer Operation durch Einnahme bestimmter chemischer Stoffe ist jeder Patient sehr erfreut. Kann es trotz dieser offensichtlichen materiellen Beeinflussbarkeit ein körperloses Bewusstsein geben? Die überwiegende Mehrzahl der Naturwissenschaftler

---

[1] s. von Hartmann 1906. Driesch 1928
[2] s. Arendes 2023a, 2024a

bestreitet dies. Jedoch muss darauf hingewiesen werden, dass es eine naturwissenschaftliche Bewusstseinstheorie noch nicht gibt, und erst eine psycho-bio-physikalische und experimentell getestete Theorie kann auf diese Frage eine wissenschaftlich befriedigende Antwort liefern.

In der heutigen Naturwissenschaft gibt es weder eine befriedigende Theorie der biologischen Dynamik, anders formuliert keine Theorie des Leben, (auch wenn Hakens Theorie der Synergetik und die Kybernetik schon sehr viel leisten) noch eine Bewusstseinstheorie, und trotzdem sind die meisten Naturwissenschaftler der festen Überzeugung, dass der Mensch mit dem körperlichen Tod vollständig aufhöre zu existieren. Worauf beruht dieser Glaube? Der Glaube an den völligen Tod hat hauptsächlich zwei Gründe. Einerseits glauben manche Naturwissenschaftler immer noch an das klassische physikalische Weltbild (was ihnen anscheinend oftmals gar nicht bewusst ist), wonach die Welt lediglich eine Zusammensetzung aus kleinsten Teilchen und den zwischen ihnen wirkenden Kräften ist, andererseits konzentrieren sich Naturwissenschaftler aus methodologischen Gründen auf beobachtbare Dinge. Hätte das klassische wissenschaftliche Weltbild recht, so wäre der Mensch selbstverständlich tot, sobald seine Materiekonstellation zerfallen ist. Aber wie kaum noch bestritten werden kann, hat spätestens die QM das klassische Weltbild widerlegt, und heute gibt es kein Weltbild, dass von allen Wissenschaftlern geteilt wird, so dass es derzeit keine alle überzeugenden weltanschaulichen Argumente gegen ein Leben nach dem körperlichen Tod geben kann.

Das zweite Argument gegen den Glauben an eine Seele oder Entelechie ist die Unbeobachtbarkeit derartiger Entitäten. Im 17. Jahrhundert entstand unsere heutige Form wissenschaftlicher Forschung und diese hat seitdem einen so überragenden Erfolg gehabt, weil sich die Wissenschaftler, so glaubten sie zumindest, streng an das Beobachtbare hielten und sie alle transzendenten Entitäten, wie sie beispielsweise von den Kirchen im Mittelalter gelehrt wurden (Teufel, Engel etc.), als unbeobachtbaren Aberglauben negierten. Lange Zeit war man in der Wissenschaft der Überzeugung, dass nur harte (d.h. beobachtbare) Fakten und darauf aufbauende Verallgemeinerungen die Grundlage der wissenschaftlichen Forschung (die sogenannte induktive Methode) ausmache. Aber auch diese methodologische Grundeinstellung der Wissenschaftler musste im 20. Jahrhundert revidiert werden. Grundlegende physikalische Theorien wie die QM, die Thermodynamik und die metrische Gravitationstheorie lassen sich nicht direkt aus

Beobachtungsdaten ableiten, vielmehr sind grundlegende Theorien kühne Vermutungen, die experimentelle Bestätigungen erhalten, ohne aber bewiesen werden zu können.[1] Außerdem enthalten gerade die grundlegenden physikalischen Theorien Entitäten, die nicht beobachtbar sind, mit denen sich aber beobachtbare Phänomene erklären lassen. Solche Entitäten sind beispielsweise elektromagnetische Felder (man beobachtet ihre Auswirkungen, aber nicht die Felder selbst), thermodynamische Potentiale wie Enthalpie und Entropie, und selbst die Quarks sind nach den heutigen Theorien nur im Verbund als andere Teilchenarten beobachtbar, Quarks selbst jedoch nicht. Wenn aber eine unbeobachtbare Entität im Rahmen einer experimentell getesteten Theorie einen Erklärungswert besitzt, so wird sie von der Wissenschaftlergemeinschaft als existent betrachtet.

Da wir derzeit kein allgemein akzeptiertes Weltbild besitzen, das Entitäten wie die Entelechie oder die Seele ausschließt, und da heutzutage auch die wissenschaftliche Methodologie unbeobachtbare Entitäten nicht grundsätzlich verbietet, kann heute die Frage nach dem Überleben des körperlichen Todes auch von Naturwissenschaftlern vorurteilsfrei behandelt werden.

## Die empirischen Phänomene

Für die Hypothese vom Überleben des körperlichen Todes werden verschiedene Phänomenarten angeführt, die im Folgenden kurz dargestellt werden sollen, um anschließend die Hauptargumente der Kritiker und die Gegenargumente der Befürworter der Überlebens-Hypothese (ÜH) darzustellen. (Eine ausführlichere Abhandlung über die Überlebenshypothese habe ich gegeben in meinem Buch von 2023b.)

Bei den sogenannten *außerkörperlichen Erfahrungen* hat man das Gefühl, sich außerhalb seines Körpers zu bewegen und von außerhalb seine Umwelt zu betrachten, was von einigen Autoren als Indiz dafür angesehen wird, dass das Bewusstsein ohne Körper existieren könne.[2] Auf ähnliche Weise sollen auch die

---

[1] s. Arendes 2023a, 2024a
[2] s. z.B. Green, 1968; Sabom 1982

Geister von Verstorbenen fortexistieren und uns in den Séancen über Medien Botschaften übermitteln können. Bei diesen *Medienkundgebungen* befindet sich eine Person in Trance und entweder hat sie Kontakt mit einem Geist (angeblich durch Telepathie), den man als die Kontrolle bezeichnet, oder diese Kontrolle ergreift Besitz von dem Körper des Mediums und benutzt ihre Sprechorgane, um ihre Botschaften zu übermitteln.[1] Die Kontrolle behauptet, in Kontakt mit einem Verstorbenen (dem Kommunikator) zu stehen, der ein Verwandter oder Freund eines in der Séance anwesenden Sitzers sei. Die Botschaften, die die Kontrolle durch das Medium übermittelt, sind meistens Informationen über das irdische Leben und über Eigenarten des Verstorbenen, die in manchen Fällen sehr gut zu der vermutlichen Gedächtnisstruktur des Verstorbenen am Ende seines Lebens zu passen scheinen und die auch seinen charakterlichen Eigenarten und Redewendungen, seinem Humor, der Gestik etc. zu entsprechen scheinen.

Verstorbene sollen außerdem in der Lage sein, sich als sogenannte *Erscheinungen* in unserer physikalischen Welt bemerkbar zu machen. Erscheinungen sind wie normale Objekte oder Personen scheinbar physikalisch existierend sichtbar und treten vollständig oder teilweise mit einem Körper auf, den die Verstorbenen zu Lebzeiten hatten.[2] Bei den *Sterbebett-Visionen* erscheinen verstorbene Verwandte, Freunde oder auch irgendwelche anderen, scheinbar göttliche Wesen (Engel, Krishna u.ä.) dem Sterbenden, um ihn in die jenseitige Welt abzuholen oder ihn darauf vorzubereiten.[3] Von sogenannten *Nahtoderlebnissen* mit solchen Geisteswesen (Lichtwesen) berichten Personen, die dem körperlichen Tod sehr nahe gewesen sind – als klinisch tot beurteilt worden sind, im Koma gelegen haben o.ä. – und die im Zustand einer außerkörperlichen Erfahrung in eine jenseitige Welt geflogen, aber von dort aus wieder zurückgekehrt seien, da sie angeblich noch nicht körperlich sterben sollten.[4] Von einem vor der Geburt stattgefundenen Kontakt mit einem jenseitigen Wesen berichten in ganz seltenen Fällen auch Kinder, die sich als körperliche *Wiedergeburt* einer in der Vergangenheit gelebten Person betrachten. Bei den spontanen Reinkarnationsfällen sind Kinder ebenso wie die Medien der Séancen in der Lage, sehr detailliert Informationen über das Leben eines Verstorbenen zu geben, mit dem sie sich aber über mehrere Jahre hinweg identifizieren, bevor ihre angeblichen Erinnerungen an

---

[1] s. z.B. James 1910; Lodge 1917; Broad 1962, 1980; Gauld 1983; Mattiesen 1987
[2] s. z.B. Green, McCreery 1975; Hart et al. 1956; Mattiesen 1987
[3] s. z.B. Barrett 1926; Osis, Haraldsson 1978
[4] s. z.B. Moody 1977; Ring 1982, 1986

dieses frühere Leben nach einigen Jahren immer mehr verblassen und zumeist irgendwann ganz aufhören.[1] Vermeintliche Erinnerungen an frühere Leben werden außerdem in hypnotischen Altersrückführungen erlebt.[2]

## Überblick über Argumente der Kritiker

Die Neurowissenschaft belegt auf vielfältige Weise, dass das Gedächtnis und andere kognitive Funktionen von Hirneigenschaften abhängen, und nach Ansicht der Kritiker könnten deshalb körperlose Geister von Verstorbenen nicht existieren und beispielsweise nicht die Erinnerungsfähigkeit haben, wie es bei verschiedenen Phänomenarten behauptet wird. Die behaupteten Phänomene könnten deshalb, soweit es sich nicht einfach um Betrug handelt, nur Halluzinationen sein, eventuell verbunden mit telepathisch und hellseherisch erworbenem Wissen. Das dargebotene Wissen könnte von den betroffenen Personen in der Vergangenheit erworben und eventuell unbewusst aufgenommen worden sein, wurde dann aber scheinbar vergessen, blieb jedoch im Unterbewusstsein gespeichert (Kryptoamnesie). Die einzelnen Phänomenarten als Beweis des Überlebens einer körperlosen Seele zu betrachten, ist auch deshalb voreilig, weil wir über viele menschliche Fähigkeiten und über deren Entstehung noch zu unwissend sind. So ist noch völlig ungeklärt, wie es zur außersinnlichen Wahrnehmung (ASW) kommt, und deshalb ist auch unklar, wie umfangreich ASW sein kann und ob mit dieser Fähigkeit Informationen beschafft werden können, wie sie beispielsweise in den Medienkundgebungen und bei den Reinkarnationsfällen dargeboten werden. Auch kennt man die Natur des Gedächtnisses noch nicht vollständig; so ist denkbar, dass nicht nur Lebewesen ein Gedächtnis besitzen, sondern die gesamte materielle Welt, so dass eventuell nach dem körperlichen Tod eines Menschen in der Natur Gedächtnisspuren zurück bleiben, die auf unbewusste Weise zur Halluzination von künstlichen Persönlichkeiten genutzt werden können.[3] Und schließlich klingen die Berichte über das angebliche

---

[1] s. z.B. Stevenson 1986, 1999, 2005
[2] s. z.B. Bernstein 1973; Stevenson 1984
[3] s. Roll 1982

Jenseits oftmals zu naiv und zu ähnlich der unsrigen Welt, um sie glauben zu können.[1]

Um nun zur Kritik der Phänomenarten im Einzelnen zu kommen: Insbesondere die *Medienkundgebungen* bestehen zu einem großen Teil aus Unsinn und Banalitäten, wie man es von lebenden Geistern nicht erwarten könne.[2] Durch die selektive Zitierung der sehr interessanten Kundgebungen wird der Eindruck erweckt, derartige Informationsleistungen mit ASW erklären zu können klinge zu unwahrscheinlich; da jedoch der größte Teil der Kundgebungen aus wertlosem Unsinn besteht, ist das seltene Auftreten von erstaunlichen ASW-Leistungen einiger weniger herausragender Medien gar nicht so unplausibel. Insbesondere Experimente mit Hypnose haben gezeigt, dass Menschen zu phantastischen Leistungen in der Lage sind: Unter Hypnose können umfangreiche Geschichten fabuliert werden, andere Personen und sogar Tiere werden nachgeahmt und posthypnotisch ist ein automatisches Schreiben möglich, das der Proband nicht bewusst wahrnimmt.[3] In unseren Träumen erfinden wir jede Nacht die verschiedensten Personen, manchmal verbunden mit telepathisch erworbenem Wissen, und das Krankheitsbild der multiplen Persönlichkeit, bei der gleichzeitig oder abwechselnd verschiedene Persönlichkeiten das Verhalten des Patienten bestimmen, belegt ebenfalls, dass zumindest manche Menschen sogar bei Bewusstsein die unterschiedlichsten Persönlichkeiten darstellen können. Selbst einige Befürworter der ÜH räumen ein, dass die Kontrollen von den Medien selbstgemacht sind, was dann natürlich nahe legt, dass sie Derartiges auch bei den Kommunikatoren können. Dass Informationen geliefert werden, die genau auf die Verstorbenen passen, ist sicherlich erstaunlich, aber die Natur des Trancezustandes ist noch nicht genügend erforscht, und eher könnte der Zugang zu einem Gedächtnisspeicher eines Weltgeistes vermutet werden als die Existenz von Geistern. Auch geben diese geisterhaften Kommunikatoren zu selten Bericht über das, was sie zwischen den Séancensitzungen im Jenseits tun und wie dies Jenseits beschaffen sei. Und eines der schärfsten Argumente gegen die Geisterdeutung der Medienkundgebungen ist die Tatsache, dass diese angeblichen Verstorbenen noch nie überzeugend in der Lage waren, beispielsweise in

---

[1] s. Baerwald 1925
[2] Baerwald 1925
[3] Hilgard 1986

Briefen verschlüsselte Botschaften, die diese Personen vor ihrem körperlichen Tod versiegelt hinterlegt hatten, zu enthüllen.

Das semi-automatenhafte Verhalten vieler *Erscheinungen* und ihre wenigen, aber oft bedeutungslosen Mitteilungen deuten ebenfalls darauf hin, dass ihre Verursachung kein völlig vitaler Geist ist, wie es viele Spiritisten glauben.[1] Auch gibt es – in seltenen Fällen – Erscheinungen lediglich von Gegenständen wie von Häusern und Blumen, welche belegen, dass Erscheinungen nicht von externen Aktivitätszentren ausgehen, sondern allein vom Perzipienten hervorgebracht werden können.

Die *Sterbebett-Visionen* und *Nahtoderlebnisse* (NTE) sind nach Meinung der Kritiker Halluzinationen zur Verdrängung der Todesangst, sie seien Wunschdenken und entständen aus einer Erwartungshaltung religiöser Menschen über ihren Zustand nach dem Tod. Medikamente und Drogen können Phänomene bewirken, wie sie in den NTE auftreten, ebenso kennt man Krankheiten und physiologische Zustände wie das Symptom der Depersonalisation, die cerebrale Anoxie und das Limbische System Syndrom, welche Phänomene wie die außerkörperliche Erfahrung und andere Halluzinationen hervorbringen.[2]

*Außerkörperliche Erfahrungen* können kein Beweis für ein Leben ohne Körper sein, weil während dieser Erlebnisse der Körper dieser Person noch lebendig ist und als Trägersubstanz dieser Bewusstseinszustände dienen kann.[3] Dass man bei diesen Erlebnissen glaubt, sich außerhalb seines Körpers zu befinden, komme lediglich daher, dass bei diesen Sinnestäuschungen das Selbstkonzept versehentlich nicht dem eigenen Körper, sondern der Umwelt zugeordnet wird.

Was die angeblichen Erinnerungen an frühere Leben betrifft, so werden die *hypnotischen Rückführungen* in angeblich frühere Leben selbst von den meisten Parapsychologen als wenig aussagekräftig beurteilt, da unter Hypnose Probanden durch Suggestionen leicht zu umfangreichen Fabulierungen zu bringen sind, bei denen zuvor unbewusst erworbenes Wissen benutzt werden kann. Eine unbewusste Wissensaufnahme kann auch bei den *Spontanfällen angeblicher*

---

[1] Baerwald 1925

[2] s. z.B. Hövelmann 1985; Carr 1982; Noyes 1972; Noyes et al. 1977; Rodin 1980, 1989; Siegel 1977, 1983

[3] s. z.B. Hövelmann 1985; Thouless 1984

*Reinkarnation* eine entscheidende Rolle spielen, denn zwischen den beiden beteiligten Familien – der aktuellen Familie des Kindes und der angeblich früheren – gibt es oft örtliche und personale Verbindungen, die oft auch bei der Erforschung des Falles auftreten und die beispielsweise mittels Psychometrie (Informationsübertragung durch Kontakt mit Objekten) zu einer Wissensaufnahme führen könnten.[1] Die langjährige Identifizierung mit der früheren Persönlichkeit – die Erlebnisse der erworbenen Informationen als Erinnerungen früherer Erfahrungen – ist ebenfalls kein Beweis für die Wahrheit der Behauptung des früheren Lebens, da auch Sensitive und Medien sich manchmal mit den paranormal erworbenen Informationen identifizieren.

## Überblick über Argumente der Befürworter

Die Hirnforschung hat zwar Abhängigkeiten unseres Gedächtnisses und unseres Denkvermögens vom Gehirn nachgewiesen, ein Beweis für eine Unmöglichkeit des geistigen Überlebens sind diese empirischen Befunde jedoch nicht. Zu vieles ist in den Neurowissenschaften noch ungeklärt; vollständige wissenschaftliche Theorien über das Funktionieren von Gedächtnis und Denken gibt es zurzeit nicht. Die bekannten physiologisch bedingten Gedächtnisstörungen sind beispielsweise auch erklärbar, wenn man das Gehirn und diejenige Entität, die den körperlichen Tod überleben kann, als ein zusammengehörendes System betrachtet, so dass sich Hirnschädigungen negativ auf das Gesamtsystem auswirken können.[2]

Um die für das Überleben angeführten Phänomene in seinem Sinne zu deuten, muss der Kritiker auf sehr umfangreiche Weise eine paranormale Wissensaufnahme (vor allem Telepathie) behaupten, um die mitgeteilten Informationen der Reinkarnationskinder, Medien und Erscheinungen erklären zu können; in Laborexperimenten konnten aber derartig umfangreiche und detaillierte telepathische Wissensübertragungen, wie es insbesondere bei den Medienkundgebungen manchmal der Fall ist, noch nie nachgewiesen werden – abgesehen von einige Untersuchungen mit Sensitiven, deren wissenschaftliche Durchführung kritisiert

---

[1] s. Roll 1982; Hick 1994
[2] Broad 1962, 1980

werden kann. Darüber hinaus lassen sich besondere Fähigkeiten wie die der responsiven Xenoglossie (Kommunikation der Medien oder Hypnotisierten in einer Fremdsprache) oder Tänze und Gesänge (die aufgeführt werden, ohne dass sie dieses jemals haben erlernen können) allein mit ASW vermutlich nicht erklären.[1]

Dass die *Erscheinungen* sehr oft ein semi-automatenhaftes Verhalten zeigen und die *Medienkundgebungen* oft Banalitäten über ihr früheres Leben und vielfachen Unsinn enthalten, kann daher kommen, dass man sich nach dem körperlichen Tod in einem schlaf- oder traumähnlichen Zustand befindet.[2] Außerdem kann das Krankheitsbild der multiplen Persönlichkeit nicht als Erklärung der Personationen in den Séancen angeführt werden, da die Entstehung der multiplen Persönlichkeit ebenfalls ungeklärt ist und man somit nur ein Rätsel durch ein anderes ersetzen würde. Hätten die Medien ebenso wie die Kinder der Reinkarnationsfälle alle diejenigen Informationen, die sie auf natürliche Weise gar nicht erlangt haben konnten, mittels Telepathie von Lebenden erhalten, hätten sie somit außergewöhnliche ASW-Fähigkeiten besessen, so sollte man erwarten, dass sie viel öfter auch Dinge gewusst hätten, die die Verstorbenen nicht wussten.

Was die Erscheinungen betrifft, so klingt die Halluzinationshypothese oft sehr unwahrscheinlich, beispielsweise wenn die Erscheinung gleichzeitig von mehreren Personen gesehen wurde. Dass sich solche Halluzinationen ausgehend von einer Person auf telepathischem oder anderem Wege auf alle anderen Anwesenden ausgedehnt haben sollen, ist besonders dann nicht sehr überzeugend, wenn zuerst z.B. der Hund auf die Erscheinung angeschlagen hatte und erst daraufhin die anwesenden Menschen es bemerkten. Irgendeine objektive Ursache für derartige kollektive Wahrnehmungen sollte es deshalb geben, ebenso für diejenigen Erscheinungen, die von den unterschiedlichsten Perzipienten zu verschiedenen Zeiten und am selben Ort erlebt worden sind. Oft wussten sogar die Perzipienten gar nichts vom Sterben des Erschienenen, und wäre dies durch Telepathie übertragen worden, so sollte die Erscheinung nur das Leid und die Todesangst des Erschienenen ausdrücken, anstatt Trost oder Banalitäten darzustellen, wie es oft der Fall ist. Bei einer telepathischen Auslösung von Erscheinungen sollten außerdem öfter Lebende erscheinen und nicht so überhäufig Tote.

---

[1] Stevenson 1974, 1984, 1986; Stevenson, Pasricha 1980
[2] s. Price 1965

Zu den Kritiken an den *Nahtoderlebnissen* ist zu sagen, dass keine der angeführten neurophysiologischen Theorien alle bei den NTE auftretenden Phänomenen erklären kann, auch treten NTE bei Personen ohne Medikamenteneinnahme und bei vollem Bewusstsein auf; Drogenhalluzinationen und Träume sind außerdem viel variabler.[1] Viele Kritiken der ÜH-Gegner klingen plausibel, wenn man sie ganz allgemein vorträgt, schaut man sich aber die Phänomene im Detail an, so bleiben oft einige Zweifel. Würde es sich bei den NTE beispielsweise um Wunschdenken handeln, dann sollten sterbende Kinder viel öfter ihre Eltern halluzinieren und nicht verstorbene Verwandte, die sie nie zuvor gesehen haben; auch hatten Patienten, die an das Überstehen ihrer Krankheit glaubten, keinerlei Grund zum Wunschdenken. Wie eine Studie von Osis und Haraldsson zeigte, spielen psychologische Faktoren wie Stress und medizinische Faktoren wie Medikamente und Hirnschädigungen bei den Sterbebett-Visionen keine ausschlaggebende Rolle.[2]

Dass einige Kritiker weltanschaulich bedingten Abwehrmechanismen unterliegen, ist manchmal bei den *Reinkarnationsfällen* unübersehbar – wenn beispielsweise die daran beteiligten Personen als vom Teufel verführt bezeichnet werden.[3] Und die Hypothese vom Zugriff auf spezifische Gedächtnisspeicher eines Weltgeistes zur Erklärung von mitgeteilten Informationen, die selektiv auf die Gedächtnisstruktur eines Verstorbenen passen, mag bei Medien im abnormen Trance-Zustand plausibel erscheinen, jedoch kaum bei Kindern im normalen Wachzustand. In seltenen Fällen wurde das Kind eines Reinkarnationsfalles geboren, bevor die vorangegangene Persönlichkeit starb.[4] Nach der Telepathie- und Halluzinationshypothese sollte man aber Derartiges (und vor allem Identifizierungen mit noch Lebenden) viel häufiger erwarten; das seltene Auftreten solcher Fälle des später Geborenen könnte deshalb eher die Verdrängung einer zuvor inkarnierten Seele bedeuten. Bemerkenswert ist auch, dass bei Gegenüberstellungen mit der angeblich früheren Familie Täuschungsversuche der Familie oft nicht zu falschen Wiedererkennungsbehauptungen des Kindes führen. Die ASW-Hypothese erklärt außerdem nicht die Identifizierung des Kindes mit der früheren Persönlichkeit; die mitgeteilten Informationen werden erlebt als die

---

[1] Hövelmann 1985; Moody 1977; Ring 1982
[2] Osis und Haraldsson 1978
[3] s. Bernstein 1973
[4] s. Stevenson 1986

eigenen Erinnerungen, was jedoch bei Sensitiven und Medien auch vorkommt, aber nie über mehrere Jahre hinweg.

Obwohl die *außerkörperlichen Erfahrungen* (AKE) zunächst nur als ein indirektes Argument für das Überleben angeführt werden, nämlich als Beleg für die Existenz des Bewusstseins ohne Körper, und obwohl die Gegner diesem Argument begegnen können (der Körper als Trägersubstanz von Bewusstseinsphänomenen existiert während dieser Erfahrungen, AKE seien deshalb nur Sinnestäuschungen), ergeben sich dennoch aus den AKE-Untersuchungen zwei wichtige Argumente. Wie der Kardiologe Sabom in seinen Untersuchungen zeigen konnte, entsprechen die AKE, welche Patienten während Operationen und Notfallmaßnahmen hatten, zu einem großen Teil tatsächlich den wirklich stattgefundenen Vorgängen, da aber Nahtoderlebnisse meistens mit AKE beginnen und da es einen kontinuierlichen Übergang von den anfänglichen Beobachtungen des eigenen Körpers und seiner physikalischen Umwelt zu den anschließenden Beobachtungen in einer vermeintlich jenseitigen Welt gibt, liegt die Vermutung nahe, dass auch die späteren Erlebnisse von NTE im Jenseits teilweise wahr sind.[1] Darüber hinaus ist der Materialist vor die Frage gestellt, wie überhaupt in Koma liegende Personen derartige Bewusstseinszustände haben können, wenn das Bewusstsein lediglich eine Emergenzeigenschaft des materiellen Gehirns sein soll. Hier steht der Materialist vor der Erklärungspflicht zu zeigen, wie Bewusstseinszustände, die aber keinerlei z.B. mit einem Unfall verbundene Schmerzen enthalten, im Koma möglich sind.

## Abschließende Beurteilungen

Wie in jedem wissenschaftlichen Forschungsprojekt gibt es auch bei dieser Forschungsfrage viele einander gegenüberstehende Argumente und alternative Theorien. Unter den vielen Erlebnisberichten und Darstellungen der einzelnen Phänomenarten mag es ab und zu Betrügereien geben, dass es solche Phänomene tatsächlich gibt, kann jedoch nicht angezweifelt werden. Betrug, Gedächtnistäuschungen und Übertreibungen spielen vermutlich nur bei den Details der

---

[1] Sabom 1982

Berichte eine wichtigere Rolle, jedoch stützen sich die Argumente der Befürworter manchmal gerade auf Details der Geschehnisse.[1] Neben der Betrugshypothese ist ein anderes wichtiges Argument der Kritiker, dass es sich bei Phänomenen wie den Erscheinungen, Medienkundgebungen und Nahtoderlebnissen
um Halluzinationen handele. Wenn man jedoch bedenkt, dass es wegen der QM
derzeit kein allgemein akzeptiertes wissenschaftliches Weltbild gibt und dass
wir zurzeit auch keine experimentell getesteten Theorien über das Bewusstsein
und über die Natur des Lebens bzw. über Biodynamik haben, sollte man mit der
Halluzinationsbehauptung vorsichtig sein. Zweifelsohne gibt es Menschen, die
allzu leicht ihre reinen Phantasien als Tatsachen hinnehmen, auch gibt es einflussreiche Organisationen, die aus Machtinteressen die Wahrheit bekämpfen
und vor Betrug nicht zurückschrecken, aber erst wissenschaftliche Theorien über
Bewusstsein und Biodynamik können uns Aufschluss darüber geben, ob derartige Phänomene und deren Deutung als Überleben des körperlichen Todes wirklich so unglaubwürdig sind, wie es viele Kritiker annehmen.

Als am wenigsten überzeugend erscheint mir die Geisterdeutung der Medienkundgebungen, denn hiergegen haben die Kritiker sehr viele und teilweise sehr
überzeugende Argumente vorzubringen (z.B. die außergewöhnlichen Gedächtnis- und Fabulierleistungen von Hypnotisierten, das Phänomen des Krankheitsbildes der multiplen Persönlichkeit, negativ ausgefallene Tests mit zu Lebzeiten
hinterlassenen versiegelten Botschaften u.a.). An die Mitteilungen von wirklichen Geistern in den Séancen kann man deshalb nur glauben, wenn man aufgrund anderer Argumente ohnehin von der Existenz der Verstorbenen überzeugt
ist; zumindest soweit man keine persönlichen Erfahrungen hiermit hat und Medienkundgebungen nur vom Lesen kennt. Sehr interessant sind jedoch Sterbebett-Visionen und Nahtoderlebnisse; leider sind aber die Erlebnisse in einer angeblich jenseitigen Welt nicht direkt wissenschaftlich überprüfbar, so dass man
lediglich die innere Konsistenz der Berichte aller Personen mit solchen Erlebnissen untersuchen kann und man sich auf indirekte Argumente wie dem vom
kontinuierlichen Übergang der AKE zu den Erlebnissen in einer anderen Welt
stützen muss. Auch wäre es wünschenswert, wenn es mehr Untersuchungen von
unterschiedlichen Forschergruppen zu den Sterbebett-Visionen gäbe.

---

[1] s. Mattiesen 1987; Ring 1982, 1986; Stevenson 1986, 2005

Die Hinweise auf ein Überleben, die sich aus den Reinkarnationsfällen ergeben, sind nicht so umfangreich, wie die aus anderen Phänomenbereichen; insbesondere im Westen gibt es nur wenige interessante Fälle, aber aus theoretischen Gründen sind die Argumente der anderen Bereiche auch indirekte Argumente für die Wiedergeburt. Denn sollte ein menschlicher Körper zu seiner Steuerung eine Entelechie oder Seele benötigen, dann läge die Vermutung nahe, dass diese steuernde Instanz nicht für jeden entstehenden Körper erst neu erschaffen wird: Entsprechend der Komplexität des menschlichen Körpers sollte eine Entelechie ebenfalls eine komplexe Entität sein, eine mit dem Körper während der Embryogenese parallel sich erst herausbildende Entelechie ist vielleicht denkbar, aber nicht unbedingt zu erwarten, da diese doch schon dazu in der Lage sein soll, die hochkomplexe Genexpression der Vorgänge der ontogenetischen Entwicklung zu steuern. Nach der Ansicht der ÜH-Vertreter gäbe es doch genügend einsatzbereite Entelechien (im Jenseits), so dass eine völlige Neuerschaffung unnötig wäre. Plausibler ist deshalb die Vermutung, dass Entelechien nacheinander verschiedene Körper steuern können und dass die Komplexität solcher Instanzen sich während der phylogenetischen Evolution von den niedersten biologischen Lebewesen zum Menschen entwickelte. Dass es tatsächlich eine steuernde Instanz geben könnte, ist naturwissenschaftlich nicht undenkbar, denn die Naturgesetze der unbelebten Natur sind kausal-deterministisch (in der QM verbunden mit einem scheinbaren Zufallscharakter), die Prozesse eines Körpers jedoch zielgerichtet; und für die teleonome Modifikation der Naturgesetze könnte man zusätzliche Parameter postulieren, die Teile einer Entelechie sein könnten.[1]

Ein weiteres Argument für die ÜH ist, dass die verschiedenen Phänomenarten auf einfache Weise durch die Existenz einer den körperlichen Tod überdauernden Entität erklärt werden können, wohingegen die Kritiker eine Vielzahl von verschiedenen und teilweise zusammenarbeitenden Faktoren zur Erklärung anführen müssen: Betrug, Halluzination, Telepathie, Kryptoamnesie, Verdrängung von Todesängsten, Wunschdenken, Suggestionen des Hypnotiseurs, unbewusste (und eventuell psychometrische) Informationsaufnahme, physiologische Hirnschäden der verschiedensten Arten, Nebenwirkungen von Medikamenten und Sauerstoffmangel. Je mehr Faktoren zur Erklärung für allein einen Phänomenbereich oder sogar für ein Fallbeispiel nötig sind, desto unplausibler wirkt dieser Standpunkt natürlich. Die ÜH ist jedoch nur scheinbar einfach, denn auf der

---

[1] s. Arendes 2024a

ontologischen Ebene ist sie tatsächlich sehr komplex. Zur Erklärung der Phänomene müsste nicht nur eine überdauernde Entelechie postuliert werden, sondern zusätzlich eine jenseitige, eventuell unphysikalische Welt, es müsste außerdem ein noch unbekannter physikalischer Mechanismus zur Herbeiführung der Erscheinungen angenommen werden und/oder ein Mechanismus zur telepathischen Kommunikation mit Verstorbenen, und aus den Nahtoderlebnissen ergibt sich die Annahme höherer Wesen (z.B. Lichtwesen), will man dieses Element der NTE nicht als Halluzination wegerklären und damit den Gegnern der ÜH dieses Argument zur Wegerklärung auch der anderen Phänomene zugestehen.

Zu den fünf Elementen einer Theorie im Sinne der ÜH (Entelechie, zusätzlicher jenseitiger Seinsbereich, Mechanismus zur Bildung von Erscheinungen, Telepathie, höherstehende Geisteswesen) sollen nun einige Anmerkungen bezüglich ihrer wissenschaftlichen Plausibilität gemacht werden. Telepathie kann man auch unabhängig von der ÜH vermuten, ist also kein Erklärungsfaktor, der extra für die ÜH postuliert werden muss. Für die Existenz von Telepathie gibt es unabhängig von der Überlebensfrage überzeugende Belege und als Ansatzpunkt zur Erklärung dieses Phänomens bietet sich das EPR-Paradox der QM an, welches einen noch unbekannten Informationsübertragungsmechanismus vermuten lässt.[1] Was die Postulierung einer *Entelechie* betrifft, muss daran erinnert werden, dass Theorien zur Erklärung des Bewusstseins und der Biodynamik ohnehin noch gefunden werden müssen und allein zur Erklärung dieser Phänomene wird man eventuell heute noch unbekannte Eigenschaften oder Entitäten der Natur postulieren müssen. Auch gibt es in der Physik wegen der QM immer mehr Physiker, die einen *verborgenen Seinsbereich* vermuten; Heisenberg sprach von der Potentialität, aus der heraus unsere beobachtbaren Dinge aktualisiert würden, und Bohm unterschied die explizite und die implizite Ordnung.[2] Ein solcher zusätzlicher Seinsbereich der heutigen QM mag zwar kaum als Lebenswelt von Verstorbenen plausibel erscheinen, aber als Lagerungsstätte für entelechiale Strukturen, die von dort aus den Körper der physikalischen Realität steuern und die zwischen den Inkarnationen nur in einem Traumzustand sind, ist er denkbar. Zumindest deutet die QM an, dass unsere materielle Welt nicht die gesamte Wirklichkeit ausmacht. Was die *Erscheinungen* betrifft, wären sie physikalisch existent, so wäre dies tatsächlich eine sehr große Herausforderung an die Physik.

---

[1] s. Bender 1980; s. Arendes 2023a, 2024a
[2] Heisenberg 1990; s. Arendes 2023a, 2024a

Da Erscheinungen eine soziale Funktion zu spielen scheinen, wären sie – falls sie nicht nur telepathisch ausgelöste psychische Wahrnehmungserlebnisse sind, sondern tatsächlich physikalisch existent – ein sehr beeindruckendes physikalisch-soziales Emergenzphänomen. Aus heutiger wissenschaftlicher Sicht ist dieses jedoch nicht physikalisch undenkbar, denn aus der Elementarteilchenphysik wissen wir, dass Elementarteilchen keine unzerstörbaren Grundsubstanzen sind, sondern permanent entstehen und vergehen. Als Argument für die ÜH müssen aber Erscheinungen nicht unbedingt physikalisch existent, sondern könnten auch telepathisch ausgelöste Bewusstseinsphänomene sein. Ein mögliches fünftes Element einer Theorie des Überlebens sind die *höheren Geisteswesen*, worauf nun als Letztes einzugehen ist. Bei den Sterbebett-Visionen treten beispielsweise in den USA und in Indien unterschiedliche religiöse Figuren auf, auf der einen Seite etwa Jesus und Maria, auf der anderen Seite Krishna u.ä., so dass – will man diese Unterschiede nicht als kulturell bedingte Halluzinationen bewerten – unterschiedliche symbolische Einkleidungen von erlebten und wirklich existenten höheren Wesen vorkommen, soweit es nicht nur unterschiedliche rationale Interpretationen der gleichen Wahrnehmungserlebnisse sind.[1] Die symbolische Darstellungsform von Informationen ist somit für die ÜH ein weiterer notwendiger Erklärungsfaktor (zumindest für Engel o.ä.). Jedoch weiß man aus Träumen und Meditationserlebnissen, dass symbolische Verkleidungen tatsächlich vorkommen können. Was die genaue Natur dieser Wesen betrifft, ist erwähnenswert, dass man in der Meditation manchmal Wesen erleben kann, die man im ersten Augenblick ebenfalls als symbolische Darstellungen von Gott o.ä. deutet. Wenn man aber derartige Erfahrungen über einen längeren Zeitraum hinweg häufiger macht, dann ändert man seine Meinung manchmal und hält diese Visionen z.B. höchstens noch für einen möglicherweise sehr weit entwickelten Menschen, den man telepathisch wahrnimmt. Demgegenüber haben die Patienten mit NTE und Sterbebett-Visionen dieses Erlebnis in der Regel nur einmal – und glauben deshalb an die zunächst nahe liegende Deutung als Höhere Wesen. Da Patienten und Personen mit NTE diese Wesen vermutlich nur in einer symbolischen Darstellung erleben, können wir über ihre Natur keine genaueren Aussagen machen, es müssten aber nicht notwendigerweise Götter, Dämonen o.ä. sein.

Die vorangegangenen Erläuterungen zeigen, dass die Annahme der ÜH zu einer tiefgreifenden Änderung der wissenschaftlichen Weltsicht führen würde,

---

[1] s. Osis und Haraldsson 1978

weshalb man für eine solche Änderung sehr gute Gründe fordern kann. Gäbe es nur den einen Phänomenbereich beispielsweise der Medienkundgebungen, so wäre es durchaus vertretbar, dieses nur als Fabulierung plus Telepathie zu bewerten; gäbe es nur den einen Phänomenbereich der Erscheinungen, so wäre auch hier die Deutung der Halluzination akzeptabel; gäbe es nur den einen Bereich der Reinkarnationsfälle, so wäre es nahe liegend, die Krankheit der multiplen Persönlichkeit, verbunden mit der Fehldeutung des dargebotenen Wissens als Erinnerung an ein früheres Leben, zu vermuten. Aber alle Phänomenbereiche zusammen als einen Hinweis auf ein mögliches Überleben des körperlichen Todes zu ignorieren, scheint mir nicht sehr rational zu sein. Alle Phänomenbereiche zusammengenommen legen nahe, dass an der ÜH etwas Wahres dran sein könnte. Natürlich kann man argumentieren, allen Phänomenen läge als Auslöser unsere Todesfurcht zugrunde und diese Todesfurcht produziere immer wieder irgendwelche Effekte, um sich mit dem Glauben an ein künftiges Leben zu trösten. Aber welche überzeugenden Argumente haben wir denn umgekehrt für den Standpunkt vom körperlichen Tod als dem endgültigen Ende? Wir beobachten, dass jeder höhere Organismus irgendwann zerfällt, aber in der Wissenschaft muss man auch in Betracht ziehen, dass es unbeobachtbare Dinge gibt und dass solche Entitäten eventuell den Zerfall des Körpers überdauern. Ein weiteres Argument ist unser fehlendes Erinnerungsvermögen an vorige Leben (abgesehen von den Kindern der Reinkarnationsfälle u.a.), aber selbst von unserer jetzigen frühen Kindheit haben wir kaum noch Erinnerungen, so dass Erinnerungen an ein vorangegangenes Leben ohnehin unwahrscheinlich sein sollten. Solange es keine wissenschaftlich getestete Bewusstseinstheorie und keine Theorie des Lebens gibt, lässt sich deshalb nicht zwingend behaupten, dass alle für die ÜH angeführten Argumente keinerlei Aussagekraft besitzen. Könnte es nicht auch umgekehrt so sein, dass der Glaube an Argumente für den absoluten Tod ein Wunschdenken von Leuten ist, die sich an ein bestimmtes materialistisches Weltbild gewöhnt haben und nun nicht umdenken wollen?

Angesichts der heutigen empirischen und theoretischen Sachlage sollte man also mit einer endgültigen Entscheidung über die ÜH vorsichtig sein und die Frage nach dem Überleben mindestens offen lassen. Wäre man dazu gezwungen, sich pro oder contra zu entscheiden, etwa um als Wissenschaftler an dem einen oder anderen Forschungsprojekt teilzunehmen, so würde ich persönlich mich angesichts der empirischen Befunde und auf der Basis der von mir angestellten theoretischen Überlegungen zu Biodynamik und Bewusstsein für die Annahme vom

Überleben entscheiden, was ich nun noch genauer erläutern möchte. In anderen Aufsätzen und Büchern habe ich wegen der Interpretationsprobleme der QM die Welt mit einem Computer verglichen, wonach unsere vierdimensionale Raumzeit mit ihren materiellen Objekten dem Computerbildschirm mit seinen Abbildungen und die Naturgesetze der Computersoftware entsprechen.[1] Innerhalb dieser Analogie kann man sich die Entelechien der Lebewesen als Prozessoren vorstellen, welche die Prozesse jeweils eines Organismus steuern, so wie die Prozessoren eines Multiprozessorcomputers jeweils verschiedene Abbildungen erzeugen und steuern können. Ein Prozessor ist das Herzstück eines Computers; er steuert die Datenverarbeitung, führt Berechnungen und Vergleiche durch, speichert Ergebnisse und veranlasst die Ein- und Ausgabe der Daten.

Das Computer-Weltbild und eine darauf aufbauende Theorie der Biodynamik, wonach Parameter des Quantenvakuums bzw. Äthers für die Teleonomie körperlicher Prozesse verantwortlich sind, lassen sich natürlich auch analogiefrei beschreiben, darüber hinaus habe ich in anderen Arbeiten Ansätze zu einer physikalischen Bewusstseinstheorie formuliert, auf die ich hier nicht im Detail einzugehen brauche, die aber die Möglichkeit offen lässt, dass es Bewusstsein ohne Hirnmaterie geben könnte.[2] Danach wäre denkbar, dass Parameter des Quantenvakuums als Teil der Persönlichkeit den körperlichen Tod überdauern und für Bewusstseinsprozesse im Vakuum bzw. Äther verantwortlich sind. In diesem Zusammenhang erwähnenswert sind auch die Arbeiten des theoretischen Physikers Burkhard Heim, der eine Theorie der Vereinigung von geometrischer Gravitationstheorie und Elementarteilchenphysik vorgelegt hat, wonach unsere Raumzeit in eine höherdimensionale Welt eingebettet ist und wonach in den höheren Dimensionen postmortale Strukturen existieren könnten.[3]

Meine Prozessordeutung der aristotelischen Entelechie könnte man in Zukunft im Rahmen des Forschungsprojektes „Künstliches Leben" genauer untersuchen. In dieser Forschungsrichtung bemüht man sich darum aufzuklären, was die Grundprinzipien des Lebens sind, indem man entweder reale biologische Organismen und künstliche Wesen in Computern simuliert oder augenscheinlich lebensähnliche Maschinen (Roboter) baut.[4] Da für Simulationen ein Prozessor

---

[1] z.B. Arendes 2023a, 2024a
[2] Arendes, 1996, 2024a,b
[3] Heim 1983 1989, 1994, 1995
[4] s. Terzopoulos et al. 1994;Adami 1998; Langton 1995

ohnehin nötig ist, kann man bei Untersuchungen im Sinne meiner Hypothese simulierte organismusspezifische Prozessoren zwanglos hinzufügen und deren Wirkungsmöglichkeiten genauer erforschen. Auf diese Weise könnte man z.B. nach dem Tod eines Lebewesens den frei werdenden Prozessor für eine Neugeburt einsetzen, wodurch dieses Lebewesen evtl. Verhaltensweisen bekommt, die für den verstorbenen Organismus charakteristisch waren. Vielleicht wird man einmal aus derartigen Gedankenexperimenten Ideen für experimentelle Tests mit wirklichen Organismen erhalten.

# Literaturverzeichnis

Adami, C. (1998): *Introduction to Artificial Life*. New York.

Arendes, L. (1996): 'Ansätze zur physikalischen Untersuchung des Leib-Seele-Problems'. *Philosophia Naturalis 33*: 55-81.

Arendes, L. (2023a): *Das Realismusproblem in der Quantenmechanik. Gibt die Physik Wissen über die Natur?* Norderstedt. Frühere Version erschienen unter: *Gibt die Physik Wissen über die Natur? Das Realismusproblem in der Quantenmechanik*. Würzburg 1992. (Magisterarbeit an der Univ. Gießen 1988.)

Arendes, L. (2023b): *Gibt es ein Überleben des körperlichen Todes? Empirische und theoretische Untersuchungen der Parapsychologie zur Überlebenshypothese*. Norderstedt.

Arendes, L. (2024a): *Das Computer-Weltbild. Funktionen der Naturphilosophie in der Naturwissenschaft*. Norderstedt.

Arendes, L. (2024b): *Die wissenschaftliche Weltauffassung. Wissenschaftliche Naturphilosophie*. Norderstedt.

Baerwald, R. (1925): *Die intellektuellen Phänomene*. Band II von: 'Der Okkultismus in Urkunden', herausgegeben von M. Dessoir. Berlin.

Barrett, W. F. (1926): *Death-bed visions*. London.

Bender, H. (Hrsg.) (1980): *Parapsychologie. Entwicklung, Ergebnisse, Probleme*. 5. Aufl., Darmstadt.

Bernstein, M. (1973): *Protokoll einer Wiedergeburt. – Der weltbekannte Fall Bridey Murphy: Der Mensch lebt nicht nur einmal*. München.

Broad, C. D. (1962): *Lectures on Psychical Research*. New York.

Broad, C. D. (1980): *The Mind and its Place in Nature*. Neuauflage von 1925. London.

Carr, D. (1982): 'Pathophysiology of Stress-Induced Limbic Lobe Dysfunction A Hypothesis for NDEs'. *Anabiosis 2*: 75-89.

Driesch, H. (1928): *Philosophie des Organischen*. 4. Aufl., Leipzig.

Gauld, A. (1983): *Mediumship and Survival. A Century of Investigations*. London.

Green, C. (1968): *Out-of-the-Body-Experiences*. Oxford.

Green, C., McCreery, C. (1975): *Apparitions*. London.

Hart, H., et al. (1956): 'Six Theories About Apparitions'. *Proc. Soc. Psych. Res. 50:* 153- 239.

Hartmann, E. von (1906): *Das Problem des Lebens. Biologische Studien*. Bad Sachsa.

Heim, B. (1983): *Elementarstrukturen der Materie: Einheitliche strukturelle Quantenfeldtheorie der Materie und Gravitation. Bd. 2*. Innsbruck.

Heim, B. (1989): *Elementarstrukturen der Materie: Einheitliche strukturelle Quantenfeldtheorie der Materie und Gravitation. Bd. 1*. 2. veränd. Aufl., Innsbruck.

Heim, B. (1994): *Postmortale Zustände? Die televariante Area integraler Weltstrukturen*. 3. Aufl., Innsbruck.

Heim, B. (1995): *Der kosmische Erlebnisraum des Menschen*. 3. Aufl., Innsbruck.

Heisenberg, W. (1990): *Physik und Philosophie*. 5. Aufl., Stuttgart

Hick, J. (1994): *Death And Eternal Life*. Louisville.

Hilgard, E. R. (1986): *Divided Consciousness: Multiple Controls in Human Thought and Action*. Erw. Aufl., New York.

Hövelmann, G. H. (1985): 'Evidence for Survival from Near-Death Experiences? A Critical Appraisal'. In P. Kurtz (Hrsg.): *A Skeptic's Handbook of Parapsychology*. Buffalo, S. 645-684.

James, W. (1910): 'Report on Mrs. Piper's Hodgson-Control'. *Proc. Soc. Psych. Res. 23*: 2-121.

Langton, C. G. (Hrsg.) (1995): *Artificial Life. An Overview*. Cambridge, Mass.

Lodge, O. (1917): *Raymond or Life and Death. With examples of the evidence for survival of memory and affection after death*. 8. Aufl., London.

Mattiesen, E. (1987): *Das persönliche Überleben des Todes. Eine Darstellung der Erfahrungsbeweise. Bd. I-III.* Neuauflage der Ausgabe von 1936/1939, Berlin.

Moody, R. A. (1977): *Leben nach dem Tod.* Reinbek.

Moser, F. (1950): *Spuk. Irrglaube oder Wahrheit? Eine Frage der Menschheit.* Baden bei Zürich.

Noyes, R. (1972): 'The experience of dying'. *Psychiatry 35:* 174-184.

Noyes, R., Hoenk, P. R., Kuperman, S., Slymen, D. J. (1977): 'Depersonalization in accident victims and psychiatric patients'. *Jn. of Nervous and Mental Disease: 164*: 401-407.

Oesterreich, T. K. (1921): *Die Besessenheit.* Langensalza.

Osis, K., Haraldsson, E. (1978): *Der Tod – Ein neuer Anfang.* Freiburg i. Br.

Paterson, R. W. K. (1995): *Philosophy and the Belief in a Life after Death.* Houndmills.

Price, H. H. (1965): 'Survival and the Idea of `Another World`'. In: J. R. Smythies (Hrsg.): *Brain and Mind. Modern Concepts of the Nature of Mind.* London, S. 1-33.

Ring, K. (1982): *Life at Death. A Scientific Investigation of the Near-Death Experience.* New York.

Ring, K. (1986): *Den Tod erfahren – das Leben gewinnen. Erkenntnisse und Erfahrungen von Menschen, die an der Schwelle zum Tod gestanden und überlebt haben.* 2. Aufl., Bern.

Rodin, E. A. (1980): 'The Reality of Death Experiences. A Personal Perspective'. *Jn. of Nervous and Mental Disease 168*: 259-263.

Rodin, E. (1989): 'Comments on "A Neurobiological Model for Near-Death Experiences"'. *Jn. of Near-Death Studies 7(4):* 255-259.

Roll, W. R. (1982): 'The Changing Perspective on Life after Death'. In: S. Krippner (Hrsg.): *Advances in Parapsychological Research. Vol. 3.* New York.

Sabom, M. B. (1982): *Erinnerung an den Tod. Eine medizinische Untersuchung.* 2. Aufl., Berlin.

Schrenck-Notzing, A. von (1923): *Materialisationsphänomene. Ein Beitrag zur Erforschung der mediumistischen Teleplastie.* München.

Siegel, R. K. (1977): 'Hallucinations'. *Scientific American 237*: 132-140.

Siegel, R. K. (1983): 'Life After Death'. In: G. O. Abell, B. Singer (Hrsg.): *Science and the Paranormal. Probing the Existence of the Supernatural.* New York.

Soal, S. G., Bateman, F. (1954): *Modern Experiments in Telepathy*. Westport.

Stevenson, I. (1974): *Xenoglossy: a Review and Report of a Case*. Bristol.

Stevenson, I. (1984): *Unlearned Language. New Studies in Xenoglossy*. Charlottesville.

Stevenson, I. (1986): *Reinkarnation. Der Mensch im Wandel von Tod und Wiedergeburt. 20 überzeugende und wissenschaftlich bewiesene Fälle*. 5. Aufl., Freiburg i. Br.

Stevenson, I. (1999): *Reinkarnationsbeweise. Geburtsnarben und Muttermale belegen die wiederholten Erdenleben des Menschen*. Grafing.

Stevenson, I. (2005): *Reinkarnation in Europa. Erfahrungsberichte*. Grafing.

Stevenson, I., Pasricha, S. (1980): 'A Preliminary Report on an Unusual Case of the Reincarnation Type with Xenoglossy'. *Jn. Am. Soc. Psych. Res. 74*: 331-348.

Terzopoulos, D., Tu, X., Grzeszczuk, R. (1994): 'Artificial Fishes: Autonomous Locomotion, Perception, Behavior, and Learning in a Simulated Physical World'. *Artificial Life 1(4)*: 327-351.

Thouless, R. H. (1984): 'Do We Survive Bodily Death?' *Proc. Soc. Psych. Res. 57*: 1-52.

# Philosophische Leitideen
# für die geisteswissenschaftliche  Forschung

**Zusammenfassung**: Auf der Grundlage der heutigen wissenschaftlichen Weltauffassung werden heuristische Leitideen für die Forschungen auf den Gebieten der Psychologie, Soziologie und Philosophie ausgearbeitet. Dabei geht es u.a. um Bewusstsein und Handlungstheorie, um die ontologische Natur von Werten und Normen, die Faktoren des gesellschaftlichen Wandels und um die Ausarbeitung gesellschaftlicher und internationaler Werte.

## 1. Methodik von Wissenschaft und Naturphilosophie

In der Naturwissenschaft dominierte über Jahrhunderte hinweg der Glaube, man gelange durch Induktion von den experimentellen Daten zu allen Theorien, was gleichzeitig als Wahrheitsbegründung der Theorien galt. Von der Seite der Philosophen war es vor allem Karl Popper (aufbauend auf David Hume), der diesem Selbstverständnis der Wissenschaft, durch induktive Beweise begründbare wahre Erkenntnisse zu liefern, ein Ende bereitete, nachdem bereits zuvor Albert Einstein in der naturwissenschaftlichen Forschungspraxis gezeigt hatte, dass selbst sehr gut bestätigte Theorien durch neue und bessere ersetzt werden können. Weder kann man durch eine irgendwie geartete logische Methode die Grundbegriffe der wissenschaftlichen Theorien erhalten, noch gibt es ein

Induktionsprinzip, mit dem sich induktive, d.h. logisch gültige Schlüsse von den einzelnen Daten zur Theorie durchführen lassen.[1]

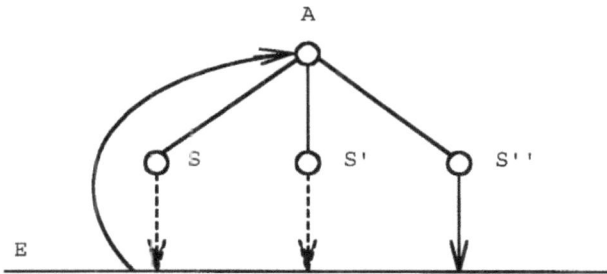

**Abb. 1:** Einsteins Skizze zur wissenschaftlichen Methode. A bezeichnet das System von Axiomen, S, S', S" die daraus gefolgerten Sätze und E die Mannigfaltigkeit der unmittelbaren (Sinnes-) Erlebnisse.

Wie die wissenschaftliche Theorienkonstruktion tatsächlich verläuft, lässt sich überblickartig gut anhand eines Briefes von Albert Einstein beschreiben. In einem Brief an einen Freund hatte er sehr detailliert seine erkenntnistheoretischen Ansichten beschrieben.[2] In diesem Brief gibt Einstein eine Skizze zur wissenschaftlichen Methode, und in dieser Skizze werden drei Ebenen unterschieden (s. Abb. 1). Unmittelbar gegeben sind uns die Sinneserlebnisse, welche die unterste Ebene, die Basis der Forschung bilden. Die höchste Ebene wird gebildet von den theoretischen Axiomen, und zwischen den Axiomen und den Sinneserlebnissen liegt die mittlere Ebene der Einzelaussagen bzw. Theoreme. Der Wissenschaftler (bzw. die Wissenschaftlerin) startet bei der untersten Ebene, den Sinneserlebnissen, und versucht, von dort zur höchsten Ebene, zu den Axiomen zu gelangen. Aus diesen Axiomen leitet er dann auf logischem Weg die Einzelaussagen der mittleren Ebene ab, welche nach Einstein Anspruch auf Richtigkeit erheben können. Zuletzt werden diese Theoreme wieder mit den Sinneserlebnissen der untersten Ebene in Beziehung gebracht, d.h. sie unterliegen einer Prüfung an der Erfahrung. In diesem Kreislauf von den Sinneserlebnissen über Axiome und Einzelaussagen zurück zu neuen Sinneserlebnissen ist nach Einstein nur der Schritt von den Axiomen zu den Theoremen ein logischer Übergang. Die

---

[1] Popper 1935
[2] Einstein 1960

Theoreme werden auf deduktivem Weg aus den Axiomen abgeleitet. Der Schritt von den Sinneserlebnissen zu den Axiomen ist nicht auf logischem Weg zu erreichen, zwischen beiden gibt es nur einen intuitiven (psychologischen) Zusammenhang. Ebenso gehört nach Einstein die Prüfung der Einzelaussagen an der Erfahrung der extra-logischen Sphäre an, denn die in den Einzelaussagen auftretenden theoretischen Begriffe stehen mit den Sinneserlebnissen nicht in einem logischen Zusammenhang. Insgesamt ist somit die wissenschaftliche Forschung an zwei Stellen nicht logischer Natur: Einerseits müssen mit Begriffen Axiome gebildet werden, andererseits müssen theoretische Begriffe zu den Sinnesdaten in Beziehung gebracht werden.

Die Geschichte der Naturwissenschaft, vor allem die von Physik und Biologie, zeigt, dass eine Wissenschaft im Lauf ihrer Entwicklung verschiedene methodologische Stadien durchläuft. Man kann hauptsächlich drei Stadien unterscheiden, die allerdings fließend ineinander übergehen. Auch enthält jedes Stadium die Vorgehensweise der vorherigen. Im Frühstadium konzentrieren sich Wissenschaftler darauf, über ihren Forschungsgegenstand möglichst viele empirische Daten zu sammeln und diese in Form von allgemeinen Sätzen zusammenzufassen. Es tauchen dann irgendwann Fragestellungen auf, die sich hierdurch nicht beantworten lassen. Man kommt in das Stadium, wie es Einstein in seinem Brief darlegte: Ausgehend von den Beobachtungsdaten versucht man, Axiome zu formulieren, aus denen Sätze deduktiv abgeleitet werden können, welche sich schließlich an der Erfahrung bewähren müssen. Hat man einmal auf diese Weise eine gute Theorie gefunden, dann kann in der Folgezeit zweierlei passieren. Es kann einerseits vorkommen, dass neue experimentelle Daten von der Theorie nicht erklärt werden können. Dann versucht der Wissenschaftler (bzw. die Wissenschaftlerin) wieder nach Einsteins Schema, von diesen Daten spekulativ zu einer neuen Theorie zu gelangen. Auf diese Weise ist die Quantenmechanik (QM) entstanden: Eine neue Theorie war nötig geworden, um die diskontinuierlichen Atomspektren zu erklären. Es kann jedoch auch Folgendes passieren: Zwar erklärt die vorhandene Theorie alle für relevant gehaltenen Daten, aber die Wissenschaftler sind unzufrieden mit den grundlegenden Prinzipien, den Grundbegriffen oder Axiomen der Theorie, und sie bemühen sich deshalb um eine neue Theorie. Ein Beispiel ist die Gravitationstheorie. Einstein wollte das allgemeine Relativitätsprinzip verwirklichen und musste aus theoretischen Gründen die allgemeine Relativität mit der Gravitation verbinden. Außerdem war er unzufrieden damit, dass Newtons Gravitationskraft eine Fernwirkungskraft war, und mit der Allgemeinen Relativitätstheorie (ART) eliminierte er diese „spukhafte Fernwirkung" aus der Gravitationsphysik. Unglücklicherweise tauchte die Fernwirkung kurze Zeit später in der QM wieder auf. Und abermals: Obwohl die QM die experimentellen Daten sehr exakt erklären kann, wurde Einstein nicht müde, darauf zu drängen, eine neue Theorie zu finden.

Zusammenfassend kann man folgende drei Forschungsstadien unterscheiden: 1. das Sammeln von experimentellen Daten und das Aufstellen allgemeiner Aussagen; 2. das Bemühen, von den Beobachtungsdaten durch Spekulation zu den theoretischen Begriffen und Axiomen zu gelangen, um dann deduzierte Sätze mit Beobachtungen zu konfrontieren; 3. die Ersetzung von Theorien durch neue Theorien mit akzeptableren Prinzipien oder Eigenschaften. Wie eine derartig bessere Theorie auszusehen hat, ist durch keine feste methodologische Regel vorgeschrieben und wird von Wissenschaftler zu Wissenschaftler verschieden eingeschätzt. Wissenschaftler lassen sich hierbei von Leitideen führen, was weiter unten genauer erläutert wird. Von der Wissenschaftlergemeinschaft wird eine neue Theorie in der Regel nur dann übernommen, wenn sie zusätzlich zu den Vorhersagen der alten Theorie neue empirische Befunde korrekt vorhersagt.

Methodologisch besonders interessant sind natürlich die Fragen, wie im zweiten Stadium der spekulative Schritt von den Daten zu den Axiomen verläuft und nach was für Prinzipien die Wissenschaftler im dritten Stadium vorgehen. Wie die kognitive Psychologie zeigen konnte, spielen bei sehr komplexen Problemen während der Lösungssuche Heurismen eine wichtige Rolle.[1] Heurismen sind Leitideen, durch welche Probleme unter Umständen gelöst werden können, sie sind Vermutungen darüber, welche Bestandteile die Lösung des Problems haben könnte. Gerald Holton hat derartige Leitideen u.a. aus den Arbeiten von Einstein herausgearbeitet, und diese Leitideen lassen verstehen, warum Einstein bestimmte Theorien bevorzugte und andere ablehnte, obwohl sie empirisch gestützt waren; sie beruhten nämlich auf anderen Leitideen.[2] Schlagwortartig zusammengefasst waren derartige Leitideen bei Einstein:[3] Bevorzugung partieller Differentialgleichungen, Vereinheitlichung und große Reichweite der Theorien,

---

[1] Dörner 1979
[2] Holton 1973
[3] s. Kanitscheider 1988

Sparsamkeit im ontologischen Aufwand, Notwendigkeit, Symmetrie, Einfachheit, Kausalität, Vollständigkeit und Kontinuum.

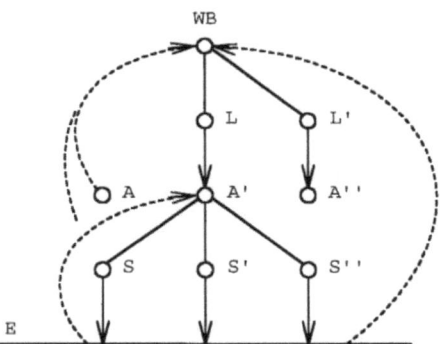

**Abb. 2:** Naturphilosophische Erweiterung von Einsteins Skizze zur wissenschaftlichen Methode (s. Abb. 1). WB bezeichnet das Weltbild, L, L' Leitideen, A, A', A'' Axiomensysteme, S, S', S'' deduzierte Sätze und E die unmittelbaren Erlebnisse. Die gestrichelten Linien geben sehr spekulative Forschungsschritte an.


Eine wichtige Funktion der Naturphilosophie in der Wissenschaft ist deshalb, den Wissenschaftlern für ihre Forschungsbemühungen Heurismen bzw. Leitideen bereitzustellen. Die wissenschaftliche Forschung ist heutzutage einerseits sehr fachspezifisch, andererseits sehr zeitintensiv, so dass der einzelne Wissenschaftler neben seinen spezifischen Forschungsinteressen und seinen sonstigen Verpflichtungen wie Lehrveranstaltungen kaum noch Zeit und Muße findet, mehrere Forschungsrichtungen oder gar mehrere Wissenschaften zu durchdringen. Der Publikationsdruck ist derartig groß, dass für die genaue erkenntnistheoretische Analyse selbst der eigenen Wissenschaft kaum noch Zeit bleibt. Der Wissenschaftsphilosoph (bzw. die Wissenschaftsphilosophin) hingegen überblickt durch gründliches Literaturstudium in der Regel mehrere Wissenschaftsdisziplinen und hat die nötige erkenntnistheoretische Schulung, um die Grundaussagen mehrerer Theorien herausarbeiten und miteinander vergleichen zu können. Die systematische Herausarbeitung und der Vergleich grundlegender theoretischer Begriffe und Strukturen verschiedener Theorien aus unterschiedlichen Wissenschaften wird deshalb heutzutage vornehmlich von Philosophen geleistet. In einem zweiten Schritt kann nun der Naturphilosoph versuchen, die vielen

Detailergebnisse zu einer konsistenten Zusammenschau zu integrieren, d.h. ein Weltbild oder eine Weltauffassung zu formulieren. Die Synthese einer Weltauffassung, die natürlich (wie alle Integrationen von einzelnen Bausteinen zu einem Ganzen) über die Detailergebnisse der Wissenschaften hinausgeht, hat aber nicht nur den Wert einer teleskopartigen Zusammenfassung bereits vorliegender wissenschaftlicher Erkenntnisse, sondern kann den Wissenschaftlern auch zur Orientierung und Ausrichtung ihrer Forschungen dienen, denn aus einer umfassenden Weltauffassung lassen sich Leitideen ableiten, die bei der experimentellen Forschung und bei der Theorienkonstruktion hilfreich sein können (s. Abb. 2). So hat zum Beispiel das demokritsche Weltbild zur Suche nach kleinsten Bausteinen, den Atomen, geführt, was heute bis zur Quarktheorie führte. Neben der Analyse der Grundstrukturen der Theorien und der Synthese einer Weltauffassung hat also der Philosoph die zusätzliche Aufgabe, durch Bereitstellung naturphilosophischer Leitideen, erhalten aus einer Weltauffassung, Theorienkonstruktionen zu fördern.

Im Folgenden werde ich zunächst eine kurze Zusammenfassung der Weltauffassung geben, wie sie sich angesichts der heutigen Erkenntnisse der Naturwissenschaften darstellt. Anschließend werde ich auf Grundlagenprobleme von Psychologie und Soziologie eingehen und dabei an manchen Stellen auf methodologisch-erkenntnistheoretische Argumente und auf die zuvor beschriebene Weltauffassung zurückgreifen, um für die wissenschaftliche Forschung heuristische Leitideen zu formulieren. Diese Leitideen sollen keine unwiderlegbaren Wahrheiten darstellen, wie sie von Naturphilosophen allzu oft gegenüber Wissenschaftlern vertreten werden und die deshalb bei Wissenschaftlern immer wieder von vornherein auf Abneigung stoßen, sondern heuristische Anregungen, die in der einzelwissenschaftlichen Forschung vielleicht zur Ausformulierung empirisch testbarer Theorien führen können. Im letzten Kapitel werde ich kurz andeuten, welche Auswirkungen die hier vorgestellte Weltauffassung und die darauf aufbauenden Leitideen auf das philosophische Selbstverständnis haben.

# 2. Grundzüge der wissenschaftlichen Weltauffassung

Im 20. Jahrhundert haben die Naturwissenschaften zu einer Vielzahl von Einzelerkenntnissen geführt, unser Gesamtbild vom Aufbau der Natur wurde dabei aber immer unklarer. Aus diesem Grund habe ich in einer anderen Arbeit detailliert die Grundstrukturen der Welt herausgearbeitet, wie sie sich angesichts der heutigen Theorien der Physik, Chemie und Biologie darstellen.[1] Diese wissenschaftliche Weltauffassung kann man folgendermaßen kurz zusammenfassen:

Die Welt besteht aus einer allgegenwärtigen, unbeobachtbaren Grundsubstanz; einem Äther, einem Urmateriefeld oder einer prima materia. In dieser Grundsubstanz sind die Naturgesetze als Informationen implementiert, welche die Entstehung von beobachtbaren Phänomenen und deren Bewegungsformen steuern. In Vorgängen der Emergenz entstanden bzw. entstehen aus dem Äther die beobachtbare Materie, die Raumzeit, Bewusstsein und andere Phänomene. Aus dem Äther, oder wie man zurzeit in der Physik sagt aus dem Vakuum, ist vor mehreren Milliarden Jahren in einem Urknall die beobachtbare Materie entstanden, das Universum dehnt sich seitdem beständig aus und die zunächst fast vollständig homogene oder chaotische Verteilung der sogenannten Elementarteilchen hat sich im Lauf der Zeit in einem Prozess der Selbstorganisation zu immer komplexeren Systemen zusammengelagert: zu Atomen, Molekülen, Organismen, Gesellschaften, Gesellschaftssystemen. Obwohl alle diese Objekte aus mehreren Teilobjekten bestehen, sind sie in der Lage, als zusammengehörende Einheiten zu wirken. Die Abgrenzung von zusammengehörenden Einheiten gegenüber der Umwelt ist jedoch oft nicht vollständig; so können einzelne Einheiten selbst wieder Teile von übergeordneten Gesamtsystemen sein. Die Organe eines Körpers (Magen, Herz, Hirn etc.) bilden zwar voneinander getrennte Gesamtkomplexe, sind aber dennoch Teile des gesamten Lebewesens. Tatsächlich besitzen viele der im Lauf der Selbstorganisation entstandenen Objekte eine sehr komplexe Schachtelungsstruktur. Schachtelung bedeutet, dass mehrere Komponenten sich zu einem System zusammenlagern, mehrere derartige Systeme bilden wiederum zusammen ein noch größeres System, viele solcher Systeme wiederum ein übergeordnetes Gesamtsystem etc. So bilden zum Beispiel im Gehirn mehrere Proteine einen Ionenkanal, viele Ionenkanäle bilden mit anderen

---

[1] Arendes 2024b

Objekten eine Zellmembran, diese ist wiederum Teil einer Hirnzelle, viele Hirnzellen bilden einen Hirnkern, viele Kerne sind Teile des Gehirns, welches Teil eines Menschen ist, welcher zu einer Gesellschaft gehört. Dieser Schachtelung der realen Objekte entspricht auf der Ebene der Naturgesetze, die diese Objekte steuern, eine hierarchische Struktur, die als Schichtung bezeichnet wird. Die untersten Schichten werden gebildet von den Bewegungsgesetzen der einfachsten Objekte der leblosen Materie, darüber liegt die Schicht der biologischen Gesetze, darüber die der Psychologie, der Soziologie und der Wissenschaft von den internationalen Beziehungen. Leblose Materie wird von den Gesetzen der Physik und Chemie gesteuert; sind aber beispielsweise Ionen Teile eines Körpers, so werden ihre physikalischen Gesetze von den Gesetzen der Biologie überformt; Menschen sind Teile einer Gesellschaft und ihr psychologisches Verhalten wird von sozialen Gesetzen mitbestimmt. Die Konzeption einer Schichtung der Naturgesetze besagt somit, dass die schichthöheren Naturgesetze die genaue Ausgestaltung der niederen bestimmen. Dies bezeichnet man auch als Abwärtskausalität; die höhere Systemebene beeinflusst das Verhalten der niederen. Bei Mikroobjekten (Elementarteilchen) oder Aggregaten mit geringer Teilchenanzahl scheinen Zufallsprozesse eine wichtige Rolle zu spielen, wohingegen das Verhalten von Makroobjekten, die sich aus sehr vielen Bestandteilen zusammensetzen, dem Kausalitätsprinzip unterliegt, wobei sich allerdings das Zufallsverhalten von Mikroobjekten in bestimmten Situationen auch auf das Verhalten der Makroprozesse übertragen kann. Das Kausalitätsprinzip besagt, dass Bewegungsänderungen eines Objektes durch äußere Ursachen hervorgerufen werden, und bei komplexeren Systemen wie den Prozessen innerhalb eines Organismus oder des gesamten Lebewesens sind die Bewegungsabläufe zumeist auch teleonom, d.h. zielgerichtet.

Auf der Grundlage dieser naturwissenschaftlichen Weltauffassung sollen nun einige wichtige Grundlagenprobleme von Psychologie und Soziologie besprochen werden.

# 3. Psychologie

Psychologie ist die Wissenschaft von der Psyche, und das heißt vor allem, dass sie Denken und Bewusstsein untersuchen sollte. Neben der Erklärung der Denkvorgänge ist es Aufgabe der Wissenschaft, Bewusstsein zu beschreiben und zu untersuchen, wie es entsteht und wozu es dient. Das Bewusstsein ist heute kein Phänomenbereich mehr, der sich einer wissenschaftlichen Erklärung grundsätzlich entzieht. Vielmehr ist es eine Emergenzeigenschaft des Gehirns, was man grob vergleichen kann mit Emergenzeigenschaften von statistisch verteilten Vielteilchenaggregaten, z.B. mit der Temperatur und Entropie solcher Systeme. In einer früheren Arbeit habe ich vorgeschlagen, das visuelle Bewusstsein als ein physikalisches Feld analog zur Raumzeit, welche nach den Einsteinschen Feldgleichungen ein Korrelat zur Energie des Universums ist, aufzufassen.[1] Möglich ist auch, dass unbewusste kognitive Prozesse nicht nur im materiellen Gehirn, sondern zusätzlich im Äther ablaufen. Dies sind jedoch Forschungsgebiete, die eher in der Biophysik und in der Psychobiologie angesiedelt sind, weshalb ich hier nicht näher darauf eingehen werde.

Dass das Bewusstsein u.a. dazu dient, das Verhalten zu steuern, führt dazu, dass Psychologen sehr intensiv das von außen beobachtbare Verhalten von Menschen und Tieren untersuchen. Im Extrem war dies im Behaviorismus dazu ausgeartet, sich nur auf das äußere Verhalten zu beschränken und sogar die Existenz von Bewusstsein zu leugnen oder zumindest für nicht wissenschaftlich untersuchbar zu halten. Unser Bewusstsein ist aber durchaus mit wissenschaftlichen Methoden untersuchbar. Besonders deutlich wird dies in der Psychophysik, die gesetzmäßige Relationen zwischen physikalischen Reizen und Erlebnisqualitäten im Wahrnehmungsbewusstsein untersucht.[2] Bewusstseinsinhalte sind nämlich in dem Sinne objektiv erforschbar, dass alle Personen die behaupteten Phänomene auch bei sich selbst beobachten können sollten. Auf introspektive Berichte wird deshalb heute wieder in vielen Bereichen der wissenschaftlichen Psychologie zurückgegriffen. Besonders wichtig sind natürlich introspektiv erhaltene Bewusstseinsbeschreibungen, wenn man auf naturwissenschaftlicher Ebene, in der Psychobiologie, das Leib-Seele-Problem untersuchen will. Um Bewusstsein

---

[1] Arendes 1996
[2] vgl. von Campenhausen 1981

physiologisch zu erklären – das heißt zunächst, um Bewusstseinsphänomene mit physiologischen Korrelaten in Beziehung zu setzen –, benötigt man eine genaue und wenn möglich eine formale Beschreibung des Bewusstseins. Introspektive Untersuchungsformen, wie sie z.B. in der Würzburger Schule zu Beginn des 20 Jahrhunderts praktiziert wurden, müssen deshalb in Zukunft weiter ausgearbeitet werden, um als Vorbedingung für eine biologische Leib-Seele Theorie möglichst auch zu einer mathematischen Beschreibungsform zu gelangen.[1] Nützliche Leitideen hierfür können Psychologen aus der Geschichte der Philosophie erhalten. In der philosophischen Phänomenologie hat sich beispielsweise Edmund Husserl sehr darum bemüht, Bewusstseinsphänomene möglichst theorienfrei, rein deskriptiv zu erfassen. Hierbei beschäftigte er sich gerade mit dem schwierigsten Bestandteil des Bewusstseins, dem Erleben der semantischen Deutung der Erlebnisinhalte, was er in der Nachfolge von Brentano, und wie heute in der Phänomenologie üblich, als Intentionalität bezeichnete.[2] Neben Husserl gibt es viele andere Autoren aus der Phänomenologie, von denen Psychologen interessante Anregungen erhalten können. Diese Ideen sollten jedoch nicht kritiklos übernommen werden, sondern müssen mit wissenschaftlichen Methoden von der Psychologengemeinschaft auf intersubjektive Weise untersucht werden. Philosophische Autoren – so auch der späte Husserl – neigen dazu, die rein deskriptive Phänomenologie mit zusätzlichen philosophischen Positionen zu vermengen. Für die Psychologie ist nur entscheidend zu beschreiben, dass und wie wir zum Beispiel Farbmuster erleben, in welchen Dimensionen sie beschreibbar sind (Farbton, Helligkeit, Sättigung), wie wir ihre auf die Realität bezogene Bedeutung erleben, mit welchen Dimensionen dieser Intentionalitätsaspekt beschrieben werden kann, wie man dafür eine Skalierung einführen kann usw.

Die introspektive Untersuchungsform wird in der Psychologie noch zu wenig beachtet, in der Nachfolge des Behaviorismus hat sich jedoch eine andere sehr wichtige und heute dominierende psychologische Schule entwickelt, welche die Art der Informationsverarbeitung untersucht. Diese sogenannte kognitive Psychologie orientiert sich an der Computer-Metapher zur Untersuchung der Denkvorgänge.[3] Formal sieht das so aus, dass die Vorgänge z.B. in Form von Flussdiagrammen beschrieben werden, wie es in der Informatik beim

---

[1] vgl. Hussy 1984
[2] Husserl 1993
[3] s. Hussy 1984; Dörner 1979

Programmschreiben üblich ist, und dass zusätzlich zu den experimentellen Untersuchungen der Menschen Computersimulationen durchgeführt werden.

Natürlich darf die Psychologie neben der Untersuchung der oft oder zum größten Teil unbewusst ablaufenden Informationsverarbeitungsprozesse nicht den Bewusstseinsaspekt, die introspektive Methode, ignorieren. Darüber hinaus gibt es weitere Kritikpunkte an der kognitiven Psychologie, die nun behandelt werden sollen. Aus der Sicht der Neurophysiologie ist zunächst zu fragen, wie die in der Computersprache formulierten Informationsverarbeitungsprozesse in der Natur (im Gehirn oder anderswo) implementiert sein sollen. Vom Gehirn weiß man, dass es Informationen sehr stark parallel verarbeitet, was bei heutigen Computern nur in relativ geringem Umfang der Fall ist. Hierauf kann von Seiten der kognitiven Psychologie geantwortet werden, dass einerseits künftige Computer in immer größerem Umfang Informationen parallel verarbeiten werden, andererseits scheint aber bei höheren kognitiven Prozessen beim Menschen tatsächlich nur wenig paralleles Verarbeiten vorzuliegen.[1] Ein weiterer und noch wichtigerer Einwand von Seiten der Physiologie ist, dass das Gehirn insgesamt betrachtet nur wenig Ähnlichkeit mit dem Aufbau eines Computers hat. So scheint es im Gehirn – anders als im Computer – keine für die verschiedenen Speicher- und Gedächtnisstrukturen abgegrenzten Areale zu geben. Auch sieht das dynamische Verhalten jeweils anders aus. Während ein Computer sein Programm nach logischen Regeln abarbeitet und dadurch seine Zielzustände erreicht, verändern sich zum Beispiel nach manchen Modellen der neuronalen Netzwerke die Nervenverbände gemäß den dynamischen Prinzipien von nichtlinearen Differential- bzw. Differenzengleichungen, wobei z.B. der Zielzustand erreicht wird, indem das System in einen Attraktor läuft. Das Relaxieren in einen Attraktor nach physikalischen Prinzipien ist natürlich ein ganz anderer Vorgang als die Abarbeitung von logischen Regeln bzw. Algorithmen. Zwar werden die Modelle der neuronalen Netzwerke auf Computern simuliert, es handelt sich aber eben nur um Simulationen; die tatsächliche Informationsverarbeitung des Computers erfolgt nach den Regeln der Informatik. Ob man in Zukunft Computer bauen kann, die wie unser Gehirn arbeiten, bleibt abzuwarten; dann würde sich aber auch die Beschreibungsweise der kognitiven Psychologie ändern müssen, wollte sie sich weiterhin an der Computer-Metapher orientieren. Darüber hinaus lässt sich auf diese physiologischen Kritiken von Seiten der kognitiven Psychologie

---

[1] s. Hussy 1984

Folgendes antworten. Zunächst einmal kann argumentiert werden, dass wissenschaftliche Theorien ohnehin nur Approximationen an die Wahrheit sind, und es ist nicht auszuschließen, dass man später adäquatere Beschreibungsformen finden wird. Auch ist es möglich, dass unser kognitives Verhalten beides enthält, Entscheidungen nach logischen Prinzipien wie in der Informatik und das Einlaufen des Systems in einen Attraktor. Die Beschreibungsform von Algorithmen mittels Flussdiagrammen könnte auf einem höheren Niveau des Entscheidungsbaumes adäquat sein; zum Beispiel bei Entscheidungen darüber, welche Unterziele erreicht werden sollen. Die Realisierung der letzten Unterziele könnte dann gemäß Differentialgleichungen erfolgen. Wie ich an anderer Stelle ausgearbeitet habe, ist es denkbar, dass zusätzlich zu den Prozessen im materiellen Gehirn weitere Informationsverarbeitungen im Äther ablaufen könnten, und dass die Naturgesetze aus zwei Stufen bestehen könnten, aus teleonomen Prozessen zur Festlegung von Attraktoren und aus dem herkömmlichen kausalen bzw. mechanistischen Einlaufen in Attraktoren.[1] Die teleonome Fixierung der Parameter von Differentialgleichungen zur Festlegung von Attraktoren könnte nun im Äther nach den heutigen Prinzipien der Informatik und somit gemäß der kognitiven Psychologie erfolgen, die Erreichung der letztendlichen Zielzustände hingegen durch Relaxieren in Attraktoren im Gehirn.

Neben der introspektiven Forschungsmethode und der Frage nach der Informationsverarbeitungsweise gibt es in der Psychologie einen dritten sehr bedeutsamen Problemkomplex, der hier behandelt werden soll, nämlich die Gegenüberstellung von Verhaltenstheorie und Handlungstheorie. Beim Behaviorismus gibt es zwei Lernparadigmen, das klassische und das operante Konditionieren. Das klassische Konditionieren beginnt mit einem Verhalten, das reflexartig durch einen äußeren Reiz auslösbar ist, etwa das Augenzwinkern bei einem Luftstoß gegen das Auge. Wenn man nun diesen Reiz wiederholt mit einem anderen Reiz paart, etwa mit einem gleichzeitig gegebenen Ton, so löst nach einigen Durchgängen dieser zweite Reiz bereits allein, also zum Beispiel ohne den Luftstoß, die entsprechende Verhaltensreaktion aus. Demgegenüber beginnt man beim operanten Konditionieren mit einem Verhalten, das die Person spontan und eventuell zufällig hin und wieder ausführt, und immer wenn dieses Verhalten auftritt, gibt man dem Lebewesen, zum Beispiel auch einer Ratte, eine Belohnung, etwa ein Futterstückchen. Durch derartige Belohnungen und durch

---

[1] Arendes 1996, 2024a

Bestrafungen bringt man das Lebewesen dazu, bestimmte Verhaltensweisen besonders häufig auszuführen oder sie zu vermeiden. Insgesamt genommen spielen somit beim klassischen und operanten Konditionieren, beim Behaviorismus, äußere Ereignisse (als auslösende Reize und als Belohnungen und Bestrafungen) eine zentrale Rolle. Demgegenüber kommen bei der Handlungstheorie inneren, mentalen Zuständen eine zentrale Bedeutung zu. Nach dieser Theorie handeln Menschen hauptsächlich, weil sie bestimmte Ziele vor Augen haben, die sie erreichen möchten.[1] Zwar nimmt der Behaviorismus auch an, dass es zwischen Reiz und Reaktion innere intervenierende Variablen gibt, bei der Verhaltenstheorie spielen aber dennoch die *äußeren* Vorgänge die wichtigere Rolle, bei der Handlungstheorie die *inneren*.

Die Verhaltenstheorie wird heute von der Psychologie zwar nicht mehr als dominierendes Erklärungsmuster für menschliche Aktivitäten benutzt, es ist aber trotzdem sehr aufschlussreich, sich zu vergegenwärtigen, warum der Behaviorismus in der Mitte des zurückliegenden Jahrhunderts eine dominierende Schule in der Psychologie war. Der Behaviorismus erfüllte zwei methodologische Forderungen in besonders einfacher Form. Einerseits wandte er sich gegen die introspektive Methode, die abgelehnt wurde, weil man innere Zustände nicht in dem Maße objektiv messen kann wie zum Beispiel die Stärke eines Luftstoßes oder die Anzahl von Futterpellets. Andererseits wollte man sich an den erfolgreichen Naturwissenschaften orientieren, die sich um kausale Erklärungen bemühen. Im Gegensatz zu den teleologischen Erklärungen der Handlungstheorie (das Erreichen von Zielen) erfüllen die Reiz-Reaktions-Beziehungen der Verhaltenstheorie das Muster von kausalen Beziehungen besonders gut: Wenn Ereignis A geschieht (ein Reiz taucht auf), dann folgt Ereignis B (eine Reaktion). Beim operanten Konditionieren ist das zwar schon nicht mehr so einfach, man entdeckte hier aber dennoch mehrere Gesetze, die sich im Labor auf einfache und durchaus beeindruckende Weise untersuchen lassen, hauptsächlich jedoch bei Tieren wie Ratten und Tauben.

Der Behaviorismus wurde schon vor einiger Zeit von der kognitiven Psychologie abgelöst. Wie bereits beschrieben, versucht man in der kognitiven Psychologie die Aktivitäten der Menschen in Anlehnung an die Informationsverarbeitungsart der Computer zu erklären. Da Computer Programme abarbeiten, um Ziele zu

---

[1] vgl. Reimann et al. 1985

erreichen, ist in der kognitiven Psychologie implizit enthalten, dass Menschen Ziele erreichen wollen. Die Handlungstheorie wird oder wurde zwar in ihrer expliziten Form an den Universitäten im Rahmen der »Allgemeinen Psychologie« oftmals nicht dargestellt, Ziele, Motive etc. werden aber zumindest im Rahmen der Motivations- und Persönlichkeitspsychologie explizit behandelt.

Dass Menschen nicht nur quasi passive Verhaltensautomaten sind, sondern von innen heraus aktiv sind und Ziele verwirklichen wollen, hat sich zwar in der Psychologie wieder durchgesetzt, trotzdem sollen hier noch ein paar Argumente zugunsten der Handlungstheorie angeführt werden. Dass Menschen Ziele erreichen wollen, ist ein introspektives Faktum, und dass es für die Psychologie grundlegend wichtig ist, auch introspektive Untersuchungen durchzuführen, ist bereits ausgeführt worden. Introspektive Berichte sind in dem Sinne objektiv, wie jeder die behaupteten Phänomene auch bei sich selbst beobachten kann (Objektivität als Intersubjektivität); und dass wir Ziele erreichen wollen, weiß *jeder* Mensch von sich selbst, ist also objektiv bzw. intersubjektiv gültig. Zusätzlich zu dieser Argumentationsrichtung ist besonders hervorhebenswert, dass man selbst bei einer sehr engen Anlehnung an die Naturwissenschaft und selbst aus physiologischer Sicht Erklärungen mittels Zielen anstreben sollte, denn selbst viele Biologen sehen sich dazu veranlasst, Prozesse in Organismen teleonom zu erklären:[1] Das Herz schlägt, um das Blut zirkulieren zu lassen; eine der Aufgaben der Nieren ist, Abfallprodukte auszuscheiden; das Gehirn dient dazu, Informationen zu verarbeiten etc. Der Biophysiker Chauvet hat vorgeschlagen, zielgerichtete Prozesse im Rahmen von nichtlinearen Differentialgleichungen als Abläufe von sogenannten Quellen in Senken zu behandeln, und auf ähnliche Weise habe ich in einer früheren Arbeit vorgeschlagen, teleonome Prozesse auf der Ebene der Parameter von nichtlinearen Differentialgleichungen zu erklären.[2] Der wichtigste Unterschied zwischen den biologischen und den psychologischen Vorgängen ist dabei lediglich, dass uns die psychologischen Zielzustände oft bewusst sind, die biologischen Prozesse (etwa in den Nieren) jedoch nicht; die Existenz von Bewusstsein wird aber auch von Naturwissenschaftlern nicht geleugnet. Ein weiterer wichtiger Unterschied ist, dass die Prozesse in den Organen ihre Funktionen in der Regel immer und sozusagen automatisch erfüllen, wohingegen wir Menschen für unsere Ziele oftmals kämpfen müssen und sie trotzdem

---

[1] Mayr 1991
[2] Chauvet (1995; Arendes 2024a

189

oft nicht erreichen. Diese Unterschiede verdeutlichen sehr gut eine der Thesen der Schichtentheorie, wonach auf verschiedenen Systemebenen – hier auf denen der biologischen und der psychologischen – ähnliche Naturgesetze, aber in abgewandelter Form auftreten können.[1]

Der Schichtungscharakter der Welt kann auch dazu benutzt werden, das Verhältnis von Verhaltenstheorie und Handlungstheorie zu klären. Man kann nämlich drei Hauptebenen der menschlichen Aktivitäten unterscheiden. Die unterste Ebene wird gebildet vom Verhalten, wie es Reflexphysiologen und Behavioristen untersuchen: Ein Luftstoß gegen das Auge bewirkt Augenzwinkern, ein lautes Geräusch von der Seite bewirkt einen Orientierungsreflex, Zucker auf der Zunge bewirkt Speichelfluss etc. Überlagert wird dieses automatische und konditionierbare Verhalten von der Handlungsebene. Die menschlichen Aktivitäten werden nicht vorwiegend durch äußere Reize ausgelöst, sondern kommen von innen her und dienen der Zielerreichung. Neurophysiologisch spiegelt sich dieses überlagerte Schichtungsverhältnis von Handlung und Verhalten darin wider, dass die übergeordneten Hirnzentren einige Parameter der niederen Zentren regulieren können. Wiederum überlagert werden diese beiden Aktivitätsstufen, die hauptsächlich von Biologen und Psychologen untersucht werden, von einer dritten, die vornehmlich von Soziologen untersucht wird, nämlich das Handeln zur Erfüllung gesellschaftlicher Werte und Normen. Man spricht hier auch von der *„Soziologischen Handlungstheorie"*.[2] Die Werte und Normen einer Gesellschaft sind gegenüber der psychologischen Ebene etwas Neues, eine emergente Systemeigenschaft, worauf im nächsten Abschnitt über Soziologie genauer eingegangen wird. Die Normenbefolgung und das Streben, soziale Werte zu verwirklichen, haben aber auch etwas mit den beiden tieferliegenderen Ebenen gemeinsam. Einerseits werden soziale Werte und Normen von den Mitmenschen an uns herangetragen und insofern sind sie etwas Äußeres wie die äußeren Reizen des Behaviorismus bzw. der Reflexphysiologie. Andererseits werden die Werte und Normen im Sozialisierungsprozess von den Individuen internalisiert, sie werden zusätzlich zu den eher egoistischen Zielen von den Personen aufgenommen und zu weiteren inneren Zielen, die zu erreichen sie sich bemühen, und insofern sind sie relevant für die psychologische Handlungstheorie.

---

[1] Hartmann 1949a, 1950
[2] vgl. Miebach 1991; Reimann et al. 1985

# 4. Soziologie

In der Soziologie, einer sogenannten Geisteswissenschaft, gibt es mehrere ontologische und in diesem Sinne naturwissenschaftliche Fragestellungen. Mehrere
Grundlagenprobleme der Soziologie, die seit ihrer Entstehung als eigenständi-
ger, von der Philosophie unabhängigen Wissenschaft immer wieder diskutiert
werden, sollen in diesem Abschnitt im Rahmen unserer Weltauffassung besprochen werden. Es handelt sich hierbei um die Fragen, ob die Gesellschaft eine
ontologische Entität mit einer gegenüber den physikalischen Gesetzen eigenen
Gesetzlichkeit ist, ob die Soziologie überhaupt Gesetze zu suchen hat und nicht
vielmehr die historisch-kulturellen und einmaligen Gegebenheiten nur beschrei-
bend untersuchen soll, ob es um Verstehen statt um Erklären von sozialen Zusammenhängen geht, welche Faktoren beim sozialen Wandel ausschlaggebend
sind und was Werte und Normen sind.

Eine der bedeutendsten Persönlichkeiten der Geschichte der Soziologie war
Durkheim, der die Meinung vertrat, das Soziale bilde eine besondere ontologische Entität, deren Eigengesetzlichkeit von der Soziologie zu untersuchen sei.[1]
Von den Kritikern wurde dies als ein metaphysischer Irrglaube abqualifiziert;
über den Köpfen der einzelnen Personen einer Gesellschaft schwebe nicht irgendeine metaphysische Wolke, die das Soziale ausmache, vielmehr würde eine
Gesellschaft nur aus den einzelnen Personen und ihren Handlungen bestehen.
Der bedeutendste Gegenspieler Durkheims war Max Weber, nach dem Kollek-
tivbegriffe wie Staat, Gesellschaft und Gruppe auf das Handeln der beteiligten
Einzelmenschen zurückgeführt werden sollten, und deshalb sollten alle Erklärungen an die Motive der Einzelnen anknüpfen. Diese wissenschaftliche Streit-
frage ist analog zum Reduktionsproblem der Biologie, bei dem es darum geht,
ob alle biologischen Prozesse durch physikalische Gesetze der leblosen Materie
erklärt werden können oder ob es besondere biologische Entitäten bzw. Gesetze
gibt. Da bereits in der Physik und in der Biologie akzeptiert wird, dass es auf
höheren Systemebenen emergente Eigenschaften gibt, die eigenen Gesetzen folgen, kann nun auch angenommen werden, dass es in der Soziologie emergente
Phänomene gibt. Da es selbst in der Physik Emergenz gibt (z.B. Temperatur,
Entropie, Enthalpie), ist dies kein metaphysischer Irrtum, sondern eine

---

[1] S. Jonas 1981

wissenschaftliche Annahme, die mit den Methoden der Wissenschaft untersucht werden kann.

In jeder Gesellschaft gibt es eine Vielzahl von Systemeigenschaften, die allein durch das Handeln einzelner Personen nicht erklärt werden können. So ist die wissenschaftliche Rationalität eine typische Kollektiveigenschaft, denn ohne gründliches Literaturstudium und ohne die kritisierenden Publikationen der Kollegen könnte der einzelne Wissenschaftler seine eigenen Idiosynkrasien und seine oft festgefahrenen Grundeinstellungen nicht überwinden. Die Wissenschaft ist heute auch soweit fortgeschritten, dass sich kein Nachwuchswissenschaftler ohne die lehrende Vermittlung der älteren oder ohne Fachliteratur in ein spezifisches Forschungsproblem einarbeiten kann. Andere typisch soziale Systemphänomene sind Kunst, Moral, Recht, das Rollenverhalten in Beruf und Familie und insgesamt die Befolgung von gesellschaftlichen Verhaltensnormen. Ontologisch ist eine Gesellschaft eine Einheit, die Einzelmenschen enthält, die aber mehr ist als die Summe aller Personen, ebenso wie ein Körper nicht nur die Ansammlung von Molekülen oder Zellen ist. In der Soziologie bezeichnet man diesen Unterschied zwischen den Interaktionen einzelner Personen und globalen gesellschaftlichen Gegebenheiten mit Mikrosoziologie und Makrosoziologie. Eine Gesellschaft enthält zwar Personen, aber gerade die hochmodernen Gesellschaften der heutigen Zeit enthalten wesentlich mehr, auch leblose Materie. Um sich das zu verdeutlichen, stelle man sich einmal vor, was in den Innenbezirken unserer großen Städte passieren würde, wenn schlagartig alle Verkehrsschilder, Ampeln etc. weggeräumt würden; das totale Verkehrschaos würde ausbrechen. Oder man stelle sich einmal vor, alle Gesetzesbücher und schriftlich festgehaltenen DIN-Vorschriften würden verschwinden.

Der Mensch ist ein eingeschachtelter Teil eines übergeordneten Systems, einer Gesellschaft, und im Bereich der Naturgesetze bedeutet das, dass es über der biologischen und der psychologischen Schicht eine soziologische mit eigenen Gesetzen geben sollte. Der Unterschied zwischen Biologie und Soziologie kann durch mehrere Beispiele verdeutlicht werden. Dass für gesellschaftliche Prozesse teilweise andere Gesetze gelten als für biologische wird beispielsweise daraus deutlich, dass eine Gesellschaft innerhalb kurzer Zeit verschiedene Staats- und Gesellschaftsformen haben kann, obwohl sich die Biologie der darin lebenden Personen gar nicht oder nur unwesentlich ändert. Die Biologie und die Umwelt allein determinieren nicht die sozialen Prozesse. Biologisch bedingt hat der

Mensch zwar die Tendenz zum Egoismus, er wird aber im Sozialisierungsprozess und durch soziale Kontrolle zum Sozialwesen. Sicherlich gibt es auch eine genetische Prädisposition zum Sozialen, diese wird aber erst durch soziale Mechanismen ausgestaltet. Auch ist offensichtlich, dass sich beispielsweise der reibungslose Autoverkehr und unser Rechtsverhalten nicht allein durch die Soziobiologie erklären lassen, da kein anderes Lebewesen über die Schriftsprache verfügt. Menschen unterscheiden sich von Tieren durch ihre wesentlich höhere Intelligenz und dadurch, dass sie Teil einer übergeordneten sozialen Einheit sind, wie es sie in dieser Form sonst nirgendwo in der Biologie gibt (auch wenn es rudimentäre Analogien geben mag), weshalb man in Psychologie und Soziologie im Gegensatz zur Biologie zurecht zwischen Mensch und Tier unterscheidet. Zwar leben beispielsweise auch Bienen und Ameisen in einer sozialen Ordnung, diese besteht aber nicht aus Institutionen, Werten und Normen, weil Tiere im Gegensatz zum Menschen keine sehr hohe Fähigkeit der Symbolverarbeitung und der sprachlichen Kommunikation mittels Symbolen haben. Zwischen Mensch und Tier gibt es ebenso große Unterschiede wie zwischen Tier und Pflanze, auch wenn alle drei viele Gemeinsamkeiten besitzen. Mensch und Tier unterscheiden sich aber hauptsächlich auf der psychologischen und soziologischen Ebene voneinander und nicht so sehr auf der biologischen.

Trotz aller Unterschiede zwischen einem Körper und einer Gesellschaft ist ein analogiemäßiger Vergleich sehr lehrreich. Bereits in der Antike haben manche Autoren die Gesellschaft mit dem Körper eines Lebewesens verglichen. Wie der Magen dem materiellen Überleben und dem Wachstum dient, so dienen auch Handwerk und Industrie dem Überleben der Gesellschaft. Systemtheorie (mehrere Einzelteile bilden zusammengehörende Einheiten mit emergenten Systemeigenschaften) und Funktionalismus (Prozesse von Komponenten laufen ab, um das Gesamtsystem zu erhalten) sind Theorien, die ursprünglich in der Biologie entstanden und die wegen der Analogien zwischen Körper und Gesellschaft schnell auf die Gesellschaft übertragen worden sind.[1] Verglichen mit dem Körper der Lebewesen sind die Institutionen (vor allem in Form von Organisationen) die Organe der Gesellschaft; sie sind relativ abgegrenzte Einheiten mit dem Ziel des Überlebens der übergeordneten Einheit, der Gesellschaft. Institutionen sind Systeme von Handlungsstandardisierungen, Werten und Normen zur Erreichung bestimmter Interessen. Die Familie dient dem Zusammenleben und dem

---

[1] vgl. Reimann et al. 1985; Jonas 1981

Großziehen des Nachwuchses, die Politik der Sicherung des Gesamtwohls und der Wahrung der Interessen gegenüber den Nachbarstaaten, und ein wissenschaftliches Institut dient der Erzeugung von Wissen. Der Vergleich mit dem Körper wird, wie bereits oben getan, gern auch dazu herangezogen zu verdeutlichen, dass eine Gesellschaft mehr ist als die Summe aller Personen, so wie der gesamte Körper mehr ist als die Summe aller Zellen. Und so wie ein Körper zusätzlich zu den lebenden Zellen aus im Grunde genommen leblosen Knochen besteht (vom Mark abgesehen), so besteht eine moderne Gesellschaft nicht nur aus Personen, sondern zum Beispiel auch aus Büchern und Fabrikanlagen. Der Vergleich mit dem Körper hat natürlich auch seine Grenzen; eine höhere ontologische Schicht ist eben nicht einfach die Wiederholung einer niederen. Nicht alle Institutionen der Gesellschaft dienen dem Überleben der Gesamtgesellschaft; es gibt hier auch viel Spielerisches, etwa die Vereinigung von Briefmarkensammlern oder jede echte Form von Kunst.

Zu den interessantesten Entitäten einer Gesellschaft zählen die Werte und Normen. Welchen ontologischen Status diese haben, was sie von ihrer Natur her sind, wird in der Soziologie immer wieder neu diskutiert.[1] Schaut man sich nur einmal die Kapitelüberschriften von Büchern über Werte an, so findet man dort Ausdrücke wie Gerechtigkeit, Freiheit, Solidarität, Wahrhaftigkeit, Verantwortung, Zivilcourage, Nächstenliebe, Weisheit etc.[2] Diejenigen Soziologen, die der Meinung sind, eine Gesellschaft wäre lediglich die Summe aller Einzelpersonen, vertreten die Position, dass Werte nur die psychologischen Präferenzen der Menschen seien. Im Rahmen der hier dargestellten Weltauffassung kann demgegenüber angenommen werden, dass sie Emergenzeigenschaften der gesamten Gesellschaft sind. So wie die biologischen Prozesse in einem Körperorgan darauf abzielen, bestimmte Funktionen zu erfüllen, sind Werte die Zielzustände einer Gesellschaft, die hauptsächlich – aber nicht nur – darauf abzielen, den Bestand der Gesellschaft zu gewährleisten. Man kann sich dies mit Computersimulationen verdeutlichen. Will man ein Computerprogramm schreiben, um eine Stadt zu simulieren, so reicht es nicht aus, einfach nur für die Personen dieser Stadt Programme zu entwerfen, welche bestimmen, wie die Personen ihre Arme und Beine zu bewegen haben, wie sie miteinander sprechen etc. Damit eine Computerstadt über einen längeren Zeitraum funktioniert, müssen im Stadtprogramm

---

[1] s. Hechter et al. 1993
[2] z.B. Hartmann 1949b; Schorlemmer 1995; Wickert 1995

allgemeine Randbedingungen, Regeln, gegeben sein, die die Personen einhalten müssen, damit die Stadt (ihre Verwaltung etc.) funktioniert. Diese Regeln könnten beispielsweise so fixiert sein, dass die Personen in Büchern nachlesen können, was sie zu tun haben, oder dass sie es von anderen Personen gesagt bekommen und dass sie diese Regeln dann ins eigene Personenprogramm integrieren und sich fortan daran halten.

In diesem Sinn kann man Werte als gesellschaftliche Sollzustände auffassen, und Normen sind Handlungsanweisungen zur Erreichung dieser Ziele.[1] Ob etwas ein Wert oder eine Norm ist, ist jedoch relativ. Ziele können in Unterziele aufgegliedert werden, und ein Unterziel kann relativ zum höhergelegenen Ziel als Norm und relativ zu einem daruntergelegenen Unter-Unterziel als Wert aufgefasst werden.

Zum Bestand einer Gesellschaft ist in allen Gesellschaftsformen nötig, dass sich ihre Mitglieder nicht gegenseitig ermorden. Neben solchen existenznotwendigen Werten und Normen gibt es viele andere, die eher zufällig sind (beispielsweise der Wert des technologischen Fortschritts), die aber zur Fortentwicklung der Gesellschaft beitragen können und durch die sich die vielen Gesellschaften und Kulturen der Welt voneinander unterscheiden. Welche Werte und Normen existenznotwendig und welche eher zufällig sind, welche es in allen Gesellschaftsformen gibt und welche nur in einigen, ist eine sehr interessante Forschungsaufgabe von Soziologie und Ethnologie. Das Wissen darüber ist aber nicht allein von einem akademischen Interesse, denn bei den existenznotwendigen Werten und Normen ist in der Erziehung besonders stark darauf zu achten, dass der Nachwuchs sie als die eigenen Motive und Ziele internalisiert. (Hat eine Person Werte internalisiert, dann spricht man auch von den Tugenden des Menschen.)

Da Werte und Normen (grob gesagt Moral oder Ethos) soziale Entitäten sind, muss ihre Beachtung durch die Gesellschaftsmitglieder hauptsächlich durch soziale Mittel bewirkt werden. Zwar gibt es sicherlich eine genetische Grundlage zum Sozialverhalten, angesichts der kriminellen Delikte in allen Gesellschaften gewährleistet dies jedoch offensichtlich nicht genügend das moralische Verhalten. Auch reichen philosophisch-rationale Argumentationen nicht aus, Menschen zum moralischen Verhalten zu bewegen, da sich kein Mensch nur von

---

[1] vgl. Laszlo 1996

Rationalität leiten lässt. Von philosophischen Sätzen wie „Handle so, dass die Maxime deines Willens jederzeit zugleich als Prinzip einer allgemeinen Gesetzgebung gelten könne." (Kant) lassen sich nur diejenigen leiten, die ohnehin die Moral befolgen wollen. Schon David Hume hatte betont, dass nicht die Vernunft, nicht die rationale Einsicht, sondern Gewohnheit und Erziehung die Grundlagen der Institutionen und des „moral sense" sind.[1] Natürlich spielen aber bei der Erziehung und im täglichen Leben u.a. auch rationale Argumente eine Rolle, aber nicht die einzige. Wegen der Komplexität der Wertinternalisierung ist es besonders wichtig, die Mechanismen des Erziehungsprozesses und der allgemeinen Sozialisierung wissenschaftlich zu erforschen, um auf diesen Erkenntnissen aufbauend die Kinder in den Familien und in den Schulen dazu zu veranlassen, die Werte und Normen der Gesellschaft in die eigenen kognitiven Strukturen zu integrieren, d.h. sie zu internalisieren, damit die Ziele der Gesellschaft zu ihren eigenen, persönlichen Zielen werden. Bemerkenswert am Prozess der Internalisierung ist beispielsweise, dass die Normen zunächst als Zwang erlebt werden, dass sie aber nach ihrer Verinnerlichung oftmals unbewusst ausgeführt und nicht mehr als bedrückend empfunden werden, dass sie dann manchmal sogar als Ziel oder Mittel der Selbstverwirklichung betrachtet werden. Gut erläutern kann man das mit dem Erlernen des Autofahrens. In der Fahrschule ist das Erlernen des Fahrens eine oftmals unangenehme Last, der man sich am liebsten entziehen möchte. Hat man dann aber den Führerschein und führt viele der nötigen Hand- und Fußbewegungen unbewusst aus, so empfindet man diese Handlungsvorschriften nicht mehr als Last und man kann die Beherrschung der Handlungsstandards dazu benutzen, um ins Gebirge, an die See oder in eine schöne Stadt zu fahren, um sich dort seinen Hobbies zu widmen und seine Ziele und Wünsche zu verwirklichen. Der anfängliche Zwang ist oft lästig, die spätere Beherrschung kann eine Lust sein; dies gilt auch für die gesellschaftlichen Etiketten.

Ein weiteres lohnenswertes Forschungsthema der Soziologie ergibt sich aus der Frage nach dem Verhältnis der soziologischen Ebenen zueinander, ihrem Zusammenwirken. Die Werte und Normen der Gesellschaft (= Makroebene) bewirken ihre Realisierung durch die Menschen (= Mikroebene) nicht auf die Weise, wie in einem biologischen Organismus die Organe ihre Funktionen erfüllen. Die teleonome Zielerreichung der biologischen Prozesse erfolgt zumeist unfehlbar und automatisch; demgegenüber haben die Werte der Gesellschaft dem

---

[1] s. Jonas 1981

Einzelmenschen gegenüber nur einen Aufforderungscharakter, den die Menschen oft nicht befolgen. Dieser Unterschied verdeutlicht noch einmal, dass sich die Gesetzesform einer ontologischen Schicht auf einer höheren nicht einfach wiederholt. Der Zwang des Staates auf die Einzelmenschen zur Befolgung der Normen kann aber – wie die verschiedenen demokratischen und diktatorischen Staaten der Welt belegen – unterschiedlich stark sein. Deshalb ist eine besonders interessante Frage, wie viel Liberalität in einer Gesellschaft möglich ist, damit sich die Individuen in ihr wohlfühlen, und wie viel staatliche Kontrolle nötig ist, damit die Gesellschaft nicht in sich bekämpfende Partikularinteressen zerfällt. Zu viel Liberalität bewirkt, dass einzelne Unternehmer niedere Bevölkerungsschichten unterdrücken, zu viel Staat bewirkt, dass Diktatoren oder Parteien das ganze Volk unterdrücken. Um dieses Verhältnis der Mikro- und Makroebene einer Gesellschaft, aber auch das der biologischen, psychologischen und soziologischen Schichten zueinander untersuchen zu können, wird man vermutlich die einzelnen Ebenen und ihre Interrelationen erst noch wissenschaftlich präziser formulieren müssen, entweder formal-mathematisch oder stärker qualitativ in Form von Flussdiagrammen, Netzwerken o.ä.

Ein weiteres interessantes Forschungsthema der Soziologie ist die Frage nach den Faktoren des gesellschaftlichen Wandels. Zwei Gegenpositionen hierzu wurden in der Soziologiegeschichte von Karl Marx und Max Weber vertreten.[1] Für Marx waren Gesellschaften hauptsächlich Wirtschaftsgesellschaften, in denen wirtschaftliche Motive und Institutionen die entscheidende Rolle spielen. Der materielle Unterbau, die Produktionsverhältnisse, würde die gesellschaftliche Dynamik bestimmen. Demgegenüber meinte Weber, dass kulturelle Faktoren, die Ideen und Werte einer Gesellschaft, wichtiger für den sozialen Wandel seien. Marx wollte die Dynamik der Gesellschaft von unten her erklären, Weber von oben. Aus der Sicht unserer Weltauffassung ist bei diesem Diskussionsthema eher Max Weber zuzustimmen. Wie Physik und Biologie zeigen konnten, ist die Welt geschichtet geordnet, wobei die höhere Schicht auf der niederen zwar aufruht, aber die Dynamik der Komponenten der niederen Schicht steuert. In der Physik ist das vor allem in der Synergetik gezeigt worden; so wird zum Beispiel im Laser die Wellenlänge eines Atoms zum Ordnungsparameter des Gesamtsystems und diese Wellenlänge steuert die Emissionen aller anderen

---

[1] vgl. Jonas 1981

Atome.[1] Natürlich können auch niedere Schichten die Entwicklung beeinflussen. Wenn zum Beispiel in der Biologie ein Körper keine Nahrung erhält, dann wird das Gehirn bald keine steuernde Wirkung mehr ausüben können. Ebenso können eher zufällige Veränderungen der Produktionsverhältnisse eine Gesellschaft drastisch beeinflussen und anhaltend verändern; beispielsweise bei Naturkatastrophen, die die Ernte zerstören, oder bei einem globalen Klimawechsel, welcher die Produktionsverhältnisse und deshalb auch die staatliche Organisation verändert. In der Regel haben aber die schichthöheren Entitäten den dominierenden Einfluss auf die Dynamik. Besonders deutlich ist das bei den modernen Industrienationen. Aufgrund der bei uns etablierten Werte der Meinungsfreiheit, der Freiheit der wissenschaftlichen Forschung und vor allem des Wertes der naturwissenschaftlichen Erkenntnis konnte sich im Westen die Naturwissenschaft entwickeln, auf deren Grundlage sich das Ingenieurwesen entwickelte, dessen Erfindungen die technische Entwicklung und dadurch den industriellen Wohlstand bewirkten. Ohne solche Werte wie Wahrhaftigkeit und Meinungsfreiheit wäre die moderne Gesellschaft in ihrer heutigen Form nicht entstanden. Der intellektuelle Überbau einer Gesellschaft ermöglichte erst bestimmte Produktionsverhältnisse, wenngleich umgekehrt anderweitig bedingte Veränderungen der Wirtschaft auch Einfluss auf die intellektuelle Führungsschicht und auf die Werteebene haben können. Das genaue Zusammenwirkungsgeflecht der verschiedenen Ebenen ist sicherlich noch zu wenig bekannt, so wie auch in der Biologie die Schichtentheorie noch sehr unterentwickelt ist. Veränderungen im Wertesystem bewirken Veränderungen im Verhalten der Individuen, aber welche Faktoren spielen bei der Wertentstehung und -entwicklung eine Rolle? Sind soziale Konflikte die Folge oder die Ursache davon? Kann die Philosophie bei der Wertentwicklung eine Art Kristallisationspunkt sein, indem Philosophen schon existente, aber noch weitgehend unbewusste Werte ins Bewusstsein heben und dadurch ihre gesellschaftliche Ausbreitungsgeschwindigkeit erhöhen? Während der Zeit der Aufklärung hatten viele Philosophen diesen Einfluss auf die europäischen Gesellschaften gehabt und dadurch eine neue kulturelle Epoche mit den modernen Gesellschaften eingeleitet.

Zum Schluss des Abschnittes über Soziologie möchte ich noch zwei methodologische Streitthemen dieser Wissenschaft ansprechen, das Thema *„Erklären*

---

[1] Haken 1982

*versus Verstehen*" und das Thema „*Gesetze versus Einmaligkeit*".[1] Diejenigen Vertreter der Soziologie, die die soziologische Forschung in einem eher naturwissenschaftlichen Sinne durchführen, suchen nach kausalen Erklärungen (nach Ursachen der sozialen Prozesse) und nach allgemeingültigen Gesetzen. Demgegenüber meinen die eher geisteswissenschaftlich orientierten Soziologen, dass jede Gesellschaft eine historisch-kulturelle Einmaligkeit ist, für die man keine allgemeinen Gesetze formulieren könne, und dass es in der Soziologie nicht darum gehe, kausale Ursachen zu suchen, sondern die Motive und Ziele der Individuen zu verstehen. Aus der Sicht unserer Weltauffassung sind aber „Erklären" durch Ursachen und „Verstehen" von Zielen und Motiven keine wirklichen Gegensätze. Schon in der Biologie, die zweifelsohne eine Naturwissenschaft ist, kommt man nicht völlig ohne funktionelle Zielzustände aus. In der Biologie ist das „Verstehen" von Zielen eine teleonomische Erklärung. Der Unterschied zur Psychologie und Soziologie ist lediglich der, dass in diesen beiden Bereichen die Zielzustände teilweise bewusst sind, so dass man hier von teleologischen Erklärungen spricht. Einen unbehebbaren Widerspruch zur Physik braucht man dabei nicht zu befürchten, die Unvollständigkeit unseres Naturwissens liegt hier vor allem auf der Seite der Physik. Es gibt aber bereits Bestrebungen, das zielgerichtete Verhalten in und von Organismen durch teleonome Dynamiktheorien physikalisch zu erklären.[2]

Was die Problematik „Einmaligkeit" der historisch-kulturellen Gegebenheiten versus Suche nach „Gesetzen" betrifft, so ist die Kosmologie zweifelsohne eine Naturwissenschaft, obwohl sie sich mit einem einmaligen Objekt und einem einmaligen Prozess – dem Universum und seiner Entwicklung – beschäftigt. In der Kosmologie werden neben einmaligen Vorgängen auch gesetzmäßige behandelt, dieses sollte also auch in der Soziologie möglich sein; gleichgültig ob man sie als Natur- oder als Geisteswissenschaft betrachtet.[3] Egal ob man die Schichten der Physik und Biologie betrachtet oder die Schichten der Psychologie und Soziologie, im Rahmen unserer Weltauffassung sind singuläre Vorfälle überall möglich. Die Informationsverarbeitung im Äther kann neben gesetzmäßigen Prozessen auch einmalige Vorfälle bewirken, so wie man einen Computer derart programmieren kann, dass bestimmte Vorgänge nur einmal geschehen. In der

---

[1] vgl. Reimann et al. 1985
[2] Chauvet 1995; Arendes 2024a
[3] vgl. Vollmer 1986

wissenschaftlichen Forschung geht es nirgendwo nur darum, sich wiederholende Abläufe zu finden; vielmehr möchten Wissenschaftler unsere Welt erkunden, wie sie faktisch ist. Sich wiederholende Prozesse, wo sie auftreten, sollen durch Gesetze erklärt werden, einmalige Vorfälle, wo sie auftreten, als solche Einmaligkeiten dokumentiert werden. Gesetze finden wird man allerdings nur, wenn man sie auch sucht.

# 5. Liebe zur Weisheit

Wie die vorangegangenen Kapitel gezeigt haben, kann die Naturphilosophie den Wissenschaftlern zahlreiche Hinweise geben, auf welche Weise bestehende Probleme und was für neue Forschungsrichtungen angegangen werden sollten. Bisher ist nur besprochen worden, wie die wissenschaftliche Forschung durch philosophische Leitideen unterstützt werden kann. Unsere Weltauffassung kann aber umgekehrt auch Auswirkungen auf die Tätigkeit der Philosophen haben. Philosophie bedeutet wörtlich übersetzt „Liebe zur Weisheit". Was aber ist Weisheit, und welches sollte die wichtigste Aufgabe der Philosophie sein, wenn sie sich tatsächlich um Weisheit bemühen will? Wie bei der Beschreibung der Weltauffassung erläutert wurde, hat die Welt eine geschichtete Struktur, und auf einer der höchsten Systemebenen, der soziologischen, treten Werte und Normen auf, die die Handlungen der Menschen beeinflussen. Im Rahmen unserer wissenschaftlichen Weltauffassung ist Weisheit das Bemühen, auf der Basis einer profunden Welt- und Selbsterkenntnis die Werte der Gesellschaft zu verwirklichen und weiter zu entwickeln, aber natürlich mit der stoischen Gelassenheit eines Menschen, der sich bewusst ist, dass zumindest ein großer Teil der Natur von Gesetzen beherrscht wird, denen gegenüber man machtlos ist. Eine der grundlegendsten Aufgaben der Philosophie ist deshalb die Beschäftigung mit Werten und Normen, kurz gesagt mit Moral bzw. Ethik; dies aber nicht nur, indem man darüber nachdenkt und redet, sondern auch indem man als Philosoph die Werte tatsächlich internalisiert und danach lebt.

Wenn man nur ein wenig darüber nachdenkt, wird einem sofort klar, dass es nicht zu den höchsten Werten zählt, von unseren Konsumgütern immer gleich das neueste Modell zu besitzen. Und schon gar nicht zeugt es von Weisheit, sogar mit kriminellen oder zumindest unmoralischen Mitteln das Geld dafür in mühevoller Arbeitszeit – die selbst vielleicht wertvoller ist als das Konsumgut – zusammenzuraffen. Bescheidenheit galt schon immer als ein äußeres Merkmal des Weisen, ohne dass jedoch der Weise (bzw. die Weise) auf das Angenehme des Lebens, das ihm zufällt, verzichtet. Weisheit bedeutet innere Unabhängigkeit von äußeren Gütern und nicht Askese. Der Philosoph Nicolai Hartmann schrieb in seiner „*Ethik*" über Weisheit: „Die Gesinnung des Weisen ist die aus der Bescheidenheit seiner Selbsterkenntnis heraus auf die ethischen Werte gerichtete Einstellung des Menschen." Und an anderer Stelle: „Die sapientia ist der ethische Geschmack, und zwar der feine, differenzierte, wertunterscheidende, kultivierte Geschmack, die Kultur des moralischen Organs, sofern es, auf die Lebensfülle gerichtet, Fühlung mit allem bedeutet und bejahende, auswertende Einstellung auf alles, was wertvoll ist".[1]

Der Weise denkt nicht nur an sein eigenes Leben, sondern auch, da sein Leben in eine Gesellschaft eingebunden ist, an das Wohl der gesamten Gesellschaft. Hier ist nun eine der wichtigsten Aufgaben der Philosophie, zusammen mit der Soziologie die Werte der Gesellschaft zu untersuchen, sie der Gesellschaft bewusst zu machen, sie weiter zu entwickeln, ihre Verwirklichung in der Gesellschaft zu überwachen und unter Umständen – zusammen mit anderen Bevölkerungsgruppen wie den Politikern, Schriftstellern, Journalisten, Unternehmern etc. – neue Werte zu etablieren. Dieser Aufgabe, neue Werte zu etablieren, stehen wir gerade in der heutigen Zeit globaler gesellschaftlicher Veränderungen gegenüber. Zwei Beispiele sollen dies veranschaulichen: In der Wissenschaft wird es in Zukunft darum gehen, den Wert der Geisteswissenschaften gegenüber den Ingenieur- und Naturwissenschaften zu betonen; aber natürlich ohne diese zu vernachlässigen. Das auf unsere Naturkenntnisse aufbauende technische Vermögen reicht bereits aus, um alle Menschen der Welt zu ernähren und ihnen ein menschenwürdiges Dasein zu ermöglichen. Wir wissen aber relativ wenig über die Psychologie und Soziologie des Menschen, also über uns selbst; warum Menschen nicht fähig sind, von ihrem überschäumenden Reichtum den Armen etwas abzugeben, warum Machthaber ihr eigenes Volk belügen und betrügen, warum Geld so viel und Moral so wenig gilt. Die experimentelle und theoretische Biophysik wird in naher Zukunft das Fundament dafür legen, dass viele weitere Krankheiten – z.B. die des Gehirns – behandelt werden können. Damit

---

[1] Hartmann 1949b: 428f

aber dieses Wissen nur zum Heilen benutzt wird und nicht auch, um die Menschen zu schädigen – etwa durch Hirnmanipulationen –, ist vorher ein besseres moralisches Fundament unserer Gesellschaft nötig. Um die Methoden zur moralischen Erziehung zu verbessern und eine funktionierende Staatsform zu erhalten, in der die Regierenden kompetent sind und sich dem Gesetz und der Moral verpflichtet fühlen, und in der das Volk aufgeklärt genug ist, die Manipulationsversuche der Massenmedien zu durchschauen, ist ein wesentlich umfangreicheres geisteswissenschaftliches Wissen der Bevölkerung nötig, wofür es auch weiterer geisteswissenschaftlicher Forschungen bedarf.

Das zweite Beispiel für die Etablierung neuer Werte betrifft den Begriff der Kooperation. Im Zuge der darwinistischen Evolutionstheorie hat sich eine teilweise rücksichtslose Wettkampfmentalität durchgesetzt, die die westlichen Gesellschaften zunehmend zerrüttet. Auf dem Gebiet der Evolutionsforschung hat es aber schon vor geraumer Zeit bedeutende Veränderungen gegeben, die jedoch in der Öffentlichkeit kaum beachtet wurden. Manfred Eigen hat nämlich eine Theorie der Entstehung der biologischen Information, der Gene, entwickelt, die neben dem Selektionsbegriff die Kooperation als zentralen Faktor der Evolution enthält.[1] Wenn man bedenkt, dass sich die Elementarteilchenansammlung nach dem Urknall im Laufe der Zeit zu Atomen, Molekülen, Zellen, Organismen, Gesellschaften und riesigen Kulturkreisen zusammenlagerte, wird offensichtlich, dass die Kooperation ein wichtiger Evolutionsfaktor sein muss. Fortschritt kommt primär durch Kooperation zustande, und dies sollte man auf den Ebenen der gesellschaftlichen und der internationalen Werte stärker verankern. Auf der internationalen Ebene sollte man also beispielsweise die UN weiter stärken, um so eine internationale Kooperation voranzutreiben und den Selektionsfaktor (Krieg, Ausbeutung und kulturelle Unterdrückung) zurückzudrängen.

Zusammengefasst ist die Philosophie der Ort, wo die Werte der Gesellschaft diskutiert werden sollen. Philosophie ist ein Elfenbeinturm, der weit ins Land hinaus Sinn und Orientierung ausstrahlen soll.

---

[1] Eigen 1971, 1996

# Literaturverzeichnis

Arendes, L. (1996): ‚Ansätze zur physikalischen Untersuchung des Leib-Seele-Problems‘. *Philosophia Naturalis 33*: 55-81.

Arendes, L. (2024a): *Das Computer-Weltbild. Funktionen der Naturphilosophie in der Naturwissenschaft*. Books on Demand, Norderstedt.

Arendes, L. (2024b): *Die wissenschaftliche Weltauffassung. Wissenschaftliche Naturphilosophie*. Books on Demand, Norderstedt.

Campenhausen, C. von (1981): *Die Sinne des Menschen, Bd. I: Einführung in die Psychophysik der Wahrnehmung*. Thieme, Stuttgart.

Chauvet, G. (1995a): *La vie dans la matière. Le rôle de l'espace en biologie*. NBS, Flammarion.

Chauvet, G. (1995b): *Theoretical Systems in Biology: Hierarchical & Functional Integration. Vol. I: Molecules and Cells. Vol. II: Tissues and Organs. Vol. III: Organisation and Regulation*. Pergamon, Oxford.

Dörner, D. (1979): *Problemlösen als Informationsverarbeitung*. 2. Aufl., Kohlhammer, Stuttgart.

Eigen, M. (1971): ‚Self-organization of matter and the evolution of biological macromolecules‘. *Naturwiss. 58*: 465-523.

Eigen, M. (1996): *Steps towards life. A perspective on evolution*. Univ. Press, Oxford.

Einstein, A. (1960): *Briefe an Maurice Solovine*. Dt. Verlag der Wiss., Berlin.

Haken, H. (1982): *Synergetik. Eine Einführung*. Springer, Berlin.

Hartmann, N. (1949a): *Der Aufbau der realen Welt. Grundriß der allgemeinen Kategorienlehre*. 2. Aufl., Westkulturverlag Anton Hain, Meisenheim.

Hartmann, N. (1949b): *Ethik*. 3. Aufl., De Gruyter, Berlin.

Hartmann, N. (1950): *Philosophie der Natur. Abriß der speziellen Kategorienlehre*. De Gruyter, Berlin.

Hechter, M., Nadel, L., Michod, R. E. (1993): *The Origin of Values*. Aldine De Gruyter, New York.

Holton, G. (1973): *Thematic Origins of Scientific Thought: Kepler to Einstein*. Harvard Univ. Press, Cambridge, Mass.

Husserl, E. (1993): *Logische Untersuchungen. Bd. II: Untersuchungen zur Phänomenologie und Theorie der Erkenntnis*. 7. Aufl., Max Niemeyer, Tübingen.

Hussy, W. (1984): *Denkpsychologie. Ein Lehrbuch. Band 1: Geschichte, Begriffs- und Problemlöseforschung, Intelligenz*. Kohlhammer, Stuttgart.

Jonas, F. (1981): *Geschichte der Soziologie. Bd. 1, 2*. 2. Aufl., Westdeutscher Verlag, Opladen.

Kanitscheider, B. (1988): *Das Weltbild Albert Einsteins*. C. H. Beck, München.

Laszlo, E. (1996): *The Systems View of the World. A Holistic Vision for Our Time*. Hampton Press, Cresskill.

Mayr, E. (1991): *Eine neue Philosophie der Biologie*. Piper, München.

Miebach, B. (1991): *Soziologische Handlungstheorie. Eine Einführung*. Westdeutscher Verlag, Opladen.

Popper, K. (1935): *Logik der Forschung*. Springer, Berlin.

Reimann, H., Giesen, B., Goetze, D., Schmid, M. (1985): *Basale Soziologie: Theoretische Modelle*. 3. Aufl., Westdeutscher Verlag, Opladen.

Schorlemmer, F. (Hrsg.) (1995): *Das Buch der Werte. Wider die Orientierungslosigkeit in unserer Zeit*. VS Verlagshaus, Stuttgart.

Vollmer, G. (1986): *Was können wir wissen? Bd. 2: Die Erkenntnis der Natur*. Hirzel, Stuttgart.

Wickert, U. (1995): *Das Buch der Tugenden*. Hoffmann und Campe, Hamburg.

# Grundlegung der introaktiven Psychologie

**Zusammenfassung:** In den letzten Jahren ist es in den Bevölkerungen der westlichen Staaten zu einem starken Anstieg der esoterischen Praktiken gekommen. Da es außerdem im 20. Jahrhundert in der Physik zu theoretischen und weltanschaulichen Veränderungen gekommen ist, die die Mechanismen derartiger Techniken theoretisch denkbar machen, wird in dieser Arbeit dafür plädiert, diese Praktiken wissenschaftlich zu untersuchen. Dazu werden hier die weltanschaulichen und methodologischen Grundlagen dieser neu zu etablierenden introaktiven Psychologie besprochen.

## 1. Wissenschaftliche Naturphilosophie

Aufgrund der überragenden Erfolge der empirischen Naturwissenschaften bei der Erklärung der Naturvorgänge seit Galilei und Newton im 17. Jahrhundert bis zu Heisenberg und Dirac im 20. Jahrhundert ist die Philosophie als rationalistischer Weg der Erkenntnis immer mehr in den Hintergrund gerückt. Nachdem man schon fast den Eindruck haben musste, dass die Philosophie als Mittel der Erkenntnis gescheitert sei, ist es jedoch in den letzten Jahren zu einer Wiederbelebung philosophischer Erkenntnisweisen gekommen. Nicht zuletzt ist es dazu gekommen durch eine eingehende Analyse der Geschichte der Naturwissenschaften. Der Geschichte der Wissenschaften lässt sich entnehmen, dass die Naturphilosophie vor allem an drei Stellen der wissenschaftlichen Tätigkeit heuristisch hilfreich ist, nämlich:[1]

---

[1] vgl. Törnebohm 1984: 26

a) In Zeiten der Ablösung alter Fundamentaltheorien durch neue. Niels Bohr, der Großvater der heutigen Quantenmechanik (QM), war sehr an philosophischen Fragen interessiert, und während der Entstehungszeit der QM diskutierten er und seine jungen Mitarbeiter (Heisenberg, Pauli etc.) die zu erklärenden Phänomene auch in Hinblick auf naturphilosophische Fragestellungen.

b) In Zeiten, in denen neue wissenschaftliche Disziplinen geschaffen werden. Beispiele sind die Entstehung der Chemie im 17. Jahrhundert u.a. durch Robert Boyle, der sich auf das atomistisch-mechanistische Weltbild stützte, und im 20. Jahrhundert die Entstehung der wissenschaftlichen Kosmologie durch Einsteins Relativitätstheorie, der sich bewusst sehr von philosophischen Fragen leiten ließ. Bei manchen historisch bedeutsamen Veröffentlichungen drückte sich diese innige Beziehung von Naturwissenschaft und Naturphilosophie bereits im Titel aus. Newtons Hauptwerk von 1687 trägt den Titel *„Philosophiae naturalis principia mathematica"*, John Dalton, ebenfalls ein Begründer des neuzeitlichen Atomismus, veröffentlichte 1808 seine Schrift *„A new system of chemical philosophy"*; und 1809 erschien Jean-Baptiste de Lamarcks Schrift *„Philosophie zoologique"*, die Begründung der Evolutionsbiologie.

c) In Zeiten, in denen die fundamentalsten Anschauungs- und Denkweisen, die methodologischen Grundeinstellungen darüber, wie gute Wissenschaft vorzugehen hat, Veränderungen unterliegen. Ein Beispiel ist die Entstehung der heutigen Art, Naturwissenschaft zu betreiben, im 17. Jahrhundert. Das atomistische Weltbild Demokrits wurde zum integralen Bestandteil des entstehenden mechanistischen Weltbildes, auf welchem die Forderungen basierten, wissenschaftliche Erklärungsprinzipien sollten sich auf die korpuskulare Materie, ihre Gestalt und Bewegung beschränken und die experimentellen Ergebnisse sollten wiederholbar und vorhersagbar sein.

Eine eingehende Betrachtung der Geschichte der Naturwissenschaften, vor allem der von Physik und Biologie, zeigt auch, dass eine Wissenschaft im Laufe ihrer Entwicklung verschiedene methodologische Stadien durchläuft. Man kann hauptsächlich drei Stadien unterscheiden, die allerdings fließend ineinander übergehen. Auch enthält jedes Stadium die Vorgehensweise der vorherigen. Im Frühstadium konzentrieren sich Wissenschaftler darauf, über ihren Forschungsgegenstand möglichst viele empirische Daten zu sammeln und diese in Form von allgemeinen Sätzen zusammenzufassen. Es tauchen dann irgendwann

Fragestellungen auf, die sich hierdurch nicht beantworten lassen. Man kommt dann in ein Stadium, in dem man versucht, ausgehend von den Beobachtungsdaten spekulativ Axiome bzw. theoretische Grundstrukturen zu formulieren, aus denen Sätze deduktiv abgeleitet werden können, welche sich schließlich an der Erfahrung bewähren müssen.[1] Hat man einmal auf diese Weise eine gute Theorie gefunden, dann kann es in der Folgezeit dazu kommen, dass die vorhandene Theorie zwar alle für relevant gehaltenen Daten erklärt, dass aber die Wissenschaftler unzufrieden sind mit den grundlegenden Prinzipien, den Grundbegriffen oder Axiomen der Theorie, und deshalb bemühen sie sich um eine neue Theorie. Ein Beispiel ist die Gravitationstheorie. Einstein wollte das allgemeine Relativitätsprinzip verwirklichen und musste aus theoretischen Gründen die allgemeine Relativität mit der Gravitation verbinden. Außerdem war er unzufrieden damit, dass Newtons Gravitationskraft eine Fernwirkungskraft war, und mit der Allgemeinen Relativitätstheorie eliminierte er diese »spukhafte Fernwirkung« aus der Gravitationsphysik.

Zusammenfassend kann man folgende drei Forschungsstadien unterscheiden: 1. das Sammeln von experimentellen Daten und das Aufstellen allgemeiner Aussagen; 2. das Bemühen, von den Beobachtungsdaten durch Spekulation zu den theoretischen Grundstrukturen bzw. den theoretischen Begriffen und Axiomen zu gelangen, um dann deduzierte Sätze mit Beobachtungen zu konfrontieren; 3. die Ersetzung von Theorien durch neue Theorien mit akzeptableren Prinzipien oder Eigenschaften. Wie eine derartig bessere Theorie auszusehen hat, ist durch keine feste methodologische Regel vorgeschrieben und wird von Wissenschaftler zu Wissenschaftler verschieden eingeschätzt. Wissenschaftler lassen sich hierbei von Leitideen führen, was weiter unten genauer erläutert wird. Von der Wissenschaftlergemeinschaft wird eine neue Theorie in der Regel nur dann übernommen, wenn sie zusätzlich zu den Vorhersagen der alten Theorie neue empirische Befunde korrekt vorhersagt.

Methodologisch besonders interessant sind natürlich die Fragen, wie im zweiten Stadium der kreative Schritt von den Daten zu den Axiomen verläuft und nach was für Prinzipien die Wissenschaftler im dritten Stadium vorgehen. Wie die kognitive Psychologie zeigen konnte, spielen bei sehr komplexen Problemen

---

[1] Einstein 1960; Heisenberg 1990

während der Lösungssuche Heurismen eine wichtige Rolle.[1] Heurismen sind Leitideen, durch welche Probleme unter Umständen gelöst werden können, sie sind Vermutungen darüber, welche Bestandteile die Lösung des Problems haben könnte. Gerald Holton hat derartige Leitideen aus Einsteins Arbeiten herausgearbeitet, und diese Leitideen lassen verstehen, warum Einstein bestimmte Theorien bevorzugte und andere ablehnte, obwohl sie empirisch gestützt waren; sie beruhten nämlich auf anderen Leitideen.[2]

Eine wichtige Funktion der Naturphilosophie in der Wissenschaft ist deshalb, den Wissenschaftlern für ihre Forschungsbemühungen Heurismen bzw. Leitideen bereitzustellen. Die wissenschaftliche Forschung ist heutzutage einerseits sehr fachspezifisch, andererseits sehr zeitintensiv, so dass der einzelne Wissenschaftler (bzw. die Wissenschaftlerin) neben seinen (ihren) spezifischen Forschungsinteressen und seinen sonstigen Verpflichtungen wie Lehrveranstaltungen kaum noch Zeit und Muße findet, mehrere Forschungsrichtungen oder gar mehrere Wissenschaften zu durchdringen. Der Publikationsdruck ist derartig groß, dass für die genaue erkenntnistheoretische Analyse selbst der eigenen Wissenschaft kaum noch Zeit bleibt. Der Wissenschaftsphilosoph (bzw. die Wissenschaftsphilosophin) hingegen überblickt durch gründliches Literaturstudium in der Regel mehrere Wissenschaftsdisziplinen und hat die nötige erkenntnistheoretische Schulung, um die Grundaussagen mehrerer Theorien herausarbeiten und miteinander vergleichen zu können. Die systematische Herausarbeitung und der Vergleich grundlegender theoretischer Begriffe und Aussagen verschiedener Theorien aus unterschiedlichen Wissenschaften wird deshalb heutzutage vornehmlich von Philosophen geleistet. In einem zweiten Schritt kann nun der Naturphilosoph versuchen, die vielen Detailergebnisse aller Wissenschaften zu einer konsistenten Zusammenschau zu integrieren, d.h. ein Weltbild bzw. eine globale Weltauffassung zu beschreiben. Die Synthese einer Weltauffassung, die natürlich (wie alle Integrationen von einzelnen Bausteinen zu einem Ganzen) über die Detailergebnisse der Wissenschaften hinausgeht, hat nicht nur den Wert einer teleskopartigen Zusammenfassung bereits vorliegender wissenschaftlicher Erkenntnisse, sondern kann den Wissenschaftlern auch zur Orientierung und Ausrichtung ihrer künftigen Forschungen dienen, denn aus einer umfassenden Weltauffassung lassen sich Leitideen ableiten, die bei der experimentellen

---

[1] Dörner 1979
[2] Holton 1973

Forschung und bei der Theorienkonstruktion hilfreich sein können. So hat zum Beispiel das demokritsche Weltbild zur Suche nach kleinsten Bausteinen, der Atomen, geführt, was in unserer Zeit bis zur Quarktheorie führte (obwohl man diese sogenannten Elementarteilchen nicht als Atome im Sinne Demokrits auffassen kann). Neben der Analyse der Grundaussagen der Theorien und der Synthese einer Weltauffassung hat also der Philosoph die zusätzliche Aufgabe, durch Bereitstellung naturphilosophischer Leitideen, erhalten aus einer globalen Weltauffassung, Theorienkonstruktionen zu fördern.

Wie die Geschichte der Wissenschaften lehrt, sind mit Ausnahme von Mathematik und Astronomie alle Erfahrungswissenschaften aus der Philosophie hervorgegangen, und in der vorliegenden Arbeit soll es darum gehen, die Grundlagen für eine weitere Forschungsrichtung zu legen. Die empirischen Wissenschaften gehen von den empirischen Daten aus, es stellt sich aber die Frage, welcher Art diese Daten zu sein haben. Während im Osten, z.B. in Indien, introspektive Erlebnisse innerhalb des Subjektes die Grundlage bilden für die dortigen Weltauffassungen, sind die westlichen Wissenschaften so überragend erfolgreich, weil man sich hier auf die Beobachtungsdaten über die Außenwelt stützt, denn diese empirischen Befunde lassen sich wesentlich einfacher objektiv bewerten. Da jedoch das Bewusstsein selbst ein Teil der Welt ist, den es ebenfalls wissenschaftlich zu untersuchen gilt, kann man in der Psychologie auf introspektive Berichte nicht verzichten. Es fragt sich deshalb, ob man psychologische Erkenntnismethoden, wie sie in Asien oder auch bei uns im Westen in noch unakademischer, unsystematischer Weise praktiziert werden, wissenschaftlich (im westlichen Sinne) nutzbar machen kann. In einer früheren Arbeit über das von mir entworfene Computer-Weltbild hatte ich heuristische Leitideen für eine introaktive Psychologie angedeutet, was ich nun in der vorliegenden Arbeit detaillierter ausarbeiten möchte.[1] Zuvor werde ich deshalb dieses Weltbild und einige daraus abgeleiteten Leitideen kurz zusammenfassen.

---

[1] Arendes 2024a

# 2. Das Computer-Weltbild

In den zwanziger Jahren des vorigen Jahrhunderts wurde die QM entwickelt, welche dem klassischen mechanistisch-atomistischen Weltbild ein Ende bereitete. Zahlreiche Phänomene und Eigenschaften der QM lassen sich mit klassischen Vorstellungen nicht verstehen; um nur einige zu nennen: Objekte kann man scheinbar sowohl als *Wellen* als auch als *Teilchen* deuten. Die beobachtbaren Phänomene verlaufen nicht auf räumlichen *Bahnen*; vielmehr gibt uns die QM nur *Wahrscheinlichkeiten*, mit denen wir sie beobachten können. Die *Zustandsfunktion* ist vor ihrer Beobachtung als eine Superposition gegeben, und ihre Reduktion zum beobachteten Wert ist derzeit physikalisch nicht befriedigend zu beschreiben. Das sogenannte *EPR-Paradox* und die Verletzung der *Bellschen Ungleichung* legen nahe, dass es entweder physikalische Objekte vor ihrer Beobachtung gar nicht gibt oder dass es zwischen den Objekten der Welt eine ganzheitliche Verbindung geben kann.

Um diese seltsamen Eigenschaften der QM verstehbar zu machen, habe ich in früheren Arbeiten die Welt mit einem Computer verglichen.[1] Dabei werden die mathematischen Formalismen der theoretischen Physik, die Naturgesetze, mit der Software eines Computers und die beobachtbare Welt mit den Abbildungen auf dem Computer-Bildschirm verglichen. In dieser Analogie bilden Unterprogramme der Software den Verstand der Menschen und die Hardware entspricht dem Quantenvakuum. Wie sich in der Elementarteilchenphysik immer mehr herausstellt, ist das Quantenvakuum nicht das Nichts, sondern der Grundbereich der Welt, aus dem heraus die materiellen Objekte entstehen.[2] Im Rahmen dieses Weltbildes kann man dann die QM so deuten, dass die Reduktion der Zustandsgleichung der Projektion eines Teilchens auf den Bildschirm entspricht. Auf dem Bildschirm ist das Objekt teilchenförmig, aber die Wahrscheinlichkeiten für die Projektion eines Teilchens zu einem bestimmten Ort verändern sich in der Software wellenförmig. In der Software sind die Eigenschaften verschiedener Objekte, die in der Vergangenheit eine Wechselwirkung hatten, miteinander gekoppelt, was dem Ganzheitscharakter beim EPR-Paradox entspricht.

---

[1] Arendes 2023, 2024a
[2] vgl. Rafelski, Müller 1985

Das Computer-Weltbild (CWB) habe ich später zusätzlich in einer analogie-freien Sprache formuliert, worauf ich hier aber nicht näher einzugehen brauche.[1] Da die Computeranalogie anschaulicher ist, werde ich nur diese benutzen, um einige der folgenden Gedanken zu erläutern; aber natürlich ohne zu behaupten, dass dieses Forschungsprojekt von der Wahrheit eines bestimmten Weltbildes abhängig sei.

# 3. Methodologische Leitideen für die Psychologie

Eine zurzeit viel beachtete intellektuelle Fähigkeit ist die Kreativität. Hierbei handelt es sich um eine Fähigkeit, die von vielen Psychologen als ein Prozess betrachtet wird, der nicht automatisch abläuft und der nicht vorhersagbar ist. Es entsteht etwas Neues, eine neue Idee, was sich schwer gesetzmäßig erklären lässt. Vielfach wird berichtet, dass ein »plötzlicher Einfall« die Lösung eines Problems brachte. Hierbei ist es oft so, dass man sich nach einer Phase der akti-ven Lösungsbemühung zunächst eine Zeitspanne gar nicht mehr mit dem Prob-lem beschäftigt hatte (die Inkubationszeit) und dass dann unerwartet ein plötzli-cher Einfall kam.[2]

Im CWB lässt sich die Kreativität, wie ich in meinem Buch von 2024 bereits angedeutet habe, folgendermaßen deuten: In einem Computernetzwerk sind mehrere PCs mit einem Hauptrechner verbunden, und der Anwender kann Rech-nungen, für die sein PC kein Programm enthält, an den Hauptrechner abschi-cken. Nachdem er sein Problem dem Hauptrechner mitgeteilt hat, braucht er nur noch zu warten, bis auf seinem Bildschirm die Antwort erscheint. Bei kreativen Problemlösungen gehen der plötzlichen Intuition Phasen der aktiven Lösungs-bemühung und oft auch der Problemignorierung (Inkubation) voraus. Der an-fängliche Lösungsversuch könnte gemäß dem CWB die Funktion haben, die Problemfrage an den Zentralrechner abzuschicken und die zum Verständnis der Problemantwort nötigen Grundbegriffe zu erlernen. In der Psychologie geht man heute davon aus, dass die Problemstellung zu Beginn eines kreativen Prozesses

---

[1] Arendes 2024b
[2] Dörner 1979

lediglich dem eigenen Unterbewusstsein und keinem »Zentralrechner« übertragen wird. Solange es aber keine wissenschaftliche Leib-Seele Theorie gibt, solange man nicht genauer weiß, was das Unterbewusstsein ist, ist die Hypothese des Unterbewusstseins nur die Bereitstellung eines Wortes für etwas Unbekanntes und keine vollständige wissenschaftliche Erklärung der Kreativität. Bei der Kreativität spielen unbewusste Hirnprozesse sicherlich zu einem großen Teil eine wichtige Rolle, aber bei besonders genialen Einfällen vielleicht nicht allein, sondern auch informationsverarbeitende Prozesse im Quantenvakuum.

Wie ich ebenfalls in meinem Buch über das CWB ausgeführt habe, kann man im Rahmen des CWB auch versuchen, die heute außerhalb der Universitäten sehr beliebte Technik der Meditation wissenschaftlich nutzbar zu machen. Es gibt sehr viele Formen von Meditation, und man kann sie grob in zwei Klassen einteilen: die konzentrative Form der Meditation und die Form des „Sich-Öffnens".[1] Bei der konzentrativen Meditation konzentriert man sich auf einen bestimmten Gegenstand, ein Bild oder einen Gedanken, den man sich visualisiert bzw. den man sich mechanisch immer wieder innerlich vorsagt. Bei der zweiten Form der Meditation versucht man, keine Gedanken willentlich zu verfolgen, von allen bestimmten Gedanken und inneren Erscheinungen „loszulassen", „an nichts anzuhaften" und sich dadurch offen zu halten für alles, was in einem passiert. Die zweite Form ist eine introspektive Methode, bei der man passiv alles registriert; die erste Form ist eine aktive Methode. Beide Methoden können miteinander kombiniert, und zwar nacheinander ausgeführt werden, und im CWB entspräche die erste Form dem Abschicken des Problems an den Hauptrechner, die zweite Form entspräche dem Warten auf die Antwort, die auch nach der Meditation in entspannten Situationen wie dem Spazierengehen als Intuition kommen könnte. Die psychologische Methode der Introspektion sollte also ausgeweitet werden in dem Sinne, dass zunächst aktiv irgendwelche mentalen Übungen ausgeführt werden, um danach innerlich alles teilnahmslos zu beobachten. Wissenschaftliche Objektivität in der Form von Intersubjektivität lässt sich bei derartigen Methoden erreichen, wenn jeder Mensch unter den gegebenen Umständen die behaupteten Phänomene auch bei sich selbst introspektiv beobachten kann, und eine systematische wissenschaftliche Anwendung dieser Vorgehensweise lässt sich am treffendsten als »experimentelle Introaktion« bezeichnen. In der ersten Phase kann man über wissenschaftliche Probleme meditieren wie etwa

---

[1] vgl. Naranjo, Ornstein 1988

über „Was ist Leben? " oder „Was bedeutet der Welle-Teilchen-Dualismus? "
Natürlich kann man auch über private Interessen meditieren wie etwa „Wie
werde ich ein Höheres Wesen?".

Der in meinem CWB-Buch erstmalig vorgestellte Forschungsbereich der experimentellen Introaktion soll nun in diesem Aufsatz eingehender besprochen werden. Esoterische Methoden – denen auch heute noch der Hauch des Irrationalen
anhaftet – wissenschaftlich nutzbar zu machen, klingt natürlich zunächst sehr
ungewöhnlich. Der menschliche Erkenntnisdrang ging aber im Lauf seiner Geschichte schon wiederholt durch umfangreiche erkenntnistheoretische, methodologische Umwälzungen. Die Entstehung der Philosophie in der griechischen
Antike legte das Fundament zu unserer heutigen Rationalität, die methodischen
Erneuerungen des 17. Jahrhunderts begründeten die neuzeitliche Naturwissenschaft, und es ist nicht auszuschließen, dass es in Zukunft noch einmal ähnlich
drastische methodische Erweiterungen geben kann.


# 4. Esoterik


Nachdem ich im Rahmen des CWB eher zufällig zu einem möglichen Verständnis mancher esoterischer Praktiken gekommen war, begann ich, diese Techniken
genauer zu untersuchen, was dadurch erleichtert wurde, dass zur selben Zeit geradezu eine Esoterik-Welle über die westlichen Gesellschaften hinweg
schwappte. Schon ein kurzer Blick in die heutigen Buchläden zeigt die große
Vielfalt dieser Techniken. Da wohl selbst desinteressierte Akademiker hiervon
schon einiges gehört haben, ist es nicht nötig, dass ich hier einen systematischen
Überblick über die Esoterik versuche. Stattdessen will ich zur Illustration nur ein
paar Techniken vorstellen.

Bereits erwähnt habe ich die Meditation. Hierbei sitzt man in der Regel entspannt, aber nicht schlaff, in gerader Körperhaltung und hat die Augen ganz oder
teilweise geschlossen, während man sich entweder auf ein Wort oder ein inneres
Bild konzentriert oder während man sich bemüht, sein Bewusstsein vollkommen
leer zu halten. Meditationen werden auch im Liegen durchgeführt, das Sitzen ist
aber vermutlich besser, weil durch den erhöhten Muskeltonus die Formatio

reticularis des Hirnstammes aktiv ist (besonders im Lotussitz o.ä.). Wenn die Formatio reticularis aktiv ist, gibt sie nicht nur motorische Impulse an die Muskeln ab, sondern schüttet auch Noradrenalin im Kortex aus, was die kortikale Wachheit steigert. Meditation ist deshalb zwar ein entspannter, aber trotzdem ein sehr wacher Bewusstseinszustand; Meditation ist eine Technik zur Steigerung der inneren Aufmerksamkeit. Die genauen Techniken kann man in sehr vielen guten Büchern nachlesen.[1] In der Literatur wird die Meditationstechnik oft mit einem theoretischen Hintergrund, meist einem religiösen, beschrieben, für die Durchführung der Meditation sind aber autorspezifische theoretische Einfärbungen belanglos. Jedoch ist es durchaus denkbar, dass für das Erreichen mancher Meditationsziele nicht nur die routinemäßigen Sitzungen nötig sind, sondern eine beständige besondere innere Einstellung und Lebensführung: Gleichmut bzw. Gemütsruhe, Bezähmung, Sanftheit, Entsagung weltlicher Dinge, geduldiges Ertragen aller Schwierigkeiten, Glauben bzw. Vertrauen, Sittlichkeit, Stille.[2]

In der Öffentlichkeit ebenfalls sehr bekannt sind die Praktiken des geistigen Heilens. Hierbei sollen u.a. durch innere Imaginationen von heilendem Licht Krankheiten geheilt werden.[3] Westliche Mediziner sind diesbezüglich natürlich aufgrund unserer erfolgreichen physiologischen Medizin besonders skeptisch. Erinnert werden muss aber an den sogenannten Placebo-Effekt: Krankheiten können verschwinden allein durch die Einnahme vermeintlicher Medikamente, die in Wirklichkeit gar keine sind. Hier sind Selbstheilungskräfte am Wirken, deren Mechanismen wir noch nicht durchschauen und die natürlich auch durch geistige Methoden ausgelöst werden könnten. Neben diesen für westliche Naturwissenschaftler dubiosen Techniken gibt es in der Esoterik auch unbedenkliche Methoden; z.B. Traumbeeinflussungen durch Autosuggestionen.[4] Demgegenüber gibt es viele weitere Methoden, die bei den meisten Akademikern Abwehremotionen auslösen, z.B. die Techniken der Astralreisen. Hierbei bemüht man sich darum, eine außerkörperliche Erfahrung zu stimulieren, um dann als körperloser Geist durch die Luft zu fliegen; ebenfalls Skepsis provozieren natürlich Methoden z.B. zur Erkenntnis sogenannter höherer Welten.[5]

---

[1] z.B. Schwäbisch, Siems 1983; Sekida 1975; Brunton 1940
[2] vgl. Suzuki 1988; St. Nikodemos, St. Makarios 2004; Hauer 1958
[3] vgl. Wallace, Henkin 1982; Brennan 1989
[4] Garfield 1974
[5] z.B. Rogo 1985; Steiner 1961

Um meine jahrelangen Erfahrungen mit der Esoterik zusammenzufassen: Ich habe den Eindruck, dass die Esoterik, wie sie sich heute in der Öffentlichkeit, in Büchern und Kursen etc., darstellt, ein großer Misthaufen ist. Im Deutschen gibt es aber das Sprichwort „Auf dem größten Misthaufen wachsen manchmal die dicksten Kartoffeln." Ich bin mir sicher, dass es hier für die Wissenschaft Wichtiges zu lernen gibt, neben diesen dicken Kartoffeln findet man aber in esoterischen Kreisen auch viel Schmutz (Aberglaube wie die mathematisch exakte Berechnung von astrologischen Vorhersagen, Geldgier, Bauernfängerei von Sekten und Kirchen etc.), vor allem wachsen hier aber auch giftige Fliegenpilze (Bösartigkeiten und Gefahren). Aufgabe der Wissenschaft sollte es nun sein, Kriterien zu entwickeln, mit denen man diese drei Komponenten sicher unterscheiden kann. Positiv an esoterischen Techniken ist, dass man dadurch zu Erfahrungen gelangen kann, die nahe legen, dass die heutige wissenschaftlich-mechanistische Weltauffassung nur eine sehr grobe Approximation an die Wahrheit sein kann. Schon die Biologie, die Prozesse in lebenden Organismen legen die Vermutung nahe, dass die Natur auch zu teleonomen, funktionellen Vorgängen in der Lage ist. Wer sich viele Jahre mit Esoterik beschäftigt hat, hat aber manchmal den Eindruck, dass selbst die unbelebte Natur zur Funktionalität fähig ist und dass die Welt von einer intelligenten Macht gesteuert wird.

## 5. Wissenschaftliche Erforschung introaktiver Methoden

Unter Wissenschaftlern ist die Meinung vorherrschend, dass es sich bei der Esoterik-Welle nur um Irrationalität handele, die mit der wissenschaftlichen Vernunft beseitigt werden müsse. Tatsächlich sind hier viel Irrationalität und bewusste Verdunkelung durch Sekten und Kirchen anzufinden. Man muss aber unterscheiden zwischen einerseits den reinen introaktiven Techniken und den dadurch provozierten Bewusstseinsphänomenen und andererseits den theoretischen und weltanschaulichen Deutungen dieser Phänomene. So wie experimentelle Daten der Wissenschaft manchmal unterschiedlich deutbar sind, so sind auch die Phänomene der Esoterik offen für wissenschaftliche und für irrationale Deutungen. Es ist aber ebenso wenig rational, wenn Wissenschaftler ohne vorherige Überprüfung meinen, alle Theorien der Esoterik wären völliger Unsinn.

Wissenschaftler sollten immer darauf gefasst sein, dass neue empirische Daten (hier durch introaktive Methoden) zu einer Revision wissenschaftlicher Anschauungen führen. Von Philosophen und Wissenschaftlern gibt es bereits einige gute Beschreibungen und Analysen von esoterischen Glaubensinhalten; was aber davon wissenschaftlich haltbar ist, werden erst wissenschaftliche Untersuchungen zeigen können.[1] Zu einer Zeit, als die mechanistische Physik Newtons als gut begründet und wahr betrachtet werden konnte, war es eine vernünftige Grundeinstellung der Wissenschaftler, die Esoterik als blanken Unsinn abzulehnen (wenngleich man immer die empirischen Erfahrungen suchen sollte, bevor man ein Urteil fällt). Aber Wissenschaftler, die nach den großen wissenschaftlichen Revolutionen des 20. Jahrhunderts (geometrische Gravitationstheorie, QM etc.) immer noch ohne vorherige Überprüfung meinen, introaktive Methoden seien offensichtlicher Unsinn, sind selbst nicht rational, sondern dogmatisch.

Ein weiterer Grund, weshalb Wissenschaftler diesen Bereich bislang nicht systematisch untersuchten, ist, dass immer wieder behauptet wurde, Bewusstseinsphänomene ließen sich nicht objektiv erforschen. Diesem Argument lag aber ein ungenügendes Wissen über das Wesen der Objektivität zugrunde. Objektivität bedeutet nicht, dass ein behaupteter Sachverhalt notwendigerweise in einer Außenwelt liegt und nicht im Bewusstsein, in einer Innenwelt. Objektivität bedeutet methodologisch vor allem Intersubjektivität (was natürlich nur eine notwendige und keine hinreichende Bedingung für Wahrheit ist). Um dies zu verdeutlichen, stelle man sich vor, zwei Wissenschaftler würden einen roten Ball beobachten, der auf einem weißen Fußboden liegt. Was bedeutet das, dass ein Mensch einen roten Ball sieht? Primär bedeutet das lediglich, dass er in seinem Bewusstsein etwas Rotes, umgeben von etwas Weißem, erlebt und dass er dies als Ball deutet. Das Phänomen selbst liegt ganz in seinem Bewusstsein, in der Außenwelt gibt es keine Farben. Er erlebt die Qualia »Rot« und die semantische Deutung »Ball in der Außenwelt, auf dem Fußboden liegend«. Weil der zweite Wissenschaftler dasselbe Erlebnis hat, beide also ähnliche Erlebnisse haben, gilt die Aussage „Ball auf dem Fußboden liegend" als objektiv.

Damit die theoretische Deutung eines Phänomens wissenschaftlich akzeptabel wird, ist in der Wissenschaft für die Erklärung eines Phänomens etwas

---

[1] z.B. Runggaldier 1996; Albert 1996; Albrecht 1958

Zusätzliches nötig. Damit eine theoretische Erklärung keine post hoc Interpretation ist, wird gefordert, dass man mit der Theorie neue Beobachtungen vorhersagen kann. Um sicher zu sein, dass z.B. ein Phänomen eine Ente und kein Hase ist, sollte es möglich sein, dass das Objekt fliegen kann. Um nun introaktive Techniken und die dadurch gewonnenen Ideen wissenschaftlich erforschen zu können, sind auch hier diese beiden Postulate, Intersubjektivität der Erlebnisse und Vorhersage von neuen Beobachtungen bzw. Erlebnissen, zu beachten. Das bedeutet, wenn jemand behauptet, er (bzw. sie) habe während oder nach der Ausführung bestimmter mentaler Aktivitäten bestimmte innere Erlebnisse gehabt, dann müssen andere Menschen in der Lage sein, dieses ebenfalls zu erleben. Versucht man nun eine Erklärung dieses Phänomens zu geben, so muss man in der Lage sein vorherzusagen, was für andere Erlebnisse man haben wird, wenn man bestimmte andere mentale Aktivitäten ausführt. Und es gibt apriori keinen Grund, warum das methodologisch nicht möglich sein sollte. Bewusstseinsphänomene werden in der Psychophysik schon seit langem intersubjektiv erforscht, nur dass hier die auslösenden Stimuli keine mentalen Aktivitäten, sondern physikalische Reize sind. Dass manche Berichte über esoterische Phänomene intersubjektiv gültig sind, weiß jeder, der schon einmal ein Buch über einen derartigen Bereich gelesen hat, die darin empfohlenen Techniken befolgt hat, und dabei tatsächlich die behaupteten Phänomene oder einige davon bei sich beobachtete. Bezüglich der Intersubjektivität muss allerdings beachtet werden, dass man in der Wissenschaft für viele Dinge erst als Experte ausgebildet sein muss. Nicht jeder kann die mathematischen Gleichungen der theoretischen Physik lösen, und nicht jeder weiß, was er sieht, wenn ihm ein Biologe ein mikroskopisches Präparat zeigt, und auch für esoterische Techniken braucht man etwas Übung. Eine gute Grundlage für die Ausbildung zum introaktiven Wissenschaftler ist das Buch von Schultz über autogenes Training.[1] Das autogene Training ist heute eine sehr beliebte Entspannungsübung, in der man in einer Oberstufe beispielsweise Bilder in sich vorstellt oder Bilder und Episoden auf eine Frage hin (z.B. „Was mache ich falsch?" oder „Wie werde ich glücklich?") in sich aufsteigen lassen kann. Wichtige Forschungsanregungen kann man aber auch aus dem religiösen Bereich erhalten wie etwa aus dem Buch „*Psychology of Religion*" von D. Wulff; in dem u.a. Verfahren zur experimentellen Mystik geschildert

---

[1] Schultz 1956

werden. Umfangreiches Wissen über introaktive Methoden gibt es natürlich ebenfalls in den heutigen Mysterienorden und im indischen Yoga.[1]

Was in Zukunft zunächst erforderlich ist, ist eine systematische Untersuchung darüber, welche Techniken zu welchen Erlebnissen mit welchen Variationen führen. Ein interessantes Buch über die phänomenologischen Erlebnisse im Meditations- bzw. Versunkenheitszustand ist beispielsweise ein Buch von Carl Albrecht.[2] Was jedoch erforderlich ist, sind Berichte von verschiedenen Autoren über denselben Gegenstandsbereich, um diese miteinander vergleichen und subjektive Fehldeutungen eliminieren zu können. In den Forschungsberichten der introaktiven Wissenschaftler ist also zu beschreiben erstens, welche mentalen Aktivitäten ausgeführt wurden, und zweitens die genaue Phänomenologie der dabei oder danach aufgetretenen Erlebnisse. Im fortgeschrittenen Forschungsstadium werden sich daran Hypothesen zur Erklärung der Phänomene und Vorschläge zum Test dieser Hypothesen anzuschließen haben.

Ein weiterer wichtiger Bestandteil der wissenschaftlichen Methodologie, und zwar des Experimentes, ist die Replizierbarkeit der Befunde. In den letzten Jahren hat sich allerdings herausgestellt, dass es Phänomene gibt, die sich nur schwer replizieren lassen. Dies sind Phänomene, die einer nichtlinearen Dynamik gehorchen; nur ganz geringe Unterschiede in den Anfangsbedingungen können zu einem völlig unterschiedlichen Verhalten in der Zeit führen. Da man den psychischen Zustand von zwei Menschen nie ganz gleich herstellen kann und da die Hirnforschung nahe legt, dass die Hirndynamik nichtlinear ist, kann man natürlich an die Experimente der introaktiven Psychologie nicht die Erwartungen stellen wie an die Experimente der klassischen Physik; dies gilt aber auch schon für andere Wissenschaften wie der Verhaltensbiologie und der Soziologie. Der einzelne Forscher muss also geduldig die zu erforschende Technik immer wieder ausprobieren, bis er das gewünschte Resultat erhalten hat, und die genauen Standards der introaktiven Methodologie sind im Zuge der Forschung in Anlehnung an den jeweiligen Phänomenbereich erst noch zu entwickeln. Auch ist damit zu rechnen, dass sich manche Phänomene der Esoterik überhaupt nicht wissenschaftlich untersuchen lassen. In der QM ist in den letzten Jahren im Rahmen der Untersuchungen zum EPR-Paradox und zur Bellschen Ungleichung deutlich

---

[1] Wulff 1997, z.B. Kap. 5; Hauer 1958
[2] Albrecht 1990

geworden, dass es zwischen scheinbar getrennten Objekten ganzheitliche Verbindungen geben kann. Das Herstellen derartiger Beziehungen in experimentellen Situationen ist vielleicht nicht immer möglich. Ich bin mir sicher, dass es Telepathie gibt, ob man dies aber wissenschaftlich kontrollierbar herstellen kann, ist umstritten. Andererseits gibt gerade die Meditation diesbezüglich Grund zur Hoffnung. Die Meditation ist ein erhöhter Aufmerksamkeitszustand, in dem man telepathisch erhaltene Gedanken und Stimmungen eher erkennen kann als im normalen Bewusstseinszustand.

Was die Erklärung der erlebten Phänomene betrifft, soll auch noch einmal hervorgehoben werden, dass man bei ihren Deutungen sehr vorsichtig sein muss. Es gibt Leute, die z.B. das Gefühl haben, als körperloser Geist um die Erde fliegen zu können, oder die sich mit der ganzen Welt als Einheit fühlen. Was ist aber Bewusstsein und wie entsteht es? Wie oben schon erläutert wurde, gibt es in der Außenwelt keine Farben; Farben sind psychische Qualitäten, welche die Außenwelt repräsentieren sollen. Sieht man einen roten Ball, so erlebt man in seinem Bewusstsein etwas Rotes und dessen realistische Interpretation, ein in der Außenwelt liegender Ball zu sein. Diesen doppelten Aspekt des Bewusstseins – Qualia und semantische Deutung – gibt es fast immer beim Bewusstsein. Die semantischen Wahrnehmungsdeutungen können aber falsch sein, wie die bekannten Wahrnehmungstäuschungen verdeutlichen. Auch die Selbstwahrnehmung hat diesen doppelten Aspekt: Der eigene Körper wird in einer spezifischen Qualität erlebt, und diese Qualia wird als »Selbst« gedeutet. Es ist nun aber denkbar, dass dieses Selbstkonzept nicht mit der Körperqualia verbunden wird, sondern mit den Qualiae, die die gesamte Welt repräsentieren, oder nacheinander mit verschiedenen Qualiabereichen, die die Luft repräsentieren; man erlebt dann ein mystisches Einheitserlebnis bzw. eine Astralreise. Die Deutungen von introaktiven Erlebnissen sind also nach demselben Muster zu testen wie die Theorien aller anderen Wissenschaften. Um die Vorhersage einer Theorie aus dem introaktiven Bereich zu testen, kann man entweder eine introaktive Methode benutzen oder aber auch die der Außenwahrnehmung; z.B. physiologische Messungen von Körperreaktionen. Die umgekehrte Vorgehensweise – eine Theorie aus der physiologischen Forschung und ihr introaktiver Test – ist auch möglich: Sollte es in Zukunft der Hirnforschung gelingen, eine testbare Bewusstseinstheorie zu formulieren, dann könnte der Test der Theorie so aussehen, dass die Hirnforscher das Gehirn eines Patienten beeinflussen und dieser dann seinen inneren Zustand beschreibt.

# 6. Weitere Ableitungen aus dem Computer-Weltbild

Wie bereits erwähnt, war für mich das CWB ein Grund, mich intensiver mit der Esoterik zu beschäftigen, und aus dem CWB lassen sich zusätzlich zu den schon erwähnten die folgenden drei Vorhersagen ableiten.

In der naturwissenschaftlichen Forschung sammelt man empirische Daten, um von hier ausgehend die Naturgesetze bzw. Theorien zu entdecken. Besäße die Welt eine enge Analogie zu einem Computer, so wäre es natürlich einfacher, wenn man das Weltprogramm auf seinen Bildschirm (in sein Bewusstseinsfeld) laden könnte. Dabei würde dann vermutlich das Problem auftreten, dass wir die Sprache, in der das Programm geschrieben wäre, nicht verstehen würden. Hierbei muss man natürlich sofort an das denken, was Mystiker immer wieder behaupten, nämlich dass das von ihnen Geschaute unaussprechlich sei. Man kann aber hoffen, dass auch für das heute noch Unaussprechliche eine neue Sprache geschaffen werden kann, wenn mehrere introaktive Wissenschaftler derartige Erlebnisse wiederholt haben könnten und sie darüber diskutierten.

Der Gedanke, das Weltprogramm ins eigene Bewusstsein laden zu können, führt direkt zu der Idee, dieses Programm auch verändern zu können. Dies wäre dann die Umkehrung der Psychophysik. In der Psychophysik gibt man physikalische Reize, um zu untersuchen, wie sich diese im Wahrnehmungsbewusstsein auswirken. Bei unserer Methode würde man mentale Aktivitäten ausführen, um nachher zu beobachten, wie sich das in der Natur auswirkt. Ob es magische Praktiken tatsächlich gibt, möchte ich hier nicht weiter besprechen; auf jeden Fall wäre hiervor sehr zu warnen, worauf im nächsten Abschnitt genauer eingegangen wird.

Das CWB würde auch die von Esoterikern und Parapsychologen behauptete Zukunftsschau erlauben, denn in einem Computer kann das ganze zukünftige Verhalten im Programm vorgegeben sein.[1] Man kann sich beispielsweise in der Meditation oder in der Oberstufe des autogenen Trainings eine Frage über seine Zukunft stellen, um dann abzuwarten, was für Bilder in einem auftauchen. In der esoterischen Literatur liest man manchmal, dass Zukunftsvisionen (oder auch

---

[1] vgl. Bender 1980

Telepathie oder unbewusste Situationsbewertungen z.B. im Traum) in symbolischer Form ankommen. Wenn man also zum Beispiel in der Meditation sieht, wie man von seinem Institutsdirektor ans Kreuz genagelt wird, dann bedeutet das nicht, dass man am nächsten Tag tatsächlich gekreuzigt wird. Vielmehr könnte es sein, dass man am nächsten Tag die außerordentliche Kündigung erhält. Das Ankommen von symbolischen Verzerrungen ließe sich im CWB folgendermaßen erklären: Der Maschinencode des Weltcomputers ist uns nicht bekannt, d.h. unverständlich; Informationen aus dieser Software müssen deshalb erst in eine uns verstehbare Form transformiert werden, und der semantische Gehalt einer Information wird deshalb (manchmal) bildlich-symbolisch erfahren.

# 7. Chancen und Gefahren

In vielen Büchern über Meditation und Mystik wird berichtet, dass derjenige, der diesen Weg geht, viel Leid und Unglück zu ertragen habe.[1] Paul Brunton schreibt, „wir erlangen diesen gesegneten Zustand nicht, bevor wir gelitten haben", und bei Dürckheim lesen wir: „Indem er das Absurde, die Qual der höchsten Ungerechtigkeit und Widersinnigkeit auf sich nimmt, das heißt, das für das Welt-Ich Unannehmbare annimmt, die Dunkelheit über sich kommen läßt, geht das Licht, das nicht von dieser Welt ist, in ihm auf." Es ist, als ob der Suchende permanent vom Unglück verfolgt wird. Ist das purer Aberglaube? In der religiösen und esoterischen Literatur wird diese »via negativa«, der negative Weg, so gedeutet, dass derjenige, der zu Gott will, erst durch Leid und Unglück gereinigt werden müsse, bis er Gottes würdig sei; mythologisch gesprochen muss man erst durch das Fegefeuer gehen, bevor man in den Himmel kommt. Das Leiden, die Katharsis, sei als innere Läuterung eine notwendige Durchgangsstufe auf dem Weg zur mystischen Schau. Weshalb man jedoch jahrelang leiden soll, bevor man den Gott der Liebe schauen dürfe, dafür wird keine plausible Erklärung angeboten (z.B. »Um Gott schauen zu können, muss man erst Gott ähnlich werden.«). Innerhalb des CWB bietet sich deshalb folgende Erklärung an. Besäße die Welt eine enge Analogie zu einem Computer und könnte man Programme der Natur in sein Bewusstsein laden und womöglich manipulieren, dann könnte

---

[1] Brunton 1940, S. 337; Dürckheim 1991, S.108; Albert 1996

man damit auch großen Schaden anrichten. Treibt man die Analogie auf die Spitze, dann stellt sich die Frage, ob man den Weltcomputer auch zum Abstürzen bringen kann. Es könnte nun sein, dass es Schutzmechanismen in der Software gibt, die verhindern sollen, dass man wichtige Programme lädt und manipuliert. Die »via negativa« des meditativen Lebens hat daher vielleicht den Zweck, die Person davon abzuhalten, weiter zu meditieren. Manche Techniken der Esoterik sind vielleicht derjenige Baum der Erkenntnis, von dem wir nicht essen sollten; oder zumindest nur teilweise und nur moralisch hochstehende Personen. Vielleicht nicht ohne Grund war die Esoterik bis zum 20. Jahrhundert ein Geheimwissen (seit Platon ist das vermutlich die geheime Methode auch vieler Philosophen gewesen). Als Warnung bedenke man, dass die ursprünglich so harmlos anmutenden wissenschaftlichen Untersuchungen zum Atomaufbau zur Atombombe führten; und die Literatur zur Esoterik sieht von vornherein in einigen ihrer Teile nicht harmlos aus. Wohin könnte eine systematische Untersuchung introaktiver Methoden führen? Ich bin davon überzeugt, dass nicht alles an der heutigen Esoterik nur Aberglaube ist – wichtiger als die Frage, ob man das wissenschaftlich erforschen kann, sind mir jedoch die Fragen, ob man es erforschen soll, in welchem Umfang und durch wen.

Falls die via negativa nicht bloßer Aberglaube sein sollte, dann könnte die heutige Esoterik-Welle, die Zugänglichkeit bestimmter Bücher in den Buchläden, auf lange Sicht negative Folgen haben (wer die gesamte Esoterik für reine Volksverdummung hält, kann zur selben Schlussfolgerung gelangen). Ein Motiv dafür, diesen Aufsatz zu schreiben, war deshalb, die Anregung zu geben, die Esoterik aus der Öffentlichkeit weg zu bekommen. Die Untersuchung derartiger Techniken sollte man den Universitäten und Mysterienorden überlassen. Wer sich außerhalb der Universitäten dafür interessiert, der kann in Volkshochschulen ausgewählte Techniken erlernen und dort die dazu nötige Literatur mitgeteilt bekommen. Wer Entspannungstechniken benötigt, kann dort das autogene Training erlernen. Selbst wer als Entspannungstechnik mit einer harmlosen Form von Meditation beginnt, wird in der Regel später neugierig und versucht tiefere Formen; und ob das auf lange Sicht entspannend ist, ist noch fraglich. Wer wissen will, was man in Meditationen erleben kann, kann auch Bücher von glaubwürdigen Wissenschaftlern lesen; die erkenntnistheoretische Bedeutung dieser Phänomene muss ohnehin erst noch erforscht werden.[1] Vor allem sollte man

---

[1] s. Albrecht 1990

davor warnen, dass Personen in hohen verantwortungsvollen Positionen esoterische Praktiken betreiben. Sollte es die via negativa wirklich geben, könnten regierende Politiker der ganzen Gesellschaft Unglück bringen; ebenso könnte es für die gesamte Gesellschaft schädlich sein, wenn große Teile der Bevölkerung derartige Techniken praktizierten (man denke nur an die esoterischen Vorlieben von Juden und Nazis zu Beginn des vorigen Jahrhunderts). Wer trotz möglicher Gefahren meditieren will, sollte über Glück und Gesundheit meditieren (hierfür eignet sich bereits das autogene Training) und nicht über tiefschürfende mystische Dinge. Bevor man es wagt, in die kontemplative Stille zu gehen, sollte man sich darum bemühen, seinen Charakter von allem Negativen zu reinigen. Solange die Auswirkungen der introaktiven Methoden wissenschaftlich nicht erforscht sind, ist sicherlich Vorsicht geboten.

Trotz der möglichen Gefahren sollte man jedoch nicht vollständig darauf verzichten, introaktive Methoden zu erforschen, denn ein Wissen um dadurch stimulierte Erlebnisse kann auch Vorteile mit sich bringen. Vielleicht sind wirklich einige theoretische Ansichten der Esoteriker wahr, was bedeutsam für die Moral sein könnte. So soll ein früherer indischer Präsident, Radhakrishnan, einmal gesagt haben: „Du sollst deinen Nächsten lieben wie dich selber, weil du dein Nächster bist. Nur eine Illusion läßt dich glauben, dein Nächster sei ein anderer als du selber".[1] Wichtiger noch scheint mir die Frage zu sein, ob es das Gesetz vom Karma gibt. Nach dem Karmagesetz bestimmen die eigenen guten und schlechten Taten die zukünftigen Glücksfälle und Schicksalsschläge, die manchmal »zufällig« über einen kommen. Wäre das so, dann hätte auch der größte Egoist ein Motiv, immer nur Gutes zu tun; es würde die Maxime gelten : »Behandle alle Menschen so, wie du behandelt werden willst.«

Was für Resultate auch immer die introaktive Psychologie in Zukunft bringen wird, ich bin mir aber sicher, dass ein Rückfall in den platten Materialismus heutiger akademischer Prägung mit seinen sozialdarwinistischen psychologischen Konsequenzen dann nicht mehr möglich sein wird.

---

[1] zitiert nach Gaarder 1993: S. 167

# 8. Schlussbemerkungen

Wissenschaftler, welche skeptisch darüber sind, ob introaktive Methoden wissenschaftlich und therapeutisch untersucht und angewendet werden können, mögen daran denken, dass es Derartiges bereits gibt, z.B. in Form von Hypnose und autogenem Training. (Bei der Hypnose führt man zwar die einleitenden mentalen Aktivitäten nicht selbst aus, sondern der Hypnotiseur, im weiteren Sinne ist es aber doch eine introaktive Methode, außerdem gibt es die Selbsthypnose.) Auch lassen sich sicherlich Autosuggestionen bereits in der Wissenschaft zur Förderung der Kreativität einsetzen.

Hoffen kann man auch, dass Versunkenheitszustände beispielsweise in der Parapsychologie helfen, umstrittene Phänomene eindeutiger nachzuweisen; versucht wird dies bereits. Meditationen könnten dazu beitragen, dass sogar Skeptiker Telepathie o.ä. selbst erleben. Zu einer höheren Akzeptanz derartiger Phänomene kann es auch kommen, wenn die phänomenologische Natur dieser Phänomene besser beschrieben werden kann, wozu autogenes Training o.ä. hilfreich sein kann. Beispielsweise darf man sich telepathische Informationen nicht unbedingt so vorstellen, dass man wie am Telefon eine fremde Stimme an seinem Ohr oder in seinem Kopf hört. Vielmehr erlebt man oftmals diese Informationen z.B. als eigene Gedanken. In sehr schönen Worten hat dies der Mitbegründer der QM Erwin Schrödinger ausgedrückt, als er schrieb über alle „wahrhaft Liebenden, die beim Anblick des geliebten Wesens gewahr werden, daß Denken und Freuen ihnen gemeinsam und nicht nur ähnlich oder gleichartig sind."[1] Das Erleben fremder Gedanken als die eigenen soll durch folgende Anekdote verdeutlicht werden: Ein junger Mann sitze mit ein paar jungen Frauen in einem Café. Nach einiger Zeit verabschiedet er sich und fährt mit seinem Fahrrad weg. Beim Fahrradfahren gehen ihm viele Gedanken durch den Kopf, z.B. über sein Studium, die Frauen etc. Dabei denkt er dann plötzlich auch, dass er der tollste Mann der Stadt sei. Da er normalerweise ein bescheidener Mensch ist, wundert er sich, wie er auf so etwas kommen konnte. „Ich bin alles andere als ein Frauenheld.", denkt er und tadelt seine eigenen überheblichen Gedankengänge. Trotzdem muss er noch öfter denken, dass er hier der beste Mann sei. Ein paar Tage später trifft er eine der Frauen und sie erzählt ihm: „Als du neulich das Café verlassen hast,

---

[1] Schrödinger 1987: S. 150

haben wir die uns bekannten Männer der Stadt auf einer Skala von 0 bis 15 bewertet, und du warst mit 12 Punkten der Beste." Was diese Geschichte verdeutlichen soll, ist, dass ungewohnte Gedanken, die plötzlich in einem (zwanghaft) als die eigenen aufsteigen, von anderen Menschen stammen können, und introaktives Training kann helfen, dies leichter zu erkennen.

In den 60er und 70er Jahren des 20. Jahrhunderts hat sich eine psychologische Forschungsrichtung entwickelt, die als transpersonale Psychologie bezeichnet wird und die große Ähnlichkeit hat mit einer introaktiven Psychologie. Auf das wissenschaftliche Niveau dieser Forschungsrichtung will ich hier nicht näher eingehen, Charles Tart hat aber einen lesenswerten Aufsatz über die methodologische Grundlegung dieser Disziplin verfasst, in dem er vieles geschrieben hat, was auch auf unsere Forschungsrichtung zutrifft, was ich aber hier nicht alles zusammenfassen will. In der transpersonalen Psychologie werden neben Experimenten mit Drogen auch introaktive Methoden benutzt, es geht hierbei jedoch hauptsächlich um die Untersuchung sogenannter höherer bzw. veränderter Bewusstseinszustände, wohingegen die introaktive Psychologie allgemeiner ausgerichtet ist und auch innerhalb von normalen Bewusstseinsstufen experimentieren soll. Auch hat die transpersonale Psychologie hauptsächlich das Ziel, spirituelle Erlebnisse zu untersuchen, und die Bezeichnung »transpersonal« drückt schon eine intendierte theoretische Interpretation aus, wohingegen es bei der introaktiven Psychologie erst einmal nur um eine Methode geht, unabhängig davon, was dabei als Natur- und Menschenerkenntnis in Zukunft herauskommen wird. Auch forschen in der transpersonalen Psychologie sehr viele religiöse Menschen, wohingegen ich der Meinung bin, dass introaktive Wissenschaftler keiner Kirche oder Religion angehören sollten, da diese die bewusste oder unbewusste Tendenz haben, ihre Selbstbeobachtungen im Sinne ihrer jeweiligen Religion zu verfälschen. Dieser Gefahr war sich schon Charles Tart bewusst, denn in dem bereits erwähnten Aufsatz schrieb er: „derjenige, der mit starken heimlichen Vorurteilen an ein solches Erlebnis herangeht, kann leicht seine Wahrnehmungen so verzerren, daß sie seine (vorgefaßten) Erwartungen erfüllen." [1] Gibt es in einer Forschungsgruppe einen sehr religiösen Wissenschaftler, dann sollten zumindest auch Wissenschaftler mit anderem religiösen Hintergrund beteiligt sein.

---

[1] Tart 1978, S. 41.

# Literaturverzeichnis

Albert, K. (1996): *Einführung in die philosophische Mystik*. Darmstadt.

Albrecht, C. (1958): *Das mystische Erkennen. Gnoseologie und philosophische Relevanz der mystischen Relation*. Bremen.

Albrecht, C. (1990): *Psychologie des mystischen Bewußtseins*. Mainz.

Arendes, L. (1996): 'Ansätze zur physikalischen Untersuchung des Leib-Seele-Problems'. *Philosophia Naturalis 33*: 55-81.

Arendes, L. (2023): *Das Realismusproblem in der Quantenmechanik. Gibt die Physik Wissen über die Natur?* Norderstedt.

Arendes, L. (2024a): *Das Computer-Weltbild. Funktionen der Naturphilosophie in der Naturwissenschaft*. Norderstedt.

Arendes, L. (2024b): *Die wissenschaftliche Weltauffassung. Wissenschaftliche Naturphilosophie*. Norderstedt.

Bender, H. (Hrsg.) (1980): *Parapsychologie: Entwicklung, Ergebnisse, Probleme*. Darmstadt.

Brennan, B. A. (1989): *Licht-Arbeit. Das große Handbuch der Heilung mit körpereigenen Energiefeldern*. München.

Brunton, P. (1940): *Das Überselbst*. Zürich.

Dörner, D. (1979): *Problemlösen als Informationsverarbeitung*. Stuttgart.

Dürckheim, K. (1991): *Vom doppelten Ursprung des Menschen*. Freiburg i. B.

Einstein, A. (1960): *Briefe an Maurice Solovine*. Berlin.

Gaarder, J. (1993): *Sofies Welt. Roman über die Geschichte der Philosophie*. München.

Garfield, P. (1974): *Kreativ träumen*. München.

Hauer, J. W. (1958): *Der Yoga. Ein indischer Weg zum Selbst*. 2. Aufl., Stuttgart.

Heisenberg, W. (1990): *Ordnung der Wirklichkeit*. München.

Holton, G. (1973): *Thematic Origins of Scientific Thought: Kepler to Einstein*. Cambridge, Mass.

Naranjo, C., Ornstein, R. E. (1988): *Psychologie der Meditation*. Frankfurt a. M.

Rafelski, J., Müller, B. (1985): *Die Struktur des Vakuums. Ein Dialog über das Nichts*. Frankfurt a. M.

Rogo, D. S. (1985): *Reisen in die unsterbliche Dimension. Ein 8 Schritte-Führer für Astralreisen.* München.

Runggaldier, E. (1996): *Philosophie der Esoterik.* Stuttgart.

Schrödinger, E. (1987): *Was ist Leben?* München.

Schultz, I. (1956): *Das autogene Training (Konzentrative Selbstentspannung). Versuch einer klinisch-praktischen Darstellung.* Stuttgart.

Schwäbisch, L., Siems, M. (1983): *Selbstentfaltung durch Meditation. Eine praktische Anleitung.* Reinbek.

Sekida , K. (1975): *Zen Training. Methods and Philosophy.* New York.

Steiner, R. (1961): *Wie erlangt man Erkenntnisse der höheren Welten?* Dornach.

St. Nikodemos, St. Makarios (Hrsg.) (2004): *Philokalie der heiligen Väter der Nüchternheit, Bd. V.* Verlag „Der christliche Osten", Würzburg.

Suzuki, D. T. (1988): *Koan. Der Sprung ins Grenzenlose. Das Koan als Mittel der meditativen Schulung im Zen.* Bern.

Tart, C. (1978): 'Wissenschaft, Bewußtseinszustände und spirituelle Erfahrungen: Die Notwendigkeit bewußtseinszustands-orientierter Wissenschaften'. In C. Tart (Hrsg.): *Transpersonale Psychologie*, Olten, S. 21-98.

Törnebohm, H. (1984): 'Die Rolle der Naturphilosophie in der physikalischen Forschung'. In B. Kanitscheider (Hrsg.): *Moderne Naturphilosophie.* Würzburg, 15-39.

Wallace, A., Henkin, B. (1982): *Anleitung zum geistigen Heilen.* Essen.

Wulff, D. (1997): *Psychology of Religion. Classic and Contemporary.* 2. Aufl. New York.

# Das Galilei-Paradox der Quadratzahlen

Im Jahre 1638 formulierte Galilei ein Paradox, welches besagt, dass zwar einerseits die Quadratzahlen 1,4,9,16,... einen echten Teil aller natürlichen Zahlen 1,2,3,4,5,6,... bilden, man aber andererseits jeder natürlichen Zahl eine Quadratzahl zuordnen kann (1 → 1; 2 → 4; 3 → 9; 4 → 16; 5 → 25;...), so dass es danach genauso viele Quadratzahlen wie natürliche Zahlen geben sollte. Kritiker der Behauptung, es gebe so viele Quadratzahlen wie natürliche Zahlen, verweisen darauf, dass bei der Betrachtung der Menge aller Quadratzahlen viele Zahlen fehlen, die es bei der Betrachtung aller natürlichen Zahlen zusätzlich gibt: 2,3,5,6,7,8,10,... Demgegenüber benutzen manche Mathematiker, aufbauend auf Dedekind, die Gleichheit sogar für die Definition des Begriffs der unendlichen Menge: Eine Menge heißt nach Dedekind unendlich, wenn es eine eineindeutige Abbildung von den Elementen der Gesamtmenge zu Elementen einer echten Teilmenge gibt. Danach ist die angebliche Gleichheit der Anzahl der Quadratzahlen mit der Anzahl aller natürlichen Zahlen geradezu der Beleg dafür, dass die natürlichen Zahlen eine unendliche Menge bilden. Im Folgenden soll ein weiteres Argument dafür angeführt werden, dass man *nicht* von der Gleichheit von Anzahlen sprechen kann:

Man betrachte zunächst das Intervall von 1 bis 10 mit den darin vorkommenden zehn natürlichen Zahlen mit den drei Quadratzahlen 1, 4 und 9. Bezeichnet man mit N die Anzahl der natürlichen Zahlen und mit Q die Anzahl der Quadratzahlen, so ist der Quotient Q/N = 3/10 = 0,3. Betrachtet man als Nächstes das Intervall von 1 bis 20, so hat man 20 natürliche Zahlen und mit der zusätzlichen Quadratzahl 16 insgesamt vier Quadratzahlen: Q/N = 4/20 = 0,2. Man kann nun das betrachtete Intervall immer größer machen und das entsprechende Verhältnis errechnen. Bei dem Intervall mit N = 50 hat man den Quotienten Q/N = 0,14, bei N = 100 ist Q/N = 0,1, bei N = 200 gilt Q/N = 0,07 und entsprechend z.B. 22/500 = 0,044; 31/1000 = 0,031; 35/1250 = 0,028 usw. Bei der soeben durchgeführten schrittweisen Vergrößerung des Intervalls hat man zusammenfassend die Quotienten 0,3; 0,2; 0,14; 0,1; 0,07; 0,044; 0,031; 0,028. Es ist auffallend, dass der Quotient immer kleiner wird, je mehr natürliche Zahlen man einbezieht.

Bezeichnet man mit der Anzahl an betrachteten natürlichen Zahlen den Term $N = 10^n$ mit n für 0,1,2,3... (d.h. man betrachtet nacheinander 1, 10, 100, 1000 usw. natürliche Zahlen für N), so wird gemäß der Vorgehensweise der heutigen Grenzwertmathematik beim Grenzübergang von n gegen unendlich ($n \rightarrow \infty$) der entsprechende Quotient 0; der Quotient nähert sich immer mehr der Null, je mehr natürliche Zahlen man betrachtet, und wird als Grenzwert 0. (Für $N = 10^{2n}$ ist $Q = 10^n$, denn quadriert man $10^n$, so erhält man $10^{2n}$, und der Quotient ist $1/10^n$.)

Diejenigen, welche der Meinung sind, es gebe so viele Quadratzahlen wie natürliche Zahlen, müssen zugestehen, dass der Quotient Q/N bei sehr, sehr großen Intervallen der Null sehr nahe kommt; aber sie meinen auch, dass beim Grenzübergang $n \rightarrow \infty$ der Quotient von fast 0 plötzlich auf 1 springt, was im Rahmen heutiger Grenzwertmathematik nicht überzeugend ist.

Galilei schrieb zu seinem Paradox: „Das ist eine der Schwierigkeiten, die entstehen, wenn wir versuchen, mit unserem endlichen Verstand die Unendlichkeit zu betrachten und ihr die gleichen Eigenschaften zuzuschreiben, die man dem, was endlich und begrenzt ist, zubilligt; meiner Meinung nach ist das falsch – man kann über unendliche Größen nicht sagen, dass eine größer, kleiner oder gleich der anderen ist".[1] Ähnlich argumentierte Newton in einem Brief: „Die Unendlichkeiten, wenn man sie ohne irgendwelche Restriktionen oder Beschränkungen betrachtet, sind weder gleich noch ungleich, noch stehen sie in irgendwelchen Relationen zueinander".[2] Aus rein philosophischer Sicht betrachtet sind diese Beurteilungen von Galilei und Newton sicherlich am vernünftigsten. Auf eine unendliche Menge lässt sich der Anzahlbegriff nicht anwenden, da es keine bestimmte Zahl als Anzahl geben kann, da das Unendliche ohne Ende ist: Man kann immer noch mehr Zahlen hinzufügen, wodurch die zugeordneten Quadratzahlen noch viel mehr zusätzliche Zahlen erfordern, welche zwischen ihnen und den vorherigen Quadratzahlen liegen, und diese neuen natürlichen Zahlen haben

---

[1] Galilei in „*Discorsi*"; zitiert nach T. Bedürftig und R. Murawski: „*Philosophie der Mathematik*", 2015: S. 272
[2] zitiert nach gleicher Quelle, S. 272

wieder Quadratzahlen usw. Demgegenüber kann man aus Sicht der reinen Mathematik im Sinne heutiger Grenzwertmathematik den Standpunkt vertreten, dass bei der unendlichen Menge natürlicher Zahlen der Quotient Q/N (als Grenzwert) 0 ist, so dass die Menge der Quadratzahlen im Vergleich zu allen natürlichen Zahlen verschwindend gering ist.

Ob nun aus rein philosophischer Sicht oder aus rein mathematischer Grenzwertsicht: Die These, es gebe ebenso viele Quadratzahlen wie natürliche Zahlen, ist nicht überzeugend. Die Möglichkeit der eineindeutigen Zuordnung der Elemente einer Menge zu den Elementen einer anderen Menge bedeutet bei zwei unendlichen Mengen nicht notwendigerweise, dass man es mit einer gleichen „Anzahl" zu tun hat. Autoren wie Cantor gehen zu naiv mit dem Unendlichen um, da das Unendliche ohne Ende ist und nicht realistisch zu einer abgeschlossenen Menge zusammengefasst werden kann. (Cantors transfinite Zahlen, die Addition zusätzlicher Zahlen zu einer Reihe ohne Ende $(1,2,3,..., \omega, \omega + 1, \omega + 2, \omega + 3,...)$, mit der angeblich abgeschlossenen Menge $\omega = (1,2,3,...)$, können deshalb nur formale Spielereien sein.)

Entsprechend ist es auch nicht überzeugend zu behaupten, wie man manchmal liest, die Fläche eines Rechtecks habe genauso viele „Punkte" wie eine ihrer Seitenlinien, da man jeden „Punkt" der Fläche einem „Punkt" der Seitenlinie zuordnen kann. Hierbei kommt sogar noch das Problem hinzu, dass sich ein Kontinuum nicht aus Punkten, auch nicht aus unendlich vielen, zusammensetzt, da Punkte diskret sind. (Ein Punkt ist ein ausdehnungsloses Ding, und durch unendlich viele ausdehnungslose Dinge erhält man keine ausgedehnte Linie.) Die reellen Zahlen sind bezüglich des physikalischen Kontinuums nur eine zahlentheoretische Approximation. Dass die reellen Zahlen nur eine unvollkommene Approximation an den Begriff des Kontinuums sind, wird beispielsweise daran deutlich, dass man z.B. bei einer Linie, die von 0 bis 1 verläuft, von 0 aus startend nicht zur 1 gelangen kann, indem man immer von einer reellen Zahl (z.B. von 0) zur nächstgelegenen größeren reellen Zahl übergeht: denn es gibt keine „nächstgrößere" reelle Zahl, zwischen zwei reellen Zahlen liegen immer unendlich viele andere reelle Zahlen (auch zwischen z.B. 0 und 0,000001); in der Mathematik spricht man davon, dass die reellen Zahlen, ebenso wie die rationalen, „dicht" sind.[1] Betrachtet man reelle Zahlen als Punkte auf der Zahlengeraden, so bilden sie zusammen dennoch kein Kontinuum; auch unendlich viele Punkte ergeben noch kein Kontinuum, da sie diskret sind. (Außerdem lassen sich die meisten reellen Zahlen gar nicht exakt auf der Zahlengeraden lokalisieren, da die irrationalen Zahlen Nachkommaziffern ohne Ende haben; sie trotzdem als „Punkte" auf der Zahlengeraden zu bezeichnen ist zumindest streitbar.) Jedoch mit Blick auf die Kontinuumstheorie von Aristoteles sind die reellen Zahlen das Beste, was man zahlenmäßig erreichen kann.[2] Nach Aristoteles' Kontinuumstheorie ist eine kontinuierliche Strecke etwas, das immer und immer wieder geteilt werden kann: potenziell unendlich oft – und hiermit ist man schon dicht dran an dem Begriff der Irrationalzahl, die durch unendliche Intervallschachtelungen definiert werden kann.

## Exkurs:

Als Gymnasiast hatte ich folgendes Paradox entdeckt:

Teilt man 1 durch 2, erhält man 1/2. Teilt man 1 durch 1, erhält man 1. Teilt man 1 durch 1/2, erhält man 2. Teilt man 1 durch 1/3, erhält man 3. Also: Je kleiner der Divisor, desto größer der Term. Nähert man, als Bruch betrachtet, den Nenner immer mehr der Null, so nähert sich der Bruch immer mehr unendlich. Anders sieht es aus, wenn der Nenner negativ ist: 1 geteilt durch $-2$ macht $-1/2$. 1 geteilt durch $-1$ macht $-1$. 1 geteilt durch $-1/2$ macht $-2$. 1 durch $-1/3$ macht $-3$. Nähert man sich auf diese Weise immer mehr 0, so nähert sich der Term immer mehr minus unendlich. Fazit: Wenn man sich von der positiven Seite im Nenner Null nähert, nähert sich der ganze Term plus unendlich; nähert man sich im Nenner von der negativen Seite Null, erhält man minus unendlich. Lässt man in beiden Fällen im Grenzwert den Nenner Null werden, so steht in beiden Fällen im Nenner Null, in einem Fall sollte jedoch der Term im Grenzwert plus unendlich sein, im anderen Fall negativ unendlich: Sind also $+\infty$ und $-\infty$ miteinander identisch (da $+0$ gleich $-0$ ist)? Nikolaus von Kues glaubte, dass im Unendlichen alle Gegensätze zusammenfallen.

---

[1] Will man von 0 nach 1 gelangen, so muss man vom gegebenen Wert diskontinuierlich zu einem höheren Wert springen (und hierfür reichen rationale Zahlen); das ist auch interessant für unseren Zeitbegriff.

[2] s. G. Speck: *„Die Naturphilosophie des Aristoteles"*, 1975

# Achill und die Kunst des Ansatzes

Bei der Bearbeitung eines wissenschaftlichen Problems wird oftmals, insbesondere in der theoretischen Physik, zu Beginn ein „Ansatz" formuliert, von dem man glaubt, das Problem damit lösen zu können. Es handelt sich hierbei um einen wissenschaftlichen Fachausdruck, der so bedeutsam ist, dass das deutsche Wort „Ansatz" inzwischen selbst in der amerikanischen Wissenschaftssprache verwendet wird. In der wissenschaftlichen Forschung hofft man, mit einem guten Ansatz ein Problem lösen zu können, und dabei ist ein guter Ansatz oftmals bereits die halbe Lösung. Umgekehrt kann man durch einen schlechten Ansatz die Lösung des Problems sehr erschweren, wenn nicht gar unmöglich machen, was sich eindrucksvoll illustrieren lässt anhand der Paradoxie „*Achilles und die Schildkröte*".

Bei der von dem antiken Griechen Zenon formulierten Paradoxie „Achilles und die Schildkröte" kann der griechische Krieger Achilles eine vor ihm kriechende Schildkröte nicht einholen oder gar überholen. Bis er nämlich ihren Vorsprung aufgeholt hat, ist die Schildkröte inzwischen weitergekrochen, und bis er diesen Vorsprung eingeholt hat, ist die Schildkröte selbst wieder weitergekommen und so weiter: Die Schildkröte wird immer einen, wenngleich auch immer kleiner werdenden Vorsprung behalten, so dass Achill sie prinzipiell nicht einholen und überholen kann.

Zur Behandlung der Frage, ob und wann Achill die Schildkröte einholen kann, hat Zenon den Ansatz gemacht, die Bewegung und den Ortsaufenthalt von Achill und der Schildkröte relativ zueinander zu beschreiben. Nicht wird die Bewegung beschrieben relativ zu dem Erdboden, auf dem man sich bewegt (etwa soundsoviel Meter pro Sekunde), vielmehr wird die Bewegung beschrieben als Abstand des einen sich Bewegenden zum anderen sich Bewegenden: Wenn der ursprüngliche Abstand zum vor ihm Laufenden eingeholt worden ist, hat der vor ihm

Laufende sich selbst schon wieder weiter bewegt. Wie dieser merkwürdige Ansatz zur Beschreibung der Bewegung das Überholen der Schildkröte als unmöglich erscheinen lässt, soll im Folgenden genauer verdeutlicht werden, indem ein Beispiel mathematisch exakt durchgerechnet wird.

In diesem Wettlauf habe Achill eine Geschwindigkeit von 10 Meter pro Sekunde, unsere Rennschildkröte krieche einen Dezimeter pro Sekunde und habe zu Beginn des Wettlaufs einen Vorsprung von 100 Metern.

Zur Zeit t = 0 beginnt der Wettlauf und Achill benötigt 10 Sekunden, um den Vorsprung der Schildkröte von 100m aufzuholen. In dieser Zeit ist die Schildkröte jedoch nicht faul und kriecht 10dm voran.

10 Sekunden nach Wettlaufbeginn hat somit die Schildkröte noch einen Vorsprung von 1m, und um diesen Meter aufzuholen benötigt Achill 0,1 Sekunden. In dieser 0,1 Sekunde kriecht jedoch die Schildkröte um 0,01m voran.

Die Schildkröte hat somit 10,1 Sekunden nach Wettlaufbeginn einen Vorsprung von 1cm. Um diesen einen Zentimeter zu überbrücken benötigt Achill 0,001 Sekunden, während dieser Zeit kriecht die Schildkröte jedoch um 0,0001m (0,1mm) voran.

Um 0,1mm zu überbrücken benötigt Achill 0,00001 Sekunden, und während dieser Zeit legt die Schildkröte 0,000001m (0,001mm) zurück; usw. usw.

Was dieses durchgerechnete Beispiel zeigt, ist, dass nicht nur der Wegunterschied zwischen Achill und der Schildkröte immer kleiner wird (100m – 1m – 0,01m – 0,0001m – 0,000001m usw.), sondern auch, dass die Zeitspanne, die Achill zum Überbrücken des jeweiligen Vorsprungs der Schildkröte benötigt, immer kleiner wird: 10sec – 0,1sec – 0,001sec – 0,00001sec usw. Wiederholt man diesen Vorgang des Aufholens des jeweiligen Vorsprungs unendlich viele Male, so nähert sich die betrachtete Zeitspanne immer mehr der Null; im Sinne der heutigen Grenzwert-Mathematik wird die betrachtete Zeitspanne 0sec – das heißt, die Zeit bleibt praktisch stehen. Und hier liegt nun der Grund dafür, dass Achill die Schildkröte nie überholen kann: Bevor dies geschehen könnte, wird die Zeit sozusagen eingefroren. Oder anders ausgedrückt: Man betrachtet immer kleinere Zeitabschnitte und als unendlichen Grenzwert den Zeitabschnitt (bzw.

Zeitpunkt) 0,0sec; in einem Zeitraum von 0,0sec kann sich aber nichts bewegen, und deshalb kann Achill die Schildkröte nicht überholen. Die Zeit, in der Achill die Schildkröte überholt hätte, wird einfach nicht zugelassen. Dies ist die unrealistische Konsequenz des ungeschickten Ansatzes, die Bewegung nicht relativ zum beschrittenen Erdboden zu beschreiben, sondern relativ zur Bewegung bzw. zum Ort der beiden Läufer. Dass dieser Beschreibungsansatz die Konsequenz hat, dass die Zeit quasi in eine Sackgasse läuft, belegt, dass dieser Ansatz falsch ist; er hat unphysikalische Konsequenzen. Der Ansatz führt dazu, dass beispielsweise nie der Zeitpunkt 11 Sekunden erreicht wird, wo Achill 110m zurückgelegt hätte und die Schildkröte bei 101,1m wäre. Die mathematische Streckenformel für Achill lautet: S(Achill) = 10m/s mal t; die Formel für die Schildkröte lautet: S(Sch) = 0,1m/s mal t plus 100m. Beide wären am selben Ort, wenn gilt: S(A) = S(Sch). Löst man diese Gleichung nach der Zeit auf, so gilt: t = 100m/9,9m/s = 10,101010... sec bzw. 10+10/99sec (S = 101,010101...m bzw. 101+1/99m). Beim Zeitpunkt 10,101010...sec hätte Achill die Schildkröte erreicht, diese Zeit wird jedoch nur im Sinne der heutigen Grenzwert-Mathematik erreicht, aber selbst im Sinne dieser klassischen Grenzwert-Analysis würde nach diesem ungeschickten Beschreibungsansatz dieser Zeitpunkt nie überschritten; z.B. die Zeit t = 11sec wird nie erreicht.

Die klassische Analysis kann bei diesem Beschreibungsansatz nicht das Überholen der Schildkröte darlegen, kann somit die Paradoxie nicht völlig auflösen (wie manche Autoren glauben, da Achill im unendlichen (!) Grenzwert die Schildkröte erreicht), was nur gelingt, wenn man erkannt hat, dass der falsche Ansatz eine stillschweigende Zusatzbedingung bzw. Konsequenz enthält, die unphysikalisch ist: praktisch der Stillstand der Zeit im Bereich 10,1010...sec (t < 10.101010...sec). (Im Sinne der modernen Nichtstandard-Analysis, die auf den Grenzwertbegriff verzichtet und mit unendlich kleinen und unendlich großen Größen rechnet, erreicht Achill die Schildkröte nicht einmal im Sinne eines Grenzwertes, weil ein unendlich kleiner Abstand immer bestehen bleibt; und so sah es auch der Erfinder der Paradoxie, Zenon.)

Was das Beispiel der Zenon-Paradoxie verdeutlichen soll, ist, dass ein ungeschickter Lösungsansatz unbemerkt unsinnige Zusatzannahmen bzw. Konsequenzen enthalten kann, die die Lösung des Problems verhindern (oder die eine scheinbare Lösung nur vortäuschen), weil auf versteckte Weise unphysikalische Annahmen gemacht werden. Ein falscher Ansatz kann sehr in die Irre führen. In der theoretischen Physik gibt es die experimentelle Kontrolle, was jedoch in der reinen Mathematik fehlt. Folgen aber in der reinen Mathematik aus einem Ansatz scheinbar absurde Konsequenzen (vgl. das Galileiparadox), dann hat man nicht unbedingt eine geniale Entdeckung gemacht, vielmehr stimmt vielleicht der Ansatz nicht.

In Psychologie und Philosophie gibt und gab es Autoren, die meinen, Bewusstseinsqualitäten wie die sogenannten Qualia gäbe es gar nicht bzw. die Wissenschaft dürfe solche introspektiven Befunde nicht heranziehen (Behavioristen). Mit einer derartigen Grundeinstellung verbaut man sich natürlich den Weg zu einer wissenschaftlichen Bewusstseinstheorie. Andere Autoren nehmen zwar an, dass diese Phänomene existieren und dass introspektives Wissen berechtigt ist, sind aber der Grundüberzeugung, diese Phänomene seien keine physikalischen Eigenschaften und könnten deshalb prinzipiell nicht physikalisch erklärt werden. Einige Autoren meinen, nur die heute bekannten physikalischen Eigenschaften der neuronalen Netze dürften in einer Theorie zur Erklärung herangezogen werden, weshalb andere Autoren, insbesondere sehr religiöse Autoren, beweisen zu können glauben, eine mathematisch-physikalische Theorie des Bewusstseins sei prinzipiell unmöglich. Wer derartige Ansätze voraussetzt, muss natürlich scheitern! Im Laufe der Geschichte der Physik sind jedoch schon öfter neue Begriffe eingeführt worden – Energie, Entropie, Enthalpie, und wegen der Quantenmechanik wird zurzeit die Information zu einem physikalischen Begriff. Will man nun das Bewusstsein erklären, muss man natürlich Bewusstseinseigenschaften als existent akzeptieren und derartige Begriffe in die Physik aufnehmen. Die Physik möchte die Strukturen und Prozesse der gesamten Welt erklären und muss deshalb natürlich alle Phänomene dieser Welt begrifflich behandeln können; und Lebewesen mit Bewusstsein sind Teile dieser Welt. So wie man in der geometrischen Gravitationstheorie von Hilbert und Einstein geometrische Eigenschaften ins Begriffsinstrumentarium der Physik aufnahm, um eine funktionale Abhängigkeit von Materie und Geometrie zu formulieren, habe ich in der Hirnforschung den Ansatz formuliert, Gleichungen zu suchen, die die psychischen Qualia in eine funktionale Beziehung zu Hirnvorgängen setzen. Dabei werden die Qualia als wirklich existent ernst genommen, sie aber aufgefasst als gesetzmäßig bezogen auf physiologische Eigenschaften und Naturkonstanten bzw. allgemeinen Parametern, wie sie in den grundlegenden physikalischen Theorien üblich sind.

Um nun das Ansatzproblem für die Suche nach Wahrheit allgemeiner zu formulieren: Es hat unterschiedliche Konsequenzen, ob man die Wahrheit als Naturwissenschaftler oder als Geisteswissenschaftler untersucht, und man kann den Standpunkt vertreten, dass der rein naturwissenschaftliche Ansatz inadäquat ist, um (alles) Geistiges zu erforschen!

# Cantor und die Kunst des Ansatzes

Man bezeichnet die Anzahl der Elemente einer Menge **M** als die Mächtigkeit oder Kardinalität von **M** und symbolisiert dies in der Mengenlehre mit dem Zeichen $|\mathbf{M}|$. Hat man beispielsweise die Zahlenmenge $\mathbf{M} = \{2, 3, 7\}$, so ist $|\mathbf{M}| = 3$. Um herauszufinden, ob zwei endliche Mengen gleich mächtig sind, braucht man nur die Elemente jeder Menge zu zählen, um dann die beiden Anzahlen zu vergleichen. Aber wie kann man die Mächtigkeit von zwei unendlichen Mengen vergleichen; man kann ja eine unendliche Menge nicht vollständig abzählen? Der angebliche Vater der Mengenlehre, Gregor Cantor, interessierte sich sehr stark für Vergleiche der Mächtigkeiten von unendlichen Mengen, und um entscheiden zu können, ob zwei unendliche Mengen gleich mächtig sind, schlug er das folgende Verfahren vor, das zunächst am Beispiel von zwei endlichen Mengen erläutert werden soll.[1]

Hat man eine Herde von schwarzen und weißen Schafen, so kann man herausfinden, ob es gleich viele schwarze wie weiße Schafe gibt, ohne jeweils die weißen und schwarzen Schafe zählen zu müssen, indem man ein schwarzes zu einem weißen Schaf stellt, dieses Paar beiseite stellt, und dann das nächste schwarz-weiße Paar bildet, dieses beiseite stellt, und so weiter, bis man nicht mehr in der Lage ist, ein schwarz-weißes Paar zu bilden. Hat man dann noch einen Rest von einem oder mehreren schwarzen Schafen, so hat die Herde mehr schwarze als weiße Schafe. Hat man hingegen zum Schluss noch ein oder mehrere weiße Schafe übrig, so enthält die Herde mehr weiße Schafe. Gibt es keine überzähligen Schafe, so dass man alle Tiere miteinander paaren konnte, so enthält die Herde genauso viele weiße wie schwarze Schafe.

---

[1] In meiner Darstellung von Cantors Vorgehen beziehe ich mich auf das Kapitel 3 des Buches „*Sieben Wunder der Informatik*", 2006, von Juraj Hromkovič.

# Tabelle 1

| | 0 | 1 | 2 | 3 | 4 | ... | i | ... |
|---|---|---|---|---|---|---|---|---|
| **1** | 0, | $a_{11}$ | $a_{12}$ | $a_{13}$ | $a_{14}$ | ... | $a_{1i}$ | ... |
| **2** | 0, | $a_{21}$ | $a_{22}$ | $a_{23}$ | $a_{24}$ | ... | $a_{2i}$ | ... |
| **3** | 0, | $a_{31}$ | $a_{32}$ | $a_{33}$ | $a_{34}$ | ... | $a_{3i}$ | ... |
| **4** | 0, | $a_{41}$ | $a_{42}$ | $a_{43}$ | $a_{44}$ | ... | $a_{4i}$ | ... |
| . | . | . | . | . | . | . | . | . |
| . | | . | . | . | . | . | . | . |
| . | | . | . | . | . | . | . | . |
| **i** | 0, | $a_{i1}$ | $a_{i2}$ | $a_{i3}$ | $a_{i4}$ | ... | $a_{ii}$ | ... |
| . | | . | . | . | . | . | . | . |
| . | | . | . | . | . | . | . | . |
| . | | . | . | . | . | . | . | . |

Bei dem Vergleich der Mächtigkeit zweier unendlicher Mengen ging Cantor genauso vor: Jedes Element der Menge **A** wird mit einem Element der Menge **B** gepaart, und wenn dieses vollständig möglich ist, sind beide unendliche Mengen gleich mächtig. (Dies ist bei Cantor eine axiomatische Festlegung der gleichen Mächtigkeit von zwei unendlichen Mengen; ob diese Festlegung tatsächlich sinnvoll ist, ist aber umstritten.) So kann man sich beispielsweise fragen, ob die unendliche Menge der natürlichen Zahlen, **N**, eine kleinere Mächtigkeit besitzt als die unendliche Menge der ganzen Zahlen **Z** (**N** = {0, 1, 2, 3 ...}, **Z** = {0, 1, -1, 2, -2, 3, -3 ...}). Da **N** eine Teilmenge von **Z** ist, könnte man auf den Gedanken kommen, die Mächtigkeit von **N** sei kleiner als die von **Z**, nach Cantors Verfahren sind jedoch beide Mengen gleich mächtig, da man jede Zahl von **Z** lückenlos einer Zahl von **N** zuordnen kann, da folgende Paarungen möglich sind: (0, 0), (1, 1), (2, -1), (3, 2), (4, -2), (5, 3), (6, -3), ... (die erste Zahl jeden Paares ist aus **N**, die zweite aus **Z**). Nach Cantors Verfahren hat somit **Z** genauso viele Elemente wie **N**: beide jeweils unendlich viele. Die Zuordnung jeder Zahl aus **N** zu einem Element einer anderen Menge **M** kann man auch so ausdrücken, dass es möglich ist, die Elemente der Menge **M** durchzunummerieren bzw. abzuzählen: Eine Zahl von **M** bekommt von **N** die Zahl 1 zugeordnet, eine andere Zahl von **M** die 2, die nächste die 3 usw. Kann man die Elemente der Menge **M** durchnummerieren bzw. abzählen, so ist **M** genauso mächtig wie **N**.

Innerhalb Cantors Mengenlehre spielt die Frage eine wichtige Rolle, ob die Menge der reellen Zahlen **R** genau so mächtig ist wie die Menge der natürlichen Zahlen **N**, was Cantor in diesem Falle verneint. Um dieses zu zeigen, führt er einen Beweis dafür an, dass schon allein die reellen Zahlen im Intervall [0,1] nicht abgezählt, nicht nummeriert werden können. Und nach meiner nun abgeschlossenen Einleitung über Cantors Ansichten komme ich nun zum eigentlichen Thema dieser Abhandlung: Cantors Diagonalbeweis dafür, dass die reellen Zahlen von 0 bis 1 nicht nummeriert werden können. Cantor führt den Beweis durch, indem er zunächst das Gegenteil annimmt (dass die Zahlen in [0,1] nummeriert werden können), um dann zu zeigen, dass diese Annahme zu einem Widerspruch führe, so dass diese Annahme falsch sein muss.

Cantor geht bei seinem Beweis von folgendem Ansatz aus:[1] Wenn eine Nummerierung der reellen Zahlen in [0,1] existiert, kann man die Folge der reellen Zahlen in einer Tabelle auflisten: s. Tabelle 1.[2] Tabelle 1 besagt, dass die erste Zahl der Nummerierung $0,a_{11}\,a_{12}\,a_{13}\,a_{14}...$ ist. Die Symbole $a_{11}, a_{12}, a_{13} ...$ sind die Dezimalziffern nach dem Komma. Die Anzahl der Zeilen der Tabelle, $|\mathbf{N}|$, ist unendlich, da die reellen Zahlen vollständig aufgelistet sein sollen; die Anzahl der Spalten ist auch unendlich, weil die meisten reellen Zahlen (so wie Pi/4 = 0,7853982... und 1/3 = 0,333333...) unendlich viele Nachkommastellen haben.

---

[1] s. Hromkovič 2006: S. 98f

[2] Die Tabellen 1 und 2 habe ich adaptiert aus Hromkovič 2006.

Um diese etwas abstrakte Darstellung von Tabelle 1 zu verdeutlichen, ist in Tabelle 2 eine hypothetische Auflistung (Nummerierung) der reellen Zahlen in [0,1] gegeben. Die erste Zahl wäre danach 0,732110..., die zweite Zahl 0,000..., die dritte Zahl 0,998103... usw.

Um zu zeigen, dass die Annahme der Möglichkeit einer Nummerierung zu einem Widerspruch führe, kommt nun Cantors Diagonalisierungsmethode zur Anwendung. Dadurch soll gezeigt werden, dass es eine reelle Zahl c gibt, die nicht in der unendlichen Liste enthalten sein kann, obwohl diese Liste doch die Liste aller reellen Zahlen in [0,1] sein soll. Es wird nun folgendermaßen eine Zahl aus [0,1] zusammengestellt, die nicht in der Liste sein kann. Die Zahl c wird geschrieben als $c = 0,c_1c_2c_3c_4...$, wobei $c_1$, $c_2$, $c_3$ ..., $c_i$ ... die Nachkommastellen angeben, und die einzelnen $c_i$ werden folgendermaßen gewählt: $c_1 = a_{11} - 1$, falls $a_{11} \neq 0$, und $c_1 = 1$, falls $a_{11} = 0$. Für Tabelle 2 würde das bedeuten, dass $c_1 = 6$ ist, weil $a_{11} = 7$ ist. Damit ist nun gewährleistet, dass unsere Zahl c nicht die Zahl der ersten Zeile von Tabelle 1 (bzw. Tabelle 2) ist. Die zweite Ziffer $c_2$ von c wird auf analoge Weise unterschiedlich von $a_{22}$ gewählt als $c_2 = a_{22} - 1$, falls $a_{22} \neq 0$, und $c_2 = 1$, falls $a_{22} = 0$. Analog verfährt man mit $c_3$ usw. Allgemein ausgedrückt gilt: $c_i = a_{ii} - 1$, falls $a_{ii} \neq 0$, und $c_i = 1$, falls $a_{ii} = 0$, so dass c sich garantiert von der Zahl der i-ten Zeile unterscheidet. Für die Zahlen aus Tabelle 2 erhält man $c = 0,617106...$

Mit einer derartigen Konstruktionsvorschrift ist gewährleistet, dass sich c mindestens in einer Ziffer von jeder Zahl der Tabelle (der Nummerierung) unterscheidet, und damit ist c nicht in der Nummerierung enthalten. Damit ist aber die Tabelle keine Nummerierung aller reellen Zahlen von [0,1], obwohl sie das laut Annahme sein sollte. Dieser Widerspruch bedeutet, dass es keine Nummerierung geben kann. Cantors Beweis zeigt somit: „Es gibt keine Nummerierung von [0,1]."

Im Folgenden werde ich zeigen, dass dieser berühmte Diagonalbeweis falsch ist, indem ich eine Methode beschreibe, die reellen Zahlen von [0,1] abzuzählen, um anschließend auf Cantors Fehler beim „Beweis" einzugehen.

## Tabelle 2

|   | 0 | 1 | 2 | 3 | 4 | 5 | 6 | ... |
|---|---|---|---|---|---|---|---|-----|
| **1** | 0, | 7 | 3 | 2 | 1 | 1 | 0 | ... |
| **2** | 0, | 0 | 0 | 0 | 0 | 0 | 0 | ... |
| **3** | 0, | 9 | 9 | 8 | 1 | 0 | 3 | ... |
| **4** | 0, | 2 | 3 | 4 | 0 | 7 | 8 | ... |
| **5** | 0, | 3 | 5 | 0 | 0 | 1 | 2 | ... |
| **6** | 0, | 3 | 1 | 4 | 1 | 5 | 7 | ... |
| . | . | . | . | . | . | . | . | ... |
| . | . | . | . | . | . | . | . | ... |
| . | . | . | . | . | . | . | . | ... |
| **i** | 0, | 7 | 6 | 5 | 0 | 0 | 1 | ... |
| . | . | . | . | . | . | . | . | ... |
| . | . | . | . | . | . | . | . | ... |
| . | . | . | . | . | . | . | . | ... |

Es sollen nun die Zahlen von [0,1] nummeriert werden. Die Zahl mit der Nummer **1** ist die Null **(1. 0)**. Als Nächstes werden die Zahlen mit der ersten Nachkommastelle nummeriert, indem die erste Dezimalstelle systematisch durchvariiert wird von 0 bis 9, denn nur diese 10 Möglichkeiten gibt es: Die Zahl 0,0 wird nicht nummeriert, weil sie identisch ist mit 0 (sie wird deshalb einge-klammert, muss aber aufgeführt werden für die nächsten Nachkommastellen):

**(0,0)    2. 0,1    3. 0,2    4. 0,3    5. 0,4    6. 0,5    7. 0,6    8. 0,7    9. 0,8    10. 0,9**

Als Nächstes wenden wir uns der zweiten Dezimalstelle zu. Das bedeutet, dass jede der vorangegangenen zehn Zahlen eine zweite Nachkommastelle erhält, die jeweils systematisch von 0 bis 9 durchvariiert wird (wobei wieder die Zahlen mit der 0 am Ende nicht gezählt und deshalb eingeklammert werden).

**Aus 0,0 entsteht** (ohne dieses Mal die jeweilige Nummer mit aufzuführen, d.h. ohne zuvor jeweils 11. bis 19. anzuführen):

**(0,00)    0,01    0,02    0,03    0,04    0,05    0,06    0,07    0,08    0,09**

**Aus 0,1 entsteht:**

**(0,10)    0,11    0,12    0,13    0,14    0,15    0,16    0,17    0,18    0,19**

**Aus 0,2 entsteht:**

**(0,20)    0,21    0,22    0,23    0,24    0,25    0,26    0,27    0,28    0,29**

So geht es nun immer weiter, bis **aus 0,9 entsteht:**

**(0,90)    0,91    0,92    0,93    0,94    0,95    0,96    0,97    0,98    0,99**

Als Nächstes wendet man sich der dritten Nachkommastelle zu; das heißt, jede der vorangegangenen 100 zweistelligen Dezimalzahlen bekommt eine dritte De-zimalziffer angehängt, die systematisch von 0 bis 9 durchvariiert wird, wobei die Zahlen mit der 0 am Ende wieder eingeklammert und nicht nummeriert werden. Analog verfährt man mit allen folgenden Nachkommastellen, mit der 4., 5., 6. etc. Jede neu hinzugekommene Nachkommaziffer wird systematisch von 0 bis 9 durchvariiert, und Tabelle 3 deutet das gesamte Verfahren der Nummerierung übersichtsmäßig an.

# Tabelle 3

| n = 0 | n = 1 | n = 2 | n = 3 | n = 4 | n = ... |
|-------|-------|-------|-------|-------|---------|
| 0 | (0,0) | (0,00) | (0,000); 0,001; ... 0,009 | (0,0000); 0,0001 etc. | .... |
| | | 0,01 | (0,010); 0,011; ... 0,019 | ... | ... |
| | | 0,02 | (0,020); 0,021; ... 0,029 | ... | ... |
| | | 0,03 | (0,030); 0,031; ... 0,039 | ... | |
| | | 0,04 | (0,040); 0,041; ... 0,049 | | |
| | | 0,05 | (0,050); 0,051; ... 0,059 | | |
| | | 0,06 | (0,060); 0,061; ... 0,069 | | |
| | | 0,07 | (0,070); 0,071; ... 0,079 | | |
| | | 0,08 | (0,080); 0,081; ... 0,089 | | |
| | | 0,09 | (0,090); 0,091; ... 0,099 | | |
| | 0,1 | (0,10) | (0,100); 0,101; ... 0,109 | | |
| | | 0,11 | (0,110); 0,111; ... 0,119 | | |
| | | 0,12 | (0,120); 0,121; ... 0,129 | | |
| | | 0,13 | (0,130); 0,131; ... 0,139 | | |
| | | 0,14 | (0,140); 0,141; ... 0,149 | | |
| | | 0,15 | (0,150); 0,151; ... 0,159 | | |
| | | 0,16 | (0,160); 0,161; ... 0,169 | | |
| | | 0,17 | (0,170); 0,171; ... 0,179 | | |
| | | 0,18 | (0,180); 0,181; ... 0,189 | | |
| | | 0,19 | (0,190); 0,191; ... 0,199 | | |
| | 0,2 | (0,20) | (0,200); 0,201; ... 0,209 | | |

| | | | | | |
|---|---|---|---|---|---|
| | | 0,21 | (0,210); 0,211; ... 0,219 | | |
| | | 0,22 | ... | | |
| | | 0,23 | ... | | |
| | | 0,24 | ... | | |
| | | 0,25 | | | |
| | | 0,26 | | | |
| | | 0,27 | | | |
| | | 0,28 | | | |
| | | 0,29 | | | |
| | 0,3 | (0,30) | | | |
| | | 0,31 | | | |
| | | 0,32 | | | |
| | | 0,33 | | | |
| | | 0,34 | | | |
| | | 0,35 | | | |
| | | 0,36 | | | |
| | | 0,37 | | | |
| | | 0,38 | | | |
| | | 0,39 | | | |
| | 0,4 | (0,40) | | | |
| | | 0,41 | | | |
| | | 0,42 | | | |
| | | 0,43 | | | |
| | | 0,44 | | | |
| | | 0,45 | | | |
| | | 0,46 | | | |

| | | | | | |
|---|---|---|---|---|---|
| | | 0,47 | | | |
| | | 0,48 | | | |
| | | 0,49 | | | |
| | 0,5 | (0,50) | | | |
| | | 0,51 | | | |
| | | 0,52 | | | |
| | | 0,53 | | | |
| | | 0,54 | | | |
| | | 0,55 | | | |
| | | 0,56 | | | |
| | | 0,57 | | | |
| | | 0,58 | | | |
| | | 0,59 | | | |
| | 0,6 | (0,60) | | | |
| | | 0,61 | | | |
| | | 0,62 | | | |
| | | 0,63 | | | |
| | | 0,64 | | | |
| | | 0,65 | | | |
| | | 0,66 | | | |
| | | 0,67 | | | |
| | | 0,68 | | | |
| | | 0,69 | | | |
| | 0,7 | (0,70) | | | |
| | | 0,71 | | | |
| | | 0,72 | | | |

| | | | | | |
|---|---|---|---|---|---|
| | | 0,73 | | | |
| | | 0,74 | | | |
| | | 0,75 | | | |
| | | 0,76 | | | |
| | | 0,77 | | | |
| | | 0,78 | | | |
| | | 0,79 | | | |
| | 0,8 | (0,80) | | | |
| | | 0,81 | | | |
| | | 0,82 | | | |
| | | 0,83 | | | |
| | | 0,84 | | | |
| | | 0,85 | | | |
| | | 0,86 | | | |
| | | 0,87 | | | |
| | | 0,88 | | | |
| | | 0,89 | | | |
| | 0,9 | (0,90) | | | |
| | | 0,91 | | | |
| | | 0,92 | | | |
| | | 0,93 | | | |
| | | 0,94 | | | |
| | | 0,95 | | | |
| | | 0,96 | | | |
| | | 0,97 | | | |
| | | 0,98 | | | |

| | | 0,99 | | | | |
|---|---|---|---|---|---|---|

In Tabelle 3 gibt n die Anzahl der Nachkommastellen an, und die einzelnen Spalten listen die Zahlen mit null, einer, zwei, drei usw. Nachkommastellen auf (aus Platzgründen deuten die Spalten mit 3 und 4 Dezimalstellen das Verfahren nur für einige Zahlen an). Gezählt bzw. nummeriert wird, indem innerhalb jeder Spalte von oben nach unten gezählt wird (bzw. je nach der Art, wie man die zehn hinzugekommenen Zahlen gruppiert hat), man aber die eingeklammerten Zahlen mit einer 0 am Ende nicht zählt, und indem man in der Spalte ganz links beginnt (die nur die 0 enthält) und man immer weiter zu den davon rechts liegenden Spalten übergeht.

Allgemein ausgedrückt erhält man die Zahlen mit n Dezimalstellen, indem man an alle Zahlen mit n − 1 Dezimalstellen eine Nachkommaziffer anhängt und diese jeweils von 0 bis 9 variiert, wobei die Zahlen mit der 0 am Ende eingeklammert und nicht gezählt werden. Damit bekommt man für die Spalte mit n Nachkommastellen $10^n - 10^{n-1}$ neue Zahlen , so dass man für alle Zahlen bis zu dieser Spalte mit n Nachkommastellen auf eine Gesamtanzahl kommt von $1 + \sum_{k=1}^{n}(10^k - 10^{k-1})$ reellen Zahlen. Dabei läuft n für die Zahlen in [0,1[ bis unendlich.

Man kann eine Probe machen um festzustellen, ob die obige Formel alle reellen Zahlen von [0,1[ erfasst; dass keine zu viel und keine zu wenig von der Formel erfasst wird. Jede Dezimalstelle kann zehn verschiedene Ziffern annehmen, von 0 bis 9, und nach den Regeln der Kombinatorik erlauben somit n Dezimalstellen $10^n$ verschiedene Zahlen. Und wenn man die obige Formel ein wenig umformt, so erhält man mit Hilfe der Formel für Partialsummen von geometrischen Reihen das Ergebnis $1 + \sum_{k=1}^{n}(10^k - 10^{k-1}) = 10^n$.

[0,1[ hat $10^n$ Elemente. Nach dem gleichen Verfahren haben auch [1,2[, [2,3[, [3,4[ usw. und ]-1,0], ]-2,-1], ]-3,-2] usw. jeweils $10^n$ Elemente. Geht man bei [0,+∞[ von N Intervallen aus (N geht gegen unendlich) und ebenso bei ]- ∞,0], so hat man $2 \cdot N \cdot 10^n - 1$ reelle Zahlen (-1, um die 0 nicht doppelt zu zählen): N und n gehen gegen unendlich. (Statt 2·N kann man auch $N_1 + N_2$ nehmen für die Anzahl der Intervalle rechts und links von der Null.) Will man bei den letzten

Intervallen ganz rechts und ganz links von der Null die Intervalle geschlossen halten, so kommt noch einmal +2 hinzu. Betrachtet man z.B. alle reellen Zahlen von -10 bis +10 mit bis zu 5 Dezimalstellen, so hat man $2 \cdot 10 \cdot 10^5 + 1 = 2 \cdot 10^6 + 1$ reelle Zahlen.

Will man in die Nummerierung der Zahlen von [0,1] auch die 1 aufnehmen, so kann man die Zählung mit der 1 beginnen (1. 1) und alle anderen Zahlen rücken um eine Nummer auf ([0,1] hat somit $10^n + 1$ Elemente):

$$2. \ 0 \quad 3. \ 0,1 \quad 4. \ 0,2 \quad 5. \ 0,3 \quad 6. \ 0,4 \ ...$$

Nun soll noch einmal auf Cantors Zahl $c = 0,c_1 c_2 c_3 c_4 ... c_i ...$ zurückgekommen werden. $c_1$ von $0,c_1$ kann nur eine Ziffer von 0 bis 9 sein, und egal welche Ziffer man wählt, $0,c_1$ wird in meiner Nummerierung enthalten sein (in Tabelle 3 in der Spalte für n = 1). Und egal wie man auf $0,c_1$ aufbaut, egal welche Ziffer man anschließend für $c_2$ wählt, auch $0,c_1 c_2$ wird in meiner systematischen Nummerierung enthalten sein. Ebenso $0,c_1 c_2 c_3$ – egal wie man an irgendeiner Stelle $c_i$ wählt, bei meiner systematischen Variierung aller Dezimalstellen wird jede Zahl $c = 0,c_1 c_2 c_3 ... c_i ...$ in meiner Nummerierung irgendwann auftauchen. Cantors berühmter Diagonalbeweis der Unmöglichkeit, die reellen Zahlen in [0,1] abzuzählen, ist somit ungültig! An jeder Dezimalstelle gibt es nur 10 Möglichkeiten und die Anzahl der Dezimalstellen ist unendlich, aber abzählbar: Abzählbar viele Mengen mit jeweils abzählbar vielen Elementen sind insgesamt abzählbar!

Wo liegt der Fehler in Cantors Argumentation? Seinen Fehler begeht er gleich zu Beginn mit seinem Ansatz: Wenn eine Nummerierung der reellen Zahlen in [0,1] existiert, kann man die Folge der reellen Zahlen in einer Tabelle auflisten. Man kann aber unendlich viele Zahlen nicht in einer Tabelle auflisten, weil das Unendliche ohne Ende ist! Man kann eine sehr, sehr große, aber endliche Anzahl von Zahlen aus praktischen Gründen oftmals nicht in einer Tabelle auflisten – aber man kann sie sich „im Prinzip" als in einer Tabelle liegend vorstellen. Jedoch bei einer Anzahl ohne Ende geht das selbst „im Prinzip" nicht. (Analog kann man sich fragen, ob ein Verfahren des Mächtigkeitsvergleiches zweier endlicher Mengen, wie etwa der Vergleich von schwarzen und weißen Schafen durch Paarung, auf den Mächtigkeitsvergleich unendlicher Mengen übertragbar ist. Cantors Konsequenz, dass $|\mathbf{N}| = |\mathbf{Z}|$ ist, könnte man als Argument dagegen betrachten; Cantors Anhänger bejubeln dies jedoch als eine herausragende Erkenntnis.)

Cantors Fehler soll ein wenig eingehender erläutert werden, und dafür soll von einer Zahl $c = 0,c_1 c_2 c_3 c_4...$ ausgegangen werden. $c_1$ soll nun nach Cantors Methode festgelegt werden: Man wählt $c_1 = a_{11} - 1$, falls $a_{11} \neq 0$, und $c_1 = 1$, falls $a_{11} = 0$. Analog verfährt man mit $c_2$, $c_3$, ... $c_{20}$. Nun ist garantiert, dass $c$ nicht zu den ersten 20 Zahlen der Tabelle (z.B. der Tabelle 2) gehört. Aber $c$ könnte die 21. Zahl der Liste sein oder die 22. oder die 30. oder die 40. Um das auszuschließen, werden nun auch $c_{21}$, $c_{22}$, $c_{23}$, ... $c_{40}$ nach Cantors Methode festgelegt. Nun ist garantiert, dass $c$ nicht zu den ersten 40 Zahlen der Liste gehört. Aber $c$ könnte nun die Nummer 41 sein oder die Nr. 42, die Nr. 50 oder die Nr. 60. Um auch das auszuschließen, werden nun $c_{41}$, $c_{42}$, $c_{43}$, ... $c_{60}$ nach Cantors Methode festgelegt. Nun ist garantiert, dass $c$ nicht zu den ersten 60 Zahlen der Liste gehört. Diese Vorgehensweise lässt sich nun in Gedanken unendlich oft wiederholen – aber jedes Mal könnte dann $c$ zu den Zahlen gehören, die eine noch größere (Zeilen-) Nummer haben. Da es sich um eine unendlich große Anzahl von Zahlen handelt, kann man nie ein Ende erreichen, mit dem alle Zahlen abgedeckt worden sind.

Cantors Beweis ist schon von mehreren Autoren kritisiert worden, findet sich aber dennoch häufig in der Literatur. In der Literatur findet man aber auch die Feststellung, „daß Cantors Diagonalbeweis im Falle der Dualdarstellung der reellen Zahlen zusammenbricht".[1] Wie meine Methode der Nummerierung der reellen Zahlen belegt, ist Cantor tatsächlich ein wenig naiv mit dem Unendlichen umgegangen.

Meine Methode des Abzählens lässt sich algorithmisch formulieren und dann auf einem Computer implementieren. Natürlich kann auch ein Computer nicht unendlich viele Zahlen abzählen, aber man kann einen Computer beispielsweise fragen, welche reelle Zahl in [0,1[ die Nummer 8.634 hat. Bei drei Dezimalstellen nach dem Komma gibt es $10^3 = 1000$ verschiedene Zahlen, bei vier Dezimalstellen gibt es $10^4 = 10.000$ Möglichkeiten. Die Zahl mit der Nr. 8.634 hat somit vier Dezimalstellen nach dem Komma – und diese Zahl genau zu bestimmen, soll nun eine Aufgabe für Programmierliebhaber sein!

---

[1] D. Spalt (Hrsg.): „*Rechnen mit dem Unendlichen*", 1990: S. 216

## Zusätzliche Anmerkungen:

Gezeigt wurde bislang, dass die reellen Zahlen im Intervall [0,1] abzählbar sind. Das hierfür angegebene Verfahren lässt sich jedoch auf jedes endliche Intervall [a,b] mit a und b als ganze Zahlen übertragen; z.B. auf [-10,10] oder [0,1000]. Das hier angegebene Verfahren ist aber nicht anwendbar auf ein unendliches Intervall wie etwa $[0,+\infty[$ oder $]-\infty,+\infty[$.

Akzeptiert man jedoch Cantors Methode des Mächtigkeitsvergleiches zweier unendlicher Mengen durch Paarzuordnungen (dem ich jedoch negativ gegenüberstehe), dann ließe sich auf eine andere Weise zeigen, dass die Menge der reellen Zahlen **R** die gleiche Mächtigkeit wie **N** hat. Funktionen der Art $f(x) = x/(1-|x|)$ und $g(x) = x/(1 - x^2)$ bilden nämlich die reellen Zahlen x aus dem offenen Intervall $]-1,1[$ bijektiv auf die reellen Zahlen von **R,** $]-\infty,+\infty[$, ab, und das bedeutet dann, dass **R** die gleiche Mächtigkeit wie $]-1,1[$ hat; d.h. nach meinem Abzählverfahren die Mächtigkeit von **N**. **R** hat somit nach Cantors Mächtigkeitsvergleich durch Paarung (bijektive Zuordnung) die gleiche Mächtigkeit wie **N**. (Wie bereits bemerkt, akzeptiere ich aber den Mächtigkeitsvergleich durch Paarung bei unendlichen Mengen nicht und halte das Ergebnis $|\mathbf{N}| = |\mathbf{Z}| = |\mathbf{R}|$ für Unsinn. Für das Unendliche kann man keine Mächtigkeit bestimmen; das Unendliche hat keine bestimmte Anzahl, da das Unendliche ohne Ende ist. Der Begriff „Anzahl" ist nur auf endlich viele Elemente anwendbar.) [0,1] kann auch über $g = 2x-1$ auf [-1,1] abgebildet werden und [-1,1] über $f = x/(1-|x|)$ auf **R**.[1]

Man kann die reellen Zahlen auch direkt abzählen, was hier nur angedeutet werden soll, indem man in einer Tabelle in die erste Zeile die abgezählten Zahlen von [0,1[, wie ich es in dieser Arbeit vorgeführt habe, schreibt, in die zweite Zeile die entsprechend abgezählten Zahlen von [0,-1[, in die dritte Zeile die abgezählten Zahlen von [1,2[, in die vierte Zeile die von [1,-2[ usw., jeweils nacheinander für plus und für minus. Und dann zählt man ab, wie Cantor es beim Nummerieren der rationalen Zahlen getan hatte: Man beginnt in der Tabelle links oben bei 0 und geht dann immer diagonal weiter, wobei anfangs die 0 nicht doppelt gezählt werden darf.

---

[1] Chartrand, Polimeni, Zhang (2014): „*Mathematical Proofs*", s. Kap. `Cardinalities of Sets` und S. 298

In der Mengenlehre, wie sie heute auf Cantor aufbauend betrieben wird, gibt es die ebenfalls von Cantor aufgestellte berühmte Kontinuum-Hypothese. Diese Hypothese besagt, eine Menge $S$, deren Mächtigkeit zwischen denen von $N$ und $R$ liegt, $|N| < |S| < |R|$, gebe es nicht. Kurt Gödel bewies, dass es unmöglich ist, das Gegenteil dieser Hypothese aus den Axiomen der Mengenlehre abzuleiten, und Paul Cohen zeigte 1963, dass es unmöglich ist, diese Hypothese mit den Axiomen der Mengenlehre zu beweisen. Da ich hier gezeigt habe, dass nach Cantors Paarvergleichsmethode $|N| = |R|$ ist, kann es natürlich keine solche Menge $S$ geben, deren Mächtigkeit dazwischen liegt!

Daran erinnert werden sollte auch, dass Cantors (falsches) Diagonalverfahren „von den meisten Mengentheoretikern und von fast allen Gegnern der Mengenlehre als der springende Punkt beim Aufbau der [Cantorschen] Mengenlehre und der Begründung des Aktual-Unendlichen betrachtet wird".[1]

---

[1] A. Fraenkel: „*Zum Diagonalverfahren*"; abgedruckt in: Chr. Thiel: *Erkenntnistheoretische Grundlagen der Mathematik*", Hildesheim 1982: S. 278.
Interessant ist ferner, dass es eine Ähnlichkeit des Diagonalverfahrens mit den Argumentationen beim sogenannten Gödelschen Beweis, dem Russellschen Paradoxon und „Turings Beweis für die Nicht-Existenz einer Turing-Maschine, die das Halteproblem lösen kann" geben soll (R. Penrose, 2002, *Computerdenken*, Heidelberg. S. 108). Diese Beweise muss man sich wohl noch einmal genauer anschauen.

# Funktionen der Ethik in einer naturalistischen Welt und ihre Ausarbeitung durch die Philosophie

**Zusammenfassung:** Nachdem die Philosophie seit ihrer Wiedergeburt in der Renaissance große Fortschritte in der Staats- und Gesellschaftsphilosophie (z.B. durch Grundlegung der modernen Demokratie) und in jüngerer Zeit auch in Erkenntnistheorie und Naturphilosophie gemacht hat, verbleibt nun noch, die Ethik als letztes wichtiges philosophisches Hauptgebiet modern auszuarbeiten. Dies ist heutzutage auch deshalb besonders wichtig, weil immer mehr Kulturträger und Politiker den kulturellen Niedergang des Westens zu beklagen haben. In dieser Arbeit wird herausgearbeitet, dass aus naturalistischer Sicht die beiden Hauptfunktionen der Ethik die Erhaltung der Gesellschaft und das Glück der in ihr lebenden Personen sind, und auf dieser Grundlage werden Hinweise gegeben, auf welche Weise die Philosophie die drei Hauptbereiche der Ethik (Begründung bzw. Durchsetzung der Werte und Normen, Allgemeinethik und Spezialethiken) ausarbeiten sollte.

## 1. Einleitung: Ethik als die größte Herausforderung unserer Zeit

Im 16. Jahrhundert schrieb der italienische Politiker Machiavelli in seinem Buch »Der Fürst«, dass der Herrscher zur Machtgewinnung und Machterhaltung auch zu unmoralischen Mitteln greifen dürfe, und er leitete dadurch die Trennung von Politik und Moral ein. Im 17. Jahrhundert wendete als Erster der französische

252

Kardinal und Staatsmann Richelieu Machiavellis Prinzipien im großen Stil in der internationalen Politik an, und bald danach machten es ihm viele andere Staatsmänner nach, so dass heute diese sogenannte „Realpolitik" weltweit ein dominierender Politikstil ist. Ebenfalls einen großen Einfluss auf die europäische Moral hatte der britische Biologe Darwin mit seiner Evolutionstheorie, nach der es zur Entwicklung der Lebewesen komme u.a. durch die Selektion der schwächeren bzw. schlechter angepassten Organismen. Darwin selbst mag dies nicht so gemeint haben, dass man auch auf der sozialen oder gar auf der internationalen Ebene rücksichtslos seinen Eigennutz suchen solle, psychologisch hatte aber seine Theorie eine derartige Auswirkung auf das Denken und Handeln vieler Europäer. Einen vernichtenden Einfluss auf die Moral hatte schließlich Friedrich Nietzsche, der zwar von Haus aus Philologe war, aber für seine Zeit ein hervorragender Psychologe war und durch seine außerordentliche sprachliche Fähigkeit besonders auch auf philosophische Laien eine große Suggestivkraft ausübte. Er stellte den Nutzen von Moral generell in Frage und vertrat den Standpunkt, alle gesellschaftlichen Werte seien relativ und könnten durch ihr Gegenteil ersetzt werden. Das Gedankengut von Machiavelli, Darwin, Nietzsche und anderen prägte im Lauf der Zeit zunehmend mehr die Grundeinstellungen von Personen aus Politik und Volk, führte in der ersten Hälfte des 20. Jahrhunderts zu einer internationalen Katastrophe mit dem Zusammenbruch der europäischen Vorherrschaft in der Welt und bewirkte in der zweiten Hälfte des 20. Jahrhunderts einen langsamen, aber beständigen Niedergang des Kulturverhaltens breiter Bevölkerungsschichten im gesamten Westen.

Heutzutage kann man in der Öffentlichkeit kaum noch für Moral eintreten, ohne von Möchtegern-Intellektuellen ein überlegenes Lächeln zu riskieren. Statt Sorge für das Gemeinwohl gilt die individualistische Grundeinstellung der persönlichen Glückssuche, wobei mit Glück oftmals gemeint ist, dass alles erlaubt und alles erhältlich sein soll. Der Sicherheitsberater des früheren US-Präsidenten Carter, Brzezinski, schreibt in seinem Buch »Macht und Moral«:[1] *„Sollten die vorherrschende westliche Kultur und die verbreitete geistige Haltung des Westens tatsächlich Werte reflektieren, die den Ausdruck permissiver Überfluß [alles ist erlaubt und erhältlich] rechtfertigen, oder Werte, die aus dem Gefühl erwachsen, daß eben jener Überfluß einem verwehrt bleibt, dann ist die Sorge berechtigt, ob die sogenannte westliche Zivilisation langfristig lebensfähig sein*

---

[1] Brzezinski 1994: 85

*wird, und besonders, ob sie in der Lage sein wird, der politisch erwachenden Welt im postutopischen Zeitalter sinnvolle Inhalte zu vermitteln.*" Seine Sorge um den Bestand der westlichen Kultur (bezogen hauptsächlich auf die USA, in zunehmenden Maße aber auch gültig für Europa) begründet er mit einer Reihe von Grundproblemen; um nur einige zu nennen: eine habgierige, reiche Oberschicht; hohe Kriminalität und Gewalt; sexuelle Promiskuität; die massive Verbreitung moralischer Dekadenz durch die visuellen Medien; das Entstehen einer potentiell auseinanderdriftenden multikulturellen Vielfalt; Cliquenwirtschaft in der Politik. Die gleiche Sorge äußern zunehmend mehr Menschen in Zeitschriften und Büchern, so warnt beispielsweise Marion Gräfin Dönhoff:[1] „Eine Gesellschaft, die nicht über einen ethischen Minimalkonsens einig ist und die keine allgemeinen moralischen Barrieren akzeptiert, wird mit der Zeit unweigerlich zerfallen."

In den Massenmedien und in den Reden vieler Politiker wird derzeit viel über den medizinischen Nutzen der Gentechnik, über den wirtschaftlichen Nutzen des Internets und die Notwendigkeit von Informatikern gesprochen, was wir heutzutage jedoch am nötigsten brauchen, sind nicht Techniker, sondern Philosophen, die unseren Kulturkreis wieder auf eine solide moralische Basis stellen, um dadurch den kulturellen Verfall des Westens aufzuhalten, bevor der Osten den degenerierenden Westen dominieren kann. Die westlichen Religionen haben aufgrund ihres eigenen vielfachen moralischen Fehlverhaltens nicht mehr einen hinreichenden Einfluss auf die Bevölkerung, um diese Aufgabe noch erfüllen zu können.

Im Lauf der Geschichte ist „Philosophie" auf unterschiedliche Weise definiert worden. Eine mögliche Definition ist: *Philosophie ist das vernunftgeleitete Streben nach Wissen und dessen Anwendung zur Anleitung einer guten Lebensführung: Sie erstrebt ein globales Wissen u.a. über die Art und Geltung unserer Erkenntnis (Erkenntnistheorie) und über die Natur von Mensch und Welt (Naturphilosophie) und macht darauf aufbauend Vorschläge über die höchsten Ziele unserer Handlungen und über die Weise ihrer Erreichung (Ethik, Staats- und Gesellschaftsphilosophie).* Seit der Wiedergeburt der Philosophie in der Renaissance des 15. und 16. Jahrhunderts haben neuzeitliche Philosophen sehr viel erreicht, und ich will die Grundgedanken des bisher Erreichten, wie ich es sehe,

---

[1] Dönhoff 1997: 159

kurz darstellen. Zunächst zur Erkenntnistheorie: Der Empirismus ist die erkenntnistheoretische Richtung, welche alle Erkenntnis aus der Sinnes-Erfahrung ableitet, wohingegen der Rationalismus die Vernunft als die wichtigste Erkenntnisquelle betrachtet. Aus diesen einander gegenüberstehenden erkenntnistheoretischen Bemühungen um gesichertes Wissen entwickelten sich im Lauf der Jahrhunderte die einzelnen naturwissenschaftlichen und in jüngerer Zeit auch die geisteswissenschaftlichen Disziplinen, welche inzwischen einen sehr beachtlichen Wissensstand erreicht haben. Unter Rückgriff auf Ergebnisse einiger dieser Einzelwissenschaften, vor allem auf Physik, Biologie und Psychologie, und auf die Methodologie der Naturwissenschaften kann man heute guten Gewissens eine empiristisch-rationalistische Erkenntnistheorie vertreten, wonach die Erkenntnis zwar auf Sinneserfahrungen aufbaut, diese aber nach Prinzipien des Verstandes gedeutet werden. Ferner ist heute plausibel anzunehmen, dass sich viele unserer Erfahrungs- und Denkstrukturen im Lauf der Evolution an die Realstrukturen angepasst haben, also vermutlich teilweise gültig sind, dass aber unsere Erkenntnisse vornehmlich nur Strukturwissen sind (wir also nicht das „Wesen" der Welt erkennen), und dass unser Wissen nur eine Approximation an die Wahrheit ist.

Auf die Naturphilosophie, wie sie durch die modernen wissenschaftlichen Theorien nahe gelegt wird, werde ich im nächsten Kapitel detaillierter eingehen, deshalb soll sie hier nur schlagwortartig zusammengefasst werden: Die Welt besteht aus einer ganzheitlichen Substanz, die auf höheren Systemebenen emergente Eigenschaften mit einer teleonomen Dynamik hervorgebracht hat.

Was die Staatsphilosophie betrifft, hatten viele Philosophen insbesondere des 17. bis 19. Jahrhunderts die geistigen Grundlagen geschaffen für den Kampf von Volk und Intellektuellen gegen die Monarchien und dadurch geholfen das herbeizuführen, was man heutzutage als Demokratie bezeichnet. Im Gegensatz zum Zeitalter der absoluten Monarchie wählt heute das Volk ins Parlament Abgeordnete, welche für kompetent gehalten werden und bezüglich der verschiedenen Volksgruppen repräsentativ sein sollen und durch welche der Volkswille indirekt die Gesetzgebung bestimmt. Auf die Realisierung dieses Ideals wird in einem späteren Kapitel genauer eingegangen. Was die allgemeine Gesellschaftsphilosophie betrifft, hat sich im Westen eine liberale Gesellschaft mit sozialer Absicherung durchgesetzt, wobei Letzteres derzeit wieder sehr gefährdet ist.

Was diese drei Hauptgebiete der Philosophie betrifft (Erkenntnistheorie, Naturphilosophie und Staats- und Gesellschaftsphilosophie), hat die Philosophie seit ihrer Renaissance beeindruckend viel geleistet. Zwar muss in jedem dieser Bereiche auch in Zukunft noch einiges verbessert werden, aber bereits ihr heutiger Stand ist durchaus befriedigend. Anders sieht die Sachlage in der Ethik aus. Hier ist es zu einem Niedergang der traditionellen, christlichen Ethik gekommen, ohne dass es bislang gelungen ist, einen Ersatz auszuarbeiten und im Volk zu etablieren. Die Bemühungen um ethische Fragen haben aber in den letzten Jahrzehnten in der Philosophie wieder stark zugenommen, und es besteht zurecht die Hoffnung, dass diese philosophische Disziplin im vor uns liegenden Jahrhundert ebenfalls befriedigende Ergebnisse liefern wird. Nachdem drei der vier grundlegenden philosophischen Disziplinen ein recht gutes Niveau erreicht haben, ist nun die Ethik die letzte große Herausforderung an die Philosophie, und in diesem Aufsatz soll es darum gehen herauszuarbeiten, welche Funktionen Moral und die gesamte Ethik aus naturwissenschaftlicher Sicht haben und was die Philosophie in Zukunft auf diesem Gebiet für Aufgaben zu bewältigen hat. Im nächsten Abschnitt werde ich zunächst die heutige wissenschaftliche Weltauffassung genauer beschreiben, anschließend werde ich einige Theorien und Forschungsgebiete von Biologie und Soziologie vorstellen, um danach auf dieser Grundlage zu besprechen, welcher Art eine philosophische Ethik und ihre Umsetzung in der Gesellschaft aus naturalistischer Perspektive sein sollte. Dabei verstehe ich unter Ethik (vom griechischen ta ethika, „die Sittenlehre") das gesamte System gesellschaftlicher Werte und Normen und den Versuch ihrer Begründung bzw. gesellschaftlichen Etablierung, wohingegen ich mit Moral (vom lateinischen moralis, „sittlich") denjenigen Ausschnitt der Ethik meine, der für eine Gesellschaft existenznotwendig ist und bei jedem erwachsenen Menschen angenommen werden sollte.

## 2. Die wissenschaftliche Weltauffassung

Im 20. Jahrhundert ist es auf allen Gebieten der naturwissenschaftlichen Forschung zu großen und teilweise revolutionären Fortschritten gekommen, wodurch sich gegenüber dem 19. Jahrhundert die wissenschaftliche Weltauffassung grundlegend verändert hat.[1] Diese neue Weltauffassung lässt sich folgendermaßen kurz zusammenfassen:

Die Welt besteht aus einer allgegenwärtigen, unbeobachtbaren Grundsubstanz, einem Äther, einem Urmateriefeld oder einer prima materia. In dieser Grundsubstanz sind die Naturgesetze als Informationen implementiert, welche die Entstehung von beobachtbaren Phänomenen und deren Bewegungsformen steuern. In Vorgängen der Emergenz entstanden bzw. entstehen aus dem Äther die beobachtbare Materie, die Raumzeit, Bewusstsein und andere Phänomene. Aus dem Äther, oder wie man zurzeit in der Physik sagt aus dem Vakuum, ist vor mehreren Milliarden Jahren in einem Urknall die beobachtbare Materie entstanden, das Universum dehnt sich seitdem beständig aus und die zunächst fast vollständig homogene oder chaotische Verteilung der sogenannten Elementarteilchen hat sich im Lauf der Zeit in einem Prozess der Selbstorganisation zu immer komplexeren Systemen zusammengelagert; zu Atomen, Molekülen, Organismen, Gesellschaften, Gesellschaftssystemen. Obwohl alle diese Objekte aus mehreren Teilobjekten bestehen, sind sie in der Lage, als zusammengehörende Einheiten zu wirken. Die Abgrenzung von zusammengehörenden Einheiten gegenüber der Umwelt ist jedoch oft nicht vollständig; so können einzelne Einheiten selbst wieder Teile von übergeordneten Gesamtsystemen sein. Die Organe eines Körpers (Magen, Herz, Hirn etc.) bilden zwar voneinander getrennte Gesamtkomplexe, sind aber dennoch Teile des gesamten Lebewesens. Tatsächlich besitzen viele der im Lauf der Selbstorganisation entstandenen Objekte eine sehr komplexe Schachtelungsstruktur. Schachtelung bedeutet, dass mehrere Komponenten sich zu einem System zusammenlagern, mehrere derartige Systeme bilden wiederum zusammen ein noch größeres System, viele solcher Systeme wiederum ein übergeordnetes Gesamtsystem etc. Dieser Schachtelung der realen Objekte entspricht auf der Ebene der Naturgesetze, die diese Objekte steuern, eine hierarchische Struktur, die als Schichtung bezeichnet wird. Die untersten Schichten werden gebildet von den Bewegungsgesetzen der einfachsten Objekte der leblosen Materie, darüber liegt die Schicht der biologischen Gesetze, darüber die der Psychologie, der Soziologie und der Wissenschaft von den Staatengemeinschaften. Leblose Materie wird von den Gesetzen der Physik und Chemie gesteuert; sind aber beispielsweise Ionen Teile eines Körpers, so werden ihre physikalischen Gesetze von den Gesetzen der Biologie überformt. Menschen

---

[1] s. Arendes 2024

sind Teile einer Gesellschaft und ihr psychologisches Verhalten wird von sozialen Gesetzen mitbestimmt. Die Konzeption einer Schichtung der Naturgesetze besagt somit, dass die schichthöheren Naturgesetze die genaue Ausgestaltung der niederen bestimmen. Dies bezeichnet man auch als Abwärtskausalität; die höhere Systemebene beeinflusst das Verhalten der niederen. Bei Mikroobjekten (Elementarteilchen) oder Aggregaten mit geringer Teilchenanzahl scheinen Zufallsprozesse eine wichtige Rolle zu spielen, wohingegen das Verhalten von Makroobjekten, die sich aus sehr vielen Bestandteilen zusammensetzen, dem Kausalitätsprinzip unterliegt, wobei sich allerdings das Zufallsverhalten von Mikroobjekten in bestimmten Situationen auch auf das Verhalten der Makroprozesse übertragen kann. Das Kausalitätsprinzip besagt, dass Bewegungsänderungen eines Objektes durch äußere Ursachen hervorgerufen werden, bei komplexeren Systemen wie den Prozessen innerhalb eines Organismus oder des gesamten Lebewesens sind aber die Bewegungsabläufe zumeist auch teleonom, d.h. zielgerichtet.

# 3. Emergente Systemeigenschaften und Funktionalismus

In diesem Kapitel werden einige Elemente der wissenschaftlichen Weltauffassung genauer besprochen, weil sie für das Verständnis der Natur gesellschaftlicher Werte besonders wichtig sind. Temperatur, Entropie und Druck sind Beispiele für Eigenschaften, die ein einzelnes Teilchen nicht besitzt und die nur als Vielteicheneigenschaften definierbar sind. Die Entstehung neuer Eigenschaften bei Vielteilchenaggregaten gegenüber einzelnen Teilchen wird als Emergenz bezeichnet. Ein anderes und besonders erstaunliches, aber jedem bekanntes Emergenzphänomen ist die Entstehung von Bewusstsein, wenn man aus dem Schlaf erwacht. Statt von „emergenten" Eigenschaften spricht man oft auch von Systemeigenschaften, denn ein System (z.B. ein Gehirn) ist eine Einheit von mehreren Komponenten mit ihren Wechselwirkungen (z.B. Neuronen und ihren Verbindungen), was in der Regel von der Existenz von Eigenschaften begleitet ist (z.B. von Bewusstsein), welche nur das Gesamtsystem (oder Subsysteme) besitzt und die nicht allein aus den Komponenten erklärbar sind. So sind Wasserstoff und Sauerstoff Gase, Wasser hingegen (ein Wasserstoff-Sauerstoff-System) ist eine Flüssigkeit; und Grafit und Diamant bestehen beide nur aus

258

Kohlenstoff, haben aber völlig verschiedene Eigenschaften, weil der Kohlenstoff jeweils anders angeordnet ist.

In der Theorie der Synergetik wird angenommen, dass es in Vielteilchensystemen zur Entstehung neuer physikalischer Größen, den sogenannten Ordnungsparametern, kommen kann, die dann die Dynamik des Gesamtsystems bestimmen, indem sie die Komponenten des Systems steuern bzw. „versklaven", was auch als Abwärtskausalität bezeichnet wird.[1] So kann man sich zum Beispiel vorstellen, dass das Gehirn, wenn es in einem bestimmten Zustand ist, ein Bewusstseinsfeld hervorbringt, welches umgekehrt wieder die neuronalen Prozesse mancher Hirnbereiche steuert.[2]

Mehrere Systeme können zusammen ein übergeordnetes System bilden, mehrere derartig übergeordnete Systeme zusammen ein noch höheres Gesamtsystem usw., und eines der interessantesten und komplexesten Gesamtsysteme ist der Körper eines Lebewesens. Eine der bemerkenswertesten Systemeigenschaften eines belebten Körpers ist die Teleonomie bzw. Funktionalität der organischen Prozesse. Während physikalische Makrokörper und chemische Stoffe im Reagenzglas kausal ablaufen, verlaufen Prozesse in einem Organismus und auch das Gesamtverhalten des Organismus auf ein Ziel hin: Das Herz schlägt, um das Blut zirkulieren zu lassen; Vögel ziehen in warme Gegenden, um den niedrigen Temperaturen und dem Futtermangel im Winter auszuweichen; Professoren halten Vorträge, um Studenten zu belehren etc. Während nun zielintendierte Tätigkeiten von Subjekten mit bewusster Zielantizipation als teleologische Vorgänge bezeichnet werden, spricht man bei den zielgerichteten Vorgängen ohne Bewusstsein und Willensakt, wie es im Organismus geschieht, von teleonomen Vorgängen. Teleonome Prozesse, die dem Erhalt eines Gesamtsystems dienen – wie das Schlagen des Herzens für die Blutzirkulation zum Erhalt des gesamten Körpers – werden darüber hinaus auch als funktionale Prozesse bezeichnet.

Ein noch höher gelegeneres Gesamtsystem als der Körper eines Lebewesens ist eine Gesellschaft, deren Subsysteme die Menschen sind. Ontologisch ist eine Gesellschaft eine Einheit, die Einzelmenschen enthält, die aber mehr ist als die Summe aller Personen, ebenso wie ein Körper nicht nur die Ansammlung von

---

[1] Haken, Wunderlin 1991
[2] s. Arendes 1996

Molekülen und Zellen ist. In der Soziologie bezeichnet man den Unterschied zwischen den Interaktionen einzelner Personen und globalen gesellschaftlichen Gegebenheiten mit Mikrosoziologie und Makrosoziologie. Der Mensch ist ein eingeschachtelter Teil eines übergeordneten Systems, einer Gesellschaft, und im Bereich der Naturgesetze bedeutet das, dass es über der biologischen und der psychologischen Schicht eine soziologische mit eigenen Gesetzen gibt. Der Unterschied zwischen Biologie und Soziologie kann durch mehrere Beispiele verdeutlicht werden. Dass für gesellschaftliche Prozesse teilweise andere Gesetze gelten als für biologische wird beispielsweise daraus deutlich, dass sich Gesellschaften sehr stark voneinander unterscheiden können, obwohl sich die Biologie der darin lebenden Personen nur unwesentlich voneinander unterscheidet; z.B. die verschiedenen europäischen Gesellschaften im 20. Jahrhundert. Die Biologie und die Umwelt allein determinieren nicht die sozialen Prozesse! Und biologisch bedingt hat der Mensch zwar die Tendenz zum Egoismus, er wird aber im Sozialisierungsprozess zum Sozialwesen. Sicherlich gibt es auch eine genetische Prädisposition zum Sozialen, diese wird aber erst durch soziale Mechanismen ausgestaltet.

In jeder Gesellschaft gibt es eine Vielzahl von Systemeigenschaften, die allein durch das Handeln einzelner Personen nicht erklärt werden können. So ist die wissenschaftliche Rationalität eine typische Kollektiveigenschaft, denn ohne gründliches Literaturstudium und ohne die kritisierenden Publikationen der Kollegen könnte der einzelne Wissenschaftler seine eigenen Idiosynkrasien und seine oft festgefahrenen Grundeinstellungen nicht überwinden. Andere typisch soziale Systemphänomene sind Kunst, Moral, Recht, das Rollenverhalten in Beruf und Familie und insgesamt die Befolgung von gesellschaftlichen Verhaltensnormen.

# 4. Ontologische Natur und Funktionen von Werten und Normen

Zu den interessantesten Entitäten einer Gesellschaft zählen die Werte und Normen. In Büchern über Ethik werden Werte wie Gerechtigkeit, Tapferkeit,

Nächstenliebe, Weisheit etc. behandelt, und welchen ontologischen Status Werte haben, was sie von ihrer Natur her sind, wird in der Soziologie immer wieder neu diskutiert. Im Rahmen der hier dargestellten Weltauffassung kann angenommen werden, dass Werte Emergenzeigenschaften der gesamten Gesellschaft sind.[1] So wie die biologischen Prozesse in einem Körperorgan darauf abzielen, bestimmte Funktionen zu erfüllen, sind Werte die Zielzustände einer Gesellschaft, die hauptsächlich – aber nicht nur – darauf abzielen, den Bestand der Gesellschaft zu gewährleisten. Man kann sich dies mit Computersimulationen verdeutlichen. Will man ein Computerprogramm schreiben, um eine Stadt zu simulieren, so müssen im Stadtprogramm allgemeine Randbedingungen, Regeln gegeben sein, die die Personen einhalten müssen, damit die Stadt (ihre Verwaltung etc.) funktioniert.

In diesem Sinne kann man Werte als gesellschaftliche Sollzustände auffassen, und Normen sind Handlungsanweisungen zur Erreichung dieser Ziele.[2] Ob etwas ein Wert oder eine Norm ist, ist jedoch relativ. Ziele können in Unterziele aufgegliedert werden, und ein Unterziel kann relativ zum höher gelegenen Ziel als Norm und relativ zu einem darunter gelegenen Unter-Unterziel als Wert aufgefasst werden. Zum Bestehen einer Gesellschaft ist in allen Gesellschaftsformen nötig, dass sich ihre Mitglieder nicht gegenseitig ermorden. Neben solchen existenznotwendigen Werten und Normen, die im engeren Sinne als die Moral bezeichnet werden, gibt es viele andere, die eher zufällig sind (beispielsweise der Wert des technologischen Fortschritts), die aber zur Fortentwicklung der Gesellschaft beitragen können und durch die sich die vielen Gesellschaften und Kulturen der Welt voneinander unterscheiden. Welche Werte und Normen existenznotwendig und welche eher zufällig sind, welche es in allen Gesellschaftsformen gibt und welche nur in einigen, ist eine sehr bedeutsame Forschungsaufgabe von Soziologie und Ethnologie.

Eine solche naturwissenschaftliche Betrachtungsweise der Gesellschaft zeigt, dass die Ethik hauptsächlich zwei Funktionen zu erfüllen hat. Als gesellschaftliche Zielzustände haben Werte primär die Aufgabe, den Erhalt und die Fortentwicklung der Gesellschaft zu gewährleisten, ebenso wie in einem biologischen Organismus Blutkreislauf und Verdauungssystem dem Überleben des

---

[1] z.B. Hartmann 1949
[2] vgl. Laszlo 1996

Lebewesens dienen. Zwischen einer Gesellschaft und einem Körper gibt es jedoch folgenden Unterschied, der in Bezug auf die Ethik sehr bedeutsam ist. Wohingegen in einem Körper die Moleküle, welche durch ihr Verhalten die Existenz des Organismus sichern, keinerlei Bewusstsein haben, sind die Komponenten einer Gesellschaft Menschen, welche Bewusstsein und dadurch die Fähigkeit haben, Glück und Leid zu empfinden. Wenn in einem Lebewesen ein Organ seine Komponenten, die Moleküle, synergetisch dazu „versklavt", sich gemäß den globalen Zielzuständen zu verhalten, dann braucht sich das Organ als höhere Systemebene nicht darum zu kümmern, ob es dadurch die einzelnen Komponenten quälen könnte. Anders sieht die Sachlage natürlich in einer Gesellschaft aus. Die Komponenten einer Gesellschaft sind leidensfähige Personen, worauf die höhere Systemebene – die Werte und der Staat als politisches Lenkungsorgan – Rücksicht zu nehmen hat. Die Werte einer Gesellschaft haben somit die Funktion, die Gesellschaft in ihrer Existenz zu sichern, und innerhalb dieses Rahmens haben sie zusätzlich das Glücksbedürfnis der Individuen zu berücksichtigen: Existenzerhaltung der Gesellschaft (das sogenannte Gemeinwohl) und das Glück der Individuen sind aus naturalistischer Sicht die beiden Grundfunktionen der Ethik. Diese beiden Grundpfeiler einer Ethik hängen auch miteinander zusammen: Menschen sind biologische Wesen, die nur in Gemeinschaften überleben und glücklich sein können; zum Glück der Menschen gehört somit der Erhalt der Gesellschaft. Auf der anderen Seite ist die Existenz einer Gesellschaft nur dann wirklich gesichert, wenn sich die Menschen in ihr wohl fühlen oder zumindest nicht dauerhaft in ihr zu leiden haben; ansonsten werden sie entweder eine Revolution planen und somit die ursprüngliche Gesellschaft zerstören wollen, oder sie werden keine große Motivation haben, diese Gesellschaft gegenüber äußeren Feinden zu verteidigen.

Zusätzlich zu den beiden Hauptfunktionen der Gesellschaftserhaltung und der individuellen Glücksfindung hat die Ethik in den religiösen Ethiken eine dritte Funktion, die hierin sogar die Hauptfunktion einnimmt: Die sittliche Vervollkommnung der Menschen (Menschenliebe, den Mitmenschen zu helfen etc.) gilt hier nämlich als Wert an sich und als der Sinn des Lebens. Aus wissenschaftlicher Sicht lassen sich für eine derartige Hauptfunktion der Ethik zurzeit keine konkreten Argumente anführen. Ob die Wissenschaft in Zukunft diesbezüglich positivere Aussagen machen wird – beispielsweise innerhalb der introaktiven Psychologie, welche auf Meditationserlebnisse zurückgreift – bleibt abzuwarten. Eine sittliche Vervollkommnung zum Guten würde sich aber ohnehin in den

Handlungen so auszudrücken haben, dass man sich um das Wohl der Mitmenschen und um die Erhaltung der Gesellschaft zu bemühen hätte, wäre also in Übereinstimmung mit den beiden hier besprochenen Hauptfunktionen der Ethik. In der Geschichte der Philosophie wurde dieses ethische Ziel der sittlichen Vervollkommnung beispielsweise von der Stoa vertreten.[1]

## 5. Aufgaben der Philosophie in der Ethik

Wie in der Einführung dargelegt wurde, ist eine der vordringlichsten Aufgaben unserer Zeit, die kulturelle Grundlage der westlichen Gesellschaften, ihre Ethik, zu erneuern. Hierbei hat die Philosophie drei Aufgabenbereiche zu bewältigen. Der erste Aufgabenbereich betrifft die theoretischen Grundlagen der Ethik, die Begründung, warum die Menschen ihre Handlungen an den Werten der Gesellschaft orientieren sollen, vor allem an denjenigen Werten, die für die Gesellschaft existenznotwendig sind, was die Moral im engeren Sinne ausmacht. Dieser Bereich ist schon immer ein Hauptarbeitsgebiet der Philosophie gewesen, aber spätestens seit Nietzsche auch der Bereich, wo die Philosophen viele Menschen noch nicht überzeugen können. Insbesondere diejenigen Menschen, welche glauben, der „Kampf ums Dasein" treibe die Evolution voran, sind schwer davon zu überzeugen, dass man auch dann nicht illegal vorgehen dürfe, wenn es niemand sieht, man also die Justiz nicht zu befürchten hat. Vielleicht wird die Wissenschaft einmal in Zukunft überzeugende Argumente dafür finden, warum man zumindest den moralischen Kern der Ethik befolgen sollte; eventuell innerhalb der introaktiven Psychologie, die auf esoterische Methoden zurückgreift. In der Esoterik glauben viele Menschen, dass dasjenige, was man anderen Menschen zufügt, irgendwann einmal auf einen zurückfällt. Wäre das so, dann hätten selbst Egoisten ein starkes Motiv, nur Gutes zu tun. Solange aber dafür keine alle Menschen überzeugenden Argumente vorliegen, muss man sich daran erinnern, dass Werte und Normen soziale Entitäten sind und dass somit ihre Beachtung von den Gesellschaftsmitgliedern durch soziale Mittel bewirkt werden muss. Die rationale Überzeugung, eine philosophische Begründung der Werte, ist natürlich ebenfalls ein soziales Mittel der Verbreitung von Werten, darüber

---

[1] s. Weinkauf 2001

hinaus gibt es aber weitere Methoden, die die kindliche Erziehung und allgemein die Sozialisierung ausmachen. Neben Elternhaus und Schule haben heute die Massenmedien einen prägenden Einfluss auf das Verhalten der Menschen; leider ist es aber zurzeit so, dass gerade die Massenmedien, besonders die Filme im Fernsehen, den Menschen permanent Gewalt, Egoismus etc. zeigen und dadurch eine negative Sozialisierungswirkung ausüben.

Der zweite wichtige Aufgabenbereich der heutigen Philosophie in der Ethik ist die Ausarbeitung einer allgemeinen Pflichtenlehre. Hiermit ist gemeint, dass beschrieben werden muss, welche Werte und Normen in unserer Gesellschaft von allen Menschen beachtet werden sollen. Bei dieser allgemeinen Sittenlehre ist zu unterscheiden einerseits zwischen denjenigen Werten, die für die Gesellschaft existenznotwendig sind, also die Moral ausmachen (z.B. „Du sollst nicht morden!"). Andererseits sind diejenigen Werte zu bestimmen, die wir über die Moral hinausgehend befolgen wollen und durch die sich unsere Gesellschaft von einigen anderen unterscheiden soll (z.B. der Wert von Bildung, Wissenschaft und technologischem Fortschritt; oder das Streben nach platonischer Liebe und Schönheit). Insbesondere bei der allgemeinen Pflichtenlehre ist zu beachten die zweite Hauptfunktion der Ethik, das Glücksstreben der einzelnen Personen. Die pflichtgemäßen Anforderungen dürfen nicht wie in totalitären Staaten so extrem sein, dass dadurch das Glück der Menschen unmöglich wird. Der Pflichtbegriff war deshalb in der Vergangenheit sehr in Misskredit geraten (man spricht jetzt oft lieber von „Verantwortung"), und erst seit ein paar Jahren bemüht sich eine internationale Gruppe von Personen wieder, für ein globales Weltethos einige Pflichten zusammenzustellen.[1] Was die zweite Hauptfunktion der Ethik betrifft, das Glücksstreben der einzelnen Personen, ist auch betonenswert, dass die Ethik nicht nur eine Sollensethik zu sein hat, sondern auch Ratschläge geben kann, auf welche Weise der einzelne Mensch am ehesten glücklich werden kann (ohne dabei die Gesamtgesellschaft und seine Mitmenschen zu gefährden), was als Lebensweisheit bezeichnet wird.

Innerhalb der Geschichte der Philosophie hat es schon mehrere Versuche gegeben, eine Pflichtenlehre zusammenzustellen. Im 18. Jahrhundert formulierte Christian Wolff Pflichten gegen sich, gegen Gott und gegen andere Menschen, eine Pflichtenlehre formulierte später Hegel, und im 20. Jahrhundert gab auch

---

[1] Küng 1991

264

der Biologe und Philosoph Hans Driesch auf etwas über 100 Seiten eine „Lehre von den Pflichten". Demgegenüber sind natürlich bei einer heutigen Zusammenstellung von Werten und Normen die starken gesellschaftlichen Veränderungen in den letzten 100 Jahren, der sogenannte Wertewandel, zu berücksichtigen.[1] Bedacht werden muss auch, dass eine derartige Zusammenstellung für den Gebrauch in Familie und Schule in einer möglichst knappen und allgemein verständlichen Form bereitstehen sollte; umfangreiche Bücher sind nur für die innerphilosophische Diskussion und nicht als Erziehungsgrundlage sinnvoll.

Der dritte wichtige Aufgabenbereich der Philosophie ist die Ausarbeitung von Spezialethiken. Während es bei der allgemeinen Pflichtenlehre um diejenigen Werte und Normen geht, die für alle Menschen (zumindest in ihrem Privatleben) gelten sollen, geht es bei den Spezialethiken um Handlungsanweisungen für die Personen einiger besonderer Berufe und Tätigkeitsfelder: Wirtschaftsethik, Medizinethik, Rechtsethik, Wissenschaftsethik, Ethiken für Politik, Religionen, Medien, Staatengemeinschaften etc. Auf diesen Gebieten der Spezialethiken sind Philosophen zurzeit besonders stark aktiv, was in den Massenmedien immer wieder unter „Bioethik" deutlich wird.

Neben Wirtschafts-, Bio- und Medizinethik ist beispielsweise eine dringlich auszuarbeitende Spezialethik die Politikethik.[2] Zu den Pflichten des Politikers gehört es, für den Fortbestand der Gesellschaft zu sorgen und in diesem Rahmen dem Einzelnen zu ermöglichen, so frei und glücklich zu leben wie möglich. Leider lassen sich heute viele Politiker von egoistischen Interessengruppen kaufen (Sponsoring, Spenden etc.), so dass manchmal beispielsweise eher die Pharmaindustrie und nicht der Patient saniert wird. Hier wird es in unserem politischen System wieder ein Umdenken geben müssen. Wenn möglich, sollte es wieder ein Ehre-Ethos geben, so dass Politiker auch ohne großen gesellschaftlichen Druck zurücktreten, wenn sie bei etwas Unmoralischem ertappt worden sind; eine einfache öffentliche Entschuldigung ist in diesem wichtigen Berufsfeld zu billig.

Eine wichtige Spezialethik wäre auch eine Religionsethik, d.h. Handlungsanweisungen für die Religionsleitungen. In einer Welt, die immer mehr zusammen-

---

[1] s. Pieper 1992; Spaemann 1987; Driesch 1927; Bollnow 1958
[2] vgl. Küng 1998

wächst und neben Atheisten viele verschiedene Religionen enthält, dürfen hohe Religionsführer nicht glauben, Andersdenkende „to the glory of God" mobben und morden zu dürfen. In den 10 Geboten der jüdisch-christlichen Religionen gibt es das Gebot „Du sollst keine fremden Götter neben mir haben!" Da dieses Gebot immer wieder dazu führt, dass Kirchenleitungen mit kriminellen und gewalttätigen Mitteln gegen Andersdenkende vorgehen, sollte in der Spezialethik für Religionen gefordert werden, die 10 Gebote zu ändern. (Moses war ein Massenmörder.) In seinem Buch „*Kampf der Kulturen*" hat Huntington die Möglichkeit dargestellt, dass es im Stile eines weltweiten „Dreißigjährigen Krieges" zu einem katastrophalen Konflikt zwischen den Weltkulturen – vor allem zwischen den Religionen – kommen könnte.[1] Angesichts des technischen Niveaus der heutigen Menschheit könnte solch ein Krieg leicht in die Apokalypse führen, so dass, um dies zu verhindern, die Religionen toleranter werden müssen.

Soweit die drei Hauptaufgaben der Ethik-Philosophie. Zum Abschluss dieses Kapitels noch ein paar allgemeine Hinweise für die Ausarbeitung der Ethik. Wie schon die Spezialethiken zum Ausdruck bringen, ist bei der Ausarbeitung der Ethik die Struktur der modernen Gesellschaften zu beachten. Wie besonders die Biologie zeigt, sind die meisten natürlichen Objekte geschachtelt aufgebaut: Der Mensch besteht aus vielen Organen, das Gehirn besteht aus vielen Hirnkernen, ein Hirnkern enthält viele Neuronen, ein Neuron enthält viele Organellen etc. Ebenso verschachtelt ist die Gesellschaft: Eine einzelne Person ist Mitglied einer Gruppe, diese arbeitet in einem Institut, dieses gehört zu einer Organisation, die Organisation gehört zu einem Netzwerk von Organisationen, welches Teil der Gesellschaft ist. Wie in der Biologie Systemtheorie und Synergetik gezeigt haben, haben höhere Systemebenen oftmals neue Systemeigenschaften, welche eigenen Gesetzmäßigkeiten folgen. Analog stellt sich in der Soziologie immer mehr heraus, dass höhere gesellschaftliche Ebenen teilweise jeweils eigentümliche Werte- und Normensysteme besitzen. Man unterscheidet zwischen personenorientierter und institutionenorientierter Ethik, zwischen Kleingruppen- und Großgruppenmoral. Bezeichnet man die einzelnen Individuen als die Mikroebene, Institutionen und Organisationen als die Mesoebene und die gesamte Gesellschaft als die Makroebene, dann stellt sich in einer modernen Ethik die Frage, wie das gesamte Werte- und Normensystem auf jeder Ebene auszusehen hat und

---

[1] Huntington 1998

wie die drei Ebenen aufeinander abgestimmt sein müssen.[1] Hier ein konsistentes Ethiksystem mit verschiedenen, aber aufeinander abgestimmten Teilethiken zu schaffen, ist eine sehr große Herausforderung. Bei dieser Problematik wird man sofort an Machiavelli erinnert mit seiner These von der Unabhängigkeit der Politik von Moral. Diese These lässt sich nun aus moderner Sicht abschwächen dahingehend, dass die Politik eine Spezialethik besitzen sollte, welche sich von der allgemeinen Pflichtenlehre teilweise unterscheidet, aber mit ihr irgendwie konsistent sein muss. Wann darf zum Beispiel ein Politiker lügen? Im Wahlkampf sollte das Wahlvolk davon ausgehen können, nicht belogen zu werden (das Gegenteilige kommt oft vor, sollte aber als unmoralisch gelten). In der Praxis der Politik, etwa in diplomatischen Verhandlungen, kommt jedoch ein guter Politiker in manchen Situationen nicht ums Lügen herum. Und soweit alle beteiligten Politiker wissen, dass der Gegenüber nur das für seinen Staat Optimale herauspokern will, ist dagegen ethisch nichts einzuwenden – zumindest solange die Staatengemeinschaft noch kein verlässliches Normensystem besitzt. Die Abweichung der Politikethik von der allgemeinen Ethik muss aber Grenzen haben; eine Regierung darf nicht ganze Volksgruppen ausrotten. Was man in einer Spezialethik, z.B. auch in der Wirtschaftsethik, darf und was nicht, welche Abweichungen es von der Allgemeinethik geben darf, ist sicherlich kein leicht zu lösendes Problem.

Im Lauf der Geschichte der Philosophie und gerade auch in den letzten Jahrzehnten hat es von unterschiedlichen Philosophen Vorschläge zur Behandlung ethischer Fragestellungen gegeben. Aus der Sicht der hier vorgestellten naturwissenschaftlichen Herangehensweise haben manche Ethikdarstellungen Mängel, auf die hier kurz hingewiesen werden soll, um diese Fehler in Zukunft besser vermeiden zu können. Philosophische Ethiken – im Gegensatz zu religiösen – haben oft die Schwäche, dass sie zu sehr die Individuumebene (das Glück oder die Interessen der Individuen) betonen und die Gesellschaftsebene (die ontologische Funktion der Gesellschaftserhaltung) vernachlässigen; so z.B. der antike griechische Philosoph Epikur oder in der heutigen Zeit Singer.[2] Natürlich ist es eine noble Geste, primär das Glück der einzelnen Personen im Auge zu haben. Wenn man darüber jedoch die Existenzerhaltung der gesamten Gesellschaft nicht bedenkt, kann eine Gesellschaft daran im Verlauf von Jahrzehnten oder

---

[1] vgl. Küng 1998
[2] Singer 1994

Jahrhunderten zugrunde gehen, und dann sind die Individuen dieser Zeit unglücklich. Selbstverständlich darf man nicht den entgegengesetzten Fehler begehen, nur an die Gesamtgesellschaft zu denken, wie es in totalitären Staaten der Fall ist. Auch eine solche Gesellschaft wird auf Dauer schwer aufrechtzuerhalten sein, da die unglücklichen Menschen sich nach dem Scheitern des Staates sehnen und sich entsprechend verhalten. Zwischen beiden Gesichtspunkten – Gesellschaftserhalt und persönlicher Glückssuche – ist das richtige Verhältnis auszubalancieren. Diesbezüglich ist beispielsweise eine interessante Frage, woran im Lauf der Geschichte Hochkulturen zugrunde gegangen sind. Das mächtige antike Rom hat sich gegen seine Eindringlinge nicht wehren können oder wollen, weil Kaiser und Volk nicht genügend den Gesamterhalt anvisierten, sondern primär eine dekadente Form von Lust.

Ein weiterer möglicher Fehler beim Entwurf eines Werte- und Normensystems ist die Vernachlässigung der Existenz anderer Staaten. Ein Volk ist nicht allein auf der Welt; jede Gesellschaft lebt in einer kompetitiven Umwelt. Die Dynamik der Evolution erfolgt zwar nicht nur nach darwinistischen Prinzipien, ein wichtiger Evolutionsfaktor ist die Selektion aber doch. Und leider muss ein Staat von seinen Bürgern mehr abverlangen, wenn seine Nachbarn ihm feindlich gesonnen sind. Es ist deshalb aus ethischer Sicht besonders wichtig, dass auf der Ebene der Staatengemeinschaft ein verlässliches Normensystem geschaffen wird (wie es sich bereits in Form von Menschenrechten und UN immer mehr entwickelt), denn eine Regierung kann sich umso mehr um das Glück ihrer Bürger kümmern, je sicherer sie sich auf der internationalen Ebene fühlt.

Zusammenfassend kann man sagen, dass in der Allgemeinethik eine Synthese des stoischen und des epikureischen Lebensideals gefunden werden muss, wie es in jüngerer Zeit beispielsweise Nicolai Hartmann anstrebte. Aristoteles befürwortete generell die Mitte zwischen zwei Extremen, und erwähnenswert ist auch die Ethik des großen römischen Staatsmannes und Philosophen Cicero.[1]

---

[1] Hartmann 1949; Aristoteles 1995; Cicero 1999a

# 6. Die Strukturen der Gesellschaft als ethische Rahmenbedingungen

Damit sich die Menschen ethisch gut verhalten können, muss die gesamte Gesellschaft, ihre Institutionen, Organisationen und insbesondere das politische System (der Staat), eine entsprechende Struktur haben. Die Institutionen der Gesellschaft müssen gerecht sein, vor allem was die Verteilung der Grundlebensbedürfnisse betrifft, ansonsten lässt sich moralisches Verhalten der Bürger schwer durchsetzen. Da der Staat das Rechtssystem und die grundlegenden Strukturen der Gesellschaft bestimmt, kommt diesem eine Schlüsselrolle in der Gesellschaft zu. Besteht die Regierung wie in vielen totalitären Staaten aus Kriminellen, so kann sich das Volk nur bedingt gesetzmäßig und ethisch verhalten, und Staats- und Gesellschaftsphilosophie sind deshalb auch innerhalb der Ethik von großer Bedeutung.

Im antiken Griechenland und im antiken Rom vertraten viele Philosophen in der Nachfolge von Platon und Aristoteles die Meinung, dass eine Mischverfassung die beste Form eines Staates sei, und dem liegt der folgende Gedanke zugrunde.[1] Eine Aristokratie, d.h. eine Gruppe von klugen und politisch erfahrenen Menschen, besitzt zwar in einem hohen Maße politische Kompetenz, es besteht aber immer die Gefahr, dass diese Gruppe sich vom Rest der Gesellschaft isoliert und bei ihren politischen Entscheidungen nur noch an sich selbst denkt. In einer Demokratie hingegen ist gewährleistet, dass das Volk tatsächlich an das Gemeinwohl denkt, dafür besitzen jedoch große Bevölkerungskreise nicht die nötige politische Kompetenz. Der Vorteil eines Monarchen ist, dass er als Einzelperson z.B. in Krisensituationen schnell Entscheidungen treffen kann, wohingegen lange Diskussionen der Aristokratie oder des gesamten Volkes zu gefährlichen Handlungsverzögerungen führen können. Der Nachteil einer Monarchie ist jedoch, dass die Herrschaft einer einzelnen Person schnell zu einer Tyrannei ausarten kann und dass eine einzelne Person oft nicht die nötige Kompetenz besitzt. Degeneriert ein Monarch zur völligen Dekadenz, wie es im antiken Rom in der Untergangszeit öfter der Fall war, geht selbst ein mächtiges Weltreich zugrunde. Da alle drei Verfassungsarten Vor- und Nachteile haben, vertraten viele

---

[1] vgl. Cicero 1999b; Büchner 1999

Philosophen der Antike die Auffassung, dass derjenige Staat der beste sei, in dem alle drei Typen miteinander kombiniert sind: Monarchie, Aristokratie und Demokratie, in ein und demselben Staat vereinigt, überwachen sich gegenseitig.

Im politischen System sind insbesondere zwei Prinzipien zu beachten. Die politische Führung muss einerseits das Gemeinwohl anstreben, andererseits muss sie auch die dazu nötige Kompetenz besitzen. Das Problem einer Verfassung ist, beides richtig miteinander zu kombinieren, und in den heutigen Demokratien scheint dieses Problem auf elegante Weise gelöst zu sein: Die politischen Parteien sind ein Ort der Schulung und Selektion von kompetenten Personen, und das Wahlvolk wählt diejenigen Parteimitglieder als Volksrepräsentanten ins Parlament, die es für vertrauenswürdig hält; hinzu kommt, dass jeder aus dem Volk sich darum bemühen kann, selbst in einer Partei aufzusteigen. In der Terminologie der antiken Philosophen sind unsere westlichen Verfassungen Mischverfassungen, und man kann annehmen, dass viele antike Philosophen – etwa Cicero und Polybios – mit unseren Verfassungen im Prinzip zufrieden gewesen wären. Wir bezeichnen unsere heutigen Staaten zwar als Demokratien, aber Demokratie in ihrer ursprünglichen griechisch-philosophischen Bedeutung, wonach alle Bürger (alle, die man damals für relevant hielt; keine Sklaven etc.) in der Volksversammlung zusammenkommen können und jeder Bürger an allen Führungsämtern Anteil haben kann (z.B. Ämtervergabe durch ein Los), sind wir natürlich nicht.[1]

Auf welche Weise unsere Verfassungen die drei Elemente Demokratie, Aristokratie und Monarchie enthalten, soll noch kurz genauer beschrieben werden. In der Antike verstand man in der Philosophie unter Aristokratie nicht primär einen Geburtsadel, sondern eine Gruppe von politisch besonders begabten Personen. Für Aristoteles waren Aristokraten die Besten und Tugendhaftesten. Da der Geburtsadel früher die einzigen Personen ausmachte, die genügend Muße hatten, sich mit Politik zu beschäftigen, waren sie früher automatisch auch die kompetentesten.[2] Heute erfüllen aber die politischen Parteien diese Funktion, sie sind im Sinne der antiken philosophischen Terminologie die moderne Aristokratie. Das demokratische Element unserer Verfassung drückt sich dadurch aus, dass alle mündigen Bürger wahlberechtigt sind und dass es auf einigen Ebenen der

---

[1] vgl. Cicero 1999b
[2] Aristoteles 1995

Gesellschaft (Stadt und Land) Volksbegehren und Volksentscheide gibt. Das monarchische Prinzip findet sich bei uns darin wieder, dass der Bundeskanzler eine dominierende Position innerhalb der Regierung einnimmt; über seine Richtlinienkompetenz kann er seinen Ministern viele Entscheidungen vorschreiben. Noch stärker verankert ist das monarchische Prinzip in präsidialen Demokratien wie in den USA und in Frankreich, wo der Präsident gegenüber dem Parlament eine sehr starke Position hat, dafür aber auch vom Volk direkt gewählt wird. In Ländern wie Großbritannien und den Niederlanden gibt es sogar noch formal Monarchen, politisch haben sie aber nur wenig zu entscheiden.

Bei der antiken philosophischen Idee einer Mischverfassung ging es natürlich nicht allein darum, die drei Elemente irgendwie miteinander zu verknüpfen, sondern sie auch in einem guten gegenseitigen Verhältnis zueinander zu kombinieren. Hier gibt es nun heute einige Politikwissenschaftler, die mit der Gewichtung der drei Elemente in unserer Verfassung nicht zufrieden sind. Hans von Arnim und Klaus von Beyme befürchten beispielsweise, dass die Parteien gegenüber dem Volk zu mächtig geworden sind. In der Politikwissenschaft benutzt man bereits Begriffe wie „Parteielite" und „politische Klasse", wodurch ausgedrückt werden soll, dass sich eine Gruppe von politisch besonders begabten Leuten vom eigentlichen Volk abhebt.[1] Zusätzlich wird von immer mehr Politikwissenschaftlern die Entwicklung der politischen Klasse zu einer Clique, die vornehmlich an sich selbst denkt, befürchtet, so dass manche schon von einer Parteiokratie (Parteienherrschaft) oder vom Parteienstaat sprechen. Um nun das demokratische Element unserer Verfassung zu stärken, wurden mehrere Vorschläge gemacht. Von Arnim setzt sich dafür ein, Volksbegehren und Volksentscheide auch auf der Bundesebene einzuführen. (Selbst Aristoteles war der Meinung, dass die Volksmehrheit manchmal etwas besser weiß als die Aristokratie. Das liegt z.B. daran, dass die Masse der Bevölkerung andere Lebensumstände hat als die Elite und dadurch einige Wahrheiten hautnah erlebt.) Ein anderer Vorschlag ist, bei den Wahlen die Anzahl der Listenplätze zu verringern, da derzeit gar nicht so sehr das Volk entscheidet, wer ins Parlament einzieht, sondern vornehmlich die Parteien. Eine wichtige weitere Anregung ist, die innerparteiliche Demokratie zu verbessern. Ein Parteienstaat kann nur in dem Maße eine Demokratie sein, wie auch innerhalb der Parteien Demokratie gilt. Leider ist es meistens nicht so, dass der Parteiführer, wichtige andere Parteiposten und der Kanz-

---

[1] Arnim 2000; von Beyme 2000

lerkandidat vom Parteivolk gewählt werden, sondern es diesbezüglich Entscheidungen von oben gibt. Über das Internet ließen sich heute leicht Wahlen der Parteimitglieder durchführen (und vielleicht auch leicht manipulieren). Eine andere Möglichkeit, das demokratische Element zu stärken, ist die Absenkung der 5% Klausel bei Wahlen auf evtl. 3%. Die 5% Klausel wurde eingerichtet, weil die Weimarer Verfassung u.a. daran gescheitert sein soll, dass zu viele Parteien im Parlament waren. Eine Demokratie kann aber auch am Gegenteil zugrunde gehen. In der Wirtschaft hat sich Wettbewerb als qualitätssteigernd herausgestellt, und warum sollte das nicht auch für den Ideenwettbewerb gelten? Ein guter Kompromiss zwischen zu vielen und zu wenigen Parteien scheint mir eine 3% Klausel zu sein. Auch ist das Prinzip der Gewaltenteilung (von Exekutive, Legislative und Judikative) nicht genügend verwirklicht, da z.B. die höchsten Richter von den Politikern ernannt werden und somit hier eine Abhängigkeit besteht. In einer Rechtsethik muss deshalb hervorgehoben werden, dass sich auch Staatsanwälte, Richterinnen und Ministerialbeamte an die Gesetze zu halten haben und sie nicht verdrehen dürfen. Und zum Abschluss dieser Vorschläge zur Stärkung des demokratischen Elementes ist noch darauf hinzuweisen, dass die Übertragung weiterer Entscheidungsrechte von der nationalen Ebene auf die der Europäischen Union und deren Ausweitung erst dann weitergeführt werden sollte, wenn genügend Demokratie auf der EU-Ebene vorhanden ist.

Einen Staat kann man als eine besonders große und besonders komplex strukturierte Organisation auffassen (im Scherz wird deshalb manchmal von der „Deutschland AG" gesprochen), so dass man über seine internen Mechanismen auch von der Organisationspsychologie und -soziologie Hinweise erhalten kann. Bemerkenswert ist hier, dass die Organisationssoziologie entdeckt hat, dass sich innerhalb von offiziellen Organisationen informelle Gruppen bilden, dass neben den offiziellen Zielen operative Ziele und neben den geschriebenen auch ungeschriebene Normen existieren können.[1] Offiziell sind solche Ziele, die nach außen bekannt sind, operative Ziele sind dagegen jene, die tatsächlich praktiziert werden. Informelle Gruppen sind jene, die nicht aus formalen Organisationsvorschriften resultieren. So schreibt Luhmann: „daß in großen Arbeitsorganisationen sich neben den offiziellen Vorschriften eine andere Verhaltensordnung mit eigenen Normen und Kommunikationswegen, einer besonderen Logik und einem entsprechenden Argumentationsstil, mit eigenen Statusgesichtspunkten,

---

[1] s. Büschges, Abraham 1997

einer eigenen Führungsstruktur und eigenen Sanktionen entwickelt." Die Sekretärin des Direktors oder ein besonders qualifizierter und unbedingt benötigter Facharbeiter haben manchmal mehr Einfluss als ein formal Höherstehender. Informelle Verhaltensweisen und Ziele können sich natürlich auch in Parteien und insgesamt im Staat entwickeln. Da derartig informelle Ziele nicht in der Öffentlichkeit besprochen würden, ständen sie auch in Wahlen nicht zur Debatte, so dass das Volk Parteien mit ihm unbekannten Zielen wählen könnte. Was informelle Gruppierungen in Parteien betrifft, sind aus den Massenmedien Begriffe wie „Seilschaften" und „Strippenzieher" bekannt. Werden nun Parteivorsitzende und sonstige hohe Parteiposten nicht demokratisch von unten vom Parteivolk gewählt, sondern von einigen wenigen an der Parteispitze, so ist denkbar, dass informelle Gruppen aus der Gesellschaft es erreichen, dass sie diese Leute nicht nur innerhalb einer Partei, sondern in vielen oder gar in allen Parlamentsparteien stellen. In einem solchen Falle könnte das Volk wählen, welche Partei auch immer es wollte, trotzdem wäre immer dieselbe Clique an der Macht. Politikwissenschaftler würden dann von einem Parteienkartell sprechen. Wenn Derartiges nicht nur in Parteien, sondern in allen wichtigen Ämtern der Gesellschaft geschieht, spricht man auch davon, dass die Gesellschaft unterwandert wurde. Im Volksmund wird derartiges Bestreben gern bei den Freimaurern vermutet, andere soziale Organisationen (z.B. der Jesuitenorden), auch ausländische, wären dazu aber sicherlich ebenfalls in der Lage. Vor ein paar Jahren führte die damalige Regierung eine Pressekampagne durch mit dem Vorwurf, die Scientologen wollten die westlichen Gesellschaften unterwandern – dieses Beispiel verdeutlicht, dass manche Politiker der Meinung sind, dass ein Staat oder sogar die ganze Gesellschaft tatsächlich unterwandert werden kann. Besonders bedenklich wäre die Situation, wenn eine solche Clique auch viele Posten in den Massenmedien beherrschen würde, dann könnte sie vor jeder Wahl dem Volk einreden, wen es zu wählen hätte. Schon Oswald Spengler hatte Anfang des 20. Jahrhunderts geschrieben: „Und was die moderne Presse betrifft, so mag der Schwärmer zufrieden sein, wenn sie verfassungsmäßig „frei" ist; der Kenner fragt nur danach, wem sie zur Verfügung steht."[2] Bei der Ausarbeitung einer Ethik, wie sie in den vorigen Kapiteln besprochen wurde, muss deshalb in der Allgemein- und in den Spezialethiken hervorgehoben werden, dass Unterwanderung, inoffizielle Parteienziele und Parteienabsprache in Form von Kartellbildung unethisch sind.

---

[1] Luhmann 1999: 30
[2] Spengler 1999: 1119

Was könnte das Volk tun, wenn durch derartige Mechanismen das demokratische Element unserer Verfassung immer mehr ausgehöhlt würde? Neben den bereits angeführten Vorschlägen wäre es im Fall eines Parteienkartells ratsam, bei jeder Wahl immer die jeweiligen Oppositionsparteien zu wählen. Damit käme zwar unter Umständen nur eine Partei desselben Kartells an die Regierung, da aber die jeweilig Regierenden primär an sich selbst denken und nicht an die gesamte Clique, wäre das eine Motivation für sie, während ihrer Regierungszeit möglichst volksnah zu regieren. Eine stärkere Waffe wäre, eine Randpartei zu wählen, die die mächtigen Parteien über die Massenmedien besonders stark diffamieren – mit einer derartigen Partei haben sie keine Absprachen getroffen. Diese Mittel wirken aber nur, wenn die Stimmenauszählung bei der Wahl rechtsgemäß erfolgt. Sollte ein Staat soweit degeneriert sein, dass er kein Rechtsstaat mehr wäre (Beispiel DDR), dann hätte das Volk nicht nur das Recht, sondern die moralische Pflicht, einen Staatsstreich durchzuführen, denn eine kriminelle Regierung kann über mehrere Jahrzehnte hinweg (wenn nicht schon früher) eine Gesellschaft völlig zugrunde richten. Auf diese Pflicht muss auch in der Ethik hingewiesen werden.

# 7. Schlussbemerkungen

Die Ausarbeitung einer vollständigen Ethik und die Überwachung der gesellschaftlichen Strukturen können Philosophen natürlich nicht allein leisten und benötigen dazu die Hilfe von Politikern, Unternehmern, Wissenschaftlern und von vielen anderen aus Kunst und Kultur. Um genügend Lebenserfahrung zu haben, ist außerdem für die Arbeit in der Ethik ein nicht geringes Lebensalter und einige Arbeitszeit außerhalb der angenehmen Hörsaal-Tätigkeit nötig. Dass selbst manche hohe Würdenträger in Wirklichkeit üble Halunken sind und gerade diese oft in der Öffentlichkeit besonders laut nach Moral rufen, muss man an eigener Haut erfahren haben, um die Problematik der Ethik vollständig verstehen zu können. Ein weiteres Problem ist, dass die Methodik der Philosophie sich auf das Denken konzentriert, der menschliche Verstand aber allein aus sich heraus nicht alles leisten kann. In der theoretischen Philosophie, beispielsweise in der Naturphilosophie, ist deshalb der Philosoph (bzw. die Philosophin) auf die Erkenntnisse der empirisch arbeitenden Naturwissenschaften angewiesen. Analog muss der Ethiker umfangreiche Kenntnisse u.a. in Soziologie, Psychologie, Politologie, Wirtschaftswissenschaft und Rechtswissenschaft haben.

Wenn man sich die Geschichte der Naturphilosophie betrachtet, dann fällt auf, dass es im Lauf der Jahrhunderte sehr viele verschiedene Weltentwürfe gegeben hat, die Entwerfer dieser Systeme waren oftmals felsenfest von der Wahrheit jeweils ihres Gedankengebäudes überzeugt und ließen sich oftmals nicht durch Argumente ihrer Kritiker überzeugen. Dieses demonstriert sehr schön die Schwäche der reinen Vernunft, und es ist in der Ethik zu erwarten, dass hier ebenfalls in Zukunft sehr viele Philosophen mit verschiedenen Systemen auftreten werden (was heute schon der Fall ist), die sich von ihren Gegnern nicht überzeugen lassen. Letztlich geht es aber bei der Ethik nicht wie in der Naturphilosophie darum herauszufinden, was die Wahrheit über die Natur ist, sondern darum, wie die Menschen sich verhalten sollen. Und die Auswahl dieses Sollens hat einen Entscheidungscharakter; das heißt, letztlich müssen Personen aus Kultur und Politik entscheiden, welche Werte und Normen in der Gesellschaft verankert werden sollen (es wird hier auch ein vorsichtiges Ausprobieren geben müssen). Philosophen müssen sich aber darum bemühen, für diesen Entscheidungsprozess möglichst plausible Vorlagen zu liefern.

Hat man sich schließlich dazu entschlossen, bestimmte Werte und Normen in der Gesellschaft zu verankern, so erfolgt ihre Durchsetzung durch entsprechende Anweisungen an Pädagogen und Sozialarbeiter, durch die Bücher von Schriftstellern, durch die Massenmedien, durch Politiker etc. Rationale Überlegungen von Philosophen können dabei eine Rolle spielen, aber nicht unbedingt die Hauptrolle. Eine Schlüsselrolle in der Erziehung zum moralischen Verhalten kommt der Familie zu. Leider ist es zurzeit so, dass das Geldverdienen zu den höchsten Werten zählt und zwar derart, dass die Hausfrau, die sich ganz ihrer Familie und insbesondere der Erziehung der Kinder und deren Hilfe bei den Schulaufgaben widmet, nicht die ihr gebührende soziale Anerkennung findet. Insbesondere einige politische Richtungen erwecken den Eindruck, dass ein Mensch erst dann ein erfülltes und hochwertiges Leben führe, wenn er bzw. sie in einem Beruf Geld verdient. Selbstverständlich kann und soll jede Frau, die keine Kinder oder nebenbei genügend Zeit hat, in einem eigenen Beruf arbeiten. Auch ist es so, dass die Anwesenheit von Frauen die allgemeine Arbeitsatmosphäre verbessert. Es ist aber bedenklich, wenn eine Frau deshalb keine

Kinder haben will, weil sie im Beruf mehr Sozialprestige erhält. Hier ist vor allem die Politik gefordert, die dafür zu sorgen hat, dass eine Hausfrau in Zukunft wieder die ihr gebührende Anerkennung findet, entweder in Form von öffentlichen Preisverleihungen und Ehrungen oder indem es z.B. zur gesetzlichen Pflicht wird, dass der Lohn des arbeitenden Mannes zur Hälfte auf das Konto der Frau überwiesen wird („Hausfrau" muss als Beruf anerkannt werden). Alles Geschriebene gilt natürlich auch umgekehrt, wenn die Frau im Beruf arbeitet und der Mann zuhause bleibt. Aufgrund ihrer biologischen Ausstattung, ihrer größeren Sensibilität, ist jedoch in der Regel die Frau für die Fürsorge der Kinder besonders geeignet. Angesichts der heutigen Veränderungen auf dem Arbeitsmarkt wäre es sogar für alle Beteiligten vorteilhaft, wenn beide nur halbtags arbeiten könnten und jeweils zu verschiedenen Zeiten.

Zum Abschluss noch ein kurzes Wort darüber, dass gesellschaftliche Regeln und insbesondere die moralischen in unserer liberal-individualistischen Zeit als Einengung der persönlichen Freiheit empfunden werden. Regeln beschneiden tatsächlich die eigene Freiheit, aber wenn die Mitmenschen einem selbst gegenüber diese Regeln ebenfalls einhalten, bekommt man dadurch viel mehr zurück, als man selbst gibt. Die Einhaltung der Regeln durch die Mitmenschen ist deshalb auch im Interesse jedes Einzelnen, und jeder sollte deshalb die Courage haben, dieses in seiner sozialen Umwelt einzufordern, und nicht alles auf den Staat abschieben.

# Literaturverzeichnis

Arendes, L. (1996): 'Ansätze zur physikalischen Untersuchung des Leib-Seele-Problems'. *Philosophia Naturalis 33*: 55-81.

Arendes, L. (2024): *Die wissenschaftliche Weltauffassung. Wissenschaftliche Naturphilosophie.* Books on Demand, Norderstedt.

Aristoteles (1995): *Philosophische Schriften 4: Politik.* Felix Meiner Verlag, Hamburg.

Arnim, H. von (2000): *Vom schönen Schein der Demokratie. Politik ohne Verantwortung – am Volk vorbei.* Droemer Verlag, München.

Beyme, K. von (2000): *Parteien im Wandel. Von den Volksparteien zu den professionalisierten Wählerparteien*. Westdeutscher Verlag, Wiesbaden.

Bollnow, O. (1957): *Einfache Sittlichkeit*. Vandenhoeck & Ruprecht, Göttingen

Bollnow, O. (1958): *Wesen und Wandel der Tugenden*. Ullstein Verlag, Frankfurt a. M.

Brzezinski, Z. (1994): *Macht und Moral. Neue Werte für die Weltpolitik*. Hoffmann und Campe, Hamburg.

Büchner, K. (1999): 'Einleitung'. In: M. Cicero (1999): *De re publica. Vom Gemeinwesen*. Reclam Verlag, Stuttgart, S. 3-82.

Büschges, G., Abraham, M. (1997): *Einführung in die Organisationssoziologie*. 2. Aufl., Teubner, Stuttgart.

Cicero, M. (1999a): *De officiis. Vom pflichtgemäßen Handeln*. Hrsg. H. Gunermann, Reclam Verlag, Stuttgart.

Cicero, M. (1999b): *De re publica. Vom Gemeinwesen*. Hrsg. K. Büchner, Reclam Verlag, Stuttgart.

Dönhoff, M. (1997): 'Es muss Maßstäbe geben'. In: H. Schmidt (Hrsg.): *Allgemeine Erklärung der Menschenpflichten. Ein Vorschlag*. Piper Verlag, München, S. 155-159.

Driesch, H. (1927): *Die sittliche Tat. Ein moralphilosophischer Versuch*. Verlag Emmanuel Reinicke, Leipzig.

Haken, H., Wunderlin, A. (1991): *Die Selbststrukturierung der Materie. Synergetik in der unbelebten Welt*. Vieweg, Braunschweig.

Hartmann, N. (1949): *Ethik*. 3. Aufl., De Gruyter, Berlin.

Huntington, S. P. (1998): *Kampf der Kulturen. Die Neugestaltung der Weltpolitik im 21. Jahrhundert*. 2. Aufl., Siedler Verlag, München.

Küng, H. (1991): *Projekt Weltethos*. 3. Aufl., Piper Verlag, München.

Küng, H. (1998): *Weltethos für Weltpolitik und Weltwirtschaft*. 3. Aufl., Piper Verlag, München.

Laszlo, E. (1996): *The Systems View of the World. A Holistic Vision for Our Time*. Hampton Press, Cresskill.

Luhmann, N. (1999): *Funktionen und Folgen formaler Organisation; mit einem Epilog*. 5. Aufl., Duncker und Humblot, Berlin.

Machiavelli, N. (1978): *Der Fürst*. Hrsg. R. Zorn, Kröner Verlag, Stuttgart.

Pieper, A. (1992): 'Ethik der aufgeklärten Vernunft'. In: A. Pieper (Hrsg.): *Geschichte der neueren Ethik*. Francke Verlag, Tübingen, S. 66-80.

Singer, P. (1994): *Praktische Ethik*. 2. Aufl., Reclam Verlag, Stuttgart.

Spaemann, R. (Hrsg.) (1987): *Ethik-Lesebuch. Von Platon Bis Heute.* Piper Verlag, München.

Spengler, O. (1999): *Der Untergang des Abendlandes. Umrisse einer Morphologie der Weltgeschichte.* 14. Aufl., Deutscher Taschenbuch Verlag, München.

Weinkauf, W. (Hrsg.) (2001): *Die Philosophie der Stoa. Ausgewählte Texte.* Reclam Verlag, Stuttgart.

# Ursprung des Monotheismus

Üblicherweise wird im Westen angenommen, der westliche Monotheismus käme aus dem Judentum. Aber wie schon das Gebot „Du sollst keine fremden Götter neben mir haben!" zeigt, glaubte man an die Existenz vieler Götter - nur haben eben die Hebräer von den vielen Göttern nur einen angebetet. Dass der einzig zu verehrende auch der einzig existierende Gott sei, dazu ist es durch das Christentum gekommen, was die Juden nachträglich mitvollzogen hatten. Aber schon vor dem Christentum hatte man in der Philosophie der Stoa angenommen, dass es nur einen alles durchdringenden Weltgeist gäbe, und die Stoa war bei den gebildeten Römern neben der Philosophie des Epikur die dominierende Philosophie. Kam also der Monotheismus aus der griechisch-römischen Philosophie und den hellenistischen Mysterien? Außerdem waren Griechen und Perser eventuell im Geheimen von der indischen Esoterik beeinflusst worden, dem Brahman.[1] (Aus der Philosophie kommt auch das Prinzip der allumfassenden Liebe, die platonische Liebe, was aus dem Judentum auf gar keinen Fall kommen konnte.)

Lange zuvor hatte der ägyptische Pharao Echnaton die Sonne als einzig existierenden Gott etablieren wollen, und evtl. hatte Moses zu dessen Anhängern Kontakt gehabt und es mit Jahwe auch so gemeint - aber diese Einstellung scheint später verloren gegangen zu sein, so dass der heutige Monotheismus wohl doch aus der Philosophie und den Mysterien kommt.[2] Ob aus Ägypten oder aus Griechenland (oder insgeheim aus Indien), der eine christliche Gott war jedenfalls nicht jüdisch, was schon sein Charakter andeutet: der gute versus der rachsüchtige, tötende Gott. Rom hielt viele Länder besetzt und die Menschen in den besetzten Ländern hatten deshalb vermutlich die aus Griechenland kommende

---

[1] s. Deussen 2005; 2011
[2] In Afrika sollen aber die Inder eine Kolonie gehabt haben.

römische Religion gehasst, weshalb sie vermutlich alle positiven Ideen der Römer und Griechen, die sie nicht beseitigen konnten, den Juden unterschoben.

In Judäa waren zuerst die Perser und Griechen und schließlich die Römer Besatzungsmächte. Hätten die Juden tatsächlich geglaubt, die vielen Götter der Besatzungsmächte würden gar nicht existieren, hätte es sicherlich Diskussionen darüber gegeben, was mir nicht bekannt ist. Gab es nur mündliche Diskussionen, müssten doch zumindest griechische oder römische Historiker darüber geschrieben haben, und zwar schon vor dem Christentum.

Die jüdische Religion wurde anfangs nur mündlich tradiert, schriftlich fixiert wurde sie erst durch die griechische Septuaginta in den drei letzten Jahrhunderten vor Christi Geburt, als das jüdische Gebiet schon unter dem Einfluss von Besatzungsmächten gestanden hatte. Man kann vermuten, dass bei der schriftlichen Fixierung der Lehren Ideen des hellenistischen Kulturkreises z.B. Moses in den Mund gelegt worden sind. (Es ist umstritten, ob Moses eine historische Person war oder nur eine mythische Figur ist.) Von Origines, einem der wichtigsten Kirchenlehrer der Ostkirche, wird berichtet, dass es zu seiner Zeit sechs Versionen des Alten Testamentes gab und dass Origines sich darum bemühte, die „wahre" Version herauszufinden.[1] Ob es wohl wirklich Zufall war, dass die berühmte Bibliothek von Alexandrien abbrannte und deshalb auch die verschiedenen Versionen des Alten Testamentes nicht mehr existieren? (Eindringlinge sollen die Bibliothek zerstört haben.) Die antiken Juden werden sicherlich Ideen des hellenistischen Kulturraumes kopiert haben und als ihre Weisheit ausgegeben haben. So schreibt Cohn in seiner „*Geschichte des Unendlichkeitsproblems im abendländischen Denken bis Kant*": „Übrigens gehören alle citierten Psalmen nach Ansicht der neueren Bibelkritik der griechischen Zeit an. Ihre Entstehung dürfte zwischen 311 und 140 v. Chr. fallen. Einwirkung platonischer Ideen ist höchst wahrscheinlich."[2]

Was den "einzig zu verehrenden Gott" der Juden betrifft, gab es damals noch andere Völker, die nur einen Gott anbeteten (dies wird als Henotheismus bezeichnet). Beispielsweise bei den Thrakern, deren Gott als Dionysos in die griechische Göttergemeinschaft aufgenommen worden war und über den vermutlich

---

[1] Hägglund 1990: 49
[2] Cohn 1896: 57

die Mystik zu den rationalistischen Griechen und somit zum hellenistischen Kulturkreis und dadurch zum gesamten Westen kam. Selbst Platon war in Thrakien gewesen und hatte dort deren Mystik kennengelernt. Der Dionysos-Kult war aber bei den rationalistischen Griechen immer nur eine Art Fremdkörper. Weil bei den antiken Römern die religiösen Feiern, Orgien, zu Ehren des Dionysos zu oft in Raserei ausarteten, wurden diese Orgien in Rom verboten und noch heute hat das Wort Orgie eine negative konnotative Bedeutung.[1]

Der Erste, der das Wort Philosophie verwendet haben soll, war Pythagoras. In aller Bescheidenheit sagte er von sich, er sei kein Weiser, sondern nur Freund der Weisheit. Mit den Weisen, dem Sophos, meinte man damals die Magier und Seher, die durchs Land zogen. Pythagoras hatte vermutlich Kontakt zu dem orphischen Geheimbund, dessen mythischer Gründer Orpheus war (ein thrakischer Sänger), und dieser soll der Stifter der dionysischen Mysterien gewesen sein.

Aus der Mystik ist dann im Westen die Idee des einen, einzigen und alles durchdringenden Gottes entstanden; vielleicht war es auch umgekehrt, die Mystik aus dem Glauben an den Einen durch Xenophanes, Parmenides u.a.; aber jedenfalls aus einer Ideentradition, die eine ganz andere ist als die, zu der der jüdische Gott gehört.

# Literatur:

Cohn, J. (1896): *Geschichte des Unendlichkeitsproblems im abendländischen Denken bis Kant.* Neuauflage: hanse Verlag.

Deussen, P. (2011): *Geheimlehre des Veda. Ausgewählte Texte des Upanishads.* Neuauflage: Verlag Edition Geheimes Wissen, Graz.

Deussen, P. (1906/2005): *Das System des Vedânta. Nach den Brahma-Sûtra's des Bâdarâyana und dem Kommentare des Çankara über dieselben.* Neuauflage: Elibron Classics.

Hägglund, B. (1990): *Geschichte der Theologie. Ein Abriß.* Kaiser Taschenbücher, München.

---

[1] Auf diesen Gott spielte Nietzsche an, als er „Dionysos gegen den Gekreuzigten" schrieb.

# Mythologie und höhere Wirklichkeit

In den antiken Religionen war es üblich, das wichtigste religiöse "Wissen" geheim zu halten und davon nur auserwählten Personen in den sogenannten Mysterien etwas mündlich mitzuteilen. Demgegenüber gab man der großen Masse der Bevölkerung in den Mythen nur einige Andeutungen, die die religiösen Ideen als Allegorien enthielten. In den Mythen sind vermutlich auch Ereignisse, die man in mystischen Zuständen symbolisch erleben kann, enthalten. Eventuell hat dieses "Wissen" eine negative Auswirkung auf die Gesellschaft, wenn es in großen Bevölkerungskreisen vorhanden ist. Diese Unterscheidung von Exoterik versus Esoterik gab es sogar in der Philosophie: Von Plato sind nur die exoterischen Bücher (für die gesamte Öffentlichkeit gedacht) überliefert, von Aristoteles demgegenüber nur die esoterischen Bücher (nur für Schulmitglieder bestimmt; und sie wurden lange Zeit nach Aristoteles von einem Wissenschaftshistoriker veröffentlicht). Aristoteles war als Makedonier und Lehrer von Alexander d. Gr. in Athen recht unbeliebt gewesen, weshalb vermutlich nur Fragmente seiner exoterischen Schriften existieren. Aber in seinen exoterischen Schriften soll Aristoteles ähnlich wie Plato hauptsächlich in Dialogen nur Andeutungen gegeben haben, wohingegen Platos verloren gegangenen esoterischen Schriften auf einem ähnlich hohen intellektuellen Niveau wie die von Aristoteles gewesen sein sollen.

Von Pythagoras stammt der Ausdruck "Philosophie": Die exoterische Deutung des Ausdrucks besagt, er sei eben nur ein "Freund der Weisheit" gewesen und kein Weiser, wohingegen die esoterische Deutung des Namens darauf beruht, dass im Pythagoreerbund als Geheimwissen eine bestimmte Göttin verehrt worden war, die sie "Sophia" nannten: Liebe zur Sophia = PHIL-O-SOPHIA. Sie galt als die Weltseele und in der oströmischen christlichen Religionsphilosophie fand dann später diese Sophia eine große Beachtung.

Als Judäa zunächst von den Persern und Griechen und schließlich von den Römern besetzt war, entwickelten sich unter den Juden nach hellenistischem Vorbild Mysterienorden (z.B. bei den Essener und Therapeuten), vor allem durch die Beeinflussung vom Pythagoreerorden, und das musste natürlich zur Folge gehabt haben, dass zusätzlich zum Geheimwissen für die Öffentlichkeit entsprechende Mythen gebildet wurden. Ein solcher Mythos war höchstwahrscheinlich über Sophia und Jesus von Nazareth ersonnen worden, Jesus hatte es vermutlich historisch nie gegeben. [1] (Demgegenüber kann Christus tatsächlich ein Höheres Wesen sein, von welcher Art auch immer.) Der Teil mit Sophia wurde später von der Kirche verdrängt und ist nur in den gnostischen Schriften erhalten geblieben, so dass nur der Jesus-Teil (als Erbe des Pythagoreerbundes) das (exoterische) Christentum half hervorzubringen. Die Idee vom einzig existierenden Gott und die christliche Ethik stammen vermutlich von Xenophanes, Parmenides, Plato und aus der Philosophie der Stoa, wobei es indischen Einfluss gegeben haben mag. Es ist sicherlich kein Zufall, dass die Essener aufhörten zu existieren zu der Zeit, als das Christentum entstand. Typisch hellenistische und persische Mysterienelemente des Jesus-Mythos sind z.B. die Geburt in einer Höhle oder im Stall (er symbolisiert unsere materielle Welt mit ihrem Schmutz) und die Kreuzigung, Wiederauferstehung und Himmelfahrt (die zentralen Elemente der Esoterik: die Gottwerdung der Seele nach einer leidvollen Reinigungsphase und dem Tod des Egos). Die antiken Juden hatten somit nicht Schuld an einer Kreuzigung Gottes: Das ist ein Mythos, den nur einfältige Narren wörtlich nehmen.

Der große Fehler der christlichen Jesus-Mythologie war, dass man (im Westen) die Reinigungsphase und den Tod des Egos zu sehr in den Mittelpunkt stellte, anstatt das anschließende Sein als Lichtwesen oder Gott zu betonen. Dieses Fixieren auf das Negative, den Tod, führte wohl dazu, dass die römisch-katholische Kirche so blutrünstig geworden ist; jüdischer Einfluss wird wohl auch eine

---

[1] Vgl. Freke, Gandy: *The Jesus Mysteries*, 1999; *Jesus And The Goddess*, 2001; diese beiden Bücher sind sehr interessant, manche Deutungen sind jedoch falsch und der Gnosisbegriff wird zu weit gefasst.

Rolle gespielt haben. Ein weiterer großer Nachteil des heutigen Christentums ist das Fehlen der Verehrung der Weltseele, der Großen Mutter (in der Exoterik – in der Esoterik gibt oder gab es wohl auch Sophia); als Ersatz dazu wird aber in der orthodoxen und in der römisch-katholischen Kirche wenigstens die Gottesmutter Maria sehr stark verehrt.

# Exoterik und Esoterik der Religionen

Jede höhere Religion hat eine äußere und eine geheime Seite. Die äußere Seite, die Exoterik mit ihren Mythen, nimmt in den einzelnen Völkern und Kulturen der Welt sehr unterschiedliche Formen an; einerseits angepasst an den jeweiligen Kulturkreis, andererseits die jeweilige Kultur formend. Demgegenüber scheint der innerste Kern der einzelnen Religionen sich sehr zu ähneln, auch wenn dieses durch verschiedene Begriffsdefinitionen stark verdeckt sein kann. So können die vielen höheren Wesen als Götter oder auch als Engel bezeichnet werden; und das eine höchste Wesen kann als oberster oder gar einziger Gott oder auch als Alleinheit, an der alle anderen Wesen Anteil haben, bestimmt werden. Dass es viele höhere Wesen gibt (Engel, Götter o.ä.) ist in allen esoterischen Mysterien allgemein akzeptiert, bei der Erkenntnis des höchsten Wesens bzw. Urgrundes gibt es jedoch aufgrund der unterschiedlichen kognitiven Strukturen und Erwartungen der Menschen unterschiedlicher Kulturen noch sehr große Unterschiede, wofür wohl auch politische Machtansprüche verantwortlich sind. Die Erkenntnis des höchsten Wesens bzw. des Urgrundes liegt noch sehr im Dunkeln, vermutlich weil dieses von der menschlichen Seinsform zu weit entfernt liegt; jedoch könnte die wissenschaftliche Psychologie mit Hilfe introaktiver Methoden in Zukunft einiges aufklären. Dass aber die Welt eine Einheit sein muss und nicht aus vielen getrennten Einzelbausteinen bestehen kann, ist unumgänglich, da ansonsten die Welt zerfallen würde.[1]

Im Laufe der Jahrhunderte kann auch der innerste Kern von der äußeren Schale immer mehr verdrängt werden; immer weniger Menschen wissen um das Geheime und die rein in der Exoterik lebenden Gläubigen bekämpfen sich gegenseitig wegen äußerer Unterschiede (hierfür ist die mosaische Religion das entartete Extrem, deren Ziel es ist, dem jüdischen Stammesgott Jahwe alles

---

[1] s. Arendes, 2024: *Die Wissenschaftliche Weltauffassung*, Norderstedt

285

unterzuordnen), bis es dann Zeiten gibt, in denen von der göttlichen Ebene aus die innere Wahrheit wieder stärker hervorgehoben wird.

Eine Zwischenstellung und stark zur esoterischen Seite hinneigend nehmen die Mysterienorden ein, die in den unterschiedlichen Kulturen sehr verschieden sein können und selbst innerhalb eines Kulturkreises verschiedene Formen annehmen, die aber um ihren gemeinsamen inneren Kern wissen. Beispielhaft für eine (esoterische) Einheit in der (exoterischen) Vielfalt ist der Hinduismus, der genauer betrachtet eine Vielzahl von Religionen ist, die sich aber im innersten Kern auf die Upanischaden bzw. Veden mit dem alles hervorbringenden Brahman beziehen. Der innere Kern des Christentums ist, vereinfachend ausgedrückt, die griechisch-platonische Weltanschauung (mit ihren Wurzeln in persisch-babylonisch-indischer und vielleicht ägyptischer Weisheit) mit ihren vielen Göttern bzw. Engeln, die ebenso wie alles andere aus dem All-Einen (gr. Hen) entstanden sind, was jedoch im Laufe der Jahrhunderte immer mehr in Vergessenheit geraten war durch die jüdische Exoterik.

Die Prozesse der materiellen Welt werden gesteuert von einer höheren Ebene aus, und man kann sich fragen, warum die Unterscheidung öffentlicher versus geheimer Seite der Religion von dort etabliert worden ist. In der griechischen Antike stand sogar die Todesstrafe auf das Belauschen der Mysterien durch Uneingeweihte und auf das Brechen des Schweigegelübdes der Eingeweihten. Warum diese Geheimhaltungspflicht? Ein Grund dafür mag sein, dass das Leben als Mysterienschüler eine andere Ethik erfordert als das Leben der großen Masse; viele Menschen haben eben noch nicht die innere Reife für die Wahrheit erreicht. Würde die große Masse vom höheren Wissen und deren Geboten erfahren, könnte sie großen Schaden anrichten, weil in der Entwicklung niedrig stehende Menschen oft alles ins Gegenteil verkehren (z.B. statt sich weltabgewandt ganz dem Göttlichen zuzuwenden einfach nur im weltlichen Leben faul und pflichtvergessen sein; das Heilige als Ausrede für Trägheit). Im Laufe der Jahrtausende erreicht jedoch die Menschheit insgesamt ein immer höheres Niveau, so dass immer mehr höheres Wissen der gesamten Menschheit zugänglich wird. Auch werden in Zukunft im Verlauf der Verschmelzung der Menschheit zu einer Weltgemeinschaft (zu einem Weltstaatenbund) die exoterischen Unterschiede immer mehr verblassen und vielleicht wird einmal eine einzige Religion mit vielen Spielarten ähnlich dem Hinduismus entstehen.

# Fußnoten zum Computer-Weltbild

## Seelentheorie:

Das Bewusstseinsfeld ($F_B$) ist eine Funktion von aktiven Hirnzellen ($Z_a$) und Parametern ($P_v$), die sich im Quantenvakuum befinden: $F_B = F_B (Z_a, P_v)$. Die Vakuumparameter haben einen steuernden Einfluss auf die Hirndynamik, und man kann vermuten, dass sich drei Arten von Parametern unterscheiden lassen:

1. Der eine Teil macht das eigene wahre Selbst aus (bzw. ist Bestandteil davon), das über alle Wiedergeburten hinweg sich im Kern gleich bleibt, aber sich sicherlich über viele Wiedergeburten hinweg auch entwickelt.

2. Der zweite zu unterscheidende Teil der Vakuumparameter ist Bestandteil sozusagen derjenigen Software, die man bei seiner irdischen Wiedergeburt bekommt, um dadurch auf der Welt die vorbestimmte Rolle spielen zu können, und dieser Teil ist von Wiedergeburt zu Wiedergeburt jeweils andersartig. Es ist die Maske für die im aktuellen Leben zu spielende Rolle und soll deshalb mit dem lateinischen Ausdruck für Maske als „Persona" bezeichnet werden.

3. Im Rahmen des Computer-Weltbildes lässt sich die Gesamtheit der Vakuumparameter als Prozessor verstehen (bzw. als Teil davon), was in diesem Begriffssystem eine moderne Deutung des Seelenbegriffes darstellt. Es lassen sich danach hochrangige Prozessoren, die das globale Weltgeschehen steuern wie etwa die leblose Materie, unterscheiden von den untergeordneten Prozessoren zur Steuerung der biologischen Organismen. Im Rahmen des Computer-Weltbildes (CWB) ist es auch denkbar, dass hochrangige Prozessoren Einfluss ausüben können auf die Arbeitsweise der niedrigrangigen Prozessoren z.B. durch die Einstellung von bestimmten Parameterwerten. Deutet man den höchsten Weltprozessor

als Gott, so kann man auf diese Weise annehmen, dass Gott das Seelenleben (bzw. das Verhalten der Prozessoren der irdischen Lebewesen) beeinflussen kann, wie es insbesondere in der Mystik immer wieder behauptet bzw. angedeutet wird. So predigte Meister Eckhart: „Gott ist in der Seele mit seiner Natur, mit seinem Sein und mit seiner Gottheit, und doch ist er nicht die Seele".[1] Meister Eckhart sprach auch gern vom göttlichen Seelenfünklein im Menschen. Noch weiter gingen die alten indischen Weisen der Upanischaden, deren zentraler Glaubenssatz war: „Atman ist Brahman", wobei Atman die Einzelseele eines Menschen ist und Brahman die allumfassende Gottheit bzw. das unpersönliche oder überpersönliche Eine Sein. Dieser dritte mögliche Teil der Vakuumparameter (die Schnittstelle zu übergeordneten Prozessoren) soll deshalb als „Atman" bezeichnet werden, auch wenn vermutlich kaum der höchste Weltprozessor Einfluss nimmt auf die Prozesse innerhalb des Prozessors eines irdischen Lebewesens. Vielmehr ist nahe liegender anzunehmen, dass es eine hierarchische Struktur vieler Prozessoren gibt: Über den Prozessoren der irdischen biologischen Lebewesen mag es eine Weltseele geben (oder eine Dualität von Weltseele und Weltgeist, was andersartige Prozessoren sein könnten), ein Prozessor (oder mehrere) zur Steuerung der Vorgänge z.B. der gesamten materiellen Erde und der Prozessoren ihrer biologischen Organismen, in unserem riesengroßen Weltall wird es aber sicherlich weitere bewohnte Planeten geben, die jeweils ihre eigene Weltseele haben, und der oberste Universalprozessor mag hauptsächlich Einfluss nehmen auf die einzelnen Weltseelen des Universums und nicht so sehr auf die Seelen der Einzelorganismen. Zwischen beiden Prozessorebenen mag es auch mehrere zwischengeschaltete Prozessoren geben. (Glaubt man nur an einen einzigen übergeordneten Prozessor zur Steuerung der Vorgänge im gesamten Universum, glaubt man nur an einen einzigen Gott, so wäre dieser vielbeschäftigte Prozessor auch damit tätig, unsere Einzelseelen zu beeinflussen.)

Die menschliche Seele, ihr System von Vakuumparametern, kann somit aufgefasst werden als bestehend aus dem Selbst, der Persona und dem Atman. Die Persönlichkeit, die man im jeweiligen aktuellen Leben hat (das empirische Ich), wird vor allem gebildet von der Persona, wobei jedoch auch das Selbst und der Atman zu ihr beitragen, ebenso das jeweilige Gehirn mit seiner Genetik und Umwelt. Mystiker behaupten, Gott über das eigene Innere erleben zu können (deshalb ihre Forderung: „Erkenne Dich selbst!"), und im Rahmen des CWB ist dies

---

[1] K. Johne (Hrsg.) (1987): *Meister Eckhart. Ewigkeit inmitten dieser Zeit*, S. 59

möglich über den Atman, den man in sich selbst erkennen muss. Durch Atman kann man womöglich tatsächlich Kontakt bekommen zu einem übergeordneten Prozessor bzw. zu einem Gott, umgekehrt kann dadurch auch ein Gott das Verhalten von Mensch und Tier beeinflussen, wie es manchmal vorzukommen scheint. Es ist auch denkbar, dass es über den Atman Verbindungen zu anderen Lebewesen wie beispielsweise zu anderen Menschen geben kann.

## Wille und Vernunft:

Das Sein ist ein informationsverarbeitendes System, welches Phänomene wie Raum, Zeit, Materie und Bewusstsein hervorbringt. Die mathematischen Naturgesetze sind im ganzheitlichen Sein als Informationen enthalten, welche das Verhalten der Materie bei komplexen hierarchischen Strukturen teleonom, bei einfachen Objekten hingegen mechanistisch mit scheinbarem Zufallscharakter steuern. Höhere Organismen, insbesondere die mit Bewusstsein, bemühen sich darum, Ziele zu erreichen, und die Aufstellung von Zielen ist neben der Informationsverarbeitung das zweite zentrale Charakteristikum des Seins. Bezeichnet man die Informationsverarbeitung schlagwortartig als Geist oder Vernunft und das Setzen von Zielen schlagwortartig als Willen, so kann man den Standpunkt vertreten, dass das Sein neben der hervorgebrachten Materie vor allem Geist oder Vernunft (Intellekt) und Wille ist. Aristoteles hob vorrangig den Nous hervor, was heutzutage gern mit Vernunft übersetzt wird, Schopenhauer den Willen, aber Vernunft und Wille sind zwei gleichberechtigte zentrale Prinzipien. (Zum richtigen Verständnis von Aristoteles muss hervorgehoben werden, dass unter Nous nicht allein Vernunft im heutigen Sinne verstanden wurde, sondern dieser Geist, wie Nous auch manchmal übersetzt wird, auch Wille, Absicht und Gemüt enthielt.) Das Setzen und die Erreichung von Zielen kann man vielleicht auch als die Essenz von „Leben" auffassen. Die Entstehung von Zielen, z.B. durch den obersten Prozessor, ist derzeit am wenigsten verstanden, abgesehen davon, dass Unterziele aus gegebenen übergeordneten Zielen auch von Computern abgeleitet werden können. Das CWB thematisiert vor allem den Vernunftaspekt, wenngleich Computer darauf hinarbeiten, bestimmte Zielzustände zu erreichen. Ob wir Menschen überhaupt einen eigenen Willen haben und dieses nicht nur Maya (Schein oder Illusion) ist, muss derzeit offen bleiben.

# Auf der Suche nach Wahrheit:

Um die Welt zu erkennen, haben die Menschen im Laufe der Jahrtausende mehrere unterschiedliche Herangehensweisen entwickelt, wobei heutzutage vor allem die einzelnen Natur- und Geisteswissenschaften, Philosophie und die Mysterienschulen herausragen.

Aus dem CWB lässt sich, wie in meinem Buch über *„Das Computer-Weltbild"* beschrieben wird, die Methode der experimentellen Introaktion herleiten, wonach man innerlich zunächst irgendwelche konzentrativen Geistesübungen durchführt, um anschließend abzuwarten, was sich daraus introspektiv ergibt. Diese Methode gibt es jedoch schon seit Jahrtausenden, nämlich in den geheimen Mysterien- und Mystikorden, die seit einiger Zeit immer mehr an die Öffentlichkeit treten und deren Techniken man an den Universitäten systematisch erforschen und nutzbar machen sollte. In den Mysterien kann man u.a. Höhere Wesen erleben und in der Mystik bemüht man sich um ein mystisches Einheitserlebnis – Philosophen stehen hier aber vor sehr schwierigen erkenntnistheoretischen Fragen.[1]

Derartige Psychotechniken sind lange Zeit geheim gehalten worden, und dies sicherlich aus gutem Grund, denn sie sind nicht ungefährlich. Nach den Gesetzen der Mystik hat man zuerst eine umfangreiche und intensive „Reinigungsphase" – das heißt: Leidensphase – durchzumachen, bevor man die Gnade der Erleuchtung erfährt. Wer diesen Weg geht, muss erst wie Jesus im Christusmythos in die Hölle, um es symbolisch auszudrücken, bevor er oder sie in den Himmel kommt. Das Leid bricht über einen herein, und Personen, die wichtige öffentliche Ämter innehaben, können dadurch auch allen von ihnen abhängigen Menschen großes Unglück bringen. Personen in wichtigen Positionen sollten deshalb auf gar keinen Fall den Weg der Mystik gehen dürfen. Leider ist auch das Betrügen in Mystik und Mysterien viel leichter als in den Wissenschaften, wo es heutzutage ebenfalls immer mehr zunimmt. Was die Lügen in den Mysterien betrifft, so ist der rosenkreuzerische Scharlatan Max Heindel u.a. mit seinem

---

[1] s. Jones 2016; Albrecht 1958; Katz 1978

Buch über wissenschaftliche Astrologie (ein Paradebeispiel für Pseudowissenschaft) ein gutes Beispiel. [1]

Platon war der Meinung, dass Personen in den öffentlichen Ämtern die „Idee des Guten" gesehen haben und deshalb in ihrer vorherigen Ausbildung den mystischen Weg nach oben ans Licht gegangen sein sollen. Vor der Besetzung eines hohen öffentlichen Amtes mag Platons Weg der Mystik sinnvoll sein – aber keinesfalls beides zur gleichen Zeit!

Was man visionär in mystischen Zuständen als eine riesige Geistige Sonne erleben kann, ist vielleicht das, was Aristoteles den Nous (Weltvernunft, Weltgeist) betrachtete. Diese große Geistige Sonne ist aber vermutlich nicht der höchste Universalprozessor, sondern eher der höchste Gott nur für unseren irdischen Bereich. Sie ist vermutlich das, was die alten Inder als den (niederen) Brahman deuteten, und kann eventuell alle irdischen Lebewesen steuern. Eine mystische Verschmelzung hiermit hat eine enorme Auswirkung!

Wem diese Art der Erkenntnis der Wahrheit so wichtig ist, dass er oder sie sich dafür selbst das Mark aus den Knochen ziehen lassen würde (wie es in einem Text einmal geschrieben wurde), sollte eher Eremit werden oder ins Kloster gehen als ins Parlament oder auf die Regierungsbank. Statt diesen dornigen Weg selbst zu gehen, sollten jedoch die meisten Menschen besser den Erlebnisberichten von glaubwürdigen Personen vertrauen. (Bei den Texten von Mystikern weiß man allerdings oftmals nicht, wann ein Bericht tatsächlich ein mystisches Erlebnis war und was sich der Autor nur selbst überlegt hatte.) Die christliche Religion (ebenso wie der Buddhismus) dürfte ursprünglich aus einem Mysterienorden entstanden sein und war wohl ursprünglich nie für die Öffentlichkeit gedacht: Die Nachfolge Christi mit Befolgung von einigen Elementen der Bergpredigt etc. war vermutlich nie für die Weltmenschen gedacht.

Wie oben dargelegt, gibt es heute vor allem die drei Erkenntnisformen der Einzelwissenschaften, der Philosophie und der Mysterien und Mystik. In Mysterien

---

[1] Ein Beispiel für Pseudomystik oder für schlechte Mystik ist auch Jakob Böhme, für den jedoch, ebenso wie für Max Heindel, eine einflussreiche „Pressure Group" arbeitet. Böhme war eher Kabbalist, hatte vereinzelt naturmystische Erlebnisse und hatte sich viel angelesen.

und Mystik bemüht man sich hauptsächlich introspektiv um Erkenntnisse, in den Wissenschaften um empirische Befunde und Theorien über die Außenwelt (in der Psychologie wieder zunehmend auch über Introspektives), und in der Philosophie nimmt das reine Denken einen hohen Rang ein, und jede dieser Herangehensweisen hat ihre Vor- und Nachteile, so dass man sich über die Erkenntnisse bzw. Glaubensinhalte aller drei Bereiche informieren und sie miteinander verbinden sollte. In Mystik und Mysterien erlangt man die höchsten Erkenntnisse, ihre Erzeugnisse sind aber auch am fehleranfälligsten: Vieles Erlebte ist symbolisch verkleidet und oftmals macht man sich selbst nur etwas vor und sieht, was man sehen will, ohne dass diese Phantasien tatsächlich gültig sind. Die sichersten Erkenntnisse liefern die Einzelwissenschaften, kommen aber oftmals über unwichtige Banalitäten nicht hinaus, und die experimentelle Naturwissenschaft ignoriert Phänomene, die sich nicht replizierbar im Labor untersuchen lassen. Scharfsinnige Denker im Gefolge von Aristoteles findet man besonders in der Philosophie, und wenn man auch durch bloßes Nachdenken im Schaukelstuhl kein naturphilosophisches System überzeugend begründen kann, so können Philosophen doch durch ihre erkenntnistheoretische Schulung übertriebene Wissensansprüche auch der Einzelwissenschaften (z.B. in der Evolutionsbiologie) in die Schranken weisen; außerdem berücksichtigen Philosophen Phänomene, die die Wissenschaften ignorieren.

Alle drei der angeführten Erkenntniswege komplett zu beherrschen, ist sicherlich, wenn überhaupt, nur wenigen möglich. Jedoch ist die Beherrschung von nur zwei der drei Gebiete schon viel wert. So beherrschte Platon die Philosophie seiner Zeit, und für seine eigene Philosophie schöpfte er aus den geheimen Mysterien. [1] Im Neuplatonismus war die Mystik sogar Teil der Philosophie und baute darauf auf. Aristoteles war nicht nur Philosoph, sondern gilt auch als Begründer der biologischen Forschung. Menschen mit extremer Spezialisierung sind heutzutage so notwendig wie nie zuvor, aber Forscher mit hoher Spezialisierung verstricken sich oft vollkommen in die Begriffswelten der eigenen Wissenschaft, schauen sozusagen nicht mehr über ihr „Reagenzglas" hinaus, und Personen mit übergreifenden Kenntnissen, wie insbesondere viele Philosophen, sind auch deshalb notwendig, um das Wichtige vom Banalen unterscheiden zu können und um – wie Philosophen und Mystiker wissen – klarzustellen, dass Wissen hauptsächlich dazu zu dienen hat, das richtige Handeln aufzuweisen: Tugend steht

---

[1] vgl. Karl Albert 1986; 1974

über Wissen! Tugend und Moral sind das Wichtigste im Leben und nicht Prestige, Geld und Macht. Eine höhere Erleuchtung wird uns ohnehin von oben nur geschenkt, wenn wir ihrer würdig sind.

## Zarathustra im Computer-Weltbild:

Im antiken Persien lehrte der Religionsgründer Zarathustra eine dualistische Religion, nach der es zwei gegensätzliche oberste Götter oder Prinzipien gibt, der guten Geist Ahura Mazda (auf Deutsch „Herr der Weisheit") und den bösen Geist Angra Mainyo (bzw. Ahriman), und die Aufgabe der Menschen sei es, Ahura Mazda im Kampf gegen das Böse zu unterstützen und in Gedanken, Worten und Werken das Gute zu tun. (Nach der später entstandenen iranischen Zervan-Religion sind diese beiden Götter als Zwillinge aus einem pantheistischen Hochgott entstanden, wobei Zervan eine Art alles umfassende Zeit- und Schicksalsgottheit ist.) Der gute Geist und der böse Geist, das Reich des Lichts und das Reich der Finsternis, lassen sich auch als zwei wirkende Prinzipien deuten – in der Zarathustra-Religion wird manchmal nur Ahura Mazda als Gott bezeichnet und Angra Mainyo als wirkendes Prinzip herabgesetzt –, und diese beiden Prinzipien kann man im CWB so deuten, dass in der Weltsoftware zwei scheinbar gegensätzlich wirkende Prinzipien implementiert sind.

Auf der Ebene der physikalischen Objekte wirken alle Kräfte mit Ausnahme der Gravitation (nach der heutigen Theorie, die allerdings die Bewegung der Galaxien und die Ausdehnung des Universums nicht erklären kann und somit falsch ist und durch eine bessere Approximation an die Wahrheit ersetzt werden muss) auf eine polare Weise, d.h. wie bei Magnetismus und Elektrizität gibt es zwischen plus und minus Felder, welche auf die geladenen Teilchen wirken. Nach der Systemtheorie ist die Natur geschichtet aufgebaut und die Kategorien der niederen Schichten kehren auf höheren Systemebenen (in eventuell abgewandelter Form) wieder. Auf der sozialen Systemebene scheint nun die Polarität in der Form von Gut und Böse vorzukommen (die Lebewesen werden angetrieben durch Liebe und Hass), zwischen Gut und Böse wird eine psychologische „Spannung" erzeugt, die das Leben stimulierend antreibt, und das Böse zerstört, um darauf Neues entstehen zu lassen.

Im Volksmund wird das Prinzip des Bösen als Teufel bezeichnet, den es somit scheinbar tatsächlich gibt – jedoch nur als in der Weltsoftware implementiertes antreibendes Prinzip, und nach der Zarathustra-Religion ist es die Aufgabe des Menschen, auf der Seite des Guten das Böse zu bekämpfen.

# Literatur:

Albert, K. (1974): *Die ontologische Erfahrung*. A. Henn Verlag, Kastellaun.

Albert, K. (1986): *Mystik und Philosophie*. Richarz Verlag, Sankt Augustin.

Albrecht, C. (1958): *Das mystische Erkennen. Gnoseologie und philosophische Relevanz der mystischen Relation*. Carl Schünemann Verlag, Bremen.

Arendes, L. (2024): *Das Computer-Weltbild. Funktionen der Naturphilosophie in der Naturwissenschaft*. Books on Demand, Norderstedt.

Jones, R. H. (2016): *Philosophy of Mysticism. Raids on the Ineffable*. State University of New York.

Katz, S. T. (Hrsg.) (1978a): *Mysticism and Philosophical Analysis*. Sheldon Press, London.

Katz, S. T. (1978b): 'Language, Epistemology, and Mysticism'. In S. T. Katz (Hrsg.) (1978): *Mysticism and Philosophical Analysis*. Sheldon Press, London, S. 22-74.

# Mysterien und Mystik
### Gewidmet der Großen Mutter, Ursprung unserer Seelen und unsere Alma Mater

In der Antike gab es zahlreiche Geheimgesellschaften, die ein geheimes Wissen behaupteten, welches als die Mysterien bezeichnet wird.[1] In Griechenland stand auf das Belauschen der Mysterien durch Uneingeweihte und auf den Bruch des Schweigegelübdes der Eingeweihten die Todesstrafe, weshalb nur sehr wenig Inhaltsreiches davon bis auf die heutige Zeit durchgesickert ist. Da man damals an viele Götter glaubte, hat sich dieses Wissen natürlich hauptsächlich auf verschiedene Götter bezogen, die man in den Mysterien und auch außerhalb davon als wirklich existent erlebte. Ausgehend vermutlich von den indischen Upanischaden (dem Brahman), bzw. den Veden, vermittelt über Persien und durch Ideen und Visionen von Xenophanes und Parmenides, entstand später in der Antike der Glaube an den Einen Gott, woraus – vermutlich vermittelt über die geheimen jüdischen Essener und Therapeuten – das Christentum und anschließend der Islam entstand, und auch die jüdische Volksreligion, die Anhänger Jahwes, änderte ihren einzig zu verehrenden Stammesgott Jahwe dahingehend, dass Jahwe nun der einzig existierende Gott sei.

Die Polytheisten der Antike verwiesen gegenüber den Christen darauf, dass man ihre Götter wirklich erleben könne, wohingegen der Eine Gott der Christen der völlig Unbekannte Gott sei. Dieses Argument dürfte später bei vielen Christen eine Motivation dafür gewesen sein, ebenfalls zu behaupten, ihren Gott könne man erleben, was zur Entstehung dessen führte, was man heute als Mystik bezeichnet: Das Erlebnis der Vereinigung mit dem Einen Gott oder (in Anlehnung an die indischen Geheimlehren vom Brahman und an Parmenides) das Erlebnis

---

[1] s. Giebel 2000

der Einheit allen Seins. In den Mysterien kann man eine Vielzahl von Phänomenen erleben, vor allem viele höhere Wesen, aber noch vieles mehr (so den berühmten „Stein der Weisen"), was man heutzutage in den Initiatenorden erlernen kann, wo jedoch auch Unsinn angetroffen werden kann, der z.B. aus Tradition weitergegeben wird. Demgegenüber besteht der Kern der Mystik im Erlebnis der Einheit des Seins oder der Vereinigung mit dem Einen Gott. (In diesem Sinne verwende ich im Folgenden die beiden Ausdrücke Mysterien und Mystik.) Der Mystiker Meister Eckhart beispielsweise kannte allem Anschein nach auch einige christliche Mysterien; eines der wichtigsten Mysterien des Christentums ist das „Christkind im eigenen Herzen" – wenn man es soweit gebracht hat, besteht gute Hoffnung für die eigene Zukunft, und deshalb ist das Weihnachtsfest zurecht das Lieblingsfest der Christen.

Der Ausdruck „Mystik" wird heutzutage sehr unterschiedlich verwendet, insbesondere außerhalb der Wissenschaft, wo jedes als okkult anmutende Phänomen als mystisch bezeichnet werden kann, aber auch innerhalb der Wissenschaft kann man den Begriff Mystik in einem weiteren Sinne so verstehen, dass er die Mysterien enthält. (Wann ich den Begriff Mystik im engeren und wann im weiteren Sinne verwende, insbesondere in meinen anderen Aufsätzen, ergibt sich jeweils aus dem Zusammenhang.)

Die Mystik wird heutzutage vielfältig philosophisch und wissenschaftlich untersucht, wobei man derzeit vor allem zwischen extrovertierter und introvertierter Mystik unterscheidet.[1] Bei der introvertierten Mystik hat man seine Augen geschlossen, ist in einem Versunkenheitszustand und erlebt eine Vereinigung mit Gott oder die Einheit allen Seins (eine theistische versus einer monistischen Erfahrung); bei der extrovertierten Mystik hat man seine Augen offen, ist eventuell in einer schönen Landschaft und erlebt sich eins mit allem (z.B. Naturmystik). Wie ich in meinen Texten zum Leib-Seele-Problem dargestellt habe, erlebt man bei der Wahrnehmung im visuellen Bewusstsein eine farbliche Qualia (z.B. eine gelbe Scheibe) und zusätzlich eine semantische Qualia, eine Deutung des Farberlebnisses (z.B. die gelbe Scheibe als Sonne).[2] Bei der Naturmystik erlebt man

---

[1] s. Jones 2016; Katz 1978; Albrecht 1958; Hood 2006
[2] Arendes 1996; 2024

die semantische Qualia auf stark veränderte Weise – z.B. als Erlebnis der Einheit mit der ganzen Landschaft oder der ganzen Welt. (Denkbar sind auch Arten von Qualia, die wir von unserer normalen Wahrnehmung her gar nicht kennen; insbesondere in der introvertierten Mystik.) Eine semantische Erlebnisqualität kann in der introvertierten Mystik auch z.B. ohne einer visuellen Qualia auftreten, Teresa von Avila spricht hierbei in ihrem Buch „*Die innere Burg*" von einer intellektuellen Vision im Gegensatz zu einer wirklich bildhaften Vision. (Teresa von Avila war im 16. Jahrhundert eine spanische Nonne des Karmeliterordens, den sie reformierte. Von der katholischen Kirche wurde sie heiliggesprochen und zur Kirchenlehrerin erhoben. Ihr Buch „*Die innere Burg*" zählt neben den Predigten und Traktaten Meister Eckharts und der *Philokalie* von St. Nikodemos und St Makarios (Band V) zu den lesenswerten Klassikern der Mystikliteratur.) Zu den ungelösten Problemen der Mystikforschung zählt die Frage, ob das in mystischen Zuständen erlebte Transzendente primär unpersönlich (oft als Gottheit bezeichnet) oder personal (Gott) ist; für beide Standpunkte gibt es Befürworter.[1] Bereits in den indischen Veden wird unterschieden zwischen „das Brahman" und „der Brahman", was auch oft unterschieden wird als das höhere und das niedere Brahman. (In der Sprache des Computer-Weltbildes ausgedrückt wären das einerseits die Grundsubstanz des gesamten Rechners und andererseits der oberste Hauptprozessor.)

Kritiker der Mystik vertreten z.B. den Standpunkt, man könne gar nicht von *einer* mystischen Erfahrung sprechen, weil es in den unterschiedlichen Traditionen (Upanischaden, Neuplatonismus, Christentum, Islam, Judentum ...) so unterschiedliche Berichte gibt, die daraufhin deuten, dass es sich lediglich um konstruktivistische Deutungen auf der Grundlage der Dogmen der verschiedenen Traditionen handele oder dass sogar die Dogmen das Erlebnis selbst wunschgemäß hervorbringen. Hierauf ist jedoch als Entgegnung hervorzuheben, dass nicht alles, was als Mystik berichtet wird, tatsächlich Mystik sein muss. So kannte das Judentum ursprünglich weder Mystik noch Mysterien, und von Kritikern der jüdischen Gottesvorstellung wird dem Judentum oftmals der mystische Gott entgegengehalten (Gott als der vollständig von der Welt getrennte versus Gott als

---

[1] z.B. Stace 1960; Zaehner 1957

der immanent in der Welt befindliche). Um dieser Kritik an der jüdischen Religion zu begegnen, hat sich in den letzten Jahrhunderten in der jüdischen Diaspora eine esoterische Gottesvorstellung entwickelt, und es ist denkbar (um nicht zu sagen: wahrscheinlich), dass sich hier, in der Kabbala, Juden etwas zusammengereimt haben, allein um die jüdische Religion weiterhin aufrechterhalten zu können. Es ist sicherlich nicht unfair zu behaupten, dass jüdische „Mystikerlebnisse" reine Selbstfabrikationen sind. Rassistische Juden wie Martin Buber sind vermutlich zu jeder Lüge fähig, um ihren Gott Jahwe weltweit zur Vorherrschaft zu verhelfen. Wie sehr aus Machtinteressen gelogen und desinformiert wird, zeigt zum Beispiel die heutige Unterdrückung der Parapsychologie. Für die Existenz parapsychologischer Phänomene sprechen schon seit langer Zeit sehr viele und gute Untersuchungen, aber unsere Machthaber unterdrücken das heutzutage, wie es schon im 3. Reich die Nazis taten. Diejenigen Cliquen, die aus Machtinteressen die Parapsychologie unterdrücken, werden mit Sicherheit auch auf dem Gebiet der Mystik tätig sein. Insbesondere Juden sind traditionell gegen Mystik eingestellt. Zugegebenermaßen kann der mystische Urgrund jeweils nach den Denk- und Erlebnisstrukturen der Personen in verschiedenen Kulturen ein wenig anders erlebt und gedeutet werden, aber der Urgrund, das Eine, ist vermutlich jeweils der gleiche.

Machtpolitische oder sozialpsychologische Faktoren haben vielleicht auch zentrale Dogmen des Buddhismus hervorgebracht: Die Existenz eines allumfassenden Selbstes (Atman ist Brahman) wurde vom späten Brahmanentum (in den Veden) vertreten, das Brahmanentum stand aber auch politisch für die Kastenordnung, wohingegen die Buddhisten eher gegen das Kastensystem eingestellt sind bzw. Personen aller Kasten religiös gleich zu behandeln anstreben. Es ist deshalb denkbar, dass die frühen Buddhisten gegen die Existenz eines Selbstes agitierten, um dadurch das Brahmanentum zu untergraben. Seltsam und schwer zu verstehen ist jedenfalls, dass viele Buddhisten zwar an Wiedergeburt glauben, aber nicht glauben, dass ein Mensch überhaupt eine Seele, ein Ich oder ein Selbst habe. In seinem Aufsatz „*Mysticism and Meditation*" argumentiert Robert Gimello dafür, dass buddhistische Meditationen nicht oder nicht primär mystische Erlebnisse hervorbringen; dass vielleicht sogar buddhistische Meditationen gezielt darauf hinwirken, die buddhistischen Dogmen zu belegen.[1] Meine eigenen Erfahrungen mit tibetischen Meditationen sind ebenfalls dahingehend, dass Meditationen nicht zur Erkenntnis der Wirklichkeit benutzt werden, sondern eher als eine Art Autosuggestion, wenn nicht sogar als Autohypnose zur Hervorbringung bestimmter Geisteshaltungen bzw. Charaktereigenschaften wie etwa allumfassendes Mitgefühl. Insbesondere das buddhistische Erlebnis der Leerheit wird ganz gezielt hervorgerufen durch entsprechende Text- und Denkvorgaben.[2] Jedoch gibt es auch im Buddhismus verschiedene Schulen. Im berühmten Lankavatara-Sutra wird beispielsweise davon geschrieben „das innere Selbst zu erkennen" oder über den Zustand des Bewusstseins, „das im innersten Selbst realisiert wird".[3] Buddhas Ziel war auch nicht primär die vollständige Erkenntnis der Wirklichkeit, sondern die Befreiung von der Wiedergeburt und dem dadurch bedingten Leiden.

Wie dem auch sein mag, jedenfalls muss nicht alles Mystik sein, was dafür ausgegeben wird, und manch ein selbsternannter spiritueller Guru mag in Wirklichkeit ein Scharlatan sein (z.B. Bhagwan). Das grundlegende Problem von Mysterien und Mystik ist natürlich, dass die berichteten subjektiven Erlebnisse nicht direkt überprüfbar sind. Man kann sich selbst schnell etwas vormachen und sich in etwas hineinsteigern, und manch einer will einfach nur bewundert werden und etwas Großes darstellen oder durch Lügen andere Menschen ausbeuten und manipulieren. Aus all diesen Gründen ist es notwendig, diese Phänomene wissenschaftlich zu erforschen. Hierbei muss es sich aber um wirkliche Wissenschaft handeln und nicht wie zumindest große Teile der sogenannten „*transpersonalen Psychologie*" um Pseudowissenschaft.[4] Da es sich bei diesen Phänomenen um subjektive Erlebnisse handelt, wird vielleicht in Zukunft eine methodologisch vollständig ausgearbeitete introaktive Psychologie, wie ich sie in meinem Aufsatz über „*Grundlegung der introaktiven Psychologie*" angeregt habe, zu mehr Klarheit führen.[5] Aber schon mit den heutigen Methoden der Psychologie

---

[1] in Katz 1978a: S. 170-199 – Meditation über Welterkenntnis mag es aber im Geheimen, in der Esoterik, geben.
[2] s. Gyatso 2002
[3] Golzio 1996, S. 29, 32
[4] z.B. Ken Wilber und seine Freunde
[5] vgl. Albrecht 1951

kommt man zu interessanten Resultaten. So vertritt Hood die These, dass es trotz vieler Unterschiede in den Erlebnisberichten einen gemeinsamen Kern gebe, wodurch sich mystische Erlebnisse auszeichnen: ein Einheitserlebnis, das sich in extrovertierter und introvertierter Form ein wenig unterschiedlich ausgestaltet.[1]

Weltbekannte Mystiker und Mystikerinnen wie Teresa von Avila berichten darüber hinaus von vielen weiteren Phänomenen.[2] Aber vieles, was z.B. Teresa über ihre Erlebnisse mit Christus berichtet, möchte ich eher in die Kategorie Mysterien einordnen; auch wenn sie nicht an viele Götter glaubte, sondern Christus für den einzigen Gott hielt – dieses war aber lediglich ihre katholisch-religiös geprägte Deutung ihrer Erlebnisse und nicht die Erlebnisse selbst. Als Nonne fühlte sie sich verpflichtet Christus nachzufolgen, was auch dazu führte, dass sie ein- oder zweimal in der Hölle war, und in ihrer Autobiographie berichtet sie über den Teufel, er sei ein „kleines, schwarzes Kerlchen" (in deutscher Übersetzung aus dem Spanischen). Als Psychologe behaupte ich, dass dieses Erlebnis vollständig selbstfabriziert war. Vieles von dem, was Teresa berichtet, scheint echt zu sein, aber sie war auch dazu in der Lage, sich in etwas hineinzusteigern und akzeptierte nicht immer die Kritiken ihrer Beichtväter, zu denen sie deshalb oft ein gespanntes Verhältnis hatte. Um Echtheit (eventuell symbolisch erlebt) und Phantasie unterscheiden zu können, wird es in der Psychologie in Zukunft noch viele Forschungen geben müssen. Manche (angebliche) Mystiker mögen auch psychisch krank sein, z.B. manisch-depressiv oder hysterisch, erzeugt durch zu strenges asketisches Klosterleben. Man muss sich aber davor hüten, alle mystischen Erlebnisse als Krankheitssymptome abzutun. Die Psychotherapie ist heutzutage noch auf einem sehr niedrigen wissenschaftlichen Niveau, weil die Psychologie noch eine sehr junge Wissenschaft ist und wir heutzutage nur sehr wenig wissenschaftliches Wissen über unsere Psyche haben. Die Abqualifizierung eines mystischen Erlebnisses als Krankheitssymptom eines Psychotherapeuten oder Psychiaters kann sehr wohl lediglich das Wunschdenken eines materialistischen Arztes mit einem primitiven Weltbild sein. Plausibilitätsargumente sind keine experimentell getesteten wissenschaftlichen Erklärungen!

---

[1] Hood 2006
[2] s. Albrecht 1958

# Literatur:

Albrecht, C. (1951): *Psychologie des mystischen Bewusstseins*. Carl Schüne-mann Verlag, Bremen.

Albrecht, C. (1958): *Das mystische Erkennen. Gnoseologie und philosophische Relevanz der mystischen Relation*. Carl Schünemann Verlag, Bremen.

Arendes, L. (1996): 'Ansätze zur physikalischen Untersuchung des Leib-Seele-Problems'. *Philosophia naturalis 33*: 55-81.

Arendes, L. (2024): *Das Computer-Weltbild. Funktionen der Naturphilosophie in der Naturwissenschaft*. Books on Demand, Norderstedt..

Giebel, M. (2000): *Das Geheimnis der Mysterien: Antike Kulte in Griechenland Rom und Ägypten*. Artemis und Winkler, Düsseldorf.

Gimello, R. (1978): 'Mysticism and Meditation'. In S. T. Katz (Hrsg.) (1978) *Mysticism and Philosophical Analysis*. Sheldon Press, London. S. 170-199.

Golzio, K.-H. (1996): *Die makellose Wahrheit erschauen. Die Lehre von der höchsten Bewußtheit und absoluten Erkenntnis. Das Lankavatara-Sutra*. Barth Verlag, Bern.

Gyatso, G. K. (2002): *Das Meditationshandbuch. Ein praktischer Führer, der Schritt für Schritt die buddhistische Meditation erklärt*. Tharpa Verlag, Zürich.

Jones, R. H. (2016): *Philosophy of Mysticism. Raids on the Ineffable*. State University of New York.

Hood, R. W. (2006): 'The Common Core Thesis in the Study of Mysticism'. In P. McNamara: *Where God and Science Meet. How brain and evolutionary studies alter our understanding of religion. Vol. 3: The Psychology of Religious Experience*, S. 119-138.

Katz, S. T. (Hrsg.) (1978a): *Mysticism and Philosophical Analysis*. Sheldon Press, London.

Katz, S. T. (1978b): 'Language, Epistemology, and Mysticism'. In S. T. Katz (Hrsg.) (1978): *Mysticism and Philosophical Analysis*. Sheldon Press, London, S. 22-74.

Stace, W. T. (1960): *Mysticism and Philosophy*. Macmillan, New York.

St. Nikodemos, St. Makarios (Hrsg.) (2004*): Philokalie der heiligen Väter der Nüchternheit, Bd. V.* Verlag „Der christliche Osten", Würzburg.

Teresa von Avila (1979): *Die innere Burg.* Diogenes Verlag, Zürich.

Zaehner, R. (1957): *Mysticism: Sacred and Profane.* Clarendon Press, Oxford.

# Plotin: Enneaden

## Sammlung von Zitaten aus einer Übersetzung von Hermann Friedrich Müller von 1878

Plotin lebte von 205 bis 270 n. Chr., war in Ägypten geboren worden, aber vermutlich ein Grieche, und war in Rom Vorsteher einer eigenen platonischen Schule. Im Platonismus war es üblich, die zentralen ontologischen Ansichten unverschlüsselt nur innerhalb der Schule an die Schüler weiterzugeben, aber nach seinem Tod veröffentlichte sein Schüler Porphyrios 54 seiner Abhandlungen in Form von sechs Neunergruppen; daher der Name „Enneaden".[1] Die Enneaden sind eines der wichtigsten Schriftstücke der gesamten Philosophiegeschichte und hatten in der Antike und in der Renaissance einen nicht zu überschätzenden Einfluss. Man kann sich fragen, warum Porphyrios diese geheimen (esoterischen) Schriften veröffentlicht hatte. Vielleicht tat er es, weil die Gnostiker, die Plotin kritisiert hatte, immer mehr griechisch-philosophische Ansichten in entstellter, vulgarisierter Form als die eigenen Ideen ausgaben; daraus ist dann das Christentum entstanden, nachdem jedoch der Wiedergeburtsgedanke eliminiert worden war, vielleicht durch jüdischen Einfluss. Ein „Buch" innerhalb der Enneaden besteht aus ca. 20 – 25 Seiten, eine Enneade mit jeweils neun Büchern hat somit ca. 200 Seiten, so dass man nach heutigem Sprachgebrauch eine Enneade als ein Buch mit neun Kapiteln auffassen kann, wovon es insgesamt sechs gibt.

---

[1] Von Platons geheimen Lehren gibt es außerdem Fragmente von anderen seiner Schüler (s. Gaiser 1963).

Plotin betrachtete sich als ein Interpret von Platons Philosophie, und da Platon seine tatsächlichen Ansichten in unverschlüsselter Form nur mündlich weitergegeben hatte, war die Veröffentlichung von Plotins Schriften die erste systematische öffentliche Darstellung seiner Lehren. Allerdings ist vielfach kaum zu unterscheiden, in welchen Punkten Plotin Platons Ansichten korrekt wiedergab und in welchen er ihm nur seine eigene Meinung unterstellte. Darüber hinaus vertrat Plotin auch Ansichten, die u.a. von Aristoteles und der Stoa stammten, die jedoch ihrerseits von Platon beeinflusst worden waren. Und im 5. Jahrhundert schrieb dann Proklos, das Schuloberhaupt der Platoniker in Athen, mehrere Bücher, in denen er Platons exoterische Schriften, die vielfach Platons Lehre nur in mythischer Sprache andeuten, auf detaillierte Weise deutete, wobei natürlich wieder oft nicht entschieden werden kann, wann seine Deutung korrekt war oder nur seine eigene Meinung bezeichnete.

Heutzutage wird die Lehre der Platoniker, welche sich auf Plotins Abhandlungen beziehen, als Neuplatonismus bezeichnet, und Plotins grundlegenden Ansichten sollen nun vorgreifend auf die im folgenden Text angeführten Enneaden-Zitate kurz zusammengefasst werden:

Alles, was existiert, ist nach Platon und Plotin eine Einheit, und diese eine allesumfassende Grundsubstanz bezeichneten sie als das „Eine". Da alles aus diesem Einen entstanden ist und es somit auch uns unsere Existenz gegeben hat, wird das Eine auch als das „Gute" bezeichnet. Ein anderer Name ist „Gott" oder „Gottheit", aus dem auch die vielen Götter der Antike entstanden seien. Letzten Endes ist aber das Eine für uns Menschen unerkennbar und kein Name kann sein wahres Wesen benennen. Das Eine ist sogar noch mehr als Gott, weshalb selbst dieser Name unbefriedigend ist.

Aus dem Einen ist durch mehrere Ausstrahlungen („Emanationen") die gesamte Welt entstanden. Die erste Ausstrahlung war der Geist (gr. Nous), aus dem Geist entstand als Emanation die Weltseele, von der sich die vielen Einzelseelen aller Lebewesen absonderten, und als niedrigste Emanation entstand aus der Weltseele die Materie, in die als körperlicher Leib die Einzelseelen herabsteigen. Unterschieden wird die materielle Sinneswelt (die nach Platon von dem Demiurgen, dem Weltbildner, geschaffen worden ist) von der übersinnlichen Welt, der Welt des Intelligiblen. Dieses Intelligible besteht aus dem Geist (dem Nous) und allen Ideen, Seelen, Gesetzen etc. Je weiter etwas vom Einen entfernt liegt, desto unwirklicher ist es jedoch. So ist insbesondere die Materie nichts wirklich Seiendes. Plotin vergleicht die materiellen Objekte mit den Objekten in einem Spiegel, die ja ebenfalls nichts wirklich Existierendes sind, sondern nur die Spiegelbilder von seienden Dingen. Heutzutage kann man es auch so ausdrücken, dass die materiellen Objekte nur Bilder in unserem Bewusstsein sind: Das Bewusstsein als Spiegel von Dingen, die in Wirklichkeit nur Ideen oder Begriffe sind. Die Sinnesdinge sind Spiegelungen oder Schattenbilder von Ideen und Begriffen. Unter Materie verstanden Platon und Plotin jedoch nicht das, was wir heute darunter verstehen; für sie war Materie etwas Unsichtbares, aus welchem beobachtbare Sinnesdinge erst entstehen durch Hinzutreten von Form, Begriffen oder Ideen Jenseits von intelligibler und Sinnenwelt ist jedoch tatsächlich existierend, aber unerkennbar, nur das Eine.

Ziel des menschlichen Lebens sollte es sein, seine Einzelseele aus der Sinneswelt wieder zur Weltseele der intelligiblen Welt emporzuheben und vielleicht sogar sich noch höher mit dem Einen in einem Akt der Schau oder Ekstase zu vereinen Um dieses zu erreichen und um in der materiellen Welt nicht wiedergeboren zu werden, ist ein vollkommen tugendhaftes und ein nach dem Schönen und ein nach Erkenntnis strebendes Leben notwendig.

Soviel zur kurzen Zusammenfassung seiner Philosophie. Das Eine liegt danach über dem Gottesbegriff, aber Plotin und ebenso Platon meinen zumeist das Eine, wenn sie das Wort Gott im Singular benutzen. Dieser Sprachgebrauch von dem einen Gott und den vielen untergeordneten Göttern kann zu einer sprachlichen Verwirrung führen, was dann bei den Christen dazu führte, nur bei der wirklichen Grundsubstanz von Gott zu reden, die anderen höheren Wesen jedoch als Engel und Dämonen zu bezeichnen.

Da aber die Bezeichnung Gott, wie es die Christen eingeführt hatten, allzu leicht zu einer Verwechslung mit dem einen (zu verehrenden) Gott der Juden mit seinen bösartigen Charakterzügen führen kann, was in den letzten Jahrhunderten immer fatalere Folgen hatte – das Morden im Namen der Religion nimmt kein Ende und wird immer schlimmer –, sollte man doch lieber einen anderen Namen bevorzugen. In Anerkennung der großen Leistungen der alten indischen Weisen kann man vom „Brahman" sprechen, was sich besonders leicht im Osten durchsetzen kann. Bei uns im Westen könnte man den Sprachgebrauch der heutigen Philosophie bevorzugen und vom „Sein" reden, wohingegen die daraus entstandenen materiellen Objekte das „Seiende" bilden. Will man unbedingt im Namen das Göttliche andeuten, so wäre „Gottheit" (engl. „Godhead") am passendsten. Und möchte man die vielen höheren Wesen nicht als Götter bezeichnen, so könnte man sie als Lichtwesen bezeichnen, wie sie in Nahtoderlebnissen erscheinen, obwohl das Licht sicherlich nur Symbolik ist. Die in mystischen Zuständen wie in den Mysterienorden auftretenden *menschlichen* Erscheinungsformen scheinbar höherer Wesen sind eventuell nur eine andere Symbolik, wenn sie nicht gar nur automatische Weltprogramme im Sinne des Computerweltbildes sind, die sich für unsere materielle Welt herausgebildet haben, um uns dadurch bestimmte Zustände und Prozesse anzudeuten, welche jedoch manchmal tatsächlich sehr reale Wirkungen haben können.

Aus den über 1300 Seiten sind im Folgenden mit wenigen Kommentaren meinerseits [[...]] Zitate aus den Enneaden angeführt.[1]

## Zitate aus den „Enneaden"

„Daher muss man die Seele selbst gewöhnen, zuerst auf eine schöne Lebensweise zu blicken; dann auf schöne Werke, nicht Werke wie die Künste sie zu Wege bringen, sondern wie sie von guten Männern ausgehen. Dann betrachte

---

[1] Die Zitate sind manchmal mitten aus dem Satz genommen, manchmal habe ich auch Tippfehler korrigiert und, um das Verständnis zu erleichtern, im Satz Kommas eingefügt, die eventuell beim Einscannen der Übersetzung verlorengegangen waren. Der Text ist entnommen der Digitalen Bibliothek von Directmedia, „*Philosophie von Plato bis Nietzsche*", 1998, und er basiert auf einer Übersetzung ins Deutsche von Hermann Friedrich Müller aus dem Jahre 1878. Angaben in einfacher eckiger Klammer [...] stammen vom Herausgeber oder Übersetzer. Eine moderne Übersetzung von ausgewählten Schriften Plotins gibt Tornau 2001.

die Seele derer, die gute Werke vollbringen. Wie willst du aber sehen, welche Schönheit einer guten Seele eigen ist? Ziehe dich in dich selbst zurück und schaue, und wenn du dich selbst noch nicht als schön erblickst, so nimm, wie der Bildhauer, der an dem, was schön werden soll, bald hier bald da etwas wegnimmt und abschleift, bald hier glättet bald dort säubert, bis er an seinem Bilde ein schönes Antlitz zu Stande bringt, auch du alles das weg, was überflüssig ist, mache das Krumme wieder gerade, reinige das Dunkle und lass es hell werden, kurz höre nicht auf zu zimmern an deinem Bilde, bis an dir der göttliche Glanz der Tugend hervorleuchtet

Nie hätte das Auge jemals die Sonne gesehen, wenn es nicht selber sonnenhaft wäre; so kann auch eine Seele das Schöne nicht sehen, wenn sie nicht selbst schön ist. Darum werde jeder zuerst gottähnlich und schön, wenn er das Gute und Schöne sehen will

So verkehrt sie denn auch nicht mit vielen, sondern lebt leicht, wenn sie dort sein will, giebt sie hier noch verweilend alles Fremde auf.

woran sie denkt, das ist und wird sie. Es war nämlich das Erinnern entweder Denken oder Vorstellen, die Vorstellung aber bedeutet für sie nicht das Haben, sondern das Sein dessen was sie sieht und wie sie beschaffen ist.

die wahre Magie ist die im All herrschende Liebe und ihr Gegensatz, der Hass.

die Reinigung uns zur Erkenntniss des höchsten gelangen lässt

Oft wenn ich aus dem Schlummer des Leibes zu mir selbst erwache und aus der Aussenwelt heraustretend bei mir selber Einkehr halte, schaue ich eine wundersame Schönheit: ich glaube dann am festesten an meine Zugehörigkeit zu einer bessern und höhern Welt, wirke kräftig in mir das herrlichste Leben und bin mit der Gottheit eins geworden

Zwei Umstände sind es ja, derentwegen man an der Gemeinschaft der Seele mit dem Körper Anstoss nimmt, einmal, dass sie zu einem Hinderniss wird für die

Erfassung der Begriffe, sodann, dass sie die Seele mit Lust und Begierden und Trauer erfüllt

Es ist demnach jemand selbst Intellect geworden, wenn er alles andere an sich fahren lässt, durch diesen auch diesen erblickt und durch sich selber sich selbst.

Die Seele also, scheint es, und zwar den göttlichsten Theil der Seele, muss erschauen, wer das Wesen des Intellects erkennen will. Das kann vielleicht auf diesem Wege geschehen, wenn du zuerst den Körper vom Menschen und selbstverständlich von dir selbst absonderst, dann auch die diesen bildende Seele, recht sorgfältig auch die Empfindung und sinnliche Wahrnehmung, ferner Begierden, Zorn und desgleichen die andern nichtsnutzigen Affecte als die da zum Sterblichen hinneigen, und zwar ganz. Der dann übrig bleibende Theil derselben ist es, den wir als ein Bild des Intellects bezeichneten, welches Licht von jenem bewahrt, nämlich das aus ihr [der Seele] heraus sie umstrahlende, vergleichbar dem Licht der Sonne unmittelbar um die körperliche Sphäre.

Jedoch es genügt wohl ein Ergreifen durch eine Art intellectueller Anschauung; aber man muss in diesem Act des Ergreifens durchaus weder Vermögen noch Ruhe haben zum Reden, erst später muss man darüber reflectiren und Schlüsse machen. Dann aber muss man glauben geschaut zu haben, wenn die Seele urplötzlich Licht empfangen hat; denn dies kommt von ihm und ist er selbst [Gott]; und dann eben muss man ihn für gegenwärtig halten, wenn er gleich einem andern Gotte auf jemandes Anrufung in das Haus eintretend es erleuchtet; denn ist er nicht eingetreten, hat er auch nicht erleuchtet. So ist denn auch die Seele ohne Licht, wenn sie ohne jenen Gott ist; erleuchtet aber hat sie, was sie suchte, und dies ist der wahre Zweck der Seele, jenes Licht zu ergreifen und durch dasselbe das Licht zu schauen,

wie der, welcher die intelligible Natur schauen will, ohne irgendeine sinnliche Vorstellung, schaut was über das Sinnliche hinausgeht, so wird auch, wer das über das Intelligible Hinausgehende schauen will, es nur nach Darangabe alles Intelligiblen schauen daher muss man ihm nicht nachjagen, sondern ruhig harren bis es erscheint, indem man sich selbst zum Schauen rüstet, wie auch das Auge den Sonnenaufgang erwartet

Wem also das Vollkommene zukommen soll, das wird vor dem Denken sein; es hat also das Denken durchaus nicht nöthig, denn es ist sich vor diesem selbst genug.

Nehmen wir in der Seele die hellleuchtende Gestalt einer Kugel an, die alles in sich befasst, bewegt oder ruhend, oder zum Theil ruhend, zum Theil bewegt Indem du dieses festhältst, nimm ein anderes Bild, von dem du alles Stoffliche abgestreift hast, in dich auf; nimm auch alles Räumliche und jede Vorstellung von Materie weg und versuche nicht eine andere nur der Masse nach kleinere Gestalt zu fassen, sondern rufe Gott, der die Vorstellung, die du hast, geschaffen, an und bitte ihn zu kommen. Er wird kommen in seiner Pracht mit allen Göttern, die in ihm sind, als ein einiger und alle befassend, wie auch jeder einzelne alle in sich befasst zu einer Einheit; verschieden nur sind sie in ihren Kräften und doch wieder alle eins in jener einen grossen Kraft, oder vielmehr der Eine ist sie alle zusammengenommen.

wo das Schöne aufhört, da hört auch das Sein auf.

Es muss aber, wer dies lernen will, dasselbe in stets anhaltender Forschung wie in einem Abriss genau erforschen, und nachdem er gelernt hat, worin er sich versenkt, und sich überzeugt hat, dass er sich in einen preiswerthen Gegenstand versenkt, muss er sich nunmehr ganz in das innere versenken und statt zu schauen die Anschauung eines andern werden, strahlend wie er von dort kommt in reinen Gedanken. Wie mag indessen jemand im Schönen sein ohne es zu sehen? Nun, so lange er es sieht als ein anderes, ist er noch nicht im Schönen, ist er es geworden, dann ist er gerade so am meisten im Schönen. Geht nun das Schöne auf ein Aeusseres, so darf das Schauen kein anderes sein, als das welches mit dem geschauten Gegenstande eins ist; dies ist aber gleichsam ein Innewerden und Empfinden seiner selbst, verbunden mit der Scheu, dass man in dem Bestreben mehr zu schauen von sich selbst abfalle.

Wer ist nun dieser Ort? Und wie könnte man wohl zu ihm gelangen? Hingelangen dürfte, wer von Natur ein Liebhaber und seinem Wesen nach ursprünglich ein Philosoph ist: indem dieser als Liebhaber schmerzlich um das Schöne sich müht, es aber bei der körperlichen Schönheit nicht aushält, sondern von dort emporeilt zu den seelischen Schönheiten, nämlich zu den Tugenden und Wissenschaften und Beschäftigungen und Gesetzen, so steigt er hinwiederum empor zu dem Grunde des Schönen in der Seele, und wenn es etwas wieder vor diesem giebt, weiter bis er zuletzt zu dem Ersten gelangt, das von sich selber schön ist. Dort angekommen wird er befreit sein von schmerzlicher Sehnsucht, eher nicht.

Wenn sich aber jemand zu dem Einen hinwenden könnte, sei es von sich selbst oder weil Athene selbst ihn zieht, so wird er sich selbst und das All als einen Gott erblicken

Aber wenn du nichts mehr suchst, ... Du wirst also selbst wachsen, wenn du das andere fahren lassest, und dann wohnt dir das All bei; bist du aber mit anderem verknüpft, dann erscheint es nicht, auch kam es nicht um dir beizuwohnen

Ist doch auch ein weises Leben hier das Ehrwürdige und das Schöne in Wahrheit, obwohl es nur dunkel erscheint; dort aber erscheint es hell und rein. Denn es verleiht dem Schauenden die Fähigkeit des Schauens und die Kraft zu einem höheren Leben und mit dem intensiven Leben die Kraft, besser zu schauen und zu werden, was er schaut.

Man darf auch nicht immer an diesem Ort des vielgestaltigen Schönen verweilen, man muss noch hinübergehen auf ein höheres Gebiet, indem man sich aufschwingt und dieses dahinten lässt, nicht von diesem, sondern von jenem Himmel mit Staunen erfüllt über den Schöpfer und sein Werk.

Aber auch alles andere, woran sie sich früher freute, Herrschaft, Macht, Reichthum, Schönheit, Wissenschaft: alles dies sieht sie geringschätzig an und sagt es; sie würde es aber nicht sagen, wenn sie nicht etwas besseres als dies erlangt hätte. Auch fürchtet sie kein Unglück, wenn sie mit jenem vereint ist und überhaupt nicht schaut; wenn auch alles um sie herum zu Grunde ginge

Und dann befindet sie sich in der Lage, dass sie auch das Denken verschmäht, was sie sonst liebte, weil das Denken eine Art Bewegung war, sie selbst aber nicht bewegt werden will. Denn sie nennt jenen, den sie sieht, nicht einmal Intellect, obwohl sie selbst Intellect geworden schaut, gleichsam mit Intelligenz gesättigt und im intelligiblen Orte angelangt; sondern angelangt in diesem und um ihn sich haltend denkt sie das Intelligible, und wenn sie jenen erblickt hat, lässt sie alles fahren.

es leiten zu ihm Reinigungen, Tugenden, Veredelungen, Aufschwung zum Intelligiblen, Verweilen bei ihm und Geniessen der Dinge daselbst,

Die Seele wird also frei, wenn sie durch die Vernunft ungehindert zum Guten strebt, und was sie um dessentwillen thut, ist ihr freier Wille; die Vernunft wirkt um ihrer selbst willen

Die Schwierigkeit wird deshalb ganz besonders gross, weil jenes weder auf dem Wege der Wissenschaft noch des Denkens, wie das andere Intelligible, begriffen werden kann, sondern durch die Gegenwart eines Grösseren als die Wissenschaft. Die Seele fühlt aber den Abstand von dem Einssein und ist nicht gänzlich Eins, wenn sie Wissenschaft von etwas gewonnen hat; denn die Wissenschaft ist Begriff, der Begriff aber ist vieles. Sie verfehlt also das Eine, nachdem sie in Zahl und Vielheit gesunken. Ueber die Wissenschaft muss sie demnach hinauseilen und an keinem Punkt aus dem Einssein heraustreten, sondern sie muss abstehen auch von der Wissenschaft und deren Objecten, von allem andern und auch von einem schönen Gegenstand des Schauens.

versuche von allem sich absondernd allein zu sein,

man muss alles andere ablegen, in diesem allein stehen und dies allein werden, nachdem wir alle irdischen Hüllen abgestreift haben; darum müssen wir eilen von hier fortzukommen und unwillig sein über unsere Fesseln, damit wir mit unserm ganzen Wesen ihn umfangen und keinen Theil mehr an uns haben, mit dem wir nicht an Gott hangen. Da dürfen wir denn auch jenen und uns selbst schauen, wie es zu schauen frommt; uns selbst im Strahlenglanz, voll intelligiblen Lichtes oder vielmehr als reines Licht selbst, unbeschwert, leicht, Gott geworden

Dies aber ist vielleicht nicht eine Schau, sondern eine andere Art des Sehens, eine Ekstase, eine Vereinfachung und Hingabe seiner selbst, ein Streben nach Berührung, eine Ruhe und ein Sinnen auf Vereinigung

Ist er aber aus dem Schauen gefallen, so wird er die Tugend in sich erwecken, sich selbst als allseitig geschmückt wahrnehmen und so sich wieder aufschwingen, durch die Tugend zum Intellect, durch die Weisheit zu Gott. Und so ist das Leben der Götter, der göttlichen und glückseligen Menschen eine Befreiung von allen Erdenfesseln, ein Leben ohne irdisches Lustgefühl, eine Flucht des einzig Einen zum einzig Einen."

# Literatur:

Directmedia (1998): *Philosophie von Plato bis Nietzsche.* (CD)

Gaiser, K. (1963): *Platons ungeschriebene Lehre. Studien zur systematischen und geschichtlichen Begründung der Wissenschaftten in der Platonischen Schule.* Stuttgart.

Tornau, C. (Hrsg.) (2001): *Plotin. Ausgewählte Schriften.* Stuttgart.

# Das höchste Lebensziel

Menschen mit Nahtoderlebnissen berichten von Lichtwesen in einer jenseitigen Welt, die ihnen vollkommene Liebe entgegenbrachten. Kann jeder Mensch in seiner persönlichen Entwicklung zu solch einem Lichtwesen werden? (Im Computer-Weltbild könnte man das so deuten, dass ein Menschenprogramm zu einem Prozessor wird; oder falls man Seelen bereits als Prozessoren betrachtet, so könnte ein Mensch ein höherstehender Prozessor werden.) Seit der griechischen Antike wird in den Mysterien angenommen, ein Mensch könne auf den „Inseln der Seligen" ein höheres Leben erreichen oder sogar zu einem Halbgott oder Gott werden, und in manchen fernöstlichen Lehren wird behauptet, man könne zu einem Buddha (einem Erleuchteten) werden, wenn man anstrebt, nicht in dieser Welt wiedergeboren zu werden, und wenn man sich darum bemüht, allen Wesen Liebe entgegenzubringen. Nach der orthodoxen Kirche des Christentums, die starke mystische Elemente enthält, könne man zu einem „Gott aus Gnade" (neben dem „Einen Gott von Natur") werden, worum sich insbesondere ihre Mönche bemühen.[1] Statt um Geld, Macht und Sex zu buhlen, diese materielle Welt mit Gleichgültigkeit hinnehmen, aber trotzdem seine Pflichten den Mitmenschen gegenüber erfüllen, um eine Gesellschaft zu erhalten, in der viele Menschen noch nicht soweit sind für höhere Lebensziele und deshalb ganz in dieser materiellen Welt aufgehen. Meditationserlebnisse mit Höheren Wesen und eine darauf aufbauende Philosophie der Mystik legen ein derartiges Lebensziel nahe. Insbesondere Meditationen darüber, ob es Lichtwesen gibt und ob wir zu Lichtwesen werden können, führen manchmal zu interessanten Ergebnissen.

Oder gibt es ein noch höheres Lebensziel? In der indischen Mystik wird die Auflösung im Brahman angestrebt (siehe z.B. die *Bhagavadgita*), weil diejenigen, die nach ihrem Tod nur zu den Göttern erhoben worden sind, nach einiger Zeit

---

[1] s. St. Nikodemos, St. Makarios 2004; Heiler 1937

zur Erde zurück müssen. Es kann nicht ausgeschlossen werden, dass indische Yogis, die von klein auf zu diesem esoterischen Erkenntnisweg hin erzogen worden sind, hierüber viel mehr Wissen besitzen als heute wir im Westen; es kann aber ebenfalls nicht ausgeschlossen werden, dass z.B. die antiken indischen Yogis ihre mystischen Erlebnisse falsch gedeutet hatten; und in ihrer Nachfolge dann auch die heutigen, analog auch die Buddhisten mit dem Nirvana. Und das ist ein Grund mehr, introaktive psychologische Methoden wissenschaftlich zu erforschen. Über die Seinsform und Möglichkeiten der Höheren Wesen wissen wir zu wenig, und es kann sein, dass Höhere Wesen nicht immer zur Erde zurück müssen, sondern sich eventuell noch höher entwickeln können.[1]

Es kann vermutet werden, dass die Entwicklung eher wie auf einer Leiter über mehrere aufeinander aufbauende Stufen verläuft, als dass man als Mensch auf einen Schlag das Höchste erreichen kann. Insbesondere Menschen, die völlig im Weltlichen leben, sollten primär die Götter bzw. Lichtwesen verehren, um von ihnen Hilfe zu erlangen.[2] *Frömmigkeit*: Regelmäßig zu den Göttern zu beten, insbesondere zur Großen Mutter, und ihnen Opfer zu bringen, ist die höchste aller Tugenden, und aus der Frömmigkeit folgt die Einhaltung moralischer Prinzipien![3] Wer kann denn schon davon ausgehen, dass ihm die Vereinigung mit der Allgottheit gelingen wird? Bei Eremiten mag es im Laufe der Jahre angebracht sein, beginnend mit der Verehrung der Götter (bzw. Lichtwesen) zur alleinigen Verehrung der Allgottheit überzugehen, um sich dann ganz in der Allgottheit auflösen zu können. Vermutlich kann man aber nur durch die Hilfe der Höheren Wesen selbst zu einem Höheren Wesen werden. Nach der orthodoxen christlichen Kirche kann man nur zu einem Gott werden durch Vereinigung mit dem Einen Gott von Natur, und eine große Hilfe hierfür ist, im mystischen Zustand visionär mit Christus ein heiliges Mahl einzunehmen.[4] Dieses Mahl hilft einem aufzusteigen; ebenso die nahrungspendende Mutter. Um zu einem Lichtwesen bzw. Höheren Wesen zu werden, muss man den Aufstieg zur Gottheit

---

[1] Deussen (1906/2005): Stufenerlösung bzw. Götterweg

[2] vgl. Mantke 2005. Die Leser mögen aber unterscheiden zwischen den Erscheinungen und Kundgaben in Fatima einerseits und deren Deutungen von Volk und Kirche andererseits; insbesondere bei dem, was Lucias Jesuitenbeichtvater für sie aufgeschrieben hatte.

[3] Insbesondere in Deutschland haben uns unsere Machthaber das Beten und Opfern abgewöhnt, damit wir von oben keine Hilfe erhalten.

[4] vgl. Hl. Theophan 2004: 231

(symbolisch erlebt als Sonne) erreichen und sich damit vereinigen: Schau der Gottheit und (kurzzeitige) Vereinigung. Um den Aufstieg zu rreichen, sind Frömmigkeit und Askese nötig. Solange introaktive Methoden nicht wissenschaftlich erforscht wurden, sind aber viele Annahmen nur vage Vermutungen.

Die Lichtwesen der Nahtoderlebnisse sollen wiederholt gesagt haben, Liebe sei das Wichtigste im Leben und Wissenserwerb das Zweitwichtigste. Strebt man hauptsächlich danach, evtl. als allein exoterisches Lebensziel, so kann man nicht nur in dieser Welt ein harmonisches Leben führen, sondern hat darüber hinaus einen reichen Gewinn, weil man seine eigene Entwicklung fördert.

## Literatur:

Deussen, P. (1906/2005): *Das System des Vedânta. Nach den Brahma-Sûtra's des Bâdarâyana und dem Kommentare des Çankara über dieselben.* Neuauflage: Elibron Classics.
Heiler, F. (1921): *Das Gebet.* 3. Aufl., Verlag von Ernst Reinhardt, München.
Heiler, F. (1937): *Urkirche und Ostkirche.* Verlag von Ernst Reinhardt, München.
Mantke, W. E. (2005): *Die Erscheinungen der Hl. Maria in Fatima.* Societas Fatima.
St. Nikodemos, St. Makarios (Hrsg.) (2004): *Philokalie der heiligen Väter der Nüchternheit, Bd. V.* Verlag „Der christliche Osten", Würzburg.
Hl. Theophan der Klausner (2004): *Der Weg zur Rettung. Eine Anleitung.* Verlag Johannes A. Wolf, Apelern.

Aus Heiler (1921: S. 296):

Komm höchstes Licht,

das stets neu entstehend meine Seele erfüllt,

gib mir die Gnade,

dich zu schauen, wie du bist.